作家與作品 27

出版四十周年紀念新版

戰爭沒有女人的臉

У войны не женское лицо

Алексиевич С. А
斯維拉娜．亞歷塞維奇——著
呂寧思——譯

貓頭鷹

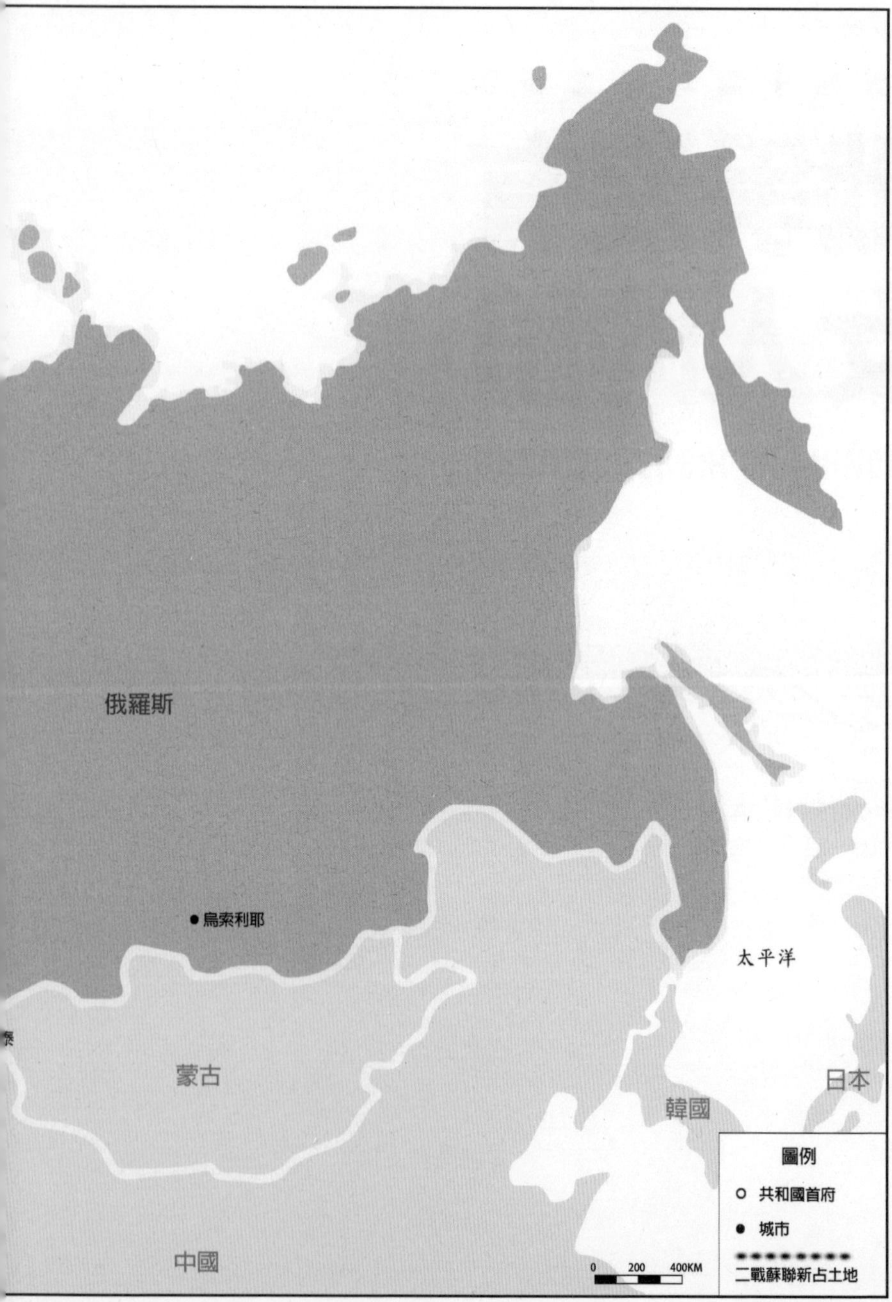

＊本圖為圓錐投影法
（地圖儘量復原書中各大城市的位置）

★ 蘇聯加盟共和國：俄羅斯、哈薩克、烏克蘭、白羅斯、吉爾吉斯、塔克、烏茲別克、土庫曼、亞塞拜然、亞美尼亞、喬治亞、立陶宛、愛沙尼亞、拉脫維亞、摩爾達維亞、卡累利阿－芬蘭

那有如複調音樂般的作品，為當代世人的苦難與勇氣樹立了一座紀念碑。

——二〇一五年諾貝爾文學獎

戰爭沒有女人的臉

目次

■總導讀

亞歷塞維奇的口述紀實文學——聆觀世人的心聲與風塵

劉心華／政治大學斯拉夫語文學系教授

二〇一六年七月底，甫從波蘭返台，旅程中，實地訪視了其境內的奧斯威辛集中營，這是二戰期間德國納粹屠殺猶太人的發生地；令人真正感受到聆觀世間風塵的靜默與激盪，內心糾結，久久不能平息。

當代「新物質主義」談論到，物質或物件本身有著默默陳述它與人們生存活動之間相互關係的話語功能，譬如博物館所展出的文物正是呈現不同時代的文明內涵。奧斯威辛集中營所展現的遺留物，也正哭訴著當年被屠殺者悲慘命運的心聲，是那麼淒厲！是那麼悲鳴！當人們在現場看到一間間的陳列室——散落的鞋子、慌亂中丟棄的眼鏡……，立即在腦中浮現出當年他們是在怎麼樣的情境下被毒氣集體屠殺；另外，當人們再看到以死者頭髮做成的毯子，更可以了解他們在生死兩岸間的生命尊嚴是如何被踐踏的，真是慘絕人寰啊！這些遺留的物件真的會說話；它們正細述著物主在那個年代所承受的種種苦難。是怎樣的時空環境，又是怎樣的錯置，悲慘竟發生在他們的身上——他們的生命就這樣消失了，無聲無息，身體在極端的痛苦中、心靈在無助和驚恐的煎熬下，讓人熱淚盈眶；透過物件反映著當年的哀號，思想跨越時空的體會，喚起了人們對二戰這段歷史的傷痕記憶。

無論在歐洲、亞洲，甚至全世界，施暴者與被殘害者，是什麼樣的年代讓人類承受這樣的痛苦，甚至到了今天還牽扯著後代的子子孫孫。這也令人想起同時代承受相同苦難的中國人，還有發生在其他地區無數的痛苦靈魂。凡此種種都讓我想起一位白羅斯女作家斯維拉娜．亞歷塞維奇（Светлана А. Алексиевич）——二〇一五年諾貝爾文學獎得主。她的大部分作品描述著上個世紀的戰爭、政治、環境汙染等事件，帶給人類的迫害，陳述得那樣深刻、那麼令人感動。

斯維拉娜．亞歷塞維奇是一九四八年出生於烏克蘭斯坦利斯拉夫城的白羅斯人；出生後，舉家又遷回了白羅斯。一九七二年她畢業於國立白羅斯大學新聞系，前後在報社與雜誌社工作。一九九〇年起，因批判白羅斯的當權者，先後移居義大利、法國、德國等地。她的主要文學作品有：《戰爭沒有女人的臉》（原文直譯為：戰爭的面孔不是女人的，一九八五年出版）、《我還是想你，媽媽》（原文直譯為：最後的證人，一九八五年出版）、《鋅皮娃娃兵》（一九九一年出版）、《被死亡迷住的人》（一九九四年出版，目前已絕版）、《車諾比的聲音》（原文直譯為：車諾比的祈禱，一九九七年出版）、《二手時代》（原文直譯為：二手年代，二〇一三年出版）。

亞歷塞維奇的創作手法有別於傳統文本模式的文字敘述，也與一般的報導文學相異，而是透過現場訪談採取一種口述記錄的方式，呈現事件的真實感情。口述紀實文學是二十世紀後半葉發生於世界文壇的一種新文學體裁。它與電子科技的發展有密切的關係，譬如，錄音電子器材的廣泛運用，讓口述紀實文學的創作便捷可行。若與其他文學體裁相比，它最凸顯的特點在於作者本身放棄了敘述的話語權，將自己置身於受話者（聽眾）和記錄者的地位，但又維護了自己身為作者的身分。另外，這種創作，不像傳統文學，以「大敘事」為主，而是選擇「小人物」擔任敘事者，激發他們對事件的看法及觀點，抒發感情，讓眾聲喧譁，以致開放了作者／敘事者／讀者對故事或事件的對話空間，創造了多元共生的事件情境。

儘管口述紀實文學的文體尚未發展成熟，然而它具備了一些傳統文學所不及的特性：

一、作者在文本中的存在與缺席

口述紀實文學最突出的特點是作者於文本建構中所扮演的角色與發揮的功能。作者讓出了講述的發言權利，作為中立者隱身於文本之後，但是又成功地以引導訪談方向保有作者的地位。也就是說，一般的文學敘事，作者通常扮演著主要講述者的角色，無論講述自己的所見所聞，或是運用虛構人物講述事件，或是參與事件，或是隱身於事件之後，講述者終歸是作者。作者因此可藉此建立穩固的話語霸權。而在口述紀實文學中，作者處於受話者（receiver or listener）的地位，換句話說，作者已經不再是一般所認知的「作者」，他成了相關事件講述者的第一聽眾；他不再顯示自己的價值觀或偏好，對事件的人、事、物做直接的判斷或評論。然而，作者並非完全放棄自己的功能和身分，文本的總體構思仍掌握於作者本身；他雖然放棄講述者的地位，並不意味著他放棄了選擇、刪節與整合的功能和任務。因此，在口述紀實文學中，從讀者的閱讀和感覺來看，作者好像是缺席的，可是他又始終在場。

二、以多元的小人物為主角，並採取集結式整合的論述結構

大多數的口述紀實文學作品皆以「小人物」作為主角，以廣大、普遍、世俗的市民生活為主。作者面對所有人的是是非非只是真實記錄，而不隨意妄加判斷或褒貶；他將此權利保留給讀者。在眾多小人物從不同角度或途徑所呈現的表述中，真是名副其實的眾聲喧譁，對於事件常常表現出既矛盾又統一、既傳統又現代的面貌，其特色就是可以完整保留事件的「第一手文獻」。其實，從眾多小人物的言說中往往才能看到事件的真實性及完整性，也才能展示出當時背景的標本與足跡。

然而，從另一個角度來說，小人物畢竟是「人微言輕」，對事件的觀察或陳述過於表象，不夠深入；因此，口述內容也常出現陳述失衡的現象，這種現象就需由作者來調和。一般而言，大部分的口述紀實文學都不約而同採用了獨特的結構形式——集結式整合，亦即集合多數人的訪問稿，依事件的理路邏輯整合而成。讀者如果把一篇篇的個人訪問從整部作品中抽離出來，其陳述

的內容就會顯得單薄而不具代表性與說服力。但是，一旦將它們納入整體，內容連貫起來，那麼每個單篇作品就會超越其原有的局限，從整體中獲得新的生命，共同結合成為一個有機的完整結構，呈現出深遠的意義和文學內涵。當然，為了使結構不分散，每部作品一定會環繞一個中心的話題發展，呈現出既向中心集中又如輻射般的放射結構。

三、採用作者與講述者之間直接對應方式的話語

一般的文學敘事，受話者即是讀者，是一個不確定的群體。因此，可以確定的是一種個體（講述者）對群體（讀者）的單向對應話語。而口述紀實文學的講述者是受訪者，他雖是被採訪者的身分，卻是事件陳述的實際作者；在整個創作過程中，形式上，採訪者是次要身分出現，然而在受訪者與作者之間卻能夠形成一種直接而明確的個體對應關係，也只有在這種對應關係中才能產生真實、坦率、鮮活的話語，呈現著真相，吸引著讀者。

由於受到複雜社會關係和其他種種因素的限制，人在現實生活中的話語常常會加以偽裝，甚至於個人的自傳作品也不可信，往往最後呈現出來的是別人的他傳。因此，只有無直接利害關係的陌生人或事件的旁觀者，才可能講出真實的觀感。口述紀實文學中的作者（採訪者）與受訪者都是素不相識的陌生人，一般也不會繼續交往，因此，其間的個體對應話語成為最能坦露心扉、最真實的話語。

了解了口述紀實文學的特性後，接著我們回頭來探討白羅斯女作家亞歷塞維奇的文學作品；它是有關戰爭事件的口述紀實，這裡將進一步分析她的創作特色及其作品的價值。

亞歷塞維奇之所以會採用此種獨特的方式從事文學創作，主要是來自於童年的經驗。她曾如此描述這種經驗：「我們的男人都戰死了，女人工作了一整天之後，到了夜晚，便聚在一起彼此分享她們的心事。我從小就坐在旁邊靜靜聆聽，看著她們如何將痛苦說出來；這本身就是一種藝術。」除此之外，她的創作也深受亞當莫維奇（一九二七～一九九四）的影響，這位文學界前輩可以說是其寫作生涯的領航者。亞當莫維奇的作品《我來自燃燒的村莊》（一九七七），描寫二戰期間，隸屬蘇聯紅軍的白羅斯軍隊在前線與納粹德國的交戰情景，戰況慘烈，死傷人數多達白羅斯的四分之一人口。亞當莫維奇親自下鄉訪問生還者，這種寫作的模式和作品呈現的內容帶給了亞歷塞維奇莫大的震撼。

亞歷塞維奇也曾這樣描述自己的寫作方式：「我雖然像記者一樣蒐集資料，但可是用文學的手法來寫作。」她在寫一本書之前，都得先訪問好幾百個事件相關的人，平均需要花五到十年的時間。其實，透過採訪、蒐集資料，並非一般人想像的那麼容易。她也特別提到：「每個人身上都有些祕密，不願意讓別人知道，採訪時必須一再嘗試各種方法，幫助他們願意把噩夢說出來。……每個人身上也都有故事，我試著將每個人的心聲和經驗組合成整體的事件；如此一來，寫作對我來說，便是一種掌握時代的嘗試。」

亞歷塞維奇在文壇初露頭角的作品《戰爭沒有女人的臉》，就是以二戰為背景，對當時蘇聯女兵進行採訪的話語集結；這部作品在一九八四年二月刊載於蘇聯時代的重要文學刊物——《十月》，其主要內容是陳述五百個蘇聯女兵參與衛國戰爭的血淚故事。作品問世後，讚譽有加，評論界與讀者一致認為該書作者從另一種新的角度成功展現了這場偉大而艱苦的戰爭。當時，大家都難以置信，一位名不見經傳的白羅斯女作家，一位沒有參加過戰爭的女性，竟然能寫出男性作家無法感受到的層面。亞歷塞維奇用女性獨特的心靈觸動，揭示了戰爭的真實面，深刻陳述了戰爭本質的殘酷。她以非常感慨的口吻說：「按照官方的說法，戰爭是英雄的事蹟，但在女人的眼中，戰爭是謀殺。」

在這本文學作品的寫作過程，亞歷塞維奇用了四年的時間，跑了兩百多個城鎮與農村，用錄音機採訪了數百名參與這場衛國戰爭的婦女，記錄了她們的陳述，刻繪了她們的心聲與感受。作品最後做了動人的結語，它說到：戰爭中的蘇聯婦女和男人一樣，冒著槍林彈雨，衝鋒陷陣，爬冰臥雪，有時也要背負比自己重一倍的傷員。戰爭結束後，許多婦女在戰爭的洗禮下改變了自己作為女人的天性，變得嚴峻與殘酷；這也可以說是戰爭所導致的另一層悲慘的結局。

亞歷塞維奇成功讓這本書中的女人陳述了男人無法描述的戰爭，一場我們所不知道的戰爭面向——戰場上的女人對戰爭的認知。

男人喜歡談功勳、前線的布局、行動與軍事長官等事物；而女人敘述了戰爭的另一種面貌：第一次殺人的恐怖，或者戰鬥後走在躺滿死屍的田野上，這些屍體像豆子一樣撒落滿地。他們都好年輕：有德國人和我們俄國士兵。

接著，亞歷塞維奇又寫道：

戰爭結束後，女人也要面臨另一場戰鬥；她們必須將戰時的紀錄與傷殘證明收藏起來，因為她們必須回到現實生活再學會微笑，穿上高跟鞋、嫁人……而男人則可以忘了自己的戰友，甚至背叛他們，從戰友處偷走了勝利，而不是分享……

這本書出版後，亞歷塞維奇於一九八六年與其另一部著作《我還是想你，媽媽》獲頒列寧青年獎章。

《我還是想你，媽媽》基本上也是描述戰爭，只不過不是從女人眼光和體驗看戰爭，而是透過二到十五歲孩子的眼睛，陳述他們如何觀察成人的戰爭以及戰爭帶給家庭與人們的不幸。這部作品和《戰爭沒有女人的臉》一樣，它不是訪談錄，也不是證言集，而是集合了一百零一個人回憶發生在他們童年時代的那場戰爭。主角不是政治家，不是士兵，不是哲學家，而是兒童。書中匯集了孩子的感受和心聲：在童稚純真的年齡，他們如何面對親人的死亡，以及生存的鬥爭；在親眼目睹戰爭的殘酷與非理性時，他們如何克服心中的恐懼與無奈。書中雖然沒有描述大規模的戰爭場面，許多受訪的孩子都表示，從目睹法西斯份子發動戰爭、進行殘忍大屠殺的那一刻起，他們就已經不是孩子了。他們也不自覺學會了殺人。

……戰爭爆發的很長時間以來，一直有一個相同的夢折磨著我；我經常夢見那個被我打死的德國人……他一直跟著我不放，一直跟著我幾十年，直到不久前他才消失。當時在他們的機關槍掃射下，我目睹了我的爺爺和奶奶中彈而死；他們用槍托猛擊我媽媽的頭部，她黑色的頭髮變成了紅色，眼看著她死去時，我打死了這個德國人。因為我搶先用了槍，他的槍掉在地上。不，我從來就不曾是個孩子。我不記得自己是個孩子……

整體來說，毫無疑義，亞歷塞維奇的紀實文學擺脫了傳統戰爭文學的視角。與擅長描寫戰爭題材的蘇聯男性作家，如西蒙諾夫（一九一五～一九七九）、邦達列夫（一九二四～）、貝科夫（一九二四～二〇〇三）等人相較起來，她的作品既沒有表現悲壯宏大的戰爭場面，也沒有刻意塑造的英雄形象和歌頌衛國的民族救星，更沒有以戰爭作為考驗人民是否忠誠的試金石。亞歷塞維奇所關注的是對戰爭本身的意義及個人生命價值的思考；她力圖粉碎戰爭的神話，希望能喚起參戰民族自我反省的意識；她應該可以說是一位典型的反戰作家。

其次，就敘事的風格而言，亞歷塞維奇的口述紀實文學是透過實地訪談的資料整理，是眾多被採訪者的心聲所共構的合唱曲。其中除了清唱獨白，有詠嘆曲調，也有宣敘曲調。而作家既是沉默的聆聽者，也是統籌調度眾聲的協調者。作者從眾人深刻的內心感受和記憶中，拼貼出時代的悲劇，並喚起大眾對生命與人性尊嚴的重視。

亞歷塞維奇還有另外一部關於戰爭的紀實作品——《鋅皮娃娃兵》；它並非描述蘇聯人民衛國戰爭的作品，反而是敘述從一九七九年十二月蘇聯入侵阿富汗到一九八九年二月撤軍，這段期間所歷經的戰爭故事。這場戰爭的蘇聯士兵已經不是保衛國家的英雄，而是成為入侵的殺人者，變成破壞別人家園的罪犯。在這本作品中，亞歷塞維奇寫出了蘇聯軍隊的內幕，描述了蘇聯軍隊上下官兵的心態和他們在阿富汗令人髮指的行徑。

該作品同樣是由數十位與入侵阿富汗有關人員的陳述內容組合而成的。這場戰爭歷時長達十年，時間比蘇聯衛國戰爭多出一倍，死亡人數不下萬人，而且主要的士兵是一群年僅二十歲左右的青年，即稚嫩的娃娃兵。也就是說，他們將十年的青春葬送在一場莫名其妙的戰場廝殺中。《鋅皮娃娃兵》中的陳述者除了參戰的士兵、軍官、政治領導員外，還有等待兒子或丈夫歸來的母親與妻子等人，內容都是他／她們含著血淚的回憶。作品中幾乎沒有作者任何的描述，但是透過戰爭的參與者描述出來的潛在思維與意識，讓人有更深一層的感受。從這部作品開始，亞歷塞維奇對於生命有更高、更深的看法，也讓她的作品有了新的發展方向：她企圖更深入探討人類生命的意義、揭露人間的悲劇與人內心的觸動。

在作品的創作上，亞歷塞維奇宣稱自己是以女性的視角探討戰爭中人的情感歷程，而非描述戰爭本身；她不諱飾訪談者的錄音紀錄，以毫不遮掩的方式，試圖探索一種真實。然而，除了真實外，讀者也可以感受到作者的反戰意態和情感；她反對殺人，反對戰爭（無論何種戰爭），她想明白告訴人們，戰爭就是殺人，而軍人就是殺人的工具。亞歷塞維奇就是極力想喚醒人們的認知：戰爭是一種將人帶進情感邊緣的極端場景，而文學作家就是要在這種特殊環境下重塑人的心靈感受與情感世界。

在《鋅皮娃娃兵》的作品裡，亞歷塞維奇對阿富汗戰爭進行了深刻的反思，進而還原了士兵在戰場上的真實面目，例如一位普通士兵回憶他在戰場上殘忍地殺死阿富汗孩子的瘋狂行為，與回國後的心理矛盾和反思：

對於打仗的人來說，死亡已沒有什麼祕密了。只要隨隨便便扣一下扳機就能殺人。我們接受的教育是：誰第一個開槍，誰就能活下來；戰爭的法則就是如此。指揮官說：『你們在這裡要學會兩件事，一是走得快，二是射得準。至於思考嘛，由我來承擔。』他讓我們往哪裡射擊，我們就往哪裡射。我就學會了聽從命令執行射擊。射擊時，沒有一個人是可憐的，就算擊斃嬰兒也行，因為那裡的男女老少都在和我們作戰。有一次，部隊經過一個村子，走在前面的汽車突然馬達不響了，司機下了車，掀開車蓋……一個十來歲的孩子，一刀子刺入他的背後……正刺在心臟上。士兵撲倒在發動機上……那個孩子被子彈打成了篩子……如果此時此刻下了命令，這座村子就會變成一片焦土。每個人都想活下去，沒有考慮的時間。我們的年齡都只有十八到二十歲啊！但我已經看慣了別人死，可是也害怕自己的死。我親眼看見一個人在一秒鐘內變得無影無蹤，彷彿此人根本不曾存在過。

作品當中亦有許多母親敘述著她們接到兒子死訊或屍體時那種難以形容的傷痛，例如有一位母親每天到墓地去探望在戰爭中死去的兒子，持續了四年，內心的痛楚一直無法平復。

……我急急忙忙向墓地奔去，如同趕赴約會。我彷彿在那兒能見到自己的兒子。頭幾天，我就在那兒過夜，一點也不害怕。到了現在，我非常理解鳥兒為什麼要遷飛，草兒為什麼要搖曳。春天一到，我就等待花朵從地裡探出頭來看我。我種了一些雪花蓮……為的就是儘早得到兒子的問候……問候是從地下向我傳來的……是從他那兒傳來的……我在他那兒一直坐到傍晚，坐到深夜。有時候，我會大喊大叫，甚至把鳥兒都驚飛了，可是卻聽不見自己的聲音。烏鴉像一陣颶風掠過。牠們在我的頭頂上盤旋，拍打翅膀，這時我才會清醒過來……我不再大叫了……一連四年，我天天到這兒來，有時早晨，有時傍晚。當我患了血管栓塞症，躺在醫院病床不許下床時，我有十一天沒去看他。等我能起來，能悄悄走到盥洗室時……我覺得我也可以走到兒子那兒去了。如果摔倒了，就撲倒在他的小墳頭上……我穿著病服跑了出來……

在這之前，我做了個夢：瓦列拉出現了！他喊著：

「媽媽，明天你別到墓地來，不要來了。」

可是我來了，悄悄地，就像現在悄悄地跑來了。

彷彿他已不在那兒，而我的心也覺得他不在那兒了。

書中，來自各個階層類似這樣哀慟的敘述比比皆是。然而，這種真實情景的呈現，在讀者眼前，卻換來兩極化的批評。有人感動不已，感謝終於有人說出真相；但是，同時也招致了許多嚴厲的批評，有些民族主義者就認為作者在汙衊蘇聯軍隊所做出的貢獻；甚至還有人告上法院，認為這種陳述是誹謗為國家付出貢獻的人。對於這些批評，亞歷塞維奇也在其作品的最後書頁中忠實反映出來。例如，書中把某位以電話表達的讀者批評摘錄如下：

> 好吧！我們不是英雄，照你說，我們現在反而成了殺人的兇手——殺婦女、殺兒童、殺牲畜的兇手。或許再過三十年，說不定我會親口告訴自己的兒子：「兒子啊，一切並不像一般書中寫得那麼英雄豪邁，也有過汙泥濁水。」我會親口告訴他，但是這要過三十年以後……而現在，這還是血淋淋的傷口，剛剛開始癒合，結了一層薄痂。請不要撕破它！痛……痛得很……
>
> 您怎麼能這麼做呢！您怎麼敢往我們孩子的墳上潑髒水，他們自始至終完成了自己對祖國應盡的責任。您希望將他們忘掉……全國各地創辦了幾百處紀念館、紀念堂。我也把

兒子的軍大衣送去了，還有他學生時代的作業本。他們應該可以做榜樣！您說的那些可怕的真實，對我們有什麼用呢？我不願意知道那些！您根本就是想靠我們兒子的鮮血撈取榮譽。我堅信：他們是英雄！是英雄！您應當寫出關於他們優美的書來，而不是把他們當成砲灰。

亞歷塞維奇的戰爭紀實文學，表面上看來，是作家在受訪者面前傾聽並錄音，然後將這些口述的錄音資料轉成文字；而實際上，作者在這過程中並非單純的聽眾，她一方面要設法打開敘述者的沉痛記憶，同時必須將所有的痛苦先吞下，然後再吐出來，細細咀嚼，最後再組合成具有邏輯性、說服性、感性及共鳴性的文本。這對於受訪者與作者來說，她們的工作皆非易事。受訪者須遭受第二次的傷害，喚起他們沉重的回憶，共同回顧那段殘酷的歲月。通常他們開始講述的時候，語調還很平靜，講到快結束時，他們已經不是在說，而是在嘶喊，然後失魂落魄地呆坐著；那一刻，作者真覺得自己是個罪人。另外，還有許多自阿富汗回來的受訪士兵對作者的詢問懷有敵意，他們不願打開傷痛的記憶；有的退伍士兵走了，有的不願意說，有的又回頭再來找到作者。

亞歷塞維奇在這本書的後記放上了自己的日記談到，她是**「透過人說話的聲音來聆聽世界的」**，這是作者觀察世界的一種方法。開始，她覺得前兩部戰爭作品的「講話體」會成為之後寫作的障礙；然而，作者的擔心似乎成了多餘之物。亞歷塞維奇不願在作品中時時刻刻地重複自己的角色及自己的觀點。她在寫作中認為，將娃娃兵們從日常生活、學校、音樂、舞蹈等地強拉出來，投入汙穢的戰場之中，將會扭曲他們的價值觀，以為自己參加的是偉大的衛國戰爭。但是，有一天他們終究會了解，自己投入的是另一場不是保國衛民的戰爭。引用某些娃娃兵的話說：**「我本想當英雄，如今我卻不知道自己變成了什麼人」**；根據這樣的訪談，亞歷塞維奇深信，總有一天，人性會覺醒的。顯然，口述戰爭紀實文學讓人以多角度的途徑看到了事件的真實面向，其作品帶給人們的震撼和感動，不亞於傳統的書寫文學經典，它們必然會在歷史的記憶中留下足跡。

除了上述三部戰爭題材的作品外，亞歷塞維奇的另外三部作品寫的是人類的災難：《被死亡迷住的人》寫的是政治災難；《車諾比的聲音》寫的是生態的災難；而二〇一三年的《二手時代》則是闡述共產主義的災難。

其中，《車諾比的聲音》描述一九八六年四月二十六日車諾比核電廠發生嚴重爆炸的核洩漏事故，該事故造成了蘇聯人生命與財產的巨大損失，並震驚了全世界。車諾比核電廠雖然位於烏克蘭境內，但由於氣流風向等因素，受害最嚴重的反而是相毗鄰的白羅斯，導致的災害難以估計。於是，亞歷塞維奇再次投入蒐集傷亡文獻的創作，著手書寫另一部口述紀實文學作品。與過去不同的特點在於此次的主題由戰爭轉向了人與科技發展、人與自然關係的哲學思考。

《二手時代》是屬於晚近的作品，談的是蘇聯瓦解前後之間各加盟共和國人們的生活寫照。蘇聯解體前後，許多曾經活在蘇聯時代的人認為，七十多年來馬、列實驗室的最大貢獻在於創造出獨特進化類型的人種——「蘇維埃人種」——這個詞充滿了負面的涵義，諷刺當年的共產主義政權堅信蘇聯體制將創造一個嶄新的、更進步的新蘇維埃人。然而，到了一九九一年的年終，這個夢想終究幻滅了。蘇聯解體後，人們極力避免去談它，現在二十多年過後，人們從創傷中走出來，反而開始回憶那段屬於彼此的共同歲月。這種情感的失落及殘餘，亞歷塞維奇有著深入的觀察及細緻的描述，她這樣寫道：

共產主義有很瘋狂的計畫——改造亞當「舊」人。而這件事實現了……，也許是唯一的，但是做到了。七十多年以來，馬克思——列寧實驗室製造出獨特的人種——蘇維埃人。有些人認為這是悲劇性的人物，有些人稱他為蘇維埃公民。我知道這個人，我和他很熟識，我在他身旁，並肩活了多年，他就是我。這是我認識的人、朋友、父母。若干年以來，我走遍了前蘇聯，因為蘇維埃人不只是俄國人，他們也是白羅斯人、土庫曼人、烏克蘭人、哥薩克人……。現在我們住在不同的國家，說著不同的語言，但是我們不會和其他的人弄混，你立即就認出他們！我們所有的人都是從共產主義走過來的人，與其他世界的人相像，但又不相似：我們有自己的字典，自己對善與惡、悲哀與苦難的認知，我們對死亡有特別的態度。我所抄錄的小說裡，那些「射擊」、「槍決」、「整肅」、「驅離」等字眼已漸漸被拿掉，或者蘇聯時期的用語，如「逮捕」、「十年無權通信」、「移民」都消失了。個人的生命價值多少？如果我們還記得不久前才死了好

> 幾百萬人。我們充滿了恨與偏見。所有的人都從「古拉格」（集中營）和可怕的戰爭走來。集體化、清算富農、人民大遷徙……

事實上，亞歷塞維奇本人可能也存有部分的「蘇聯人」殘留意識或情感；她承認自己在寫《二手時代》的時候，還是能感受到史達林不只是無所不在，甚至曾經是生活的價值座標。**「……我們告別了蘇聯時代，告別了那個屬於我們的生活。我試圖忠實聆聽這部社會主義戲劇每個參與者的聲音……。」**接著，她又回頭去探索人們對那一段歷史的殘留感情，**「歷史其實正在走回頭路，人類的生活沒有創新……多數人仍活在『用過』的語言和概念，停留在自己仍是強國的幻覺裡……」**。受到這種「蘇維埃人」殘留的優越感，這些人對於外來的挑戰，油然發出了對抗的意識，亞歷塞維奇談到：「**……莫斯科的街頭，到處都可聽到有人在辱罵美國總統歐巴馬，全國人的腦袋裡住著一個普丁，相信俄羅斯正被敵國包圍。**」

從人類文明的進化路程來看，人類行為雖然一再犯下重複性的錯誤，然而透過文學作品的記錄與反省，深刻認知到人類具有的殘酷本質，也讓人們能夠從歷史的真相與經驗中學習與成長，期待能夠在上帝的救贖下，引領自我救贖，創造和諧的世界。

二〇一六・八・十五

■二〇一六年初版導讀

苦難與英勇的紀念碑

歐茵西／台大外文系退休教授

二〇一五年十月八日，瑞典諾貝爾基金會宣布，當屆諾貝爾文學獎頒予白羅斯女作家亞歷塞維奇（Svetlana Aleksandrovna Aleksjeevitch，一九四八～），稱許她豐富多元的書寫為當代世人的苦難和英勇樹立了紀念碑。她是第六位獲此殊榮的俄文作家。其他五位：一九三三年布寧、一九五八年巴斯特納克、一九六五年索洛霍夫、一九七〇年索忍尼辛、一九八七年布洛茨基，僅《靜靜的頓河》作者索洛霍夫獲蘇聯官方認可，餘皆作品遭禁，或被迫流亡國外。亞歷塞維奇的經驗相似，曾一再受阻於惡意審查。二〇〇〇至二〇一一年，移居西歐、北歐，獲英、美、法、德等地多項文學獎，西方讀者對她並不陌生。台灣因距離遙遠，一般對白羅斯所知有限。為便利讀者諸君了解本書意涵及作者思維，謹就若干背景略作補充。

白羅斯南方為烏克蘭，西鄰波蘭，西北與立陶宛、拉脫維亞接壤，北部、東部連俄羅斯，長期與俄羅斯歷史、政治關係密切。白羅斯語、俄語皆官方語言，俄語使用率較高。俄共革命後，一九二二年併入蘇聯，為加盟共和國。一九二九年起，實施農業集體化（即集體農場或稱集體農莊）。一九三九年九月，納粹德軍入侵波蘭，二次大戰爆發。一九四一年六月，德軍占領白羅斯，向列寧格勒（今聖彼得堡）、莫斯科推進。一九八六年烏克蘭車諾比核爆，微塵百分之七十散落白羅斯土地上。戈巴契夫時期（一九八五～一九九一）政治改革，文化開放，亞歷塞維奇作品獲准出版，本書俄文版銷售逾兩百萬冊。一九九一年八月獨立，改名白羅斯共和國。十二月，蘇聯解體，與俄羅斯、烏克蘭聯合為獨立國協。一九九四年，忠於俄羅斯的魯卡申科（A. G. Lukashenko，一九六四～）當選白羅斯共和國第一任總統，至二〇一五年十月數度連任，迄今在位。

本書末附錄作者〈創作筆記摘錄〉，從一九七八年說起：「我在寫一本關於戰爭的書……」為什麼要寫？難道戰爭故事、戰爭電影還不夠多？死亡的描述還不夠驚人？「童年時期，在學校、家庭，在婚禮、洗禮、葬禮上，我便被長輩回顧戰爭的驚恐與憂傷包圍，死亡的問題在我腦際盤旋不去，從此沒有停止對它的思考。」亞歷塞維奇體認，死亡是生命最深刻、最根本的奧祕。書寫戰爭應有更寬闊的視野，不能只敘述戰事，唯有努力探索生與死的真相，才可能對世人有益。「我不寫戰爭，寫戰爭中的人。不寫戰爭史，寫戰爭中的感情和心靈。」有關戰爭的一切，一向來自男人之口，上過前線的女人何以緘默不語？女人能看見男人看不到的東西，有自己的思想和語言，為什麼不能訴說自己的生活，表達自己的感情？所以亞歷塞維奇決定寫這場戰事，但要出自女性的角度，寫女人的故事。

完成一本書，亞歷塞維奇通常需要三至四年。為此書，整整兩年，她閱讀資料，跋涉全國各地，尋訪數百名從戰線歸來、如今（四十年後！）垂垂老矣的女人。數百卷錄音帶，收錄她們的血淚回憶。當年她們十五至三十歲，原是青春少女、普普通通的女人，平平凡凡地活著。情勢驟變，火車載走了她們，留下年幼弟妹和高齡父母。這些女人緊急受訓，學習裝拆狙擊槍、實彈射擊、投擲手榴彈、挖掘掩蔽體……，成為軍中各種專業人員：通信兵、狙擊手、工兵、步兵、護士、醫生、機槍手、偵察員、調度員、司機、飛行員、解碼員、高射機槍手、衝鋒槍手、裝甲車鉗工、偵查員、游擊隊員、火車司機、掃雷員……。她們剪去長髮，取下耳環，穿上男性衣褲（包括男人內褲），蓬頭垢面，所有女人都失去了女性氣息，都男性化了。

春天，打完靶回營房路上，女兵摘下一束紫羅蘭，紮在槍桿上，遭營長大聲訓斥：「你是軍人，不是採花女！」傷兵愈來愈多，到處是死人，只能在樹林裡草草挖個坑，屍體放入坑裏，覆上泥土，沒有棺材，沒有儀式。戰爭是每時每刻都在埋葬死人。冬天，一批凍僵的德兵俘擄走過，其中一名士兵，一個年輕小男生，臉上淚水凍結成冰。「我推著板車和麵包去食堂。他的眼睛離不開我的推車……我拿出麵包，掰了一片遞給他。他拿在手中，不敢相信……。當時我的心裡是幸福的，為自己的不仇恨而幸福，也為自己的行為驚訝。」

這些女人常須背負傷兵，武器裝備當然不可丟失，重量超過自己體重一倍以上。「我穿著男人褲，戴著男人帽，用膝蓋跪著爬行，身上背著傷兵，不敢想還有可能直立行走。那年我十七歲，不知道自己能不能活到十八歲。」也常急行軍二三十公里，或深夜一個人在墳場上站崗。搶救傷兵時，有人自己嚇暈過去。進行截肢手術時，傷者用盡俄語所有罵人的話，照護者身上濺滿血跡。那幾年，前線女兵做牛做馬做男人。生理機能異變，視力衰退，關節腫脹，腎下垂，內臟移位，沒有月信，戰後發現，失去了生育能力。

德軍占領白羅斯初期，解散集體農場，分給民眾土地，人們付地租，為脫離史達林體制高興。不久，德方便將占領區視同殖民地，強暴、虐待、殘殺，不遺餘力。還燒毀房舍，帶走牲畜，許多村莊完全被毀。居民對德軍從擁護轉為仇恨，許多人進入森林，參加游擊隊。「草叢和樹葉上的露珠那麼晶瑩剔透，清澈明亮。大自然與人類社會的反差那麼鮮明。……我和媽媽學機床車工，十二小時站在機器旁，忍飢挨餓，只有一個念頭：上前線去。」「爸爸陣亡，哥哥也犧牲了。死或不死，對我已沒有什麼意義。」「我不是女英雄，不想死。我怕黑、怕開槍，怕進入叢林，怕野獸。無法想像遇上狼或野豬，該怎麼辦？小時候連狗都怕。在游擊隊學會使用手槍、步槍、機槍，還學會除了刀鏟以外沒有任何武器時，怎樣跟敵人搏鬥，也不再害怕黑暗和野獸了。」「兵役委員會貼出公告：需要司機。我就是司機訓練班出來的，學過六個月駕駛。訓練班有很多女生，我們組成整整一個汽車營。開車做什麼？就是每次戰鬥結束後去收屍。戰場上到處是散落的屍體，都是年紀輕輕的小夥子。有一次，發現一名少女的屍體躺在地上，所有人都沉默不語……」

一九四五年四月希特勒自殺，五月德軍投降，歐戰結束。戰後很長的時間，人們仍活在痛苦中，流不盡的淚……「從戰場回來，我已成了另一個人，與死亡建立了一種非同尋常的、奇特的關係。」「在前線，見的死人那麼多，我們習慣了與死人為伍，在屍體旁吃飯、聊天。死去的人不在遠方，不在地下，像和平時期一樣，在我們身旁，與我們同在。」

戰場上，男人女人心中的信念首先來自對祖國之愛，相信那是偉大的東西，也相信史達林，為此英勇奮戰。然而，共產黨並不信任他們。一位受訪者說，勝利後，在前線四年的丈夫返家，只待了一夜，就被帶走。因為他曾經被俘，調查人員大聲喝斥：「你為什麼還活著？為什麼還活著？」史達林說過，軍人不能被俘，誰被俘擄，誰就是叛徒，叛徒是人民公敵。換句話說，被俘之前，必須自我了斷。她的丈夫關入了勞改營，七年之後才回來。「等了十一年。這段時間，我也被視為人民公敵，是叛徒的妻子。戰前我是教師，戰後到學校申請當清潔工，不被接受。我充滿困惑，只能沉默不語。現在我想問：我們數百萬士兵和軍官被俘，究竟是誰之過？即使今天，我仍恐懼害怕……」書中另有多處，記述人回來了，卻立即被自己人槍斃……

一位女兵直言：「我想保衛的是祖國，不是革命理想的叛徒史達林。」她的朋友奧克薩娜來自烏克蘭，那裡原是土壤肥沃的穀倉，卻因農業集體化導致嚴重歉收，七百萬至一千萬人死於大饑荒，史達林坐視不顧，繼續強制徵收糧食，繼續以殘酷手段整肅異己。戰爭期間，蛤蟆、老鼠都沒了，被吃掉了。奧克薩娜的村子死了一半的人，她的親人都死去，只剩她一個人活下來。奧克薩娜吃集體農莊的馬糞，「馬糞熱的放不進嘴裏，冷的才行，凍的更好，聞起來像乾草。」

俄國反猶主義亦開始甚早，沙皇時代，猶太人即備受歧視。蘇聯時期，黑海岸奧德薩的屠猶事件，烏克蘭基輔附近巴比亞山谷的大屠殺，亂葬坑裡堆積數萬屍體，都令人難以理解，不寒而慄。奧克薩娜說，她父親是歷史老師，相信總有一天，史達林會為他的罪行付出代價。父親走了，懷著憾恨。

希特勒以獨夫野心挑起戰爭，納粹的種族歧視與對猶太人的殘酷虐殺，無疑是重大惡行。亞歷塞維奇呼籲悲劇莫再重演，她的悲憫是本書重要價值，讀者不能忽略。

對俄國人而言，二十世紀世紀德蘇之戰是他們的第二次衛國戰爭，第一次衛國戰爭是一八一二年俄法之役。兩次衛國戰爭，俄國人都全民堅毅，力抗外敵，是拿破崙和希特勒徹底失敗的決定性戰事。托爾斯泰的《戰爭與和平》與亞歷塞維奇的《戰爭沒有女人的臉》前後呼應，值得世人深思。

■二〇二四年再版導讀

陰性的戰爭異音

鄭芳婷／台灣大學台灣文學研究所副教授

戰爭其實從未遠去：我們如今所身處的時空，是帝國威權、殖民遺緒、新自由主義、科技奇點與多元批判纏繞互構的流變體。人們自感浩瀚，彷彿我們將攜手進入另一個嶄新的次元，即便是極小的動作，傾刻間似乎也能震攝世界；人們同時自覺蚍蜉，因為微觀世界的量子現象，使我們愈來愈洞悉自己的無知，天災人禍交替橫行，更使我們無助、倦怠且時時遁入幽暗。

戰爭或者從未像此時此刻，是如此迫在眉睫的議題：冷戰以不同的形式雖死猶存，俄烏戰爭、以哈戰爭、蘇丹內戰、埃塞俄比亞內戰、衣索比亞與提格雷人民解放陣線的流血衝突、伊朗與以色列之間的劍拔弩張、中國對台灣的文攻武嚇，這些看似區域性的戰事實則早已在經濟與生態的全球化鏈結之中衝擊到世界的每一個角落。此中，我們所有人皆不可能是局外人。

正是在這樣的脈絡下，斯維拉娜・亞歷塞維奇（Светлана А. Алексиевич）的《戰爭沒有女人的臉》（*У войны не женское лицо*）乃是必讀的經典。這部作品於一九八五年出版，至二〇〇二年改寫完，其繁體中文版於二〇一六年推出，時隔八年，歷經多番疫情與戰爭，如今再版，世界已然又是另一種情景，更加顯現了這部作品的重要性。亞歷塞維奇於一九四八年出生於烏克蘭，爾後舉家遷返白羅斯。她畢業於新聞學系，並以此為志業，卻因批判當權者而屢遭審禁與竊聽，而後更因此被迫離開家鄉，流亡歐陸國家。她最重要的著作，包括《我還是想你，媽媽》、《鋅皮娃娃兵》及《二手時代》，皆揉合「文獻文學」的新體裁，以極富感情與詩意的文字刻畫東歐近四十年來因戰爭創傷及政權變遷而鑿出的集體敘事與個人記憶。

「文獻文學」與報導文學不同，兩者雖都有強烈的紀實性：但前者以文獻資料的呈現為主軸，作者看似隱匿缺席，實則有如策展人，籌畫了呈現的邏輯與構圖；後者則是描繪真實事件的敘事性文學，作者因此明顯存在於文本中。在《戰爭沒有女人的臉》中，亞歷塞維奇將她花費數年時間蒐集而來的訪談資料進行裁減與組織，同時也置入她自己的提問、思考與反饋，由此交織出一幅氣勢滂礡卻又紋理細膩的眾聲喧嘩（heteroglossia）文學景觀。這樣的景觀誠然與俄羅斯的口述傳統有關，也同時讓我們想起契訶夫（Антон Павлович Чехов）為人所知的寫實主義論述。在《櫻桃園》（*вишнёвый сад*）中，劇中家族面臨著宅邸被拍賣抵債的壓力，眾人雖各提解方，卻無人實際行動，最終宅邸出售，櫻桃樹應聲倒下，人去樓空。此劇呼應著亞歷山大二世於一八六一年推出的解放奴隸政策對於舊貴族勢力的衝擊，但值得注意的是，契訶夫棄絕當時蔚為主流的「佳構劇」（well-made play）技法，反藉由一種逼真至失焦的「生活切片」，以求真實地描述社會。於是，我們看不到任何通俗劇（melodrama）式的戲劇化情節或史詩劇場

（epic theater）的英雄謳歌，而是一幕幕零散、多線、去中心的對話場景，然而，正是在這樣的場景中，屬於個人的各種微小、衝突、矛盾與反覆卻無比清晰且震攝人心，甚至瓦解了屬於國家與民族的宏大敘事（grand narrative）。在《戰爭沒有女人的臉》中，司機、醫生、護士、步兵、射手、接線生、衛生員、通信兵、狙擊手、飛行員、偵查員、洗衣隊、高射砲手、高射機槍手、衝鋒槍手、密碼破譯員、游擊隊聯絡員以及更多曾經參與二戰的人物，各自陳述了她們活生生的經歷與創傷，但即便是在亞歷塞維奇的裁減與組織中，這些陳述完全無法被統整為一種聲音，它們各自哀悼、悲鳴、喃喃自語或是義正嚴詞，但總是溢出了任何將它們同質化的企圖。在書末的〈創作筆記摘錄〉中，亞歷塞維奇提及有人要求她不要拘泥於瑣事並聚焦在戰爭的榮光，她也將各種「審查部門刪除內容摘錄」陳列於後，讓環繞著這部作品的各種異音並陳，揭露了紀實作品的不易與牽扯；這樣的一部作品從來不可能獨自存在，它必定長於各種脈絡，甚至這些脈絡就是它的一部分血肉。

亞歷塞維奇自承受到亞當莫維奇（Аляксандр Міхайлавіч Адамовіч）寫作技法的影響。後者出版於一九七七年的作品《我來自燃燒的村莊》（*Я из огненной деревни*），正是透過二戰生還者的面對面訪談資料，呈現白羅斯軍隊與納粹德國的交戰記憶。但是，《戰爭沒有女人的臉》的另一項重要貢獻，是其嘗試從女性的聲音與視角回溯戰爭細節。從古至今，戰爭往往被詮釋為陽剛之事，參與戰事的個人與集體也多半被建構為面向陽剛的積極主體；此中，陰性（femininity）成為必得賤斥（abject）、消除之晦暗之物，以免玷污戰爭的英雄浩偉想像。然而，正是戰爭的陽剛框架使其自身成為暴虐與非人，並且遮蔽了內部長期以來積累的性（別）暴力系統。亞歷塞維奇說，「女人的戰爭，是伴隨著氣味、色彩、微觀生活的戰爭」，她筆下的戰爭，是透過那些往往被視為難登大雅之堂的日常細節慢慢堆疊出來的，而非政府文宣或教科書上的各種編年或槍械與死傷數據。正是這些陰性的吉光片羽，讓戰爭不再居高臨下，轉而成為記憶的交雜場域，讓各種相異的聲音、畫面、味道與觸感終究揭露了單一意識形態的不可能。

回望台灣，女性官兵近年人數大幅增長，有關戰爭與性別的議題也逐漸受到矚目。實際上，台灣的國防部也曾出版女性官兵口述歷史，分別是二〇〇五年《巾幗英雄：女青年工作大隊口述歷史》及二〇二〇年《巾幗英豪：國軍女性官兵訪問紀錄》。然而，由於這兩部作品乃由國防部官方策劃與出版，其標題與內容仍然難脫對於戰爭的榮光想像，訪談對象更可能礙於其現職軍人身份而有受到限制，甚至為呼應政府近年的性別平權政策而迫於不斷力證其所身處軍事場域的「平等」與「自由」，反而遮蓋了內部的暴力與壓迫。由此而觀，《戰爭沒有女人的臉》所呈現的眾聲喧嘩以及其所引發的爭議與思辨，或者正是體現了戰爭與性別交織議題的艱難與未竟。

確實，我們或許從來沒有身處戰爭之外，只是如今的混合戰爭（hybrid warfare）早已超出了軍械砲彈式的傳統認知。如何在如此危殆且難料的當代情境中，思索團結共榮的解方，是如今所有人類必須一起面對的命題。亞歷塞維奇筆下富饒飽滿的陰性異音，讓我們體會了受弱（vulnearability）與相依（interdependence）的力量，藉由這種力量，我們方能真正凝視周遭的硝煙，與硝煙中無比真摯的人。

本書在二〇一六年初版中的「白俄羅斯」一詞，已於此次二〇二四年新版改為「白羅斯」。以往習慣譯為「白俄羅斯」，二〇一八年三月十六日白羅斯大使館聲明表示「白羅斯」為正確譯名，新版以此作調整。

「歷史上，最早何時有女性出現於軍中？」

「早在西元前四世紀，古希臘軍中就已經有雅典和斯巴達女性士兵了。後來，還有女性參加了馬其頓的亞歷山大遠征軍。

俄羅斯史學家卡拉姆辛曾寫過我們先輩的故事：『斯拉夫女人有時與父親和丈夫並肩作戰，她們不畏懼死神：在西元六二六年，那場君士坦丁堡大圍困的激戰中，希臘人就在戰死的斯拉夫人中發現過許多女性屍體。母親生養孩子，就是為了培育戰士。』」

「那麼在近代史中呢？」

「最早的紀錄出現在一五六〇年至一六五〇年之間。那時候，英國人開始創辦醫院，那時在醫院工作的就是女兵。」

「在二十世紀，女性又是怎樣從軍的？」

「在二十世紀初，第一次世界大戰期間，英國就已經開始徵召婦女參加皇家空軍了。同時建立了皇家預備役兵團和女子汽車運輸軍團，人數達十萬之多。

在俄國、德國和法國，也有很多女性在戰地醫院和護理列車上服務。

而在第二次世界大戰期間，全世界都見證了女性的非凡壯舉。在全球眾多國家中，所有軍種兵種都有女性在服役：英軍有二十二萬五千女兵，美軍有四十五萬到五十萬女兵，而德國軍隊中的女兵則有五十萬人……

至於蘇聯，軍中的參戰女性更是達到一百萬人。這些女人掌握了所有軍事專業技術，包括那些『絕對男人』的崗位。這種現象甚至導致了一些語言詞彙問題：坦克兵、步兵、衝鋒槍手，這些專業在二戰之前沒有任何女人擔任過，所以根本沒有陰性名詞存在。正是在戰場上，才產生了這樣一批陰性名詞……」

——摘自與一位歷史學家的對話

我不想去回憶

　　這是一幢坐落在明斯克近郊的三層舊樓房，是戰後迅速出現的建築群之一，周圍早已長滿了優雅的茉莉花。從這幢房子開始的尋訪持續了七年，那是驚愕不斷又肝腸寸斷的七年，是為我自己打開戰爭世界的七年，那是一個我們要畢生去思索和解密的世界。

　　我體驗痛苦，品味仇恨，經歷誘惑，既有溫情又有困惑……我試圖理解死亡與殺人之間的區別何在，人性與獸性之間的界限何在。人怎麼能與如此瘋狂的想法共存：他們竟然有權去殺死同類？而且是理直氣壯地殺戮！我發現，除死亡之外，在戰爭中還有很多其他的事物，我們平常生活中的一切，在戰場上也都有。戰爭，也是一種生活。我和無數的人性真相發生激烈碰撞，疑團重重。我又開始冥思苦想那些早就存在、卻百思不得其解的問題。比如我們為何對於惡行毫不奇怪？莫非我們內心本來就缺乏對惡行的驚恐嗎？

　　長路漫漫，跋涉無盡頭。我走遍了全國各地，幾十趟旅行，數百盒錄音帶，幾千公尺長的磁帶。採訪了五百多次，接下去我就不再計算了。那些面孔逐漸從我的記憶中離去，留下的只是聲音。在我的腦海裡，那是一種和聲，是無數人參與的大合唱，有時幾乎聽不見歌詞，只聽見哭聲。我承認自己經常會猶豫，不知道這條路我能否撐得下去，能否披荊斬棘，但我還是要走到底。有那麼一些時候確實出現了疑慮和恐懼，想停下來或者打退堂鼓，但是我已經無路可退。我已經被憤怒牢牢抓住了，望著那無盡的深淵，就想一探究竟。現在我似乎已經悟出了某些道理，可是愈悟出道理，問題就變得愈多，答案則更顯不足。

在踏上這條征途之初，我沒有料想到會是這樣的結果。

把我吸引到這兒來的，是出現在報紙一角的小新聞，內容提到不久前在明斯克的一間汽車工廠裡，人們歡送了已屆退休之齡的主任會計瑪麗亞．伊萬諾夫娜．莫羅卓娃。報上說，她在戰爭中曾當過狙擊手，十一次榮獲戰鬥獎章，狙擊紀錄是擊斃了七十五名敵軍。就一般人的想像，很難把這個婦女的軍人身分與她在和平時期的工作聯想在一起。看報紙上的照片，只是一名相貌普通的婦人，誰也想不到她曾經是個槍手。

這是一個瘦小的女人，像少女一樣把長辮子楚楚動人地盤在頭頂上。她坐在大圈椅裡，雙手捂住臉孔，說道：「不，不！我不想再回憶起那個時候，我做不到……到現在我還沒辦法看戰爭片。那時我還是個小女孩，一邊做夢一邊長大，一邊長大一邊做夢。但就在我做夢的年紀，戰爭爆發了。我甚至有些不忍心講給你聽……我知道我要講些什麼……你真的想知道這些嗎？我就像對女兒一樣問你……」

接著她又驚訝地問我：「幹嘛來找我？你可以去跟我丈夫談，他最喜歡說起往事了。指揮員叫什麼名字，將軍叫什麼名字，部隊的號碼是多少，他全記得。但我不行，我只記得我自己的事，記得我自己的戰爭。雖然生活在人群裡，但總是形單影隻，因為在死亡面前，人永遠是孤獨的。我能記住的就是那種陰森恐怖的孤獨感。」

她請求把錄音機拿開：「我得看著你的眼睛才能說，這玩意兒會妨礙我的。」

可是沒過多久，她就把錄音機的事給忘了……

以下摘錄自瑪麗亞．伊萬諾夫娜．莫羅卓娃（上等兵，狙擊手）口述。

「我的故事很簡單，一個普通俄羅斯姑娘的平凡故事，當時這樣的女孩很多。

我的故鄉在狄雅柯夫村，位於現在莫斯科的普羅列塔爾區。戰爭爆發時，我還不滿十八歲，辮子很長很長，都到了膝蓋。沒有人相信戰爭會打這麼久，人人都在盼望戰爭快點結束，馬上就能把敵人打跑。我進了集體農莊，然後修完了會計課程，開始工作。然而，戰爭還在持續著……我的閨密都在議論：『我們應該上前線去。』空氣中已經瀰漫著火藥味，我們先報名參加了兵役委員會的訓練班，可能和誰搭檔都不知道。我們在訓練班裡學會了實彈射擊和投擲手榴彈。起初，槍拿在手上都覺得害怕，渾身不自在，無法想像自己會開槍殺人，只是簡單地想上前線而已。在四十人組成的班級裡，我們村子有四個女孩，都是好朋友，而鄰村有五個女孩，每個村幾乎都有一些人進來訓練營，而且清一色是女孩，男人們凡是能上前線的都已經去了。有時傳令兵會在深更半夜突然到來，讓我們去野外集訓兩個小時，甚至我們在田裡工作時就被叫去訓練（她沉默了一會兒）。我現在不記得我們是不是有跳過舞，就算開過舞會，也是女孩和女孩跳，村子裡已經沒有半個小伙子了。整個村子一片死寂。

不久，共產主義青年團（以下簡稱共青團）中央號召青年挺身保衛祖國，因為德軍已經逼到莫斯科城下。怎麼能讓希特勒奪取莫斯科？我們不放行！不光是我，所有的女孩都表示了上前線的願望。我父親已經打仗去了。本來我們還以為，只有我們這樣的人才會積極要求上戰場，我們與眾不同……可是等我們到了兵役委員會時，看到已經有很多女孩在那兒了。我喘著粗氣，心咚咚跳得厲害，都快要噴火了。挑選非常嚴格。首先，必須得有健康強壯的身體。我擔心他們不要我，因為我小時候常常生病，用媽媽的話說，小身子骨很弱，所以其他孩子經常欺負我這個小不點。其次，如果想參軍的女孩是獨生女，也會被刷掉，因為不能把母親一個人留在大後方。可憐天下父母心，我們的媽媽也是淚眼汪汪地又罵又哀求我們不要來報名。幸虧我還有兩個妹妹和兩個弟弟，雖然年紀都比我小得多，但論條件，我是符合了。

最後還有一樁麻煩事：集體農莊的主席不放我們走，因為如果我們全都離開了，田裡的工作就沒人做了。總之，我們一起到了共青團區委，在那兒碰了一鼻子灰。於是，我們以本地區代表團的身分去找州團委，大家群情激昂、熱血澎湃，結果還是被送回家。後來我們決定，既然我們人在莫斯科，乾脆就到共青團中央黨部，直接去找第一書記，使命必達！那麼，我們當中派誰去報告？誰有這個勇氣？後來我們想，索性大夥兒一起去吧。可是，我們連中央黨部的走廊都擠不進去，更別說見到書記了。從全國各地來的青年都聚集在了這裡，很多人還是從敵軍占領區突圍出來的，想要為死難親人報仇。全蘇聯各區都有人來……簡單來說，那時我們看到眼前人山人海的情景，頓時不知所措了。

等到了晚上，我們總算見到了書記。他問我們：『你們連槍都不會拿，就想上前線了？』我們異口同聲回答：『我們已經學會了。』『在哪兒學的？學得怎麼樣？你們會包紮嗎？』『您知道，就是在兵役委員會舉辦的訓練營，地區醫院的醫生也教過我們包紮。』這下子書記不再說話，也不再小看我們了。我們手裡還有張王牌：『不僅是我們這幾個人，還有四十多個人在家鄉等著呢，她們全都會射擊，也具備急救知識。』書記聽了就對我們說：『回去等著吧，你們的問題會妥善解決的。』我們回村子時，簡直快興奮死了，我永遠都忘不掉那個時候……沒錯。

過了整整兩天，通知書送到了我們手裡。

我們去兵役委員會報到，從一個門被帶進另一個門。我原來留著一條漂亮又驕傲的長辮子，但等我走出兵役委員會時，辮子已經不在了，我剪了一個女兵頭，原來的裙裝也被收走了。當時我來不及把裙子、辮子交給媽媽，我想她一定很希望留在身邊。我們當場換上了套頭軍服，戴上了船形帽，領到了後背包，然後被送上了運貨列車——載運稻草的列車，新割的稻草還散發著田野的清香。

貨車裡滿溢著快樂。真不幸，我們竟然還互相鬥嘴取樂，我記得當時很多人都在哈哈大笑。

火車載著我們朝哪兒去呢？不知道，我們也不在乎。只要是上前線就行了。大家都在為祖國打仗，我們也要加入。我們抵達了謝爾柯沃車站，離此不遠處有一所女子射擊培訓學校。聽到我們要被訓練成狙擊手，大家都樂壞了，這可是正經事，我們要開槍了。

學習開始了，各種勤務及法規我們都得絕對服從：警衛、紀律、偽裝、化學防護等等。每個女孩都很努力，我們不僅學會了閉著眼睛填裝及拆除狙擊槍，還有確定風速、瞄準移動目標、測定距離、挖掘掩體、匍匐前進等等技術也全掌握了，一心只想著快點上前線，向敵人開火。在結業考核時，我的兵器作業和攻防戰術隊形作業都得了「全優」。我記得，最苦惱的是緊急集合，五分鐘內就必須整裝完畢。我們把長統靴按尺碼排成一、二、三、四號，好盡快穿上以免耽誤時間。在五分鐘內，我們必須穿好衣服、皮靴，並且排好隊。常發生這種情況，我們光著腳穿長統靴就去排隊，有個小丫頭險些把腳凍傷。班長發現後，訓了我們一頓，然後教我們怎樣裹包腳布。他在我們耳旁嘮嘮叨叨：『丫頭們，我什麼時候才能把你們訓練成戰士，而不是德國鬼子的活靶呢？』丫頭們，丫頭們……所有人都對我們憐香惜玉，這使我們感到很委屈，我們不需要他人的同情。難道我們不能和大家一樣，都是勇敢的戰士嗎？

太好了，我們總算上了前線，就在奧爾沙一帶。我們被分在第六十二步兵師，至今我還記得師長是波羅特金上校。他一看到我們就火大了：『這不是硬把人家不要的小丫頭塞給我嗎？你們是女子合唱團，還是舞蹈團？這是打仗的地方，不是讓你們來這裡唱歌跳舞的！戰爭很殘酷……』可是接下來他就招待我們去他那裡吃飯。我們聽見他問副官：『我們還有配茶水的甜食嗎？』我頓時心裡一陣委屈，他把我們當成什麼人啦？我們是來打仗的，但他不把我們當戰士看，卻拿我們當小丫頭看。當然，在年齡上，我們確實可以做他的女兒。『要我拿你們怎麼辦，我親愛的孩子們？他們從哪兒招來你們這些小丫頭的啊？』他就是這樣對待我們，這樣歡迎我們的。而我們認為，我們已經是戰士了，而且也已經上了戰場！

第二天，師長要求我們展現一下射擊技術和原地隱蔽的本領。我們槍打得很好，甚至比男狙擊手還強，他們從前線被召回進行兩天訓練，對於我們這些女孩居然能做他們的工作大表驚訝。他們大概有生以來第一次看到有女狙擊手。射擊表演後是原地偽裝，上校走了過來，一邊走一邊觀察草地，然後站在一個土墩上——他一點都沒發現。這時『土墩』卻在他腳底下哀求起來：『哎喲，上校，我不行了，您太重了。』瞧，是不是很好笑！上校簡直不敢相信我們能偽裝得這麼好。於是，他說：『現在我收回原先對女孩們的評價。』但他還是很為我們擔憂，有很長一段時間都不習慣。

那是我們第一天去『狩獵』（這是狙擊手的行話），我的搭檔叫瑪莎・柯茲洛娃。我們偽裝完畢後趴了下來，我負責觀察目標，而瑪莎持槍準備。突然間瑪莎捅捅我：『開槍，開槍呀！你瞧，那不是德國人嗎？』

我對她說：『我負責偵察，你開槍吧！』

『等我們弄清楚分工，他早就跑掉了。』她說。

我還是堅持己見：『應當先想好射擊要領，瞄準好目標，哪兒是乾草棚，哪兒是白樺樹……』

『你是在學校裡解方程式嗎？我可不會解難題，我是來射擊的！』

我看出，瑪莎已經快對我發火了。

『那好，你就開槍吧，怎麼不開啊？』

我們就這樣拌起嘴來。這時對面的德國軍官正在給士兵下命令。來了一輛馬車，士兵正在接力卸著貨物。軍官說了幾句話後就消失了，而我們還在爭執。後來我發現那個軍官又露面了，如果再錯過一次機會，就有可能被他跑了。於是，當他第三次露面時——短暫的一瞬，因為他立刻會消失——我下決心要開槍了。打定主意後，突然又閃出個念頭：『這是一個活生生的人哪，雖然是敵人，但畢竟是人。』於是，我的雙手不知怎麼發起抖來，恐懼地渾身開始打寒顫，就算是現在，有時睡覺時這種感覺還會回來。我打了成千上百次的膠合板靶子，但要朝活生生的人體開槍這是第一次，果真不容易。透過瞄準鏡，我看得一清二楚，好像他就近在眼前，但是我內心很糾結，猶豫不決。最後我總算鎮定下來，扣動了扳機。只見那名德國軍官身子晃了兩下，就倒了下去。他是否死了，我不知道。但開槍之後，我抖得更厲害了，心裡害怕極了。我真的殺人了！必須習慣這個想法。是的，簡單說，就是驚心動魄，永生難忘。

我們回到營地後，女兵排專門召開會議討論我的行為。小組長克拉瓦．伊萬諾娃對我說：『不能憐憫他們，應該憎恨他們。』她的父親就是被法西斯殺死的。那時我們常常喜歡圍在一起唱歌，而她總是請求說：『別唱了，女孩們，等我們打垮了這幫壞蛋，那時再唱吧。』

我們沒能很快適應，用仇恨去殺人，確實不是女人應該做的工作，不是我們該做的事。所以，我們必須不斷勸說自己、說服自己。」

幾天後，瑪麗亞打電話給我，約我一起去她前線的戰友克拉芙季婭．格利戈里耶夫娜．柯洛辛娜（上士，狙擊手）的家裡。那天，我再一次聽到這樣的故事……

「我第一次開槍時怕死了，太可怕了。

我們臥倒後，我開始偵察。這時我發現有個德國兵從戰壕裡站了起來，我手指一勾，他就倒下了。結果您知道我怎樣嗎？我一個勁兒地打哆嗦，渾身發抖，幾乎都能聽到骨頭咯咯作響。我哭了。以前我是朝靶子射擊，根本不在乎，但是在這裡，我卻把一個活生生的人開槍打死了？我，殺死了某個跟我素昧平生的人，我對他一無所知，卻把他打死了。

然而，這種惶恐很快就過去了，經過是這樣的：我們開始反攻後，有一次行軍路過一個小鎮，大概是在烏克蘭。到達時，路旁有一座既像木板棚子又像房屋的建築，因為剛被大火焚燒已辨認不出來了。當時火苗漸熄，只剩下房屋架子。很多女孩都不敢靠近，但我不知怎麼就走過去了。在焦炭裡我們發現了骸骨，還有燒光了琺瑯質的五星帽徽，想必是我們的傷患或俘擄在這兒被燒死了。從那兒以後，不管殺死多少敵人，我都無動於衷了，那些燒焦的五星帽徽就像在眼前一樣。

我從前線回來時，頭髮全白了，那時我才二十一歲，卻像個滿頭白髮的小老太太。我受過重傷，因為被砲彈震傷，一隻耳朵聽力很差。媽媽見到我第一句話就是：『我相信你一定會回來的，我白天黑夜都在為你祈禱。』但我哥哥在前線陣亡了。

媽媽痛哭著說：『無論是兒子或女兒，現在都一樣。不過，他到底是個男子漢，有義務保衛祖國，而你卻是個女孩子。我總在向上帝祈求：與其讓你受傷，倒不如被打死的好。我每天都要去火車站等你，有一次看到一個被燒傷破相的女兵，我渾身發抖，以為是你！後來我也一直為那個可憐的女孩禱告。』

我老家在車利亞賓斯克州，附近有各種金屬採礦場。不知為何總是在夜裡點燃炸藥，只要爆破聲響，我總是馬上就從床上跳起來，抓起外套就往外跑。這時媽媽會就把我拽住，緊緊摟在懷裡，像哄小孩一樣地哄我：『睡吧睡吧。戰爭已經結束了，你已經在家裡了。』媽媽的聲音讓我恢復意識，『我是你媽媽呀，是媽媽。』她輕聲細語地哄我，生怕聲音太大會嚇著我。」

屋子裡暖融融的，克拉芙季婭裹著一條厚羊毛毯，卻還是渾身發冷的樣子。她繼續說道：

「我們很快就成了戰士……您知道，那時候沒有什麼時間多想。

有一回，我們的偵察員抓到一名德國軍官，他說有件事他很疑惑：『在他的陣營裡有好多士兵被射殺，而且都是打在腦門上，還幾乎都是同一個部位。』他說，普通射擊手不可能專打腦袋，而且那麼準確。『請你們告訴我，』他請求道，『這位打死我這麼多士兵的射擊手是哪一個？我補充了大量士兵，但每天還是會損失十來個人。』我們團長對他說：『很遺憾，我不能指給你看，那是一名年輕的女狙擊手，已經犧牲了。』她就是薩莎·施利亞霍娃，是在單獨執行狙擊任務時犧牲的。讓她遭殃的，是一條紅圍巾。她非常喜歡那條紅圍巾，但紅圍巾在雪地裡太顯眼，結果暴露了偽裝。當這名德國軍官聽到答案是一名女孩時，震驚到說不出話來，他似乎一直認為那個狙擊手應該大有來頭。當我們把他押送到莫斯科之前，對他進行最後一次審問，他承認：『我從來沒和女人打過仗，我們的宣傳總是說紅軍裡頭沒有女兵，只有陰陽人。』他看來百思不得其解，我永遠忘不掉他當時的表情。

我們出任務時是兩個人一組，從早到晚埋伏在作戰位置上一動不動，眼睛痠痛流淚，手臂發麻，就連身體也由於緊張而失去知覺，真是難受極了。春天尤其難熬，雪就在你身體下面融化，整天就泡在水裡。感覺就像在游泳，但又經常被凍結在地面上。天剛破曉，我們就得出發，直到夜幕降臨才從前線回來。我們通常臥在雪地裡或爬到樹梢上，或是蹲在棚子裡或趴在毀壞的屋頂上，一連十二個鐘頭，甚至更長的時間。我們會偽裝好，不讓敵人發現我們的偵察位置。我們選定的監視點會儘量靠近敵人，與德軍戰壕的距離通常只有七百至八百公尺，近到五百多公尺的機會也不少。在寧靜的清晨，我們甚至能聽到他們的說笑聲。

我不知道當時為什麼一點都不害怕，直到現在也想不通。

我們開始反攻後，推進速度非常快。我們每個人都已筋疲力盡，後勤又跟不上來，幾乎是彈盡糧絕，連炊事車都被砲彈炸了個稀爛。一連三天，我們只吃硬掉的麵包乾，大家舌頭都磨破了，再也嚼不動那玩意兒了。我的搭檔死了後，我又帶上一個新兵到前線去。有一天，我們突然發現在中間地帶跑來了一匹漂亮的小公馬，尾巴特別柔軟，悠然地到處溜達，就像什麼事都沒發生過，連戰爭也不存在一樣。我們聽到德國人嚷了起來，他們也發現到牠了。我們這邊的戰士也吵個不停：

『牠要逃走了，能用牠煮一鍋馬肉湯就好了。』

『這麼遠的距離，衝鋒槍應該打不著吧？』

大家紛紛看著我們：

『狙擊手過來了，請她們開槍吧。女孩們，快開槍吧！』

我還來不及細想，就習慣性先瞄準後開槍。小馬腿一軟，橫倒下來，我似乎聽到牠在細聲細氣地嘶鳴，也許是幻聽，但我感覺到了。

事後我才想：『我為什麼這樣做？這麼漂亮可愛的一匹小馬，而我卻把牠殺了，要拿牠來熬湯！』當時，我聽到身後有人在哭，回頭一看，是那個新兵女娃。

『你怎麼啦？』我問她。

『好可憐，那匹小馬。』她眼裡噙滿了淚水。

『好一副柔軟心腸！但我們已經餓三天了。你會可憐這匹馬，是因為你還沒有親手埋葬過自己的戰友。你去試試吧，全副武裝一天趕三十公里的路，而且還是餓著肚子，那是啥滋味？首先要趕走德國鬼子，其次是我們也得活下去。我們會心軟，但不是現在，那是以後的事。』

說完話，我又轉過身看著那幫男兵，他們剛才還在慫恿我，大喊大叫地求我開槍，而現在才過了幾分鐘，就不再多看我一眼了，就像從來沒發現我似的，每個人都在埋頭做自己的事：抽菸、挖戰壕，也有人在磨利著什麼東西。至於我會怎樣，他們才不管呢，哪怕我坐在地上大哭。在他們眼裡，我就像個屠夫，動刀動槍殺生是稀鬆平常的事！但事實上，我從小就喜歡各種小動物，上小學時，家裡人把生病的母牛宰了，我還為此哭了兩天。但是今天，我一言不發地『砰』

一槍就殺了一匹孤苦伶仃的小馬，那是我兩年多來見過的第一匹小馬。

晚飯送來了。炊事員對我說：『嘿，你這個狙擊手真棒！今天菜裡見葷啦！』他們把飯盒留下就走了。我們幾個女孩坐在那兒，碰都沒碰一下飯盒。我明白是怎麼回事，噙著眼淚走出掩蔽部。女孩們跟著我出來，異口同聲地安慰我。然後很快地，她們就拿走各自的飯盒，吃了起來。

這是怎麼回事，我永遠忘不掉那一晚。

每天晚上，我們照例都要聊聊天。聊些什麼？當然是聊家庭、聊自己的媽媽，還有聊在前線作戰的父親和兄弟。我們還會暢談戰後要做什麼工作，談我們會嫁給什麼樣的人，丈夫是否會愛我們，等等。我們連長還故意逗我們說：『女孩們，誰都會覺得你們很可愛。但是打完仗，可能沒人敢要你們喔。你們槍打得那麼準，要是摔盤子準會摔中人家的腦門，還不把丈夫的命給要了！』

我和丈夫是在戰爭期間認識的，同在一個軍團裡。他受過兩次槍傷、一次震傷，但仍然堅持到打完仗，後來又在部隊待了一輩子。因此，我根本不用跟他解釋什麼是戰爭，我的脾氣他也完全有數。如果我大著嗓門說話，他或是不在意或是默不作聲。我也學會對他寬容。我們養大了兩個孩子，一對兒女，供他們讀完大學。

要再對你說些什麼呢？嗯，我復員後回到了莫斯科，從莫斯科回到自己家要搭車，走路有幾公里遠。現在通了地鐵，但當時還是一大片的櫻桃園和窪谷。當時有一道很寬的深溝，要回家我必須穿越過去。那天等我好不容易趕到時，天已經黑了，我不敢摸黑走過這條深溝，只能一籌莫展地站在溝邊上，心裡想著：『我是走回去車站等天亮再說，還是鼓起勇氣穿越過去？』現在想想，覺得真是好笑，死人、飄著各種氣味、觸目驚心的景象都在可怕的前線碰過了，如今一條深溝還有什麼好怕的？至今我還記得屍體味和菸草混合在一起的那種氣味，但說到底，我畢竟還是一個女孩子。

我還記得當我們從德國返回家園時，在列車上，不知誰的旅行袋裡竄出了一隻老鼠，一下子全車廂的女孩都嚇得亂了套，連睡上鋪的人都倒栽了下來。同行的大尉驚訝地說：『你們個個都得過戰鬥勳章，居然還會怕小耗子。』

回過頭來說，那晚算我走運，剛好有一輛運貨卡車開了過來。我想，這下子有車可以搭了。汽車停住了。

『我要去狄雅柯夫村。』我大聲說。

『我正好也要去狄雅柯夫村。』車上的年輕人打開車門。

我鑽進駕駛室，他把我的皮箱拎到車上，又上路了。他瞧著我的裝束和獎章，問道：『你殺了幾個德國人？』

我告訴他：『七十五個。』

他嘿嘿一笑：『吹牛！恐怕你連一個德國人都沒有見過吧？』

我突然認出了這個小伙子是誰。

『柯爾卡．契紹夫？真的是你嗎？你還記不記得，我給你繫過紅領巾？』

戰前我在母校當過一段時間的少年先鋒隊（以下簡稱少先隊）＊輔導員。

『你是——克拉芙季婭？』

『是的。』

『真的？』他停下了汽車。

『快送我回家吧，幹嘛在半路上停車？』我眼裡含淚，他也是這樣。多麼意外的相逢啊！

到了村子裡，他提著我的箱子跑進我家，手舞足蹈地對我媽說：

『快，我把您女兒送回家啦！』

此情此景，怎麼會忘記呢？

我回到家，一切都得從頭開始學習。先要學會穿便鞋走路，我們在前線已穿了三年長統靴。我們還習慣紮腰帶，筆挺站著，而現在的衣服卻像袋子似的套在身上，感到很不自在。我呆呆地看著洋裝和裙子，對此感到陌生，在前線我們都是穿著長褲，晚上把長褲洗乾淨後壓在自己身下睡覺，我們把這叫做『熨褲子』。其實，褲子常常無法乾透，穿上後碰到嚴寒的天氣，會立刻凍出一層冰殼。現在回到家，穿裙子出門是個大問題，感覺雙腳都邁不開。雖然已經穿上老百姓

＊蘇聯共產主義少年先鋒隊為蘇聯十歲到十五歲的少年學生組成的一種團體。目的在培養隊員成為共產主義社會的模範成員。少年先鋒隊是以學校為單位，組成一個「隊」，隊的上層組織則為「蘇聯共產主義青年團」。少年先鋒隊常透過各種活動，以達成其目的，包括：學習活動、社會服務、政治宣傳、露營活動等等。

的便裝，但路上碰到軍官時，還是不由自主地會舉手敬禮。我們也吃慣了軍隊裡由國家提供的伙食，回來後要自己買麵包吃覺得很不習慣，而且還要按規定的份量去買，有時甚至忘了付錢。幸好女店員認識我們，知道是怎麼一回事，但她也不好意思當面提醒，等我們第二天想起來時再去道歉、付錢，再額外買上一些用品。我們這些上戰場的女孩，要重新學習過所有的日常生活，找回平民生活的記憶，開始正常過日子。要跟誰學？鄰里街坊，當然還有媽媽。

戰爭打了幾年？四年嗎？這麼久……鳥兒、花兒，我全不記得了。這些自然景物當然還在，只是我的眼裡看不見。事情就是這樣奇怪，是吧？所以哪有彩色的戰爭片？戰場上的一切都是黑白的。要說有另一種顏色，就是紅色，那是鮮血的顏色。

大概在七八年前吧，我們剛剛找到戰友瑪申卡．阿爾希莫娃。戰爭時，有位砲兵連長受了傷，她爬過去救他，一顆砲彈就在她前面爆炸開來，連長當場死亡，她的兩條腿也被彈片削掉了。當時她真是受盡折磨，我們為她包紮，竭盡所能地救她。等我們用擔架把她送到衛生營時，她卻向我們哀求：『女孩們，朝我開一槍吧。我不想這個樣子活下去。』她一直苦苦哀求我們。後來，她被送往大後方的醫院後，我們又繼續挺進，等我們回來找她時，她已經音訊全無了。我們誰都不知道她在哪裡，情況如何。許多年過去了，無論往哪兒寫信詢問，都沒有回音。後來還是莫斯科七十三中的同學幫了我們一把，在遙遠的阿勒泰一個殘疾療養院裡找到了她，當時已經是戰後三十年了。這些年她輾轉於各地的療養院，動過幾十次手術，她躲著所有人，連親生母親都瞞著，不讓她知道女兒還活著……我們接她出來參加聚會，大家都哭成一片。我們後來又安排她與母親見了面，這是她們母女三十多年後的重逢。她媽媽差點就瘋了：『多麼幸運，我的心差點沒痛碎了。』瑪申卡反覆地說：『現在我再也不怕見人了，我已經老了。』是啊，這也是一場戰爭吧！

我還記得我在夜裡坐在掩體中，徹夜不眠，外面砲聲隆隆，是我們的砲兵在射擊。勝利在望，沒有人願意在這時喪命。我曾經宣過誓，軍人的誓言，如果需要我會獻出自己的生命，但現在我不這樣想了。從戰場上活著回來的人，靈魂都已遍體鱗傷。現在我常常想的是，傷了四肢、傷了身子都無所謂，但傷了心靈，那就會跟你一輩子了。我們離家從軍時，都是還不脫稚氣的少女，一群小毛丫頭，我們是在戰火中長大成人的。媽媽幫我量了身高，我在砲聲隆隆的戰場上長高了十公分……」

採訪完後，我跟她告別時，她笨拙地伸出滾燙的雙手，擁抱了我，又說了聲：「對不起。」

再等等吧，你們還小呢！*

她們的聲音，幾十種聲音，揭開了不同尋常的真相，深深重創了我。而這個真相，在我從小就熟悉的「我們是勝利者」的簡短定論中卻沒有立錐之地。現在，彷彿發生了劇烈的化學反應，那些昂揚的激情原來是一種最短命的物質，很快就消融在活躍又複雜的人類命運之中。而命運就深藏在文字、語言的背後，鮮為人知。

幾十年過去了，我還想聽到什麼？是曾經在莫斯科或史達林格勒城下爆發過的戰役†原委？或是對某個軍事行動的具體描述，還是那些被人遺忘的大小戰役？我需要的，難道是戰線移動的敘述、退敗和反攻的紀實、游擊隊破壞火車的數目，或是所有那些被數千本書所一再陳述的內容嗎？不是的，我要尋找的是另類的，是那種被稱為「精神學」的東西，我要沿著心靈的足跡，去寫下心靈的紀錄。對我來說，心路歷程比起所經歷的事件更為重要，事情是怎麼發生的並不重要，或者說沒有那麼重要。令人激動和恐懼的，是另一個問題：戰場上的人，心裡發生了什麼變化？他們所看到並理解的，究竟是什麼？他們普遍怎樣看待生與死？最後，他們又是如何看待自己的？我是在寫一部感情史和心靈故事，不是戰爭紀錄或國家的歷史，更不是英雄人物的生平傳記，而是那些小人物的真實人生，那些從平凡生活中被命運拋入歷史大事件的小人物的故事，他們被拋進了歷史的長河中。

對於一九四一年那些扛著槍遠赴戰場的女孩，我首先想問的是：她們是來自何方？為什麼有這麼多人？她們如何膽敢與男人肩並肩地拿起殺人武器？她們為什麼開槍射擊、布雷爆破、駕機轟炸，為什麼殺人？

早在十九世紀，大作家普希金也遇過同樣的問題。他在一手創辦的文學雜誌《現代人》上刊出了傳奇女兵娜傑日達·杜洛娃的日記片段，她在拿破崙入侵俄國時，像大多數精壯的俄國男子一樣策馬奔馳在戰場上殺敵。普希金在引文中寫道：「究竟是什麼原因，促使一名年輕少女，一個貴族的大家閨秀，離開溫暖的家庭，女扮男裝出現在戰場上，去承擔連男人都畏懼的艱難責任呢（對手還是不可一世的拿破崙大軍）？是什麼事情刺激了她？是隱祕不宣的心靈創傷、熾烈的幻想、桀驁不馴的天性，或是愛情的召喚？」

究竟原因為何？百年之後，問題依舊無解……

---

*本篇分三節，共收錄四十九位退役女兵的口述回憶，此為本書中常見的編排形式。其間偶穿插亞歷塞維奇的提問，書中此類問句一律以楷體字呈現如下：（亞：）。

†莫斯科戰役是一九四一年底到一九四二年初，德國進攻蘇聯莫斯科的重要戰略攻擊，是紅軍首次大獲全勝的重要戰事。史達林格勒保衛戰是一九四二到一九四三年，蘇聯與德軍搶奪俄羅斯南方城市史達林格勒的戰役。此為史上死亡人數最多的戰役之一，牽涉在內包含士兵與平民百姓。

誓言與祈禱

「我想說，我要統統說出來！總算有人願意聽聽我們說話了，我們沉默了這麼多年，即使在家中也不敢出聲，都幾十年了。從戰場回來的第一年，我一直說個不停，但沒有人要聽。於是，我沉默了。現在你來了真好。我一直在等，我知道有人會來，一定會來的。那時我還年輕，單純又天真，年歲就這樣一年年增長。好可惜啊，你問為什麼？因為我快記不得了。

就在戰爭爆發前幾天，我們一群好友談到戰爭，都堅信不可能打起來。後來我們去看了電影，在正片前播放的新聞紀錄片就是德國外交部長里賓特洛甫和總理莫洛托夫互相握手*，旁白解說深入我的腦海：德國是蘇聯的忠實朋友。

但是不到一個月，德國軍隊卻已兵臨莫斯科城下。

我們家有八個孩子，前面四個都是女孩，我是老大。有一天父親下班回家，流著淚說：『我以前還為我頭幾個孩子都是女孩而高興，未來個個都是別人漂漂亮亮的未婚妻。但如今，家家都有人上前線，唯獨咱們家……我太老了，他們不要我，而你們都是女孩，兒子又太小。』全家頓時一片愁雲慘霧。

後來開辦了護士訓練班，父親趕緊把我和一個妹妹送過去。那年我十五歲，妹妹十四歲。爸爸逢人就說：『我為國家已盡最大的努力了，我送出了兩個心愛的女兒。』除了為國家盡一份心力，當時我們全家根本不做他想。

一年後，我就上了前線。」

——娜特莉亞・伊萬諾夫娜・謝爾蓋耶娃

（列兵，衛生員）

「一開始那幾天，城市一片混亂，充滿動盪不安和冷漠的恐懼氛圍。人人都在抓間諜，彼此之間都在叮嚀：『不要中了敵人的反間計。』甚至沒有人敢去想，萬一我們的軍隊潰敗了要怎麼辦？而事實上，我們已經連敗幾個星期了。還有傳言說，軍隊可能會到其他國家打仗。宣傳部門告訴我們：『我們的土地一寸都不會放棄……』但事實是，我軍正在節節敗退。

在戰爭之前，早有傳言說希特勒準備入侵蘇聯。但這些言論都被全面杜絕，嚴禁傳播。你知道，那是什麼部門嗎？它叫內務人民委員部，就是肅反特工的單位。如果有人私下議論，不管在家裡、在食堂，或者在集體住宅，就必須躲進房間鎖上門，或躲在浴室裡打開水龍頭偷偷說。但是，當史達林向全國人民發出號召，喊出『兄弟姊妹們』時，大家頓時都忘記了平日的不滿。在我們家裡，大舅正在蹲勞改營，他是鐵路工人，一名老共產黨員。他是在工作中被逮捕的，你知

＊此指一九三九年八月德國外長里賓特洛甫（Ulrich Friedrich Wilhelm Joachim von Ribbentrop）奉希特勒之命前莫斯科，與蘇聯總理莫洛托夫（Vyacheslav Mikhaylovich Molotov）簽訂德蘇互不侵犯條約，會後兩人握手的畫面。

道是誰抓走他的嗎？就是內務部。他是我們最喜愛的舅舅，我們也堅信他是清清白白的，而且他在內戰＊期間還立過功。但聽了史達林公開講話後，媽媽就對我們說：『我們先保衛祖國，然後再申訴自己的冤情。』我們全家人就是如此愛國。

我立即跑去了徵兵委員會，當時還生著病，扁桃腺發炎還沒完全退燒。但我迫不及待了。」

——葉蓮娜·安東諾夫娜·庫金娜

（列兵，司機）

「我母親沒有兒子，她一共生養了五個女兒。我有一些音樂天分，曾經夢想要進音樂學院。但是聽到廣播宣布開戰後，我立即決定要把天賦的好聽力用到前線——當個通信兵。

我們和媽媽一起被疏散到了史達林格勒。圍城時，我們自願去了前線，全家人一起，我媽媽和五個女兒。我父親那時已經在戰場上了。」

——安東尼娜·瑪克西莫夫娜·克尼亞傑娃

（下士，通信兵）

「我們大家都有個相同的願望：上前線。害怕嗎？當然怕，不過反正就那麼回事。我們到了兵役委員會，那兒的人卻對我們說：『再等等吧，你們還嫩著呢。』是啊，我們當時都只有十六七歲。不過最後我還是達到了目的，他們把我收下了。我本想和朋友進狙擊學校的，但他們說：

『你們只能當調度員，而且沒工夫教你們開槍。』

我們要搭火車走了，媽媽一連好幾天守在車站。看到我們要集合了，她趕緊跑過來，把餡餅和十幾顆雞蛋塞給我，然後就昏倒了。」

——達吉揚娜·葉菲莫夫娜·謝苗諾娃（中士，調度員）

「形勢在急速變化。我還記得最初那些日子，每天黃昏時，媽媽就倚靠在窗邊祈禱，我以前還不知道媽媽是信上帝的。她一遍又一遍地對著天空禱告。

我原本是個醫生，後來入伍了，因為責任感而參軍。對於女兒上前線去保衛祖國，我老爸很高興。那天，老爸一大早就跑到兵役委員會，領取了我的入伍通知書，又馬不停蹄地趕回來，就是想讓全村的人都知道，他女兒要上前線了。」

——葉夫羅西尼亞·格里戈利葉夫娜·布蕾烏絲（大尉，醫生）

＊指一九一七年十一月到一九二二年十月，在前俄羅斯帝國境內發生的一場戰爭，交戰雙方是紅軍和由反布爾什維克黨的白軍、還有多國出兵干涉。

「那是夏季最後一個和平的日子。晚上我們去參加舞會，那年我們十六歲，出入都是男男女女一群人結伴而行，回家時是送完一個再送另一個。我們還不確定誰和誰是一對，如果出門，總是六個男孩六個女孩一起走。

僅僅過了兩個星期，這些曾經是我們舞伴的小伙子，就成了坦克學校的學員，後來又遍體鱗傷地纏著繃帶被送了回來。這太可怕了，令人心驚膽顫。當時，聽到別人的笑聲，我都覺得不能原諒。如此殘酷的戰爭正在如火如荼進行之際，怎麼還能笑得出來，怎麼還可以感到高興？

不久，我父親加入了後備役部隊。家中只留下幼小的弟弟和我，兩個弟弟分別出生於一九三四年和一九三八年。我告訴媽媽我要上前線時，她馬上就哭了，我自己也哭了一整夜。但我還是從家裡逃走了，到了部隊後我才給媽媽寫了信，她那時已經不可能把我拉回家了。」

——莉利亞．米哈伊洛夫娜．布特科（外科護士）

「聽到命令全體列隊，我們馬上按照個頭高矮排排站好，我是最矮的一個。連長掃視一遍後，朝著我走了過來：『這是打哪兒來的拇指姑娘啊？你在這兒能做什麼呢？要不，先回到媽媽身邊去，等長高再說吧。』

但是我已經沒有媽媽了，我的媽媽被炸死了。

我畢生難忘的強烈印象，是開戰後的頭一年。當時我們正在向後方撤退，雖然躲藏在灌木叢後面，但我清清楚楚地看到了，我們的戰士是用步槍和德國的坦克對陣，是用木槍托和鐵甲車拚命的。只要還沒倒下，他們就流著淚水怒吼著廝打，直到中了德軍機槍手的掃射。用步槍對付德軍的坦克和轟炸機，這就是開戰後第一年的情形。」

——波林娜·謝苗諾夫娜·諾茲德拉喬娃

（衛生指導員）

「我事先就請求媽媽，甚至哀求她，送行時千萬不要哭出來。當時雖然不是深夜，但天色暗沉沉的，四下裡一片哭聲。我們的母親都在為自己的女兒送行，她們都在號啕大哭，又哭又叫。我媽媽確實沒有哭，她就那麼呆呆地站著，像塊石頭。難道她真捨得我走嗎？不是的，她是在控制自己，她怕我也突然大哭出來。我是她最小的女兒，家裡人都寵著我，而此時我的頭髮剪得像個男孩，只剩下一小綹瀏海。我的雙親起初都不肯放我走，但我那時心中只有一個念頭：上前線，上前線，上前線！就是今天掛在博物館裡的那些宣傳畫，像〈祖國母親在召喚〉、〈你為前線做了些什麼〉等等，當時四處都是，對我們的影響可大了。當時還有什麼歌曲呢？唱的都是『起來，強大的國家……挺起身，殊死搏鬥』這些歌。

我們出發當時，就看到車窗外的月台上已經擺放了屍體。戰爭已經開打了，不過青年就是青年，我們還一路高歌，甚至還興高采烈，彼此打趣說笑。

戰爭快結束時，我們全家都相當於參戰了：爸爸、媽媽和姊姊當了鐵路員工，隨著戰線向前推進，一路修復鐵路。後來，我們家人都獲頒勝利獎章：父母、姊姊，還有我。」

——葉夫蓋尼亞·謝爾格葉芙娜·薩普洛諾娃
（近衛軍中士，航空機械員）

「戰前我就在軍中做接線生。戰爭爆發後頭幾個星期，我們的部隊就駐紮在鮑里索夫，通訊站的站長召集我們大家排好隊。我們不是現役軍人，不是士兵，只是平民職工。他對我們說：『殘酷的戰爭已經開始了，女孩們，你們將會遇到很多艱難和危險。趁現在還不算晚，誰想要離開，可以回到自己家裡去。願意留在前線的，請向前跨出一步。』這時，所有女孩就像一個人似地，『唰』地同時向前邁出了一步。我們一共二十個人，一致決心留下來為祖國效力。戰前我不喜歡看談戰爭的書，只喜歡讀愛情小說。但瞧瞧現在的我！我們沒日沒夜地做事，士兵把飯盒送到電話總機旁，我們匆匆吃點東西，在總機旁打個盹，再戴上耳機繼續工作。那時根本沒有時間洗頭髮，我只好提出這樣的請求：『姊妹們，把我的辮子剪掉吧。』」

——加琳娜·德米特利耶夫娜·札波爾斯卡婭
（電話接線生）

「我們一趟又一趟地跑去兵役委員會。已經記不清多少次了，當我們又一次上門時，兵役委員總算沒有再把我們趕出去：『好吧，你們至少得有一些特殊本事才行，比如做過護士、開過車什麼的……你們行嗎？你們在戰場上到底能做些什麼？』我們聽不進去他的話。能做什麼？根本不存在這類問題，我們就是要上戰場殺敵啊，這就夠了，不是嗎？上戰場還需要哪些本事，他一下子就把我們問住了。

於是，我和幾個女孩一起去學了護理課程。訓練班要求我們至少要學習六個月，而我們堅決表示：『不要，時間太長了，對我們不合適。我們要上那種只有三個月的短期訓練班。』說實話，三個月我們也認為太長了。幸好，在這個訓練班我們只學習了一個月後，就申請參加考核，白天上課，晚上到醫院實習。就這樣，我們總共在訓練班待了一個多月。

但是，我們沒有被派到前線，而是分派到了醫院。那是在一九四一年八月底，學校、醫院和俱樂部裡住滿了傷患。但到了次年二月，我就離開了醫院，應該說，我是開小差逃出來的。我身上沒有證件，也沒帶任何物品，就這樣鑽上了衛生專車。我只留了一張紙條給醫院：『我不值班了，我上前線去了。』就是這樣。」

——葉蓮娜・巴夫洛夫娜・雅科夫列娃（准尉，護士）

「我那天本來有個約會，我恨不得插上翅膀飛過去，因為我以為他那天會向我告白，對我說出『我愛你』。不料他卻滿面愁容地來了：『薇拉，戰爭開打了！我們要直接從學校派到前線去。』他是念軍校的。看情形，我必須扮演聖女貞德的角色，一起上前線，才能和他在一起。我跑到兵役委員會去報名，但遭到嚴厲駁回：『我們現在需要的是護士，而且至少要學滿六個月。』六個月？我呆住了。對我來說，這可是關係到一輩子的感情啊！

有人告訴我，不管怎樣，要上前線都必須學習。好吧，那我就去學，不過不是學當護士，我想學開槍，就像他一樣。反正我已經準備好了。我們學校常常有參加過內戰和西班牙戰爭的英雄來演講，我們都覺得自己的能力足以跟男生平起平坐。童年讀書時，我們也經常聽到：『女孩們，去開拖拉機吧！』『女孩們，去當飛機駕駛員吧！』當然，我參軍的理由也含有愛情成分，我甚至想像我和他兩人在同一場戰爭中會如何死在一起……

我在學校學的是戲劇，一心想當演員。我的理想，是當拉里薩．萊斯納*那樣的女人。穿著皮夾克的女政委，我喜歡她那種充滿自信的美麗。」

——薇拉．丹尼洛夫采娃
（中士，狙擊手）

「所有比我年紀大的朋友，都被送去前線了，只剩下我一人沒有被錄取，我痛哭了一場。別人對我說：『丫頭，你應該留下來好好讀書。』

但是剛上學沒多久，校長突然來了，他告訴我們說：『女孩們，戰爭總有打完的一天，等到那一天你們再繼續完成學業吧！現在要以保家衛國為重。』

我們上前線那天，工廠的領導都來送行。那是夏天，我記得所有的車廂都裝飾得五彩繽紛。大家塞給我們大包小包的禮物，我拿到的是一盒美味的曲奇餅和一件漂亮的毛衣，我高興地在月台上跳起了烏克蘭高帕克舞！

列車晝夜行駛了許多天。有一次，我們一群女孩在某個車站用桶子打水，放眼望去時，差點喊出來：一列接一列的車廂裡頭，清一色都是女孩，有的唱著歌向我們招手，有的揮舞著頭巾，有的揚起船型軍帽。我們突然明白，我們國家的男人不夠用了，他們不是犧牲就是被俘擄了，所以現在才需要我們這些女孩去頂替他們。

媽媽為我寫了一篇禱告文，我把它放在一只小盒子裡。也許真的有用，因為最後我平安返回家鄉了。每次打仗之前，我都會親吻這只小盒子……」

——安娜・尼古拉耶夫娜・赫洛羅維奇（護士）

「戰爭時期，我是個飛行員。

讀七年級時，我的家鄉第一次有飛機飛過。那時是一九三六年，飛機算是很稀奇的，當時還有個時興的口號：『好女孩和好男孩，大家都去開飛機！』身為一名共青團員，我當然要一馬當

＊拉里薩・萊斯納是蘇聯內戰時期的著名女革命家。

先，立刻就報名參加了飛行俱樂部。不過，我父親卻堅決反對。我們是冶金世家，幾代人都是做高爐冶煉的工作，爸爸認為冶金事業才是適合女人的工作，而飛行員不是。飛行俱樂部的領導知道這件事後，就特准父親和我一起坐上飛機，我載著父親飛到空中。從那天起他就不再吭聲了，也喜歡上了飛機。我以優異成績畢業，跳傘成績也很出色。戰爭爆發前我就結婚了，還生下一個女兒。

戰爭開打的頭幾天，我們飛行俱樂部開始進行重組：男人當兵去了，由女人接替了他們的工作。我們負責教導學員，工作很多，從早忙到晚。我丈夫是第一批上前線的，只給我留下了一張照片：我們兩個一起站在飛機前，都戴著飛行員頭盔。此後，我和女兒相依為命一直都住在營地裡。你說我怎樣過日子？那時我每天凌晨四點要去飛行，出門前幫女兒把粥熬好，再把她關在家裡。等我傍晚回到家，只見她渾身都沾了米粥，也不知道她是吃了或是沒吃。我女兒幾乎都不哭，只是睜著一雙眼睛看著我。她長了一雙大大的眼睛，像我先生。

一九四一年年底，我收到陣亡通知書：我先生在莫斯科保衛戰中陣亡了，他是飛行中隊長。我很愛我的女兒，但還是把她送去了婆家，然後自己申請去了前線。

上前線的前一晚，我在女兒的小床邊上跪了一整夜。」

——安東尼娜·格利戈里耶夫娜·邦達列娃

（近衛軍中尉，一級飛行員）

「那年我剛滿十八歲，自己高興得就像過節一樣。但是周圍的所有人都在大叫：『開打了！戰爭來了！』我記得所有人都在哭，有些人邊哭邊禱告，這是很少見到的情景——公開祈禱，公開地在胸前畫十字。我們當時在學校裡受到的教育，告訴我們上帝根本不存在。還有，我們的坦克和好看的飛機都到哪兒去了？我們以前總會在遊行中看到它們，以它們為傲！還有，那些英挺的將士又去了哪裡？當然，這樣驚慌失措的情景只持續了一小段時間，然後我們就開始想另一件事了：要如何打敗敵人？

當時我在斯維爾德洛夫斯克市的助產士學校讀二年級，我想到的是：既然戰爭來了，就應該到前線去。我爸爸是共產黨員，曾經是政治犯，從小他就對我們灌輸『祖國就是一切』的思想，而祖國要靠我們來保衛。所以我對上戰場義不容辭：我不上前線，誰上前線呢？」

——塞拉菲瑪．伊萬諾夫娜．帕納先科
（少尉，摩托化步兵營醫生助理）

「媽媽朝著火車跑過來。她一直都很嚴肅，從來沒有親吻和稱讚過我。如果我做好任何事，她也只是溫和地看了我一眼，就這樣而已。但這一次，她跑過來抱著我的頭親了又親，眼睛直勾勾地盯著我看，看了很久很久。我突然意識到，恐怕以後我再也見不到媽媽了。一陣難過湧上心頭，我頓時想放棄一切，丟下行李回家去。我覺得對不起家裡所有的人，奶奶，還有弟弟們。就在這時候，軍樂奏起來了，口令下達：『各就各位！按照車廂順序，上車！』

我從車廂上，向媽媽一直揮著手，一直揮著手。」

——塔瑪拉．烏里揚諾夫娜．拉德尼娜（列兵，步兵）

「我入伍後被分到了通信團，當時我不明白這個工作也是作戰的一部分，心裡很失落。有一回，師長來看我們，我們整裝列隊等著，我們之中有個女孩叫瑪申卡．松古洛娃。當時可愛的瑪申卡一步跨出行列說：『將軍，請允許報告！』

將軍回答：『好，你說吧，戰士松古洛娃！』

『列兵松古洛娃請求解除通信勤務工作，派到射擊隊作戰連。』

你知道嗎？那就是我們當時的心聲。我們都認為自己所做的通信工作，實在太渺小了，簡直是在貶低我們的能力。我們只想去最前線參戰。

將軍收起臉上的笑容，他正色道：『我的小丫頭們（你要是能瞧瞧我們當時那副模樣就好了，吃不好又睡不安穩，全沒個女孩樣。而我們的將軍開口說話時也不再是個將軍，簡直就像我們的父親一樣），你們也許還不明白自己的貢獻吧。你們，就是我們的眼睛和我們的耳朵，軍隊要是斷了通信，就好比一個人身上的血液不流動……』

瑪申卡又是頭一個按捺不住的：『將軍！列兵松古洛娃就像一把刺刀，隨時準備執行您下達的每一項戰鬥任務！』

後來我們就幫她起了個綽號叫「刺刀」，一直叫到戰爭結束。

一九四三年六月，在庫斯克戰線＊，上級授予了我們一面團旗。當時，我們這個第六十五集團軍一二九獨立通信團，八成組員是女人。我很想好好跟你說明白，當時我們的心裡有怎樣的想法，我們是哪種人，今後不會再有了！我們是如此天真、如此真誠，有絕對的信念！我們團長接過軍旗，下達指令：『全團官兵，單膝下跪向團旗致敬！』此時此刻，我們所有女兵是多麼感動又驕傲！這是對我們的信任，我們現在和其他兄弟團，不管是坦克團或步兵團，都平起平坐了！我們站在那兒，個個淚如泉湧，我因為太過激動而全身緊繃。現在的你是不會明白的。我本來因為營養不良和神經過度疲勞而引發了夜盲症，但神奇的是，授過團旗後，我的夜盲症居然不藥而癒了。第二天我的病就好了，這都是因為心靈之藥……」

——瑪麗亞·謝苗諾夫娜·卡利貝爾達（上士，通信兵）

「那是一九四二年的六月九日，我剛滿十八歲。兩個星期後，確切來說是十二天之後，就開始了這場可惡的戰爭。我們被送去鋪設加格拉至蘇呼米的鐵路，徵召的都是清一色的年輕人。我

＊一九四三年的庫斯克戰役是德蘇戰爭的分水嶺，戰役之後，德軍完全喪失了戰略主動權，蘇聯紅軍從這裡開始了收復國土的大規模的全面進攻。

還記得我們吃的麵食，幾乎沒有麵粉，只是一些湯湯水水，桌子旁邊還擺著小水盆，我們充其量只能用舌頭舔舔充飢罷了。

到了一九四二年，我自願報名到第三二〇一疏散醫院工作。這是一間規模非常大的前線醫院，隸屬於外高加索和北高加索前線和濱海獨立軍區。戰況十分慘烈，傷患愈來愈多。我被派去做食品分發，需要晝夜值班，幾個月後我的左腿受了傷，就用右腿跳著走路，繼續工作。後來我當上了管理護士，也是全天候工作。我的生活幾乎被工作占滿了。

一九四三年五月三十日，中午一點發生了克拉斯諾達爾大轟炸。我跑下樓去，不知道是否來得及把傷患從火車站送出去。兩顆炸彈炸中了一個彈藥庫，彈藥箱就在我眼前飛到六層樓那麼高，爆炸的巨浪把我甩出去狠狠撞到牆面，我失去了知覺。醒來時，已經是傍晚，我抬起頭試著掐掐手指，幸好還能動彈，但左眼感覺濕濕的。我站起身走到辦公室，那裡到處是血。我在走廊裡看到我們的護士長，她一時沒認出我來，問道：『你是誰？從哪來的？』等她走近一看是我，驚叫了起來：『柯賽妮婭，你去哪裡了？傷患都餓壞了。』他們草草地幫我包紮了頭部和左臂的傷口，我馬上就去準備晚飯。我當時眼前發黑，汗如雨下，分發晚餐後就暈倒了。恍惚中，意識到有人把我抬了起來，還聽到：『快點快點！』

但沒過幾天，我又再為重傷患者輸血了。很多人都在死亡邊緣掙扎。

戰爭期間我的變化太大了，當我回到家時，媽媽都沒認出我來。我走到門前敲門，裡頭回應道：『來啦來啦……』我走進門先問了聲好，又說：『請讓我在這兒過一晚吧。』

我看到兩個弟弟蜷縮在一堆稻草中，赤身裸體，什麼都沒有穿。媽媽還沒認出是我，對著我說：『你瞧瞧我們是怎麼過活的？趁著天色還沒全黑，你還是繼續上路吧。』我又走上前一步，她還在說：『趁天色還沒黑，請你繼續趕路吧。』我撲到她身上，緊緊抱住她喊著：『媽媽，我的媽媽！』這時，家人才恍然大悟，一起撲向我，尖叫著抱住我。

現在我住在克里米亞，城裡的人都生活在花叢裡，但我每天看著窗外的大海，依然在痛苦中煎熬。我到現在仍然不像一個女人，我經常哭，每一天都在呻吟，活在回憶裡。」

——柯賽妮婭．謝爾蓋耶夫娜．奧薩德切娃（列兵，管理護士）

恐懼和一箱糖果

「我上前線的那天，空氣清新，細雨霏霏，多美麗的一天！我是一早啟程上路的，站在家門口我想：『也許我再也回不來了吧？再也看不到我們家的花園和家門口的街道了。』媽媽邊哭邊緊抓著我不放，等我走遠了，她又追上來，緊緊地抱住我不肯鬆手。」

——奧莉佳．米特羅芳諾夫娜．魯日妮卡婭（護士）

「說到死亡，我那時才不怕死呢。大概是年輕或是其他原因，雖然死神就在周圍打轉，但是我從來沒想過，大家也從來不談論。死神看似跟我們形影不離，卻又總是擦肩而過。有一天夜裡，我們全連出動到作戰地區進行偵察，到黎明時分正要撤離時，突然從中立區傳來一陣呻吟聲，原來我們有個傷患落在那裡了。戰士都不讓我回去：『不要去，你會被打死的。你瞧，天已經亮了。』

我不聽他們勸阻，堅持爬了回去。我找到了那名傷患，用皮帶把他拴在我的手臂上，花了八個小時硬是把他拖了回來。連長知道後大怒，宣布以擅自離隊的罪名將我關了五天。但是副團長的反應就完全不同了：『她應該得到獎勵的。』

十九歲那年，我獲得一枚勇敢獎章；但十九歲那年，我的頭髮也開始變白了。同樣在我十九歲那年，我在最後一次作戰時被子彈打穿了兩肺，第二顆子彈從兩個脊椎骨之間射穿過去。我的雙腿一動都不能動，大家都以為我死了。

那年我只有十九歲，而現在我已經有了這麼漂亮的一個孫女。我看著她，簡直都不敢相信，我還有可能生兒育女！

當我從前線回到家時，妹妹拿給我看陣亡通知書，大家都以為我已經死在戰場上了。」

——納傑日達．瓦西里耶夫娜．阿尼西莫娃

（機槍連衛生員）

「我不記得媽媽的樣子，記憶中只有模糊的影子和輪廓，忽而是她的臉，忽而是她的身形，探過身來俯視著我，很近很近。其實，那也是我自己的感覺而已。母親去世時，我才三歲。父親是職業軍人，在遠東工作，他教過我騎馬，這是我童年最深刻的記憶。爸爸不希望我長大後成為一個俗不可耐的嬌嬌女。從五歲起，我就在列寧格勒和姑姑住在一起。姑姑在俄日戰爭中當過護士，心地善良，我愛她，就像愛自己的親生母親一樣。

小時候的我是什麼樣子？我記得，我曾經跟人打賭從學校二樓往下跳，我也喜歡足球，總是跟一群男生比賽，當守門員。蘇芬戰爭*開始後，我不顧一切地奔向芬蘭前線。一九四一年，我剛剛讀完七年級，準備進入中等技校學習，就聽到姑姑哭著說：『戰爭爆發了。』我聽了還挺高興的，一心只想著上前線，可以去打仗了。我哪裡知道，渾身流著血是怎麼回事？

人民預備役第一近衛師成立後，我們幾個女孩被錄取到野戰醫院。

我打電話給姑姑：『我要上前線了。』

姑姑在電話那頭說：『馬上給我回家！午飯要涼了。』

我掛上了電話。後來覺得很對不起姑姑，為我自己缺乏理智而感到愧疚。後來在恐怖的列寧格勒大圍城中，全城的人死了一半，而姑姑竟然孤獨地活了下來。啊，我的老姑媽。

我還記得有次短期休假，我在回家看望姑姑前，走進了一家商店。戰爭前我就非常喜歡吃糖

*二次大戰期間爆發的戰爭，蘇聯於一九三九年十一月向芬蘭發動進攻，至隔年三月雙方簽訂和平協定。

果。那時我說：『請給我一盒糖果。』

店員看著我，彷彿我是個瘋子。當時我還不明白什麼是配給卡，也不知道發生了圍城事件。所有排隊的人都轉過頭來看我，我那時還背著一根比我個頭還高的步槍（上級發槍時，我就一邊看著槍一邊心想：『什麼時候我才能長到這麼高呢？』）這時候，所有排隊的人都向店員請求說：『給她一些糖果吧，就從我們的配給券中扣除好了。』於是我如願拿到了糖果。

大街上發起了支援前線的募捐活動，直接就在廣場的一排桌子上擺了大托盤，人們走過來主動扔下現金、金戒指、金耳環，也有人摘下了手錶……但沒有人在本子上簽名。女人，從手上摘下婚戒……

這些情景，永遠都留在我的腦海裡。

當時還下達了那個著名的《史達林二二七號命令》＊：『不得有任何一步撤退！』只要後退就開槍，就地槍決；或由法庭審判，送往專門設立的刑事罪犯營。打仗時，前方是德軍，而在我們身後則是督戰隊——自己人對自己人開槍。

這些情景也永遠留在我的腦海裡。

那是一塊普通的林中曠地，剛下過雨，濕地泥濘。一個年輕士兵跪在那裡，戴著的眼鏡斷了一邊，他用手扶著眼鏡。這是個知識份子模樣的列寧格勒男孩，渾身被雨水淋透，他的步槍已經被收走。我們全體人員集合排好隊，地上到處都是水窪，只聽到他一直在求饒，在詛咒發誓，懇求著不要槍斃他，說家裡只剩下媽媽了。他不停地哭，但一顆子彈無情地打在他的額頭上。這是殺一儆百，任何動搖份子都會是同樣的下場。哪怕只是一分鐘的驚惶失措，都不允許！絕不允許有『逃』這樣的念頭……

史達林的這個命令讓我一夜之間長大了，我甚至很久都不敢回想。沒錯，我們是打贏了，但勝利的代價又是什麼呢！多麼可怕的代價啊！

傷患太多，我們總是一連幾天幾夜不能睡覺。有一次連續三晝夜沒一個人闔過眼。我跟車送傷患到醫院，送完傷患空車返回的路上我就睡著了。回來的路上，我們一個個都像醃黃瓜一樣，腿一軟全都倒下。

後來我見到政委，就說：『政委同志，我很慚愧。』

『怎麼回事？』

『我睡著了。』

『在哪裡？』

我告訴他，我們是如何運送傷患，在回來的空車上睡著了。

『這有什麼關係？你們都做得很好，只要有人是清醒的，其他人都可以在路上睡一會。』

＊一九四二年七月二十八日頒布，一般稱為「絕不後退命令」。由於當時補充的大量蘇聯新兵往往在撤退過程中四處逃竄，史達林為了阻止德軍進攻，採取了嚴格的措施，讓內務人民委員會的部隊有權進入軍營逮捕「意志脆弱的份子」，並在戰場上對逃兵格殺勿論。

但我還是很愧疚，我們當時就是帶著這樣的心情經歷整場戰爭的。野戰醫院的人都對我很好，但我就是想當偵察兵。我放出風聲，說如果他們不放我走，我就會自己跑到前線去。為此，他們還因為我不服從戰時條令，想把我逐出共青團。但無論如何，我是逃走了。

就是這樣，我才能拿到第一枚勇敢獎章。

有一次開打後，敵人的火力相當猛烈，把我們士兵壓得只能趴在地上。指揮員高聲下達命令：『衝啊！為祖國前進！』戰士剛起身又被火力壓倒。再次下令，再次臥倒。這時候我站了起來，甩下了軍帽，讓大家看到有個女孩挺身而出了。這下子，男兵也紛紛跳了起來，和我一起朝著戰火衝過去。

因此，上級頒發給我一枚獎章，而就在我拿到獎章的同一天，我們又出去執行任務了。也是在那一天，我第一次來潮了，我發現自己身上有血，驚叫著大哭出來：『我受傷了。』跟我們一起去偵察的是一名上了年紀的男性醫務人員，他走到我身邊問：『哪裡受傷了？』

『我不知道，但是流血了。』

他看了後，就像父親一樣，原原本本地跟我講是怎麼回事。

戰爭過去十五六年了，每晚做夢時我還是在偵察敵情。要麼夢見我的衝鋒槍卡住了，要麼夢見我們被包圍了。醒過來後牙齒還咯咯作響，頓時忘了自己是在哪裡，在戰場上，還是家裡？

戰爭結束後，我實現了三個願望：第一個願望是我終於不用再匍匐爬行了，可以坐在無軌電車上，愛去哪就去哪；第二個願望是吃全麥麵包；第三個願望是躺在乾淨的白床單上睡覺，一定要是白色的床單。」

——阿爾賓娜・亞力山德洛夫娜・漢吉穆洛娃
（上士，偵察員）

「我正懷著老二，老大是兩歲的兒子，但就在這時戰爭爆發了，我丈夫上了前線。我回娘家，拿掉了……你懂的，就是拿掉了孩子……那時墮胎是違法的，但瞧瞧周遭都是哭聲和眼淚，叫我怎麼能安下心生孩子。可惡的戰爭，在死亡之間要怎樣孕育新生命？

我結束密碼專業培訓後就被派往前線。我要為我失去的小寶貝報仇，那是我的女兒，原本應該誕生到這個世界上的女兒。

我請求上前線，但是上級把我留在了司令部。」

——柳鮑芙・阿爾卡迪耶夫娜・恰爾娜雅
（少尉，密碼破譯員）

「我們離開了城市，大家都出來了……那是一九四一年六月二十八日中午，我們斯摩棱斯克教育學院的學生聚集在印刷廠的院子裡。會議只開了一小段時間，我們就出城沿著老斯摩棱斯克大道趕往紅光鎮，我們一邊警戒，一邊分成小組前行。傍晚時分，暑熱消退，雙腿變得輕鬆起來，我們走得更快了，不能回頭也不敢回頭看，只有在停下休息時，我們才轉頭向東方望去。整個地平線都被淹沒在紫色光芒中，大約是四十公里開外，卻好像映紅了整個天空。很明顯，那不是十幾幢也不是一百幢房子在燃燒，是整個斯摩棱斯克都在燃燒。

我有一件很拉風的新裙子，我的好友薇拉很喜歡，還借去試穿過好幾次。我已經答應她，要在她結婚那天送給她。她正打算結婚，未婚夫是一個好青年。

但突然間打仗了，我們都出城去挖反坦克壕溝，宿舍裡的東西都要留給管理員。可是那裙子怎麼辦？『裙子你拿去吧，薇拉。』出城前我對她說。

但她沒有接受，她說：『講好了要在婚禮上才送我的。』一件好看的裙子就在大火中燒掉了。

現在我們是一步三回頭，就像我們的後背正被燒烤著。我們一整夜都沒停下腳步，天一亮又開始工作：挖反坦克壕溝，寬度三公尺半、深度七公尺，溝裡要像陡峭的牆壁一樣才行。我一直挖一直挖，手裡的鐵鏟像烤紅了一樣，沙土也好像都紅了。但是我的眼前浮現的是藏在鮮花和丁香叢中的家裡房子和白色的丁香花。

我們住的帳篷就搭在兩條河流之間的水草地上，悶熱又潮濕，蚊子黑壓壓一群，睡前必須從帳篷裡把蚊子熏出去。一到黎明就滲水，整夜都無法睡得安穩。

我病了，被送到醫院。我們並排躺在地上，很多人生病發高燒。當我正哭著，病房的門打開了，醫生出現在門口（她不可能走得進來，因為地板上鋪滿了床墊）說：『在伊萬諾娃*的血液中發現了瘧原蟲。』她說的就是我。自從我在六年級的書本上讀到瘧疾後，最害怕的東西就是瘧原蟲了。但此刻，廣播不停在播送：『起來，強大的國家……』那是我第一次聽到這首歌，心想：『我得趕緊治好病，立即去前線。』

我被轉送到距離羅斯拉夫爾不遠的科茲洛夫卡，他們從車上把我抬下來放在板凳上。我坐在那兒，身不由己地要癱倒下去，恍恍惚惚聽到有人說：『就是這個女孩嗎？』

『是的。』醫護人員說。

『先把她送到食堂去，餵她吃些東西。』

這下子我終於睡在床上了，你明白我的意思吧？一直以來，我不是睡在篝火邊的草地上，就是睡在大樹下的帳篷裡，但這回我是躺在暖呼呼的醫院裡，睡在有床單的病床上了。我一覺就睡了七天，後來有人告訴我說護士曾經喚醒我，餵我吃飯，但我全都不記得了。七天後我才真的醒了過來，醫生過來查看：『你的身體已經復原了。』

然後，我再一次倒頭就睡。

回到前線不久，我和部隊就被敵人困住了。正常定量是每天兩塊麵包乾。沒有足夠的時間埋葬死者，就用沙土草草掩埋，用船型軍帽蓋上他們的臉。連長對我說：『如果我們這次能夠活著突圍出去，我一定要把你送回大後方。我從前以為，女人在這樣的環境中是堅持不了兩天的，我

＊此處與文末屬名不同，恐為婚前姓氏。

就是這樣想我妻子的。』聽了這話，我委屈得都要哭出來了，在這樣的時刻待在大後方，對我來說比死更糟糕。不過，雖然我的精神和心靈都頂得住，但是身體卻不爭氣，體力負擔太重。我記得當時要背著砲彈，在泥淖中運送武器。尤其是在烏克蘭，春雨過後的土地非常泥濘，就像鬆軟的麵團一樣。甚至為了在這裡挖個墓穴合葬戰友，我們也要三天三夜不能睡覺。我們不再哭了，因為連哭也要花力氣。就是想睡覺，想睡個幾天幾夜。

每次上崗哨，我都要來回不停地走路或是大聲地念詩。別的女孩會唱歌，為的就是不要倒下去，不要睡過去。」

——瓦蓮京娜・巴甫洛夫娜・馬克沁丘克

（高射砲手）

「我們從明斯克往外運送傷患。我以前愛穿高跟鞋，因為我很介意個子矮。有一次走在路上時鞋跟斷了，聽到有人大聲喊道：『空降兵落地啦！』嚇得我趕緊把鞋子拿在手裡，光著腳跑掉了。那是一雙很漂亮的鞋子，讓我好心疼。

當我們被敵人團團圍住，又看不到突圍的希望時，我和護士達莎站起身來走出了戰壕，挺胸抬頭決定不躲不藏了：就算腦袋被子彈打爆，也比被敵人抓住當俘擄受羞辱的好。我的所有傷患，凡是能站起來的，也都站了起來。

當我看到第一個法西斯士兵時，一個字也說不出來。他們都很年輕開朗，滿面笑容。不管他們在哪裡駐紮下來，只要看到有水管或水井，就會開始清洗起來。他們挽起袖子，不停地洗……到處都在流血，到處都是哀號聲，但他們還是走到哪兒就洗到哪兒。我心頭有一把仇恨的火直往上竄，回到家時，一連換了兩件襯衫，心裡還是充滿著反感，因為德國兵來過這裡。我一連幾夜都無法入睡，而我們的鄰居，克拉娃大嬸，看到德國人走在我們的土地上，一下子氣暈了過去，就在她自己的家裡。她實在無法忍受德國人，很快就死了。」

——瑪麗亞·瓦西里耶夫娜·什洛巴

（譯電員）

「德國兵進了我們的村子，他們騎著黑色的大摩托車。我睜大眼睛仔細望去，他們都是一些快樂的年輕人，一路笑容滿面！看到他們在我們的土地上嘻嘻哈哈，我的心都快停止跳動了。

我做夢都在想著報仇，也想像著自己會如何壯烈犧牲。而我的名字會永遠被人記住，這就是我的夢想。

一九四三年，我生下女兒，當時已經和丈夫參加了森林游擊隊。我是在沼澤地的草叢裡生產的，我用自己的體溫烘乾了尿布，放在懷裡弄暖後再給孩子墊上。周圍的一切都燒毀了，連人帶村子都燒成灰燼。德國鬼子把我們的人趕進學校或教堂，然後澆上煤油……聽到我們的對話後，我五歲的姪女問我：『瑪麗亞阿姨，如果我被燒死了，會留下什麼？靴子嗎？』這就是當時我們的孩子問的話。

我自己去蒐集殘骸，為我的友人尋找她的家人。我們在灰燼中搜索遺骨，就算看到一點衣服碎片，也能認出是誰的。每個人都在殘骸中尋找自己的家人，我撿起一片碎布，朋友馬上叫起來：『這是我媽媽的毛衣……』說著說著就昏倒了。還有人用床單、枕套來撿拾骸骨，有什麼就用什麼。我和朋友帶了一個袋子，但撿到的遺物還裝不了半袋。我們把所有的遺骨合葬在一個小公墓裡，什麼都是黑色的，只有骨頭是白色的，還有骨灰。我已經熟悉了骨灰是什麼樣子，是燐白色的……

從此以後，不管上級派我去什麼地方，我都不再害怕了。我的孩子還很小，只有三個月，我就抱著他去執行任務。政委派我出去時，他自己都忍不住流淚。我從城裡帶回來藥品、繃帶，還有血清……就藏在孩子的小手小腿之間，用嬰兒布巾緊緊地包住，就這麼帶了出來。森林裡的傷患個個命在旦夕，我必須冒險這樣做，非這樣不行！到處都是德國人和警察，沒有其他人能混過去，沒有人可以攜帶物品離開，除了我，因為我帶著襁褓中的孩子。

我現在得承認，那真是很可怕的經歷，而且回想起來，真的很心酸！為了讓寶寶哭出來，我就用鹽巴揉搓他，把他全身都搓紅了，就像生皮疹一樣，這樣他就會哇哇大哭。哨兵叫住我時，我就說：『孩子正在出皮疹，可能是傷寒……』他們一聽就趕緊放行，催我趕快走。我用鹽搓過孩子，也用蒜頭辣過他。我可憐的孩子還那麼小，我當時還在給他餵奶呢。

每次通過關卡後，一回到森林我就哭了，放聲大哭！真對不起我心愛的孩子。可是沒過幾天，我又得去執行任務了。」

——瑪麗亞・季莫菲耶夫娜・薩維茨卡雅－拉丘凱維奇

（游擊隊聯絡員）

「我學會了仇恨，初次知道這種感覺。他們憑什麼可以隨意走在我們的土地上，他們算什麼東西？我只要看到這些場面就怒火中燒，他們為什麼會在這裡？

戰俘列車開走了，丟下幾百具屍體在路上，是幾百具啊！那些沒有力量站起來的人，會被立即槍斃；而活著的人就像牲口一樣被驅趕著。死掉的人沒人聞問，來不及埋葬，因為太多了。他們會躺在地上很久很久，生者與死者相伴著過活。

我遇到我的繼妹，他們的村莊被燒毀了。她有三個兒子，一個都沒能活下來。房子毀了，孩子死了，她坐在地上逢人就哭訴，哭訴自己的不幸。等她終於站起身來，又不知道該去哪兒，該去找誰。

我們全家都進了森林：爸爸、哥哥和我。沒有任何人鼓動我們，更沒有人強迫，我們是自己要參加游擊隊的。只有媽媽和一頭牛留在村子裡……」

——伊蓮娜・費多洛夫娜・克瓦列夫斯卡婭

（游擊隊員）

「我根本沒有多想，我有自己的專業，而那是前線需要的。我沒有半點猶豫和動搖。其實當時，沒有人能在這個時候還安坐在家裡的。我記得有過一名年輕女孩，她是我們的鄰居，她對我坦誠地說：『我很熱愛生活，喜歡打扮，我不想死掉。』但我見過的其他人都不是這樣，或許他們是不想說出來，是在掩飾自己。所以，我也不知道應該怎麼回答你的問題。

我記得臨行前把房間裡的盆栽搬了出來，拜託鄰居照看：『請幫我澆澆花吧，我很快就會回來的。』

可是等到我回來時，已經是四年以後了。

留在家裡的女孩都羨慕我們能上前線，但成年女性都哭了。跟我一起走的那群女孩中只有一個沒有哭，其他全都哭了。但是後來她也紅了眼眶，一次一次用手帕擦眼睛。她說大家都在哭，不哭不合適。你問我們真的明白什麼是戰爭嗎？我們那時還太年輕，但現在我經常在半夜驚醒，夢見我還在打仗，夢見我的飛機在空中飛得很高，突然間高度陡降，我知道我被打下來了，人生只剩最後幾分鐘了。太可怕了，醒過來後噩夢還未散去。老年人都怕死，年輕人就知道笑，年輕人不相信死亡，我當時也不相信我有一天會死去。」

——安娜．謝苗諾夫娜．杜波羅維娜－切庫諾娃
（近衛軍上尉，飛行員）

「從醫學院畢業後我回到家鄉，家裡有生病的父親。戰爭就在這時候爆發了。我記得開戰那天，是在上午得知這個可怕消息，樹上的露水還沒乾，大家就在說戰爭來了！直到上了前線後，

我都還清清楚楚地記得，那天我突然發現草叢和樹木上的露珠是那麼晶瑩剔透，是那麼清澈明亮。大自然和人類社會發生的事，就是如此扞格不入啊！那一天陽光明媚，鮮花盛開，遍地都是我最愛的矢車菊，在草地上星星點點，時隱時現。

我記得我們藏身在小麥田裡，那同樣也是一個陽光燦爛的日子。德國鬼子的自動衝鋒槍啪嗒啪嗒地掃射，然後就剩下一片沉寂，只聽到麥浪搖動的嘩嘩聲。接著，又是一陣掃射。我心想：『以後我還能聽到麥浪的聲音嗎？那麼愜意的聲音。』」

——瑪麗亞．阿法納西耶夫娜．加拉楚克（助理軍醫）

「我和媽媽一起被疏散到了大後方，薩拉托夫……我在那裡三個月就學會了機床車工，每天要忍飢挨餓地站在機器旁十二個小時。那時我只有一個念頭：到前線去。前線總會有些食物吃吧，總會供應麵包和加了糖的茶吧？應該還有黃油，我不記得聽誰說過，也許是在火車站聽那些傷患說的吧。能從飢餓中活下來的，顯然都是共青團員。我和友人一起去兵役委員會，沒有坦承我們已經在工廠裡工作，否則他們是不會收我們的。就這樣我們當了兵。

我們被派到梁贊步兵學校，那裡有專門的機槍培訓班。重機槍很沉，都得自己拖著走，我們就像馬匹一樣。夜間站崗時，要留意捕捉每一種聲音，就像山貓一樣，每個沙沙的響動都要密切注意。在戰爭時期，就像俗話所說的，我們一半是人一半是獸。真是如此，沒有獨到的本領就活不下來。如果你只是個人類，就無法安然無恙，腦袋隨時會開花。在戰爭中為了自保，必須要學會某些本領，必須要找回人類還沒有完成進化時的那些本事。我不是很有學問，只是個普通的會計，但我知道這一點。

我們打到華沙時，大家都像是散兵游勇了。用我們的話說，步兵是戰爭中的無產階級。我們簡直就是爬行著前進，不要再問我什麼了，我不喜歡戰爭，不喜歡英雄。實際上，當時我們都有病在身，咳嗽不斷，睡眠不夠，衣衫襤褸，餓肚子更是家常便飯。但是，我們勝利了！」

——柳鮑芙．伊萬諾夫娜．柳布契克（排長，衝鋒槍手）

「我知道爸爸陣亡了，哥哥也犧牲了。生或死，對我來說已經沒有什麼意義。最可憐的是我媽媽，她本來是個大美人，但好像一夜之間就垂垂老矣，被命運折磨得不成人形。沒有我父親、兒子，就活不下去。

『你為什麼還要去打仗？』媽媽問我。

『我要為爸爸報仇。』

『如果爸爸看到你背上了槍，他不會好受的。』

從小就是爸爸幫我編辮子、紮蝴蝶結，他自己比媽媽還喜歡穿漂亮的衣服。

我曾經在部隊裡做電話接線生。記得最清楚的，就是指揮官在電話中大嚷大叫：『援兵，我要援兵！我要求補充兵力！』每一天都是這樣子……」

——烏里揚娜・奧西波夫娜・赫姆澤（中士，話務員）

「我不是女英雄。我以前是個漂亮的女孩，從小就備受寵愛。戰爭爆發後，我害怕會死掉，害怕槍聲，從來沒有想過有一天我會開槍射擊。我還很怕黑，害怕進入茂密的森林，當然我也怕野獸，無法想像如果遇到野狼或野豬要怎麼辦。小時候我連狗都怕呢，因為曾經被一隻大牧羊犬咬過。我就是這個樣子，但我在游擊隊裡學會了一切：學會了使用步槍、手槍和機關槍。需要的話，我現在還能表演給你看，我記得可牢了。我甚至還學會了徒手搏鬥。我也不再害怕黑暗和野獸了，不過見到蛇還是要繞著走，這是我的弱點。一到深夜，林子中常常會有野狼嗥叫。我們坐在自己的掩蔽洞裡，一無所有，只有外面的惡狼和身體的飢餓感。我們棲身的掩蔽洞非常小，森林就是我們的家，游擊隊的家。戰爭結束後，我又開始害怕森林了，現在再也不走進森林裡了。

整個戰爭期間我都在想，要是能夠在家裡依偎在媽媽身邊該有多好。我有個漂亮的媽媽，非常美麗的媽媽。但我們身不由己，德國人占領了我們的城市，而我知道自己是猶太人。戰前，所有民族俄羅斯人、韃靼人、德國人、猶太人都不分你我地和睦相處，以前我甚至連聽都沒聽過『猶太佬』這樣的字眼。但戰爭開始後，我們就變得跟痲瘋病人沒兩樣，到處被人驅趕，人人都對我們避之唯恐不及。甚至有些朋友也不再跟我們打招呼，有些鄰居還對我們說：『交出你們所有的東西吧，反正你們再也用不著了。』在戰前，大家不都是好朋友嗎？不是每天叫著瓦洛佳叔叔、安娜阿姨嗎？怎樣忽然間全都變樣了！

媽媽被他們射殺了，就在我們不得不搬到猶太人隔離區去的前幾天。城裡到處都張貼著禁令：『猶太人不許走在人行道上，不許去理髮店，不許在商店裡買東西……不許笑、不許唱歌……』媽媽沒能習慣這些禁令，她還是到處逛街。大概是不相信這些是真的吧。然後她發現有些人非常粗魯地對待她，但她還是報以微笑，媽媽是個好看的美女……在戰前她是樂團主唱，人人都喜歡她。我覺得，如果她不是那麼漂亮，或者她一直跟我或爸爸在一起，我想這一切就不會發生了。陌生人在深夜時把她帶回來給我們，她已經死了，身上的大衣和靴子不見了，爸爸給她的婚戒也被搶走了。那真是一場噩夢，可怕的夜晚！太恐怖了！

在隔離區裡，我們只能擠在別人房子的閣樓上。爸爸有一把小提琴，那是我們家戰前最貴重的物品，爸爸想賣掉它。我當時扁桃腺發炎得厲害，躺在床上發高燒，無法說話。爸爸想要買些東西給我吃，他怕我會死掉。聽不到媽媽說話，沒有媽媽抱著，我真想死了算了，我是個從小就受到百般寵愛的女孩啊。就這樣，我在床上躺了三天等爸爸回來，後來有認識的人傳話過來說，爸爸也死了。他們說，就是因為那把小提琴，我不知道它到底有多貴重，只記得爸爸離開的時候說：『太好了，也許能換來一罐蜂蜜和一塊黃油呢。』我沒了母親，又失去了父親。

我出去找爸爸，就算他死了，我還是想找到他，我要和他在一起。我那時留著一頭金色長髮，不是黑色的，我的頭髮和眉毛都是金黃色的，在城裡誰都不敢碰我。我去到市場，見到了爸爸的一個朋友，他已經搬到農村和父母一起住。他和我爸爸一樣都是音樂家，我叫他瓦洛佳叔叔，我把一切都告訴了他，他把我藏在一輛蓋著帆布的貨車上。車上又是豬又是雞，開了很長很長的時間。一直開到晚上。我睡了過去，又醒過來。

就這樣，我投奔了游擊隊。」

——安娜・約瑟福芙娜・斯特魯米林娜

（游擊隊員）

「那次閱兵，我們游擊隊員和紅軍部隊一起列隊受閱，但是閱兵後我們被通知要上繳武器，回去重建城市。我們很納悶：『怎麼回事？戰爭還在進行，僅有一個白羅斯剛剛得到解放，我們怎能交出槍枝？』我們每個人都想繼續打仗，於是我們來到兵役委員會，所有女孩都來了。我說：『我是護士，請把我派往前線。』兵役委員會的人允諾說：『好吧，我們一定考慮你的要求，等需要你時，我們會馬上通知。你先回去工作吧。』

我等啊等的，但他們根本沒來找我。於是我又去了一趟兵役委員會，一連跑了好多次。最後，他們對我說了實話，護士已經太多了，不再需要護士了，但明斯克市需要人清理廢墟。

你想知道，我們那兒的女孩都是一些怎樣的人？我們游擊隊有個叫切爾諾娃的，她已經懷孕了，還把地雷夾在腰裡，緊靠著胎兒噗噗跳動的心臟。透過這件事，你就可以清楚地知道我們都是些什麼樣的人了。唉，我們都是些什麼人，又何必說？我們從小就是受這種教育長大：『祖國就是我們，我們就是祖國。』我還有一位朋友，她帶著女兒走遍全城，在小女孩的裙子裡裹著好幾層的傳單。女兒舉起小手，央求媽媽：『媽媽，我好熱，媽媽，我好難受。』大街上都是德國鬼子和偽警察。德國人還可能瞞得過去，但要想矇騙偽警察就太難了。他們也是俄國人，了解你的生活，能看透你的心，猜到你的心思。

就連孩子也加入了游擊隊，是我們把他們帶去的，但他們畢竟是孩子。如何保護他們的安全呢？我們決定把孩子帶去收容所，但他們還是從火車上、路上一次次逃出來，再次回到前線。

恐怕要過上幾百年才能弄清楚這段歷史：這是怎樣的一場戰爭？是些什麼樣的人？他們的心境是怎樣？你想一想，一個孕婦懷裡藏著地雷，而她還在等著孩子出生，她熱愛生活，也想活下去。所以，你說她怕不怕？但她還是這樣做了，不是為了史達林，而是為了自己的後代，為了孩子的將來。她不願意跪著生存，不想向敵人屈服。或許你會說，我們當時都太盲目了，甚至我也不否認很多事我們根本不明白，但我們的盲目和純潔是共存的。我們就是由兩部分組成，由兩個生命組成。你應當明白我在說什麼……」

——薇拉・謝爾蓋耶夫娜・羅曼諾夫斯卡婭
（游擊隊護士）

「夏天開始了，我正好從醫學院畢業，拿到了文憑。就在這時，戰爭爆發了！我立刻被召到兵役委員會，得到的命令是：『給你兩個鐘頭，收拾一下，就送你上前線。』我急忙回去整理行李，把所有東西都裝進一只手提箱裡。

（亞：打仗時，您隨身帶的是什麼東西？）

糖果。

（亞：什麼？）

滿滿一箱的糖果。我從醫學院畢業被分配到農村工作時，就先發了安家費。一拿到錢，我統統買了巧克力糖，整整裝了一皮箱。我知道在戰爭中用不到現金。在皮箱的最上層，我擺了一張醫學院全班同學的合照，上頭全是女孩。就這樣，我又趕到兵役委員會報到。兵役委員問我說：『你想分派到哪兒呢？』我反問他：『我的朋友要去哪？』我和她是畢業後一起分配到列寧格勒州來的，她在鄰村工作，離我十五公里遠。兵役委員聽了我的話，笑著說：『她也是這樣說的。』於是，他拎起我的皮箱，送我上一輛卡車再去火車站：『箱子裡是什麼東西，這麼重？』『糖果，一箱子都是。』他不說話了，臉上的笑容也消失了。我看得出來他很不自在，甚至有些難為情。這是一個中年男子，他很清楚我要去的是什麼地方。」

——瑪麗亞．瓦西里耶夫娜．季霍米洛娃

（醫生助理）

「我的命運就在一瞬間決定了。

兵役委員會貼出一張公告：『需要司機。』我剛從駕訓班出來，學了六個月。我原本是老師（戰前我讀過中等師範學校），但戰場上沒有人需要老師。他們需要的是軍人，我們駕訓班裡有很多女孩，組建了整整一個汽車營隊。

有一天外出訓練，一想起這事，我就不由自主想要掉眼淚。那是春天，我們打完靶返回營房前，我在野外採了一束紫羅蘭，少少的幾朵花。我把紫羅蘭綁在槍刺上，就這樣一路走了回來。回到營地，營長召集大家列好隊，點到我的名字。我跨前一步站了出來，但我忘記槍刺上還紮著一束紫羅蘭。營長開始厲聲訓斥：『軍人就應該是軍人的樣子，你不是採花女。』但他不明白，為何在這種嚴酷的環境中我居然還有心思去想這些花花草草。這種事，男人永遠不明白。但我沒有把紫羅蘭扔掉，而是悄悄拿了下來，放進了口袋。為了這幾朵紫羅蘭，我被罰了三次額外勤務。

還有一次，輪到我站崗。夜裡兩點鐘，別人來換我的崗哨，但我不想換。我對下一班的人說：『你就站白天的崗哨吧，現在再讓我站一班！』我自願站了一整夜的崗哨，一直到天亮，我只是想聽聽鳥叫聲。只有夜深人靜時，我才能想起以前那種安寧的生活。

我們開赴前線的途中，大街小巷兩旁都自動排起了送行的人牆，有婦女，有老人，有孩子。大家都在擦眼淚：『小女孩要上前線了。』我們整整一營都是女孩。

我開車都是去做些什麼事？去收屍，戰場上到處都是散落的屍體，都是年紀輕輕的小伙子。有一次，我突然發現有個女孩的屍體躺在地上，一個戰死的女孩。一瞬間大家都安靜了下來……」

——塔瑪拉·伊拉利奧諾夫娜·達薇多維奇
（中士，司機）

「我準備上前線時，還以為戰爭不會打太久。我們馬上就能打敗敵人，我還買了一條新裙子、兩雙襪子和一雙鞋子。當時我們正要從沃羅涅什撤退，我還衝進商店裡，又為自己買了一雙高跟鞋。我記得很清楚，撤退時的城市上空已經黑煙籠罩，但是商店居然還在營業，真是奇怪！不知怎麼的，我就是喜歡買鞋子。直到現在我還記得，那雙鞋子有多麼精緻優雅，對了，我還買了香水。

確實，要立即揮別戰前的生活很不容易。不僅是心理層面，應該說是整個身心都在抗拒。所以我還清楚記得，我當時拿著這雙鞋子跑出商店時有多麼高興，簡直開心極了。但其實，當時已經是硝煙四起、砲聲隆隆了。雖然我們已經處於戰爭中，但還是不願意去想它，拒絕去相信戰爭已經開始，我們已經被戰火包圍了。」

——維拉·約瑟福芙娜·霍列娃
（戰地外科醫生）

戰場生活和瑣事

「我們的夢想，就是上戰場。

剛進入車廂，訓練就開始了。一切不是我們在家時所想像的那樣，我們必須早早起床，自由活動的時間一分鐘也沒有，而我們還保留著以前的生活習慣。只受過小學四年級教育的下士班長古利亞耶夫負責教我們軍事條令，他連有些單詞的音都發不準確，讓我們很不滿意。在我們看來，他能教我們什麼？不過就教我們怎樣在戰場求生而已。

體檢後就是入伍宣誓，司務長拿來了全套軍服：軍大衣、船形帽、軍便裝、軍裙。沒有女式襯衫，就發了兩件厚棉布縫製的男式長袖襯衫；沒有綁腿，而是一雙長襪子和一雙前後都釘著厚馬蹄鐵、笨重的美製大皮鞋。在全軍營裡，就數我的個子最矮、體重最輕，當時我的身高才一五三公分，鞋子穿三十五碼。當然，軍工廠不可能會製作這麼小尺碼的軍鞋，美國人更不會供應我們這種小號鞋，於是我穿的是四十二碼的大皮鞋，穿脫都不用解開鞋帶，直接把腳套進去就行了。但這雙皮鞋很重，我只能拖拖拉拉地走路，踏步走時，石子路都會迸出火星。吃盡苦頭的第一次行軍，現在想來還是很可怕。我原先是打算在軍隊裡闖出個名號的，但沒有料到三十五碼的小腳卻要穿上四十二碼的大鞋，那麼沉重又醜陋！

連長看到我踏步的樣子，把我叫住了：『斯米爾諾娃，你是怎麼走的？你沒學過嗎？為什麼腳不抬高？罰你三次額外勤務！』

我回答說：『是，上尉，三次額外勤務！』我轉過身要走，但腳沒邁出去就摔倒了，鞋子也掉了。於是，我磨出血的兩腳就曝了光。

終於真相大白，於是營隊的鞋匠帕爾中奉命專門為了我用舊帆布做了一雙三十五碼的高筒靴。」

——諾娜·亞歷山德洛夫娜·斯米爾諾娃

（列兵，高射機槍手）

「有不少好笑的事呢……

紀律、軍規、等級標章——軍中的所有奧妙，我們不是很快就能掌握。我們的工作是每天站崗放哨。按照軍中規定，如果有人走過來，必須命令他站住：『站住，哪一位？』有一天，我們有個女孩站崗時看到團長遠遠走過來了，竟然大聲喊道：『請等一等，你是誰？對不起，我要開槍了！』好笑吧？她竟然說的是：『對不起，我要開槍了！』對不起，哈哈哈……」

——安東尼娜·格利戈里耶夫娜·邦達列娃

（近衛軍中尉，高級飛行員）

「女孩剛到航空學校時，都是留著一頭長髮，梳著各式各樣的髮型。我也把一條大辮子盤在頭頂上。但洗頭可麻煩了，要怎麼吹乾？尤其是才剛洗好頭髮，警報就響了，必須馬上跑出去。

於是，我們分隊長瑪利娜·拉斯柯娃下令所有人都要把長髮剪掉。女孩一邊剪一邊哭，莉麗亞·利特維亞克怎麼也不願意跟她的長髮分手。但後來，她成了我們的最佳飛行員。

我只好去找拉斯柯娃：『隊長，您的命令我們執行了，但只有利特維亞克違抗命令。』拉斯柯娃儘管是女人，但畢竟是個稱職的領導。她命令我回去：『要是你連上級的指示都無法完成，還算什麼小組長！向後轉，起步走！』

連衣裙、高跟鞋，我們實在捨不得扔掉，於是就把它們藏在背囊裡。白天穿長筒靴，晚上就在鏡子前面偷偷穿一穿高跟鞋過個癮。但後來被拉斯柯娃發現了，過了幾天便下了個命令：『所有女式衣物全部打包寄回家去。要切實做到！』不過，我們只用了半年時間就學會了駕駛新式飛機，這在和平時期需要兩年。

訓練開始沒多久，我們就犧牲了兩組學員，一共四口棺材。我們一共三個團，大家都傷心地痛哭。

拉斯柯娃站出來說話了：『女孩們，擦乾眼淚。這只是我們的第一次損失，以後還會很多。你們要把脆弱的心握緊在拳頭裡……』

後來在戰爭期間，我們再也沒有在安葬同伴時流過淚，大家都不再哭泣了。

我們駕駛的是戰鬥機，對女性來說，高度就是一個可怕的負擔，有時好像肚子直接頂住了脊樑骨。但我們這群女孩飛得很棒，屢創奇蹟，還出了好幾個王牌飛行員！就是如此！你知道，我們飛行時，就連男人都要豎起大拇指：『女飛行員又升空了！』他們很羨慕又佩服我們呢！」

——克拉芙季亞・伊萬諾夫娜・傑列霍娃（空軍大尉）

「秋天時，我被徵召到兵役委員會。他們問我：『你可以跳傘嗎？』我承認我害怕，他們又把空降兵的待遇誇了一遍，服裝漂亮不用說，每天還有巧克力可以吃。但是我從小就有懼高症。『那你願意去高射砲部隊嗎？』高射砲？我不知道這是什麼。於是他們又建議：『那我們派你去游擊隊吧。』我反問：『到了那兒，我要怎麼寫信給莫斯科的媽媽呢？』最後兵役委員只好用紅鉛筆在我的派遣證上寫道：『去草原軍區。』

在火車上，有個年輕的大尉喜歡上了我，整夜待在我這節車廂裡不走。他在戰爭中多次負傷，身心受創嚴重。他反覆打量著我，說：『小維拉，你別灰心喪氣，不要學得粗暴。看看你現在多溫柔可愛啊！我可是什麼都見識過的……』在那種情緒下，接下來我們就自然發生了些什麼。難怪常聽人說，要想從戰爭中潔身自愛地走出來真是太難了。戰爭就是地獄。

我和一群女孩走了一個月，總算到了烏克蘭第四近衛集團軍。我們到達還沒過幾分鐘，主治外科醫生就過來打量了我們一番，然後把我們帶進手術室說：『這就是你們的手術台。』救護車一輛接一輛開過來，傷患有的躺在地上，有的睡在擔架上，我們只問了一句：『先救誰？』『先救不吭聲的。』一個小時後，我就已經上手術台工作了。一連做了幾天幾夜的手術，只能偷空打個盹，然後揉揉眼、洗洗臉，繼續再做。兩三個傷患中總有一個救不活，我們不可能救活所有人。總共有三分之一的傷者會死在手術台上。

我們在士麥林卡火車站遇到猛烈的轟炸，火車停了下來，大家四散逃離躲避。有一位副政委，昨天才剛切除闌尾，今天就已經在跑著逃命了。我們在森林裡待了一整夜躲避飛機，但我們要搭的火車已經被炸成一堆廢鐵了。清晨時，德國飛機又以超低空飛行，一遍遍搜尋著樹林。我們還能躲到哪去？又不能像田鼠一樣鑽到地底下去。我抱緊一棵白樺樹站牢：『媽媽，難道我就這樣死了嗎？要是我能活下來，我就是世界上最幸運的人了。』後來我對別人講起我當時緊抱著一棵白樺樹不放，都會引來一陣笑聲。其實，真是死裡逃生啊，我就那麼直挺挺地站著，死抱住白樺樹厲聲尖叫。

我是在維也納迎接勝利日的。我們到動物園玩了一趟，我一直都渴望去動物園。本來我也可以跟大家一起去參觀集中營的，但我沒有去。直到現在我還很納悶，當時我為什麼不想去？或許就是單純想高興點、開心點，想看看另一種生活。」

——維拉·弗拉季米洛夫娜·謝瓦爾德舍娃（上尉，外科醫生）

「我們家一共三個人：媽媽、爸爸和我。父親是第一個上前線的，媽媽想跟父親一起去，她是護士。但父親去了一個地方，而母親去的是另一個地方。我當時只有十六歲，兵役委員會不願意要我，我就一遍又一遍地往那裡跑，磨了一年多，總算把我收下了。

我們坐了好長時間的火車，和我們一起的有從醫院返回前線的戰士，他們都是年輕的小伙子。他們講前線的故事，我們坐在旁邊聽得目瞪口呆。等我們到達了前線，卻沒有派我們去拿槍桿子，而是叫我們去洗衣做飯。同去的女孩全和我年紀相仿，參軍前都是父母的掌上明珠，我就是家裡的獨生女。但在這裡，我們要搬柴草生火。最後還要把爐灰收起來，放到鍋裡代替肥皀使用，因為肥皀還沒有運到，而原來的已經用完了。襯衫都很髒，爬滿了蝨子，盡是斑斑血跡，而在冬天要洗掉血跡非常困難。」

——斯維特蘭娜・瓦西里耶夫娜・卡泰希娜

（野戰洗衣隊戰士）

「至今我還記得我救下的第一個傷患，我常常想起那張面孔。他是大腿根附近開放性骨折，骨頭都戳出了皮膚表面，傷口稀爛，肉全都翻到外邊。我雖然從書上知道該怎麼處置這種傷口，但是當我爬到他面前看到傷口時，都快支撐不住了，噁心得直想吐。突然，我聽到了說話聲：『小護士，給我點水喝。』這是那名傷患在對我說話，好可憐。我到今天還記得那個畫面。等他說完時，我突然冷靜了下來。『糟糕！』我心裡責備自己，『你這個屠格涅夫筆下的貴族少女！人家受傷都快死了，而你還這個軟弱的樣子。』我趕緊打開急救包，幫他包紮好傷口。就這樣，我鎮靜了下來，提供我能力所及、最好的戰地服務。

我現在也會常看一些戰爭影片，片中戰地護士總是穿得整整齊齊、乾乾淨淨，有時還穿著一條小短裙，馬尾髮型上端正地戴著一頂船形帽。太假了！這樣子還能去背傷患嗎？周圍清一色都是男人，怎能穿著一條短裙就這樣爬來爬去？說實話，一直到戰爭快結束，上級把裙子發給我們，我們的軍服才算完整。也只有在那時，我們才領到了針織品內衣，不再穿男式的粗布襯衫。你知道，我們當時真是高興死了，為了能讓別人看到裡面穿的內衣，我們還把軍裝前面的釦子解開了幾顆呢！」

——索菲亞·康斯坦丁諾夫娜·杜布尼亞科娃（上士，衛生指導員）

「我們遭遇了空襲，敵機一遍一遍地來回轟炸，沒完沒了。所有人都爭先恐後地四散逃命，我也拚命地跑。忽然聽到有人微弱地呼喊：『請幫幫我……救救我……』而我還在繼續跑，過了一會兒，喊叫聲又傳到我耳裡，我這才突然感覺到肩膀上救護包的份量，還有一種罪疚感。恐懼頓時拋到九霄雲外，我扭頭往回跑，看到一名受傷的士兵正在無助地呻吟。我立刻衝上前幫他包紮，然後是第二個、第三個……

這場轟炸直到深夜才結束。清晨又下了一場雪，大雪覆蓋住很多的屍體……很多人的手臂都是朝上舉著，伸向天空。你問我那時候是否有過幸福的感覺？那麼我來回答你，突然在死人堆裡發現了一個活著的人，那種感覺就是幸福。」

——安娜·伊萬諾夫娜·貝麗婭

「他是我人生中見到的第一個死者，我低頭站在他的旁邊痛哭，就在這時有傷患喊叫了起來：『快來幫我包紮啊！』他的一條腿搖晃著，已經被炸斷了。我撕下他的褲子。『把我的腿給我，放在我旁邊！』我依言做了。他們只要還有意識，就絕不會丟下他們的手臂或腿或腳。他們要回自己的斷肢，就是死了，也要埋葬在一起。

在戰爭中我曾經想過，所有發生的一切我永遠不會忘。但事實上，隨著日子一天天過去，好多事我都淡忘了。

一個年輕帥氣、風趣幽默的小伙子被打死了，平躺在地上。我原本以為犧牲的人都會得到一個隆重的葬禮，但我錯了。其他人只是把他抬起來，運到了一片榛樹林裡，草草挖了個坑就這樣埋了，既沒有一口棺材，也沒有任何儀式。陽光還是那麼強烈，曝曬著他僵冷的身體。那是一個酷熱的夏天，連一片遮陽的布篷也沒有，只能讓他穿著身上現有的軍裝和馬褲下葬。幸好，他的衣服還是新的，顯然剛到前線沒多久。就這樣把他葬了，淺淺的坑，只夠他躺進去。他的傷口不大，卻是致命傷，一槍命中了太陽穴，血也流得不多。這樣一個人躺在那兒，跟活著差不多，只不過臉色蒼白了些。

掃射後，接著是地毯式轟炸，炸爛了這片地方。我不知道還會留下什麼。

在那種處境下要怎樣埋葬死者？只能將就在我們所待過的掩體附近挖個坑，把他們埋掉。最後只留下一個土堆，要是德國人緊跟過來，或者開來坦克車，墳頭會立刻被輾平，成為普通的平地，什麼痕跡都不會留下。我們經常在樹林裡掩埋戰友，就在那些橡樹下，在那些白樺樹下。直到今天我都沒勇氣走進森林，特別是長著老橡樹和白樺樹的森林，我無法在那裡停留。」

——奧莉佳．瓦西里耶夫娜．柯爾日
（騎兵連衛生指導員）

「在前線時我失去了聲音，我原本有一副美麗的歌喉。直到打完仗返家後，我的嗓音才回復正常。晚上親朋好友聚餐時，幾杯酒下肚，大家就說：『來吧，維拉，唱一首歌來聽。』

在我離家到前線之前，可以說是個唯物主義者、無神論者，也是個成績優異、品行良好的女中學生。但是到了前線後，我開始祈禱，每次打仗前我都要祈禱，出聲地禱告，禱告詞也很簡單，是我自己千篇一律的心聲，意思只有一個：『保佑我能活著回家看爸爸媽媽。』我不懂真正的禱告方式，也從來沒有讀過《聖經》。軍營裡沒有人看過我祈禱，我都是暗地裡悄悄祈禱，小心翼翼。因為我們那時是另一種人，過的是另一種生活。你能明白嗎？我們想的事情和現在不一樣，我們都明白。我來講個偶發事件，有一次，新兵中發現了一個教徒，當他祈禱時，士兵都嘲笑他：『怎樣，上帝給了你什麼幫助啊？如果你的上帝真的存在，又為什麼要容忍這一切發生呢？』他們無法理解，既然耶穌說愛你，為什麼他不來救你呢？

我是戰爭結束後才開始讀《聖經》的，也決定一輩子都要讀《聖經》。說回到那個士兵，他說他不能開槍傷害別人，後來他被送交軍法審判，兩天後就被槍決了。你說說那是個什麼時代，一個可怕的時代，造孽啊！

那是另一個時代，活著的是另一種人，我應該怎麼向你解釋呢？

慶幸的是，我從來沒見過那些被我開槍打死的人。但是，反正都一樣，那也是殺生。現在我會想到這些，應該是我老了吧。我會為自己的靈魂祈禱，我囑咐兒女，在我死後，所有的戰鬥勳章都不要送進博物館裡，要交給教會的神父。死者，他們經常會來到我的夢中，那些死在我手裡的人。即便我沒有看過他們，但他們卻來夢裡看我。我睜大眼睛仔細地找，想說或許其中有人只是受了傷，也許還能救活呢。我不知道該怎麼說，反正他們一個個都死了。」

——維拉・鮑里索夫娜・薩普吉爾（中士，高射機槍手）

「我最受不了為傷患截肢，這往往都需要把整條腿鋸下來。當我把斷腿搬出去，放到盆子裡時，抱都抱不動。我記得，那些斷腿都很沉，我無聲無息地抱著，生怕會被那個截肢的傷患聽到，像抱個孩子一樣地小心翼翼。特別是幾乎從大腿根上截下來的斷腿，我最無法忍受。那些麻藥還未退盡的傷患，不是在呻吟，就是在咒罵，俄語中能用的髒話都罵過一遍了。我身上總是濺著大大小小的血跡，像點點櫻桃，只不過是黑色的。

寫信給媽媽時，我從來不談這些。我只是寫：『這裡一切安好，吃得飽穿得暖。』我媽已經把三個孩子送上前線了，心裡已經夠苦的了。」

——瑪麗亞·賽麗維斯特羅夫娜·巴若科

（戰地護士）

「我出生在克里米亞，也在那裡長大，距離奧德薩不遠。一九四一年，我從克爾登姆區的斯洛博多中學十年級畢業。戰爭爆發後，剛開始幾天我一直在收聽廣播。我漸漸聽懂了，我軍是在節節撤退中。我跑到兵役委員會要求參軍，但被送回了家。我不死心又去了兩次，兩次都被拒絕。七月二十八日，後撤下來的軍隊經過斯洛博多，我就跟他們一道走了，根本沒有什麼入伍通知書。

我頭一次看到傷患，嚇得昏了過去。那次之後就挺過來了。我第一次爬到槍林彈雨中救助傷患時，拚命大叫，就像要壓倒砲火的轟鳴聲一樣。後來我完全習慣了，過了十天，我被打傷時，就自己把彈片拔出來，自己幫自己包紮。

一九四二年十二月二十五日，我們五十六集團軍三三三師堅守通往史達林格勒的一片高地。敵人決心不惜任何代價也要把它奪過去，戰鬥開始了，德軍坦克向我們進攻，但我軍的砲火打得它們寸步難行。德國人退了下去。在開闊地帶，我們有個砲兵中尉受了傷，他叫科斯加·胡多夫。幾名衛生員衝上去想把他救回來，結果都犧牲了；兩條救生犬過去（我生平第一次看到這種狗），也被打死了。這時，我一把扯下棉帽子，挺直身子站起來，先是小小聲唱，然後就大聲唱起一支我們在戰前最喜愛的歌曲〈我陪伴你去建立功勳〉。雙方的士兵全都安靜了下來，於是我跑到科斯加前面，彎下腰，把他抱上小雪橇，拉回我方陣營。我一邊走一邊想：『只要不要打我後背就行了，寧可讓他們打我的腦袋。』當時的每分每秒可能都是我生命的最後一瞬間。你想知道我當時的感覺？只能說太可怕了，我的媽啊！但是，竟然一聲槍響也沒有。

那時發給我們的衣服根本不夠用，就算是發了新衣服過兩天也全都沾滿血跡。我救的頭一個傷患是上尉貝洛夫，最後一個傷患是謝爾蓋．彼得洛維奇．特羅菲莫夫，一個迫擊砲排的中士。一九七〇年他來我家做客時，我把他頭部受傷的地方指給兒女看，那兒留下了一塊很大的傷疤。我從砲火中一共救出了四百八十一名傷患，有個新聞記者算了算說：『整整一個步兵營。』想想，我們要把那些比自己重兩三倍的男人背在身上，而傷患的身體又更沉重。我們不但要背人，還要拖回他的武器，包括軍大衣和大皮靴，扛在身上少說也有八十公斤。放下一個，立刻再回頭去背下一個，又是七八十公斤。每次一輪攻防戰下來，需要來回個五六次，而我自己只有四十八公斤，芭蕾舞蹈演員的體重。現在回頭來看，簡直無法相信我們那時是怎麼做到的。」

——瑪麗亞．彼得洛夫娜．斯米爾諾娃

（衛生指導員）

「那是一九四二年，我們越過前線去執行任務，隱蔽在一片墳場附近。我們知道，德國人距離我們只有五公里遠。這是深夜，他們會一個勁兒地發射傘式照明彈。照明彈一發接一發，此暗彼明，把很大一片墳地照得通亮。排長把我帶到墳場邊，指給我看照明彈是從哪裡發射出來的，那是一片灌木叢，裡面可能有德國人。雖然說我不害怕死人，從小就不怕墳地，但我那時才二十二歲，又是第一回站崗，所以兩個鐘頭裡嚇得直發抖。結果隔天一早，我就發現了頭上長出了一綹白髮。我站崗時，雙眼一直緊盯著那片灌木叢，只要它簌簌作響、搖搖晃晃，就會覺得德國鬼子就要從那裡走出來了。除此之外。深夜裡墳場影影綽綽的，而我只有孤單單一個人，實在不是女人該做的事。對男人來說，這一切都比較簡單，他們只是想著：『該站崗了，該射擊了。』而對於我們這些年輕女孩來說，不僅墳場站崗很難熬，要一口氣背著全部戰鬥裝備急行軍三十公里，又熱又乏，也是一大考驗，當時連馬都累癱了。」

——薇拉·薩弗隆諾夫娜·達維多娃
（列兵，步兵）

「你想問我在戰爭中最可怕的是什麼？我知道你在想我的答案是什麼，或許你以為我會說死亡、丟掉性命吧？。是這樣吧？我認識你們那幫新聞記者，哈哈，你怎麼不笑啊？其實我要說的是不同的答案。對我來說，戰爭中最可怕、最糟糕的事，是穿男生的內褲，這才是最可怕的。對我來說，這就像……我形容不出來，首先它非常難看。你跑到戰場，打定主意為祖國犧牲，但身上卻穿著一條男生的內褲。可笑又荒唐吧！那時候的男生內褲又長又寬，都用棉緞縫製成的。我們的掩蔽洞裡有十個女孩，全都穿著男人的內褲。哦，我的天，春去秋來，整整過了四年。

後來我軍反攻回去，打出了蘇聯邊境，套用我們政委幫我們上政治課時說的話，就是我們打到野獸的巢穴去了。我們到達第一個波蘭村莊附近時，全都換了服裝，上級發給了我們一套新制服，而且，哈哈，還第一次幫我們送來了女人的內衣褲，整個戰爭期間這可是頭一次。哈哈哈，我們總算盼到了正常的女人內衣了。

你為什麼不笑？你哭了。但是，為什麼要哭呢？」

——蘿拉・阿赫梅托娃

（列兵，射手）

「他們說不能批准我上前線，我當時剛過十六歲，離十七歲還差得遠呢。我們家有個鄰居被徵召了，她是個醫生助理，入伍通知書直接送到她家，她一直哭，因為家裡還有個小男孩。於是，我跑到兵役委員會對他們說：『讓我代替她去吧。』媽媽不許我去參軍，她說：『尼娜，你才幾歲？再說戰爭很快就會結束的。』媽媽就是捨不得孩子。

戰士看到我，有的送我麵包，有的送我方糖，都很體貼地照顧我。那時我還不知道我軍有火箭砲，就偽裝隱蔽在我們營區的後面。開始射擊時，真是天搖地動，火光四起。一時間，震耳欲聾的轟鳴、喧囂和閃電般的火光把我嚇壞了，我一頭栽進了水窪中，軍帽也丟了。士兵看了捧腹大笑：『你這是怎麼了，小尼娜？你怎麼了，小寶貝？』

我們常常進行肉搏戰，我記得最清楚的是肉搏時發出的骨頭折裂聲。只要開始肉搏了，沒多久就會聽到這種咯咯響的骨頭折裂聲，還有如野獸般的嘶吼。每次衝鋒時，我總會和士兵一起上去，悄悄地跟在他們身後。所以我都看得清清楚楚，聽得清清楚楚，男人一旦扭打了起來，都往死裡打，砍殺不眨眼，刺刀直接就往嘴裡捅、往眼睛裡扎，往心臟和肚子上戳……這樣的情景要如何描述？我太軟弱了，無法描述得很詳盡。以前在家鄉時，我從來不曾見到男人是這個樣子。真的令人毛骨悚然。

戰後我回到圖拉老家，經常在夜裡做噩夢大喊大叫。媽媽和妹妹常常深夜守在我的床邊，我總是會被我自己的驚叫聲嚇醒。」

——尼娜．弗拉季米羅夫娜．克維連諾娃
（上士，步兵連衛生指導員）

「我們到了史達林格勒時，那裡正在進行殊死戰，鮮血把水和土地都染紅了，而我們必須從伏爾加河這邊跨到對岸去。根本沒有人理睬我們的請求：『你們在說什麼，丫頭們？誰會需要你們這些女孩啊！我們需要的是步槍和機槍手，不是通信兵。』但是我們有很多人，八十多個女孩。到了傍晚，那些大一點的女孩被留了下來，就剩下我和另一個小女孩沒有軍營要，嫌我們個子矮，還沒長大。他們想把我們兩人留在預備隊裡，我只能拚命大哭。

第一次作戰，軍官不斷把我從掩體上往下推，而我總要從戰壕裡探出頭來，好能親眼看到一切。那時的我充滿了好奇心，幼稚的好奇心！連長大聲吼我：『列兵修苗諾娃，列兵修苗諾娃，你瘋了嗎！我的小祖宗……敵人會殺死你的！』我當時不明白，我剛到前線，怎麼就會被殺死呢？我那時還不知道，死亡是一件多麼尋常又隨意的事。死神通常會做的，就是不請自來。

破舊的卡車拉著增援部隊上來了，上面都是老人和男孩。我們發給他們每人兩枚手榴彈，就讓他們投入了戰鬥，他們根本沒有槍，槍枝只能用在正規的戰場上。一場仗打下來，沒有誰還需要包紮搶救的，他們全都死了。」

——尼娜・阿列克賽耶娃・修苗諾娃

（列兵，通信兵）

「我從頭至尾參加了整場戰爭。

我背著第一個傷患時，兩腿軟綿綿的。我一邊背著他走，一邊哭著小聲嘟囔：『求你可別死啊，別死啊。』我一邊幫他包紮，一邊哭著，還一邊溫柔地哄他。這時一個軍官從旁邊走過，對我大罵。

（亞：為什麼他要罵你？）

因為像我這樣哭是不允許的。我會把自己弄得筋疲力盡，還有很多很多傷患等著我們處理。

我們搭車過來的路上，到處都躺著死人。剃得精光的腦袋泛著青色，像被太陽曬過的馬鈴薯，姿勢還維持著奔跑的樣子，卻已經橫屍在被砲彈翻耕過的野地裡，就像遍地散落的馬鈴薯。」

——葉卡捷琳娜·米哈依洛夫娜·拉勃恰葉娃（列兵，衛生指導員）

「我現在已經說不清是在哪兒了，一次就有二百多名傷患擠在一個木板棚裡，而護士只有我一個。傷患從戰場直接運過來，很多很多，好像都來自某個村子。我記得當時我連續四天沒睡，連坐下來歇口氣的時間都沒有，只聽到每個人都在喊我：『護士小姐，小護士，救救我，親愛的！』我在他們之中往返奔波，有一次意外絆倒在地，立刻就昏睡了過去。但叫喊聲又把我驚醒。這時有個軍官，他是個年輕的中尉，也是傷患之一，他撐起沒有受傷的半邊身子對他們喝道：『靜一靜，不許叫，我命令你們！』他理解我，知道我精疲力竭了，但其他的人還是不停喊著我，他們疼得厲害：『護士，小護士……』我一下子跳起來，拔腿就跑開了，我不知道要往哪兒跑，要做些什麼，只想藏起來放聲大哭。

就是這樣，你永遠也不知道自己的心。冬天，一群被俘的德國兵走過我們的部隊。他們凍得瑟瑟發抖，襤褸的毛毯蓋在腦袋上，身上的大衣都結了冰。嚴寒使得森林裡的鳥兒都飛不起來，連鳥兒都凍僵了。在俘擄行列中有個士兵，還是個小男孩，臉上的淚水都結冰了。我當時正推著一輛放著麵包的獨輪車要去食堂，他的眼睛一直離不開我的手推車，根本不看我，就是死盯著車子上的麵包。於是，我拿出一個麵包，掰了一塊給他。他拿在手裡，不敢置信地望著我！

怎麼說呢？我當時的心裡是幸福的，我為自己不去仇恨而幸福著。我當時也為自己的行為感到很驚訝。」

——娜特莉亞·伊萬諾夫娜·謝爾蓋耶娃

（列兵，衛生員）

只有我一個人回到媽媽身邊*

我搭火車去莫斯科，關於尼娜·雅柯夫列夫娜·維什涅夫斯卡婭，我所知道的情況在文件夾裡只占了幾頁紙：十七歲上前線，在第五集團軍三十二坦克旅第一營作戰，任衛生指導員。她參加過著名的普羅霍洛夫卡坦克大戰——蘇聯和德國雙方在那次戰役中一共投入了一千二百輛坦克和火砲戰車，是史上規模最大的坦克大戰。

為了要替解放自己家鄉的第三十二坦克旅建造陳列館，鮑里索夫市的中學生調查組蒐集了大量資料，也是他們偷偷給了我維什涅夫斯卡婭的住址。坦克部隊的衛生指導員通常由男人擔任，可是這裡卻突然冒出個小丫頭。我希望了解其中的故事，於是馬上動身上路去採訪她。

我已經開始琢磨，如何在數十個受訪者中進行選擇。一開始，我把所有受訪者的姓名都記錄了下來，一個一個地打電話，她們輪番向我講述，邀請我去採訪。我開始從四面八方收到信函，地址都是前線郵戳。她們寫道：「你也是我們之中的一員了，你也是個前線姑娘了。」很快地，我就發現，自己不可能面面俱到，應該採用另外一種篩選和積累資料的辦法。怎麼做呢？我先把現有的地址分門別類，再建立這樣一個原則：儘量記錄不同軍事崗位上的婦女事蹟。因為，我們每個人都是透過自己所從事的工作，或是透過我們的生活，去體驗人生的。所以，我可以這樣假設：護士看到的是一種戰爭，麵包師看到的是另一種戰爭；空降兵看到的是一種戰爭，而飛行員看到的又是一種戰爭。在戰爭中，每個人都有自己的視野局限。有一位女護士是在手術台工作的，她說：「我見過數不清的截肢，多到已快無法相信世上還有四肢健全的男人了。似乎男人不是受傷，就是陣亡了。」（捷姆琴科，上士）另一位女性是管炊事的，她說：「有時打完一仗，誰也沒能活著回來，熱粥熱湯全做好了，但就是沒人來吃。」（季尼娜，列兵，炊事員）還有一位女性的活動範圍只是小小的飛行艙：「我們的營地在密林深處，有一次我飛行歸來，打算在森林裡散散步。這時已經是仲夏時節，野莓都長出來了。我沿著林中小徑走著，突然發現地上躺著一個德國人。他的身體已經發黑，當時我真是嚇得魂飛魄散。別看我已經打了一年仗了，但在這之前我從未見過死人。我是個在高空作戰的飛行員，起飛後心裡便只有一個念頭：找目標，扔炸彈，返航。我們不必去看什麼死人，所以這種驚恐我們從沒經歷過。」（邦達列娃，近衛軍中尉，一級飛行員）而在女游擊隊員的腦海中，至今還會把戰爭與熊熊篝火的氣味聯繫在一起：「做什麼事都少不了篝火，烤麵包，煮湯……就算是篝火燒剩的一些黑炭，我們也要在上面烘烤皮襖、氈靴。夜間所有人都靠著炭火取暖。」（葉．薇索茨卡雅）

在火車上，女乘務員送來了茶水，車廂裡立刻熱鬧了起來，大家彼此愉快地做了自我介紹。桌子上有一瓶傳統的莫斯科伏特加，還有自製小吃，於是就如我們常說的，開始了一番坦誠親密

＊本篇先收錄亞歷塞維奇與火車上偶遇之退役男兵的對話，之後才是退役女兵正式的採訪內容。

的交談：關於自己的家庭祕密和政治傳聞，關於愛情和仇恨，關於領導和鄰居等等。

我原先以為，我們只是同路人和閒聊的旅伴而已……

我告訴他們，我此行要去訪問誰，為了什麼目的。我那兩位同行的旅伴，一個當時是工兵營長，在戰爭中一路打到柏林去；另一個在白羅斯森林裡打了三年游擊戰。於是，我們就開始談起了戰爭。

後來，我根據自己的回憶，把當時的談話記錄了下來，整理如下。

「我們已經是瀕臨滅絕的物種了，就像長毛象一樣！我們那一代人，總是堅信除了平凡普通的生活之外，總有更偉大的東西存在著。祖國就是偉大的，理想也是。嗯，還有史達林。為什麼要撒謊呢？就像俗話說的，在歌曲中，歌詞是不能被抹去的。」

「那倒是，我們游擊隊裡就有一個勇敢的女孩，經常去破壞德國人的鐵路線。她所有的家人在戰前都被政府迫害了：父親、母親和兩個哥哥。她和她的阿姨（母親的妹妹）一起住。但是從戰爭的第一天，她就主動加入了游擊隊，而且有目共睹的是，哪邊危險她就往哪邊衝。似乎想證明什麼，但所有人都被嘉獎過了，就只有她一次也沒有。因為她父母是人民的敵人，所以不管她做了什麼事都沒有用。在我軍反攻之前，她的一條腿被炸斷了。我到醫院裡去看她，她哭著對我說：『現在大家總該相信我了吧。』那是一個很漂亮的女孩。」

「當時有兩個女孩子分派到我們這個軍營，說要當什麼工兵排長。誰知道是幹部處的哪個蠢貨把她們派來的。我當下就把她們打發了回去，儘管她們氣得死去活來的。就憑她們，還想要到前線當工兵排長，排雷開路？」

「你幹嘛把她們都攆回去？」我問。

「理由可多了。第一，我有足夠多的優秀中士，派來的這兩個小姑娘能做的事，他們全都能做好；第二，我認為，女人沒必要到前線去日曬雨淋，有我們男人已經夠了。而且我還知道，必須要為她們挖單獨的掩蔽部，還要下令安排一堆女孩子必不可少的、各種各樣的討厭事情。」

「這麼說，你是認為女人在戰爭中只是累贅囉？」

「不是，我可沒這麼說。回顧歷史上各個時代，俄羅斯的婦女要送丈夫、兄弟、兒子去打仗，為他們擔驚受怕，等待著他們回來。當然也有像雅羅斯拉夫娜公主那樣的例子，她親自登上要塞，把煮沸的松香澆到敵人頭上。但在我們心裡，在我們男人的心裡，對於要把女孩送上戰場，總還是有一種罪疚感！至少我的心裡一直是這種感覺。我到今天還記得，我們撤退時，正值秋天，連續幾天大雨沒日沒夜地下，我就看到一個被打死的女孩躺在路邊，長長的辮子，渾身是汙泥。」

「這是當然的，我曾經聽說，我們的護士在陷入敵軍重圍後，冒死保護著傷患，因為這時傷患就跟孩子一樣虛弱無助，到這裡我還能理解。但是接下來這樣的場景我就無法接受了：兩個女人帶著狙擊槍爬到中間地帶去殺敵。我無法擺脫這樣的感覺，這畢竟是『狩獵』呀，我自己就是個狙擊手，但我到底是個男人。」

「但她們是在保衛自己的家園，是在拯救自己的祖國，不是嗎？」

「當然當然，或許我能帶著這樣的女人去偵察敵情，但我不能帶我老婆去做這種工作。呃，是這樣的，我們已經習慣於把婦女當成母親、當成未婚妻，然後是美麗的太太。我弟弟講過一件事，他說當時一群德國俘擄被押送著從我們的城裡經過，我弟弟那幫小鬼就朝俘擄隊伍打彈弓。我母親看到了，就啪地給了我弟弟一巴掌。因為俘擄也只是一些大孩子。我弟弟當時才七歲，但他記得很清楚我媽媽是怎樣一邊看著這些德國人，一邊還放聲大哭：『你們的媽媽真是瞎了眼，她們怎麼能讓你們這樣的人出來打仗啊！』戰爭，是男子漢大丈夫的事。你可以寫我們男人打仗的故事，難道還嫌少嗎？」

「不對不對，我就是證人！我們都記得戰爭爆發後頭幾個月的慘狀，空軍的飛機全都被打下來了，我們的坦克就像火柴盒一樣燃燒。槍枝又老又舊，幾百萬官兵被俘擄。只花了一個半月，希特勒就打到了莫斯科城下。連教授都被徵召了，那些老教授啊！而女孩自願衝到了前線，膽小鬼是不會自己請纓的。那都是一群勇敢的、不凡的女孩子。有統計資料顯示，前線醫務人員的傷亡人數僅次於步兵營，高居各軍兵種傷亡率的第二位。比如說，從戰場上把傷患背回來，這可能要付出怎樣的代價？我現在要好好告訴你……

有一回我們反攻回去時，被敵人的機槍像割莊稼似地掃倒了一片，全營的人就這樣都躺倒在地上，有人當場死了，還有很多人受傷了。德國人還在持續掃射，火力不減。這時候，發生了一件讓所有人意想不到的事：突然從戰壕裡跳出一個女孩，接著跳出了第二個、第三個……她們跑到前面包紮傷患，把他們一個個背了回去。一時間，連德國人也看呆了。那場仗一直打到晚上十點多，女孩全都受了傷，但她們救出的人是她們人數的三倍多。瞧瞧後來上級給她們的獎賞有多吝嗇，連獎章都捨不得發。那時還規定，背傷患的同時還要帶回傷患的武器。進了衛生營，首先要問的是：武器還在不在？因為當時我們的武器裝備還不充足。不管是步槍、衝鋒槍、機關槍，全都要背回來。一九四一年，曾經發布過關於嘉獎救護人員的二八一號命令：『從戰場上救出十五個重傷患（連同他們的武器）者，授予戰鬥獎章；救出二十五人授予紅星勳章；救出四十人授予紅旗勳章；救出八十人授予列寧勳章。』我要講的重點是，在戰場上哪怕是救出一個人，都意味有可能丟了性命，那可是從槍林彈雨下搶救出來的啊……」

「這是當然，我也記得。有一回我們派偵察兵前往一個有德國人駐軍的村莊。先去了兩個偵察員，緊接著又派出一個，但都沒有回來。隊長就叫出我們其中一個女孩：『柳霞，你去吧。』我們把她裝扮得像是個牧羊女，送她上了馬路。結果怎樣？男生都被殺了，一個女孩可以安全回來嗎？看到女人手中拿著步槍，我還是……」

「那個女孩回來了嗎？」

「我忘了她姓什麼了，但名字倒是記住了，柳霞。她也犧牲了，那是農民後來告訴我們的。」

所有人都久久不說話，然後，我們為死者舉起了酒杯。話題轉到另一個方向，大家談起了史達林，談到他在戰前如何毀滅了最優秀的指揮幹部和軍事精英，談到殘酷的集體化和一九三七年的肅反、勞改營和流放。談到如果沒有一九三七年的那些事，可能一九四一年的戰爭就不會發生，我們就不會一直退敗到莫斯科城下。但是，戰爭一結束，人們就把這些都忘得一乾二淨了。勝利的光芒把一切陰暗面都蓋住了。

「在戰爭中也會有愛情嗎？」我問。

「前線的女孩當中，我見過很多漂亮的，但我們從來沒有把她們當女人看。儘管在我看來，她們都出落得相當出色。不過，我們一直把她們當好朋友看待，是她們把我們從戰場上背回來，救活我們，還幫助我們康復。我兩次受傷也是她們背我回來的，所以怎麼能對她們有非份之想呢？難道你能嫁給你自己的兄弟嗎？我們那時候都管她們叫小妹妹……」

「那麼戰爭過後呢？」

「戰爭結束了，她們突然就顯得那麼需要被愛，柔弱到不行。瞧瞧，這是我老婆的照片，她是個聰明的女人，但她對女兵一直有偏見，認為這些女孩子上戰場都是為了找情郎，就像浪漫小說裡那些纏綿悱惻的故事。雖然在現實中，我們部隊裡確實也有人談過戀愛，但最多的還是純潔無瑕的女孩，很乾淨的姑娘。但戰爭結束後，經過了骯髒汙濁、蝨子爬滿身，還有多次與死神擦肩而過的不堪經驗後，大家都想要找個美麗、優雅的女人共度一生。我有一個朋友，在前線時跟一個女孩談戀愛，按我的標準，她是個大美人，是個護士。但他後來並沒有娶她，退伍後找了另外一個女人結婚了。雖然婚後他還是會經常回想自己的戰地浪漫，那段愛情對他來說別有涵義。他從前線回來後就跟那個護士分手了，因為他想要努力忘掉那場戰爭。」

「當然，那也是因為當時大家年紀都小。」

就這樣，整整一夜沒人闔眼，我們一直聊到天亮。

走出地鐵站，我立刻就找到了這處靜謐的莫斯科庭院。院子裡擺著兒童沙箱和鞦韆，我一邊往裡走，一邊想起剛才電話裡那個驚訝的聲音：「你已經到了？這麼快就找來了。你不用去退伍軍人協會確認一下嗎？他們有關於我的所有資料，都審查過的。」我感到有點困惑。我早先以為，痛苦的經歷會讓心靈更自由，讓人只為自己而活。但我發現事實並非如此，至少不全是這樣。情況往往像是在多層礦藏中尋找那層薄薄的金粉，必須花很長時間去除掉那些無用的岩層，最後才能找到那些閃著光的耀眼金子。

這些正是我想弄清楚的，也是我來到這裡的目的，究竟是什麼促成了人性中那堅韌不可摧的一面？

一位個子不高、體態豐滿的女人開了門。她就像男人那樣，朝我伸出了一隻手，表示歡迎，一個小孫子拽著她的另一隻手。從這個孩子的沉著鎮靜，就可猜出她的家人已經習慣了陌生人的頻繁來訪。他們總是在等候客人來臨。

偌大的房間裡顯得空蕩蕩的，沒有什麼家具。自製板架上放著書，大部分都是戰爭回憶錄，還有很多放大的前線照片，鹿角上掛著一頂坦克帽，一張光滑的小茶几上擺著一排小小的坦克模型，每個小坦克上都有贈予者寫的小標籤：「××部隊全體官兵贈」、「坦克學校學員贈」……

在沙發上，我旁邊「坐著」三個布娃娃——穿著清一色的軍裝。就連窗簾和房間壁紙也都是保護色。

我明白了，在這個家中，戰爭還沒有結束，永遠不會結束。

「我要從哪兒開始講呢？我甚至為你準備好了一些資料。那就這樣，我就從內心感受開始講起吧，就像以前說給朋友聽一樣……

我先說說，坦克兵部隊有多麼不願意接收女兵，甚至可以說他們連考慮的餘地都沒有。我是怎麼進去的？我家住在加里寧州的科納科沃市，那時我剛通過考試，要從八年級升到九年級。同學中沒有人知道戰爭是怎麼一回事，對我們來說，它更像是一種遊戲，一種書本上寫的東西。從小到大，我們接受的都是革命浪漫主義和革命理想主義的教育，我們都相信媒體的報導：戰爭很快就會以我們的勝利而結束，很快很快……

那時我們是住在一棟集體住宅中，樓裡住著好多戶人家，每天都有人上戰場：彼佳叔叔、瓦夏叔叔等等，大家都去為他們送行。好奇心折磨著我們這些孩子，我們也一直跟到了火車站。當軍樂奏起時，女人開始放聲大哭，但這一切都沒讓我們感到害怕，相反地，卻把我們這些孩子逗樂了。管樂隊反覆演奏著進行曲〈別了，斯拉夫女人〉。而我們嚮往的，就是能伴著這首歌坐上火車到外頭去見見世面。在我們看來，戰爭是在很遙遠的地方。拿我來說，我就特別喜歡軍裝上閃閃發亮的鈕釦，雖然我已經到救護訓練班學習了，但感覺就像在玩一樣。學校停課後，就動員我們去修築防禦工事，一群人住在荒郊野外的棚屋裡。我們甚至為此感到驕傲，因為我們總算做了一些跟戰爭有關的事了。我們被編入弱勞力營，從早晨八點工作到晚上八點，一天工作十二個鐘頭，挖防坦克壕。我們都是十五六歲的女孩和男孩，有一次，我們正在工作，突然聽到了一種陌生的聲音。有人高喊著：『空襲！』又有人叫著：『德國人來了！』大人急忙跑去躲起來，而我們卻覺得很好玩，想看看德國飛機是什麼樣子，德國人又是什麼模樣。飛機從我們頭頂上飛了過去，我們什麼都沒看清。地面則是一片混亂，大家四散逃竄。過了一會兒，飛機又轉了回來，這回飛得更低了，我們看清了上面的黑十字，不過仍然沒有一絲恐懼，只有好奇。突然間，飛機上的機槍口冒火了，開始了猛烈的掃射。我們親眼看著平時在一起學習、工作的小夥伴一個個倒了下去，頓時驚得目瞪口呆。我們當時完全不明白發生了什麼事，還是繼續站在原地看著。大人向我們撲了過來，把我們按倒在地上，但我們還是不知道害怕。

很快地，德國人離我們的城市更近了，只有十來公里，已經可以聽到砲聲隆隆。我和一群女孩一起到兵役委員會，說我們也要去保衛祖國，大家要一起去。結果，他們只留下了幾個有耐力、有力氣的女孩，當然首先的條件是要滿十八歲，而且是優秀的共青團員。當時有個大尉正在幫坦克部隊挑選女兵，他當然看不上我，因為我只有十七歲，而且身高也只有一六〇公分。

『要是步兵受了傷，通常他會倒在地上，』他向我解釋，『你可以爬到他跟前，就地包紮，或者背回掩蔽部。但坦克兵就不是如此了，要是他在坦克車裡受了傷，你必須把他從艙口裡面背出來。難道你能背得動這樣身強力壯的小伙子嗎？你知道，坦克兵個個都是大塊頭！而在你往坦克上爬的時候，四面八方都在朝著它開火，子彈、砲彈皮到處飛。還有，你知道坦克車燒起來是怎麼回事嗎？』

『我跟她們一樣都是共青團員。』

『當然，你是共青團員，但你年紀太小了。』我一副要哭出來的樣子。

跟我同學校和同一個救護訓練班的女孩，她們確實都長得很高大，所以她們都被挑走了。我感到很委屈，她們都要走了，我卻要留下來。

我去為朋友送行。當然我什麼都沒對父母說。女孩都很同情我，於是把我藏在了帆布袋裡，一起搭上敞篷卡車走了。她們都包著各式各樣的頭巾，黑色的、藍色的，紅色的……，我用媽媽的小短衫代替。當時的感覺不像是去戰場，更像是要去參加演唱會，每個人都打扮得很搶眼，就像電影上演的一樣。現在回想起來，都會忍俊不住。舒拉．基賽廖娃甚至把吉他也帶上了。卡車一路向前行駛，我們看到了戰壕。戰士看到我們，朝著我們大叫大嚷：『女演員來了，女演員來了！』

車子開到司令部駐地後，大尉下令整隊。全體人員都跳下卡車排好隊，我站在最後一個。女孩都帶著行李，只有突然跑出來的我，什麼東西都沒帶。舒拉把她的吉他塞給了我：『拿著，不然你兩手空空的。』

參謀長從司令部裡走了出來，大尉上前去向他報告：『報告中校！十二名前來服役的女孩聽候您的指示！』

中校看了看我們的隊伍，說：『這裡不是十二個，而是有十三個人。』

但大尉還是堅持：『不是，是十二個人。』但等他轉身一瞧，立刻就向我走來：『你是打哪兒鑽出來的？』

我說：『我是來打仗的。』

『你給我站出來！』

『我是和朋友一起來的。』

『你以為是和朋友一起參加舞會嗎？這裡可是戰場……你給我走近些！』

媽媽的短衫還扎在我頭上，我就這樣朝著大尉走過去，向他出示了救護班的證明書，請求他：『您不用懷疑，大叔，別看我這樣，我很有力氣的，我當過護士，還捐過血呢。』

兩位首長看了我的所有證件。但最後中校還是命令：『把她送回家去，搭最早的便車！』

在汽車來到前，他們決定先把我安置在衛生排。我坐在衛生排裡，手裡做著紗布棉球，眼睛盯著外面，只要一看到有汽車開到司令部，就馬上溜進樹林裡躲起來。在那裡待上一兩個小時，等汽車開走了再回來。就這樣過了三天，我們的軍營加入了戰場，我們三十二坦克旅第一坦克營都全體出動了，而我就在掩蔽部內做接收傷患的準備。半個小時不到，傷患就開始送回來了，還有陣亡的人。在這場仗中，我們的一個女孩也犧牲了。這下倒好，大家把我忘在腦後了，也已經習慣了我的存在。上級甚至已經想不起來我出了什麼事。

那現在怎麼辦呢？我得穿上軍裝才行。上面發給我們每人一個背囊，讓我們放私人物品。背囊是新的，於是我把收口的繩子剪斷，把袋底拆開，套在身上，就成了一條軍裙，我又找來了一件套頭服，腰間繫上一條皮帶。整裝好後，我打算去向其他女孩炫耀一番。但是我剛扭著腰在她們面前走了幾圈後，准尉司務長就到了我們掩蔽部，後面還跟著參謀長。

司務長大喝一聲：『立正！』

中校走了進來，司務長向他報告：『報告中校！女孩出現了嚴重問題，我發給她們背囊，讓她們放私人物品，但她們卻把它套在身上了！』

參謀長一下子就認出了我：『哦，你還在這裡呀，這隻小兔子！就這樣吧，准尉，發給她們全套服裝算了。』

於是，我們收到些什麼呢？坦克兵穿的是帆布褲，膝蓋上還加縫墊布，而發給我們的卻是薄薄的工作服，像是印花布的料子。地面上通常會散落很多的金屬彈片，還有很多小石頭，所以沒過多久，我們就一身破爛了，因為我們需要在地面上爬來爬去。坦克車要是燒起來，坦克手身上也會被燒傷。而我們也會被燒傷，因為我們要鑽到火裡去，背起渾身著火的坦克手。要從艙口往外背起一個人是很困難的，特別是砲塔射手，而且死人比活人還要沉重很多。我很快就知道這些了。

我們都是沒有經過軍事訓練就直接下部隊的，對於軍銜一無所知。司務長一個勁兒向我們說，現在你們是真正的軍人了，應該向任何軍銜比你們高的人敬禮，走路要挺胸昂頭，大衣要扣好釦子。

但那些男兵呢？他們見我們都是一些黃毛丫頭，總愛拿我們開玩笑。有一次，衛生排派我去拿開水。我到了炊事員那兒，他打量著我說：『你來幹什麼？』

我答道：『要拿開水。』

『水還沒燒。』

『為什麼？』

『炊事員還在鍋裡洗澡呢，先洗完澡才可以用鍋子燒開水。』

我信以為真，提起水桶就往回走。迎面遇到了醫生：『你怎麼空手回來了？』

我回答：『炊事員正在鍋子裡洗澡呢，水還沒燒。』

醫生搔著後腦勺，問我：『哪有炊事員在鍋裡洗澡的？』

他帶著我又轉了回去，狠狠地教訓了那個炊事員一頓，還幫我舀了滿滿兩桶開水。我提著開水桶，迎面又碰上了政治部主任和旅長。我立刻想起來，上級教我們要向每個軍官行禮，因為我們是列兵。但現在來了兩名軍官，我該怎麼同時向他們敬禮呢？我一邊走一邊想。等走到他們面前時，我放下了水桶，兩隻手同時舉到帽簷上，分別向他們兩人行禮。他們正走著，本來沒注意到我，這時卻驚訝地睜大了眼睛：『是誰教你這樣敬禮的？』

『准尉教的，他說必須向每個軍銜比我們高的人敬禮，而你們是兩個人走在一起……』

對於我們這群女孩來說，軍隊裡的每樣事情既新鮮又深奧複雜，比如說要學會識別肩章就特別困難。你得費勁去想，某某軍官是什麼軍銜。有一次，有個軍官對我說，把這份文件給大尉送過去。但我怎麼知道他是大尉呢？我邊走邊想，結果把『大尉』這兩個字忘了，我走到他面前說：『大叔，有個大叔，就是那邊那一個，他叫我給您送這個過來。』

『到底是哪個大叔？』

『就是那個，穿套頭軍裝，沒有穿制服的那位。』

我們記得住的，不是中尉或大尉等軍銜，而是其他特徵，比如好看的或難看的、棕髮或高個子的：『喏，就是那個高個兒的！』你馬上就知道她是指誰了。

當然，一開始看到燒焦的工作服、燒焦的肢體、燒焦的面孔時，我當然會怕，又怕又震驚，還忍不住掉眼淚。坦克手從燃燒的坦克裡跳出來，渾身都是火，冒著煙，還常常斷了胳膊、斷了腿，傷勢都很嚴重。他們躺在那裡，請求說：『我要死了，請幫我寫封信給我媽媽，或者，請幫忙寫封信給我的妻子。』但我做不到，我不知道要如何通知家人這種事。

有一回我雙腳受傷，坦克手把我抬到一個烏克蘭的村莊。我記得就在基洛夫格勒一帶。女房東哭著說：『真細的，介麼年輕的小伙子！』

坦克兵聽了她的口音，都笑了：『大嬸，介不細個小伙子，細個丫頭！』

她坐在我身旁，仔細端詳著：『細丫頭？細丫頭？明明就細個年輕小伙兒。』

我那時把頭髮剃了，穿著連衫褲的工作服，還戴著坦克帽，還真像個道道地地的小伙子。大嬸在高板床上給我讓出了位置，甚至還為我宰了一頭小豬，讓我快些養好身子。她老是憐憫地說：『莫不細男人不夠了，介麼一個小妞都要挑來打仗……還細個小丫頭呢。』

因為她的溫言軟語，她的眼淚，有一陣子我完全沒了勇氣，為自己感到難過，也為媽媽感到難過。我能在一群男人中做什麼呢？我畢竟是個丫頭，萬一缺條腿呢？我有過各式各樣的想法，沒錯，我並不想隱瞞。

我十八歲那年，在庫斯克會戰中，被授予一枚戰功獎章和一枚紅星勳章；十九歲時，又獲得了衛國戰爭二級勳章。部隊補充新兵時，來了許多小伙子，他們年紀都很輕。對他們來說，勳章當然是稀奇的，何況我們的年齡差不多。有一次，幾個小伙子語帶諷刺地問我：『你是怎麼弄到這些獎章的？難不成你也打過仗？』甚至還有人樣故意挖苦我：『難道是子彈也能穿過坦克鐵甲了？』

後來，我在戰場上冒著槍林彈雨幫其中一個小伙子包紮。我記得他叫謝戈列瓦特赫，他的一條腿被打斷了。我給他上夾板時，他請求我原諒他：『小護士，原諒我吧，我那時挖苦過你。坦白說，我已經喜歡上你了。』

你問我們那時懂不懂愛情？如果我說懂，那也是中學生的程度，而中學生的愛情是幼稚的。我還記得，我們是怎樣被德軍包圍的。我們只能用雙手掘地洞藏在地下，除此之外一點辦法都沒有。連根鐵鍬都沒有，一無所有的我們，要面對是四面八方的敵軍愈圍愈緊。我們當時下了決心：夜裡行動，要麼突圍出去，要麼死掉拉倒。我們都知道死掉的可能性更大些。我不知道，下面這件事該不該對你說？

我們躲了起來，等黑夜到來，不管怎樣都要試著衝出去。當時有個中尉叫米沙，由於營長受傷了，米沙自告奮勇暫時接下營長的職責。他才二十歲，他告訴我說他以前很喜歡跳舞，還會彈吉他。接下來他突然問我：『你大概嘗過那種滋味吧？』

『什麼滋味？嘗過什麼？』我那時想吃的都快想瘋了。

『不是什麼東西，是人……小娘子！』戰爭前有一種餡餅就是這個牌子。

『沒──有。』

『我也沒有嘗過那種滋味，要是我們就這麼死掉了，卻還不知道什麼是愛情的滋味……到了今天晚上，我們可能會死掉的。』

『你說到哪兒去了，傻瓜！』我這才明白他的意思。

我們為了生活而死，卻還不知道什麼是生活。一切都還只是書本上讀到的，電影看來的。

在坦克部隊裡，衛生救護員都死得相當快。因為坦克上沒有給我們的位置，我們只能緊緊趴在鐵甲上面。我們那時只擔心一件事，就是別把腳伸到履帶裡去，還必須留意哪輛坦克車起火了，一旦發現了，就要馬上跳下車跑過去，爬上去。在前線時，我們那群女孩中，有五個人感情很好：柳芭．雅辛斯卡婭、舒拉．基賽廖娃、托妮亞．鮑布柯娃、季娜．拉泰什，還有我。坦克兵們都管我叫『科納科沃城五姊妹』。後來除了我活下來，其他四個女孩都死了。

就在柳芭．雅辛斯卡婭犧牲生命的那一場仗的前夕，我和她坐在一起，互相說著心裡話。那時是一九四三年，我們已經打到了聶伯河畔。柳芭突然對我說：『你知道嗎？我可能會在這次的戰鬥中死掉，我有預感。今天我到司務長那兒去，求他發一件新的襯衫給我，但他捨不得。他說你不久前才領過一件。明天早上我們兩人一起去吧，你陪我去求求他。』我安慰她說：『我已經和你一起打了兩年仗，現在子彈都躲著我們了。』到了早上，她還是一個勁兒地求我一起去找司務長。後來我們總算要到了兩件新襯衫。就這樣，她終於有了一件合身的新襯衫。結果她真的犧牲了，全身是血，白襯衫和紅鮮血，紅白相間，這個畫面還留在我的記憶裡，而她事前已經有了預感。

柳芭的屍體特別重，我們四個人合力才把她抬到擔架上。那場仗也犧牲了很多戰友，我們挖了一個大坑合葬，把所有的小伙子安葬在一起，如同往常，每個人都沒有棺木，柳芭的屍體被我們安置在最上面。我一直無法相信她已經不在了，我永遠也看不到她了。我想要從她那兒拿點東西留作紀念，就從她手上摘下了一枚戒指。雖然大家都勸我不要拿了，太不吉利了，但我還是把那枚戒指取了下來。最後告別時，每個人都按慣例撒上一把土，我也撒了，還把我自己的戒指也扔了下去，留給柳芭。我記得她很喜歡我這枚戒指。她的家人，父親和哥哥都參加了戰爭，也都活著回來了。男人都活著回來了，但柳芭卻死了。

舒拉·基賽廖娃，是我們幾個當中長得最漂亮的，就像演員一樣。她是被燒死的。當時她把重傷患者藏在乾草堆裡，敵人開槍掃射，草堆著了火。舒拉原本可以逃出來，但她無法扔下傷患，最後就一起被燒死了。

托妮亞·鮑布柯娃犧牲的詳細經過，我是不久前才得知的。她是為了掩護愛人才被迫擊砲的彈片擊中。彈片飛舞時，她居然搶在彈片前頭，救了彼佳·鮑依切夫斯基中尉的性命，因為她愛他。中尉就這樣活了下來。

三十年後，彼佳·鮑依切夫斯基從克拉斯諾達爾來找我，這一切都是他告訴我的。我和他一起到了鮑里索夫，找到托妮亞犧牲的地點。他從她墳上取回了一把土，捧在手上親吻著。我們科納科沃城五姊妹，只有我一個人回到媽媽的身邊。」

此時，尼娜·雅柯夫列夫娜突然朗誦起詩來：

姑娘勇敢地跳上鐵甲
為了保衛祖國和家園
橫飛滾燙的彈片又奈她何
因為她心中燃著一團火
當我們抬起擔架上的女孩
朋友們，一定要記住那秀氣的眉眼

她說她在前線時就有寫詩的習慣。其實，我已經知道她們很多人都會寫詩，到如今她們還用心撰寫，保存在家庭檔案裡。雖然詩歌寫得笨拙，卻令人感動，充滿了真誠的情感。前線相簿也是記錄感情的詩篇，在每個人的家裡，她們都會給我看相簿，反覆回憶著那些消逝的女孩身影。

在戰場上，她們常常談起愛情，而現在她們卻在談論死亡。

「我現在有一個和睦的家庭，三代同堂。但我還是活在戰爭中，感覺還在戰場上。十年前，我找到了我的朋友瓦尼亞．波茲得尼亞柯夫，我們當時都以為他死了，誰知道他還活著。他那輛坦克在普羅霍洛夫卡大戰*中打掉了德軍的兩輛坦克，而他的坦克也被打中起火了。坦克手全犧牲了，只剩下瓦尼亞一個人，但他失去了雙眼，全身燒傷。我們把他送去醫院，大家都以為他活不成了，因為他全身的皮膚都燒焦了。不料過了三十年，我竟然找到了他的地址。人生已經過了大半輩子了，我還記得，自己走上他家那座樓梯時，兩腿直發軟：會是他嗎？不會弄錯人了吧？他親自開的門，用雙手撫摸著我的臉辨認著：『小尼娜，是你嗎？小尼娜，真的是你嗎？』過了這麼多年，他還認得我！

他母親已經老得不成樣子了，他和她一起生活。我們一起坐在桌子旁，她不停地抹著眼淚。我問她：『您幹嘛要哭呢？我們老戰友見面了，應該高興才對。』

她回答我說：『我有三個兒子上了戰場，兩個死了，只有瓦尼亞活著回來了。』

可是她的瓦尼亞瞎了，她一輩子都要牽著他的手。

---

*一九四三年庫斯克會戰期間的一場大戰，此戰役是軍事史上規模最大的一次戰車大戰雖然蘇聯軍隊在此役中傷亡慘重。但德軍也未攻下普羅霍洛夫卡。此後蘇聯取得東線戰場主動權。

我問他：『瓦尼亞，你最後看到的是普羅霍洛夫卡戰場，你還記得那一天嗎？』你猜他是怎麼回答我的？他說：『我只有一件事感到遺憾，我太早下命令叫大家離開起火的坦克了，本來還可再打掉一輛德國坦克的，而那些小伙子後來還是犧牲了。』

這就是他一生中唯一的憾事，一直掛懷到今天。

我和他在戰爭中是有過好感的，雖然彼此之間沒有挑明了說。但是我們心裡有數。為什麼只有我活了下來？我總是在想著答案，我只能這樣理解——這是為了給後人講述這些事。」

——尼娜・雅柯夫列夫娜・維什涅夫斯卡婭
（准尉，坦克營衛生指導員）

現在，我跟尼娜・雅柯夫列夫娜還在聯絡，但都是書信往返。根據錄音，我把最令我感動和震撼的故事挑出來後，遵照諾言也給她寄了一份去。幾個星期後，從莫斯科來了一包很重的掛號印刷品。我拆開一看，是剪報、文章，以及關於衛國戰爭*的老戰士尼娜・雅柯夫列夫娜・維什涅夫斯卡婭在莫斯科各中學所進行的軍事愛國主義教育的正式報告。我寄給她的那本資料她也回寄給我了，裡面已經刪得面目全非。關於炊事員在大鍋裡洗澡的那段文字全刪了，在寫有米沙故事的那頁紙上還畫了三個憤怒的問號，並在旁邊寫了批注：「對我兒子來說，我是個女英雄。上帝啊！讀過這些之後，他會怎麼想我啊？」

後來我又不止一次地碰到這種事：在同一個人身上並存著兩種真實面：一種被強行隱藏於地底下，另一種則是充滿時代精神，散發著報章雜誌的味道。前一種真實很難抵得住後一種龐大勢力的衝擊。比如說，如果房間裡除了講述人之外，還有一些親朋好友或者街坊鄰居（特別是男士），那她就會講得缺乏激情、缺乏可信度，遠不如和我單獨待在一起時所講的內容。於是，她的講述就成了一種公眾談話，是對著觀眾的演講，不可能深入到她私人的感情裡。所有談話，變成了堅固的自我保護意識和自我審查的結果，而且還會不斷地進行修正。甚至還形成了某種模式：聽者愈多，故事愈枯燥無味，愈顧左右而言他。於是，可怕的事件變成偉大的事業，而人類內心的隱晦陰暗面，一瞬間就成了光明正大。尼娜．雅柯夫列夫娜也是這樣的一種情形，她跟我談的是一種戰爭：「就像跟女兒談心一樣，我要讓你知道，當時我們完全是個孩子，是被迫經歷那一切的。」而為眾人準備的卻是另一種戰爭：「人家怎麼說我就怎麼說，就像報紙寫的官樣文章，用完美的榜樣來教育年輕人。」這種對於人性的不信任，每次都讓我震驚和無奈，這是企圖用理想和信念去偷換真實的生活。那些司空見慣的溫暖燭火，其實是冰冷之光。

但我還是無法忘懷，我們在她家的廚房裡喝著茶、一起哭一起笑的情景。

＊指二戰的德蘇之戰。

我們的樓裡有兩場戰爭

明斯克的卡霍夫斯克大街上有一幢灰色的石板樓房，我們這座城市有一半都是這種千篇一律的多層樓房，經年累月後變得愈發晦暗。但是這座樓房卻有其特殊之處，在我推開這棟樓的大門時，就有人對我說：「在我們這幢樓裡有兩場戰爭呢。」海軍上士奧莉佳．瓦西里耶夫娜．波德維申卡雅在波羅的海的海軍部隊打過仗，她的丈夫薩烏爾．亨利霍維奇則當過步兵中士。

總是重複這些過程，我照例先用一小段時間看他們的家庭相簿，那是精心裝幀而成的一本相簿，放在最顯眼的位置供客人欣賞，當然也是方便自己可以經常翻閱。每本相簿都取了名字：《我們的家族》、《戰爭》、《命運》、《孩子們》和《孫子們》。我非常喜歡這種對於私人生活的尊重，記錄下對往日經歷和親人深深的愛。雖然我造訪過幾百間住家，進入過不同的家庭，有知識份子、普通人、城裡人或鄉下人，卻很少見到情感這麼濃厚的家庭，願意讓他人深入了解自己的家族。大概是不斷的戰爭與革命，教會了我們要保持與過去的聯繫，精心去編織血親之間的網絡，回溯遙遠的過往，並為此而感到自豪驕傲。人之所以急著忘記過去，抹掉痕跡，是因為他們積累的大量見證有可能會成為一種罪行，並往往賠上自己的一生。在祖父母一代之後，再沒有人知道任何當時的事情，也不會去追根探源了。人類創造歷史，卻只活在眼前。記憶總是短暫的。

但是，這個家庭不同。

「這就是我嗎？」奧莉佳．瓦西里耶夫娜笑著說，她和我一起坐在沙發上，雙手捧起一張照片說。照片上，她穿著水兵服，胸前掛滿了戰鬥勳章。

「我每次看到這些照片，總感到很驚訝。我們的外孫女六歲時，有一次薩烏爾把相片拿給她看，她問我：『外婆，您以前是個男孩子，對吧？』」

「奧莉佳．瓦西里耶夫娜，戰爭一開始您就上了前線嗎？」

「沒有，一開始我是向大後方疏散的。我丟下了我的家人，丟下了我的青春。一路上列車不斷遭到掃射轟炸，敵機幾乎是貼著地面在飛。我記得，一群技工學校畢業的男孩從車廂裡跳了出來，他們全都穿著黑色軍大衣，這不是當活靶子嗎？結果他們全被打死了。當時我只有一種感覺，他們是在數著人頭開槍的……你能想得到嗎？

我們在工廠裡幹活，提供食宿，日子還過得去，但是心急如焚哪。我寫信給兵役委員會，一封、二封、三封……到了一九四二年六月我才收到入伍通知書，我們乘著露天接駁船，在敵機掃射下，跨越拉多加湖，開進了被圍困的列寧格勒。到達列寧格勒的第一天我記得最清楚：那是深夜時分，一隊隊身穿黑色軍裝的水兵在街上巡邏。我感到局勢很緊張，看不見一個居民，只有探照燈在晃來晃去，水兵來來往往，他們就像國內戰爭時期一樣，繫著寬腰帶。就跟電影裡一樣……

城市四周已被團團圍住。敵人的包圍圈子離我們非常近。本來乘三路電車可以到基洛夫工廠，但現在那裡已經算是前線了。只要天氣晴朗，敵人就會開始砲轟，而且是有目標地砲轟、砲轟、砲轟。大批軍艦停泊在碼頭邊，雖然都進行了偽裝，但還是難免被擊中。我們負責施放煙幕，是一個專門的煙幕彈部隊，指揮官是前魚雷快艇分隊長亞歷山大．波格丹諾夫上尉。女孩大都受過技術專科或大學一年級的教育，我們的任務就是用煙幕來掩蓋和保護軍艦、民船。砲轟一開始，水兵就說：『女孩，快放煙幕彈吧，有了煙幕我們就保險了。』我們攜帶專門的混合劑，坐著汽車來來去去，而這時別人都躲進防空洞裡了。只有我們，就像俗話說的，像在引火焚身。德國人，就專門對準施放煙幕的位置射擊。

那時我們的供給線也被封鎖了，但是我們挺了下來。首先，因為我們年輕，這是很重要的一點；其次，列寧格勒市民感動了我們。我們多少還算有一點供給，雖說是最低水準；但列寧格勒的居民常常走著走著因為太餓就倒下了，走著走著就餓死了。有幾個孩子經常跑到我們這兒來，我們就從自己微薄的口糧中拿出一點給他們吃。他們看起來就像個小老頭，小木乃伊。孩子告訴我們，圍城時期他們都吃些什麼：皮帶或皮鞋湯、木膠黏凍、鋸末煎餅……城市中所有的貓狗都被吃掉了，麻雀、喜鵲全沒了，甚至大小老鼠也被抓來吃了。後來，那些孩子不再來了，我們等了他們好久。大概是餓死或凍死了，我只能這麼想。隆冬季節，列寧格勒沒有燃料，上級就派我們到城裡去拆房子，有的地方還有些木頭建築。我們朝這些木頭房子走去，心裡真是難受。一幢房子好端端地聳立在那兒，但住在裡頭的人卻死的死，逃的逃。列寧格勒奄奄一息，現在我們又要把房子拆了。看到留在桌上的那些家用器皿，你知道我們心中的感受是如何？所以一開始大概有半個鐘頭，誰也不忍心拿起拆除工具。大家都呆呆地佇立著，最後指揮員只好自己走上去把鐵撬戳進木房子裡，我們這才開始動起手來。

我們還要採伐木材，搬運彈藥箱。我記得，有一次我搬起一個木箱子，箱子比我還重，我咕咚一聲就栽倒在地上。還有另一樁事（我們遇到多少困難啊，畢竟我們是女人）是這樣的：我後來當上了區隊長，區隊裡全是年輕小伙子。我們整天待在快艇上，快艇很小，上面沒有廁所。小伙子需要解手時，可以隔著船舷，就解決問題了。可是我怎麼辦？有兩次，我實在憋不住了，就一下越過船舷，跳進水裡游了起來。小伙子看見了，大叫大喊：「隊長掉到水裡了！」七手八腳就拉了我上來。當然，這都是不值一提的小事，但對我一個女孩子來說，這些小事是多麼重要啊！我後來都病了，你能想像得到嗎？你問我武器有多重？對女人來說，是太重了。剛入伍就發給我們步槍，步槍都比我們還要高。我們走起路來，刺刀足足高出我們有半公尺。

男兵當然比較容易適應。我們女人對這種跟苦行僧一樣的生活，各方面都很苦惱。我們特別想家，想念媽媽，想念舒適的生活。我們部隊有個莫斯科女孩叫娜達莎．日琳娜，她獲得了一枚勇敢獎章，上級還放了她幾天假回家，以示獎勵。她收假回部隊時，我們都跑去聞她身上的氣味，真的，我們一個一個排好隊輪流去聞，大家都說她帶回了家鄉的味道。當時我們就是這樣害著思鄉病，每一封有爸爸筆跡的信都能讓我們樂個半天。只要能有片刻休息，我們會坐下來繡點東西，像頭巾、手絹什麼的。公家發給我們的包腳布，我們把它改製成圍巾，織上毛茸茸的花邊。真想做點女人的事啊！但在部隊裡，女人能做的事太少了，簡直讓人受不了。為了能拿針線縫點東西，哪怕只是一會兒工夫可以展現我們的天性，我們都會努力找個藉口去做。當然，我們也笑過，開心過，但誰都沒法再像戰前那樣笑得那麼開心了。」

錄音機能夠錄下語言、保存語調，但我也明白，當一個人說話時，總會有一些東西無法收錄下來。比如總讓我感到遺憾的：無法錄下對方的眼神和手勢，無法錄下她們說話時的點點滴滴，還有她們的生活。那些才是真正的「她們」。

「沒錯，我們好像是參加兩場不同的戰爭呢，」薩烏爾·亨利霍維奇加入了我們的對話，「每當我們回憶往事時，我都會感到她記得她的戰爭，而我記得我的戰爭。她講的那些事，我的部隊也發生過，比如想家、排著隊去嗅聞收假回來的女兵等等。不過這些事我都忘掉了……從身邊滑過去了。在那個時候，這樣的事情真是微不足道的，不值得一提。她有說到海軍帽的故事嗎？奧莉婭＊，你不會忘了說吧？」

「當然沒忘，刻骨銘心啊。我總是害怕回憶起這段往事，每次都很害怕。事情是這樣的，那時天剛亮，我軍的快艇就出海了，有幾十艘快艇。我們很快就聽到雙方打起來，我們側耳傾聽，等待結果，雙方交戰持續了好幾個小時，甚至一度打到距離城市很近的地方，最後砲聲漸漸停止了。天黑之前，我走到岸邊，看到在通往入海口的水道上漂浮著很多水兵的無簷帽，一頂接著一頂。海軍帽和大片的紅色血跡隨波漂流，還有快艇的碎片，我們的人不知在什麼地方被打落到海裡去了。我在岸邊站了好久，直到那些無簷帽漂走為止。開始我還在數有多少頂水兵帽，但後來數不下去了。我既不能轉身離開，也不忍看下去。那個入海水道，就是我們戰友的合葬墓……

薩烏爾，我的手帕呢？我剛剛才拿在手裡的。」

「她講的很多故事我都記得，但就像現在常說的，說給後代聽時就要『掐頭去尾』了。我常常說給孩子聽，但不是講我的戰爭，而是她的。我發現，孩子對她的故事更喜歡些。」

薩烏爾．亨利霍維奇繼續他自己的思路說：「我講的故事，軍事術語比較多，而她的故事裡，更多的是人情味。人情味往往更引人入勝，比實際發生的事更感人。我們步兵裡頭也有女兵，只要她們當中有一個人來到我們身邊，我們就會挺直腰桿。你應該想像不出來，女人的笑聲、女人的聲音在戰場上有多麼動人！

你問我，戰場上會有浪漫的愛情嗎？當然有！我們在戰場上遇見的女人，個個都能成為美麗的妻子、忠實的伴侶。在戰爭中結婚的人，是最幸福的人，最幸福的一對。我們兩人就是在前線相識相愛的，在烈火與死神中談戀愛。這是一種牢固的聯繫。當然我不否認也有一些不太好的事，因為戰爭時間很長，戰場上各種人都有。

不過，戰爭讓我變得更好了，這是確定無疑的！戰場上的煎熬，使我身為一個人更成熟了。我看到了太多的不幸，我自己也經受過很多苦難。在戰場上，與生死無關的東西隨時都要拋棄，

＊奧莉佳的小名。

因為都只是身外之物，只有在戰場上你才會明白這一點。但戰爭也會回過頭來反噬我們，只是我們自己害怕承認這一點而已。戰爭會追上我們，不僅是我們這一代的人，連我們兒女的命運都被定型了。因為她們的媽媽，前線的老兵，總是按她們自己在前線所受到的教育，按照戰時的道德標準來教育兒女，每個爸爸也一樣。就像我說過的，只要上了前線，每個人都會被看得清清楚楚：他是怎樣的人，人品如何，都是掩飾不了的。我們這些前線老兵的兒女不知道的是，外頭社會的人跟他們家人是完全不同的，沒有人告誡他們世上還有卑鄙的人、惡劣的行為。於是，女孩子很容易落入騙子之手，他們善於欺騙，也因為欺騙她們毫不費事。我們許多前線戰友的孩子都遇到了這種事，我們的一個女兒也是……」

「不知何故，我們沒有向孩子們詳細提起過戰爭。可能是害怕，也可能是不忍心。這樣到底對不對呢？」奧莉佳沉吟著。「我沒有把動章綬帶戴在身上，有一次我把它們弄斷後，就再也沒有接起來。戰後我擔任了一家食品廠的廠長，有一次去參加會議，一家商業信託的老總，也是女性，看到我掛在身上的動章綬帶，就當眾大聲嚷嚷：『你怎麼像個男人一樣，把勳章這樣戴起來啊？』那個女人只有一枚勞動模範動章，卻總是掛在她的外套上，但她對我那麼多的戰爭勳章卻不以為然。那天只剩我們兩人留在房間裡時，我跟她講了我在海軍時的所有遭遇，她看起來很不舒服，而我也從此失去了佩戴勳章的興趣。現在我已經不再佩戴勳章了，雖然我依然引以為傲。」

「過了幾十年後，那位著名的女記者維拉·特卡琴柯才在《真理報》上寫到我們。她說，有不少前線女兵現在還是獨身，甚至有許多人到現在連個房子都沒有。面對這些為國家獻出青春的女人，我們是問心有愧的。從那時起，才多少引起了外界對前線女性的關注。將近五十年了，她們還是住在集體宿舍裡。終於，國家也開始幫她們分配單獨的住房。我有一個女性友人，我不在這裡提她的真實姓名，她最後終於發火了。她曾經是助理軍醫，戰爭期間受過三次傷。戰爭結束後，她進了醫學院讀書，她沒能找到任何一個家人，他們全都死了。她窮得身無分文，必須靠著每天夜裡給人擦洗地板來維持生活。但她從來不向任何人承認自己是殘障軍人，也不去領政府補貼，她把所有證明文件都撕掉了。我問她：『你為何要撕掉榮譽軍人證明呢？』她哭了起來說：『還有誰會娶我啊？』我對她說：『那又怎樣？你做了正確的事。』不料她哭得更大聲了：『也許這幾張紙現在對我很有用，因為我病得很重。』你能想像她哭的樣子嗎？

在塞瓦斯托波爾慶祝戰爭勝利三十五週年時，當地政府邀請了來自各艦隊的一百名衛國戰爭時期的海軍老兵，包括三名女性，其中兩位就是我和我那個朋友。海軍元帥對我們每個人鞠躬，當眾向我們表示感謝並親吻我們的手。這怎麼能忘記呢？」

「你們想要忘記那場戰爭嗎？」

「忘記？怎麼忘記？」奧莉佳問道。

「我們沒有能力忘記，也沒有權利忘記。」薩烏爾打破了沉默。「奧莉婭，你還記得嗎？每年的勝利紀念日，我們總會看到一個年邁的母親，脖子上掛著一塊跟她本人一樣老的招牌，上面寫著：『尋找庫爾涅夫·湯瑪斯·弗拉季米洛維奇，他一九四二年在列寧格勒圍城時失蹤。』從面容可以猜出，她應該八十多歲了，她還能再找多少年？」

「我倒是想忘記戰爭，很想忘掉……」奧莉佳喃喃地說，彷彿在自言自語。「我想過能有一天可以完全擺脫掉戰爭，只有一天也好。不去回憶……哪怕只有一天也好。」

我牢牢記住了他們兩人在前線照片上的模樣，他們還送了一張照片給我。照片上的他們，是那麼年輕，比現在的我還要小很多很多。這一切讓我有了新的想法，並漸漸清晰起來。我看著這些年輕的照片，似乎從我剛剛傾聽和記錄的採訪中悟出了另一種意義。在我和他們之間，年齡差消失了。

電話聽筒射不出子彈

採訪對象形形色色，採訪情況也各自不同。

有些人迫不及待地就在電話裡講了起來：「我記得，一切一切都深深刻畫在我的腦海裡，就像是昨天才發生的事。」有些人則是一直拖延見面和談話：「我還需要準備一陣子……我不想再次跌到那個地獄裡了……」戰時擔任高射機槍組長的瓦莉婭·甫洛芙娜·丘達葉娃中士就是那種害怕、不願意讓別人進入她敏感內心世界的女人。幾個月來我一遍又一遍地打電話給她，有一次我們在電話裡竟然聊了兩個鐘頭，終於決定了見面時間，而且就在第二天。

於是，我來到她家。

「我們今天吃餡餅，我從一大早就開始忙了。」女主人在門口高興地擁抱我。「我們有時間好好講一講，看來我又得痛哭一回了。不過，今天第一件事，就是做餡餅。櫻桃餡的，和我們在西伯利亞時吃的一樣。進來吧。

「請原諒我毫不客氣地就直接稱『你』＊了，這是我們在前線的叫法：『嗨，女孩！你開始

＊俄羅斯人對長輩或不熟的人一般都會用尊稱「您」，對晚輩和自己親近的人才會稱「你」。

吧！』我們都是這樣子的，你應該聽過了吧。你看，我們沒有雕花玻璃器皿，我和丈夫積攢的東西都保存在舊糖果盒裡，就只是一對勳章和幾枚獎章，平時就放在小碗櫥裡，過一會我拿給你看。」她陪我走進裡屋，「你瞧，我們的家具也是老舊的，我們捨不得換。我相信，如果物件和我們一起在家裡待久了，它們也會產生靈魂的。」

她又為我介紹了自己的朋友亞歷山卓．費多洛夫娜．詹欽科，她在列寧格勒圍城時期是共青團工作者。

我坐到飯菜豐盛的桌子旁。哈哈，真的是西伯利亞風味的櫻桃餡餅，這是我從來沒有嘗過的。

三個女人和熱騰騰的餡餅。談話馬上開始，當然是關於戰爭的話題。

「你可不要用問題打斷她，」亞歷山卓．費多洛夫娜提醒我，「她一停下來就會開始哭，然後就只哭不說話，所以請你不要打斷她。」

瓦莉婭．帕甫洛芙娜．丘達葉娃開始說：

「我出生在西伯利亞，是什麼原因讓我這個遠在西伯利亞的小女孩千里迢迢奔赴前線呢？西伯利亞，那可是天之涯海之角呀。這個問題是一位法國記者在採訪中對我提出的，他在博物館裡不知怎地盯上了我，我起初還很不好意思，想說他到底想幹什麼？為什麼要這樣看著我？最後他走了過來，透過翻譯請求我接受他的採訪。我當然覺得惶恐不安。我想，他到底要談什麼？他莫非是聽到我在博物館說的話了？但他顯然對這些不感興趣。不免俗地，他的開場白是一段恭維話：『您看起來是那麼年輕……請問您是怎樣捱過戰爭的呢？』我回答他：『就如你所見，我們是在非常小的年紀就上前線的。』其實引他好奇的是另一件事：我怎麼會從遙遠的西伯利亞趕赴前線？我猜透了他的用意，『看來，你一直感興趣的是，當時是否實施了全民強制徵兵，不然我一個女中學生幹嘛也要奔赴戰場？』他點了點頭，承認我說對了。『那好吧，』我說，『我這就來回答你這個問題。』我講了我全部的生活經歷，就像我現在要跟你說的一樣。結果他聽完後哭了起來，那個法國人竟然哭了。最後他承認：『不要責備我，丘達葉娃女士。對我們法國人來說，一次大戰的意義要大於二次大戰，我們一直在紀念一次大戰，到處都是紀念碑。而關於你們，我們知道得太少了。很多法國人到今天都還以為是美國人打敗了希特勒，特別是年輕一代。關於蘇聯人為了勝利所付出的代價，四年間犧牲了兩千萬人的性命，卻鮮有人知。還有你們所遭受的苦難，都是無法計量的。感謝您，因為您讓我有了一次震撼人心的採訪。』

我母親是什麼模樣，我一點都記不得了，她早早就過世了。我父親當過新西伯利亞區委負責人，一九二五年他被派往自己的老家去徵集糧食。當時國家很需要糧食，而富農卻把糧食藏起來，寧可讓它們生蟲爛掉。父親應母親的要求，帶她一起回老家。因為那時找不到地方寄養姊姊和我，媽媽就把我們姊妹帶在身邊，那時我才九個月大。爸爸曾經為老家一個富農幹過長工，他在晚上召集農民開會，嚇唬他從前的好東家：『我們知道糧食藏在什麼地方，如果你們不自動交出來，被我們找到的話，就要以革命事業的名義全部沒收。』

開完會之後，我家所有親戚聚在一起。爸爸共有五個兄弟，後來他們全都和我爸爸一樣，沒有從衛國戰爭中活著回來。那天晚上，親戚坐在一起聚會，吃西伯利亞的傳統餃子。母親坐在靠窗的長凳子上，一邊是窗戶，另一邊是父親。當時是四月天，在西伯利亞，這個時節氣溫還是很低。母親大概覺得冷了，就站起身來披上父親的羊皮襖，並解開胸前的衣服要給我餵奶。這時，突然傳來『半截槍』＊的槍聲，開槍的人原本瞄準的是我父親的羊皮襖，可憐的母親只來得及說聲『孩子她爸』就沒了聲息，把年幼的我掉落在滾燙的餃子上。那年她才二十四歲。

我爺爺後來當上了村中的蘇維埃主席，但也被人下毒害死，扔到河裡。我保存了一張老照片，是安葬爺爺時拍的。靈柩上方有一個輓幛，上面清楚寫著：『他死於階級敵人之手。』

父親是國內戰爭的英雄，是擊退捷克軍團叛亂的鐵甲列車總指揮。一九三一年，他被授予紅旗動章，當時這種動章是極少見的，尤其是在我們西伯利亞，這是莫大的榮譽。父親身上共有十九處大大小小的傷口，母親曾經跟親友說過，白匪†判處父親二十年苦役時，母親請求跟父親見一面，當時她正懷著我姊姊塔夏，還有一個月就要生產了。監獄裡有一條長長的走道，那些壞人刁難我媽媽，喝令她：『布爾什維克母狗，爬過去吧。』她再過幾天就要分娩了，就這麼在長長的水泥走道上朝著父親爬過去。他們就是這樣安排我父母親相見的。媽媽說，她簡直認不出父親了，才幾天他的頭髮就全白了，就像一個白髮老人，而他那時不過才三十歲。

既然我出生在這樣的一個家庭，有這樣的父親，當敵人又來糟蹋我們的國土時，我怎能無動於衷地坐在家裡呢？我身上流著父親的血，血脈相傳。說起我父親，真是飽經風霜，一九三七年有人告他黑狀，把他打成了人民的敵人。唉，這都是恐怖的肅反運動引起的，後來父親設法求見了總理加里寧‡，這才讓他的名譽得到恢復。我爸爸可是聲名顯赫，無人不知的。這些事都是親戚後來講給我聽的。

就這樣到了一九四一年，我還記得最後一次中學下課的鈴聲，那時我們都有自己的計畫和理想。開過畢業晚會，我們坐船去鄂畢河上的一座小島，當時是那麼無憂無慮。就像俗話說的，我們還都是沒被男人親吻過的黃花少女呢，我身邊連個男孩子也沒有。回程之前，我們還在島上看了日出。但就在這時，整座城市其實已經被戰爭的消息鬧得沸沸揚揚了，大家一邊哭一邊傳著壞消息：『戰爭！戰爭來了！』收音機整天都開著。但我們不明白也不介意戰爭，畢竟我們是那麼快樂，心裡都做好了未來的規劃。怎麼突然之間，就冒個戰爭出來。大人都在哭喊著，但我們卻一點也不害怕，還彼此安慰說要不了一個月，我們就會敲碎法西斯的腦袋。我們的軍隊當然會越過國境去追殲敵人，我們沒有一點懷疑，真的，我們一直都這麼堅信著。

一直到家家戶戶都收到了陣亡通知書時，我們才明白是怎麼回事。我一下子就病倒了：『怎麼回事，也就是說，報導都是胡說八道？』『聽說德國人已經準備要在紅場上閱兵了……』

＊為便於攜帶而把槍筒截去一段的步槍。

† 指的是蘇聯國內戰爭期間的「白軍」，這是相對於紅軍的稱法，是指以俄羅斯傳統黨派為基礎組成的對立勢力，主要由保皇黨、地主及小資產階級民主派等組成。

‡ 蘇聯政治家、革命家，從十月革命到去世為止，一直擔任蘇俄和蘇聯名義上的國家元首。

我父親一開始沒有被批准上前線，但他一次又一次到兵役委員會去要求，終於如願以償。爸爸身體不好，患有慢性肺結核，剛剛才好轉一點。但對他來說，年齡算得了什麼，而且他參加的還是鋼鐵師團，也就是當時所說的史達林師團*，成員中很多都是西伯利亞人。

我們當時也是這麼想的，沒有我們，戰爭就打不下去了，所以我們必須參戰。立刻發給我們武器吧！我們整個班級都跑到了兵役委員會，我二月十日就上前線了。繼母痛哭著說：「瓦莉婭，你不要走。你能做什麼呢？你年紀小又瘦弱，你算哪門子戰士呀？」我得過佝僂病，到五歲都還不會走路，但是我的勇氣也正是由此而來的。

我們坐在鐵路貨車裡行進了兩個月。兩千名女孩，裝了整整一排列車，西伯利亞列車。到達前線後，我們看到了什麼？有一個畫面我永遠不會忘記：在某個被炸爛的月台上，有一批水兵正在用手臂撐跳著走路，他們沒有腿腳也沒有枴杖，就是用手臂在行走。整個月台上都是，他們還若無其事地在抽菸呢！看到我們這群女孩，他們笑了起來，還和我們開玩笑。看到這樣的情景，我的心撲通撲通地猛跳……我們要去哪裡？火車要開向何方？為了壯膽，我們就唱歌，唱很多很多的歌。

每節車廂裡都有指揮員，指導我們的訓練課程並鼓舞士氣。我們學習的是通信聯絡。列車開到烏克蘭，我們在此第一次遇到轟炸，當時大家不是在洗澡就是在接受衛生檢疫。列車上有位大叔值班看管澡堂，我們都是年輕女孩，要在他面前洗澡真是難為情。但轟炸一開始後，我們全都跑到那位大叔面前求救。我們急忙穿上衣服就往外逃，我用一條紅色毛巾包住頭，一跑出澡堂，有個像大男孩一般的上尉馬上衝著我喊起來：『那個女孩，快躲到避彈所去！把毛巾扔掉！注意偽裝……』

但我卻從他身邊跑開了：『我沒什麼好偽裝的，媽媽不許我披著濕頭髮到處跑。』

轟炸過後，他找到了我：『你為什麼不聽我的話？我是你的指揮員。』

我不相信他：『就憑你？要當我的指揮員，還不夠格吧？』

我們的年齡差不多，兩個人就像小女孩和小男孩在拌嘴，你一言我一語的。

發給我們的軍大衣又大又厚重，一穿上這種大衣，身形就臃腫得像一捆一捆的莊稼，根本連路都走不好，動不動就摔倒。一開始，我們沒有可以穿的靴子，因為只有男人的尺碼。後來上頭幫我們換了一種靴子，靴頭是紅色的、靴筒是黑色的厚帆布靴子。因為我們的身材都很瘦小，男兵的軍裝穿在身上就像套著一件大袍子，所以凡是會針線活的女孩都會自己修改一下衣服。除此之外，我們還有其他的需求，畢竟是女孩子！司務長來幫我們量身材時，被我們弄得哭笑不得。這時營長過來問我們：『怎樣，司務長把你們的女性必需品都發了吧？』司務長只好支吾著說：『都量好了，會發的。』

我在高砲部隊當通信兵，天天在指揮所值班。如果不是接獲父親陣亡的消息，或許我會一直當通信兵到戰爭結束。我心愛的爸爸沒了，我失去了最親的親人。於是我開始向上級申請：『我

＊史達林的名字原意為鋼鐵。

要為死去的爸爸報仇。』我想殺人，我想開槍。雖然上級一直勸我，說砲兵部隊的通信也非常重要。但是，電話聽筒不會射出子彈。我向團長寫了申請書，他拒絕了；接著我又直接給師長寫了信。師長克拉斯內赫上校來到我們師團，集合起全體人員，他問：『想當砲兵的女孩是哪一個？』我站了出來。瞧瞧，我當時的樣子：小小的個頭，細細的頸子上掛著一枝衝鋒槍。槍很沉，裝填了七十一發子彈。可以想見，我看起來必定一副可憐相，因為我把師長都逗笑了。他問道：『你想幹什麼？』我對他說：『我想開槍殺敵人。』我不知道師長在想些什麼，他久久沒有說話，然後猛然轉過身子，離開了。我心想：『沒希望了。』沒料到過了不久，團長跑過來對我說：『上校同意了。』

這些你都能理解嗎？我希望你能理解我當時的感情，不帶著仇恨怎能開槍殺人？這是戰爭，不是狩獵。我記得上政治課時，老師曾讓我們讀伊利亞．愛倫堡＊的一篇文章〈殺了他！〉，其中寫道：『你見到德國人多少次，就殺他多少回。』那時所有人都會讀這篇文章，而且倒背如流。它對我的影響十分強烈，整個戰爭期間，這篇文章和爸爸的陣亡通知書一直都放在我的包包裡。

我參加的是速成訓練班，時間只有短短三個月。我學會了射擊，很快就當上了砲兵。確切來說，我進去的是一三五七高砲團。最初那段時間，砲聲震得我的鼻孔和耳朵都流出血來，腸胃痙攣得厲害，喉嚨乾燥得要嘔吐。最可怕的是大白天，看著一架架飛機衝著你飛過來，直對著你的高射砲飛過來，而且還一架接著一架，緊追著你不放。或許下一刻，你就要粉身碎骨，化為烏有。這不是女孩該做的事，很傷眼睛和耳朵。

我們先是操控八十五毫米的高射砲，這種砲在莫斯科防空戰中表現得很出色，後來它們被調去打坦克，配給我們的是三十七毫米的高射砲。我們當時在爾熱夫一線，戰鬥相當激烈。春天，伏爾加河上的冰層在破裂，你猜猜，我們瞧見了什麼？我們看到河上漂浮著一大塊黑紅色的冰，冰塊上有兩個德國兵和一個俄國兵，他們死時還互相緊緊抱在一起，然後在這塊冰上凍住了。整塊冰成了血紅色。我們的母親伏爾加河都被血染紅了。」

她突然停了下來：「讓我歇歇吧。否則我講著講著可能又要哭了，會破壞我們這次的會面……」她轉過身看著窗外，過了幾分鐘後又露出了笑容。「說實話，我不是個哭哭啼啼的女人。從小，我就學會了不要隨便哭。」

「聽瓦莉婭講這些，讓我想起了列寧格勒圍城的事。」一直默不作聲的亞歷山卓・費多洛夫娜・詹欽科談起了下面的故事：

「特別是其中一件事，讓我們大家極為震驚。我們聽說，有一位年老婦人每天都打開窗戶，用小勺子向馬路上潑水，一次次地，愈潑愈遠。起初眾人以為：『哦，她大概精神不太正常。』圍城期間是無奇不有的。可是當大家去到她家後，才弄清楚是怎麼回事。你們聽聽她是怎麼說

＊蘇聯著名的新聞記者、作家及國際和平戰士。他在二戰中所寫的反法西斯政論通訊廣受歡迎，後來也曾批判史達林時期的個人崇拜。回憶錄《人・歲月・生活》，被視為一生最傑出的作品。

的：『如果法西斯人進了列寧格勒，走在我們的大街上，我就用熱開水澆他們。我老了，不能幹些什麼了，但我還能這樣做，拿開水燙死他們。』她是在練習，日復一日。那時圍城才剛剛開始，城裡還有熱水供應。這是個頗有書卷氣的老婦人。直到今天，我還記得她的模樣。她選擇了她力所能及的抗爭方式。想像一下當時的情形：敵人就在眼前，納爾瓦凱旋門一帶正在激戰，基洛夫工廠每天都遭到掃射，每個人都在想自己能為這個城市做些什麼。死是很容易的，但必須做點什麼，有所行動。成千上萬的人都是這麼想的。」

「我想找一些話來表達，但我們要怎樣才能說清楚呢？」瓦莉婭問我們，也問她自己。

「我從戰場上回來時，一塊彈片擊中了我的脊背。傷口不大，卻把我彈到遠處的雪堆裡。先前連著好幾天，我都沒能烤乾自己的氈靴，不是缺柴火，就是輪不到我。因為爐子太小，而圍著爐子的人太多。結果等我被人發現時，穿著濕靴子的雙腳已經被凍壞了。幸虧我在被雪埋住時還能呼吸，雪堆上形成了一個個小洞，被救生犬發現了。牠們扒開雪，把我的棉帽交給了衛生員。我的死亡通知書都填好了，每個人出發前都會準備好這樣一份通知書，上面寫著親屬的名字，以及寄發地點。他們把我從雪堆裡挖出來，放到帆布擔架上，我穿的一件短皮襖浸滿了血。但誰都沒有注意到我的腳凍壞了。

我在醫院裡躺了六個月。醫生想把我的一條腿截掉，從膝蓋以上鋸掉，因為已經開始出現壞疽了。這時候我有些驚慌，我不想缺手缺腿地活下來，那樣活著還有什麼意思？有誰還會要我？

我已經沒有爸爸也沒有媽媽了，現在又成了一個累贅，誰還會要我！於是，我想要上吊自殺，我請衛生員把小毛巾換成一條大的。在醫院裡，大家老愛逗我：『這裡有個奶奶啊，老奶奶躺在這兒呢。』因為醫院的院長第一次見到我就問：『喲，你多大歲數啦？』我馬上回答他：『十九歲，快滿十九歲了。』他開玩笑地說：『噢！不年輕，是不年輕了，已經這麼大把年紀了。』衛生員瑪莎大嬸也常常這樣逗我。聽到我的要求，她對我說：『我會給你一條大毛巾，你都要上手術台了。不過我還得看住你，你的眼神我不太喜歡，你是不是在動什麼壞念頭呀？』我無話可說。但我知道有件事是真的：他們要把我送上手術台了。我沒有開過刀，以為我的身子會被切割得支離破碎。於是，我把大毛巾藏在枕頭下，想等沒人時，等大家都睡熟時再自殺。床架是鐵製的，我打算把毛巾綁在鐵床上上吊，只要我的力氣夠用。然而，瑪莎大嬸整夜寸步不離，守著我這個年輕女孩，眼睛都不眨一下，嚴密地守護著我這個傻女孩。

我的主治醫生是個年輕的中尉，他找到院長後向他請求：『請讓我試試吧。』院長對他說：『你想試什麼？她一個腳趾頭已經發黑了，小女孩才十九歲，不能因為你我而耽誤她的性命啊。』我的主治醫生反對手術，他主張用另一種新方法，用一根特製的針把氧氣注入皮下，供養肌肉組織……反正我也說不清是怎麼回事，我不是學醫的。反正這位年輕中尉最終說服了院長，他們才沒有鋸掉我的腳，而是開始用這個方法幫我治療。過了兩個月，我竟然可以走路了，當然要拄著楞杖，不過兩條腿就像軟綿綿的破布條，無法撐起身子。外表看來明明是兩條好端端的腳，就是沒有絲毫感覺。後來我慢慢學會不用楞杖走路。別人都說我是撿回了一條命。出院後，我按規定放假休養。但我要到哪兒去休養？找誰？最後只能回到自己的部隊，回到我的火砲旁。我就在那時入了黨，當時只有十九歲。

我是在東普魯士迎接勝利日的。當時已經連續安靜了兩天，沒人開過一槍。這天深夜，突然響起了空襲警報！我們全都跳了起來。緊接著便聽到有人歡呼：『我們勝利了！敵人投降了！』我們才不在乎敵人是否投降了，我們高興的是我們終於獲得勝利，而且戰爭結束了。大家開始放槍慶祝，手上有什麼槍就用什麼槍：衝鋒槍、手槍……後來連大砲也一起加入了。很多人抹著眼淚，還有人手舞足蹈，大聲叫喊著：『我活下來了，我還活著！』還有人臥倒在地，捧起泥沙，捧起石頭。在欣喜若狂的場面中，我就呆呆地站著，心裡想的是：『戰爭總算結束了，但我的爸爸再也回不來了。』此時指揮員卻故意嚇唬我們：『你們不賠償這些彈藥，就不許復員回家。你們在胡鬧些什麼？浪費了我們多少砲彈。』但那時我們覺得，以後就世界太平了，誰還用得上這些砲彈。我們也很累，打累了。

好想回家！雖然爸爸媽媽都不在了。家，是一種感覺，比房子裡的人重要，也比房子本身重要。就是那種感覺，每個人都應該有個家，我想要擁抱我的繼母，感謝她像親媽一樣對我。我後來就改口叫她媽媽了，她一直在等我回去，等得很辛苦。院長已經寫信給她，說我可能需要截肢，要她有心理準備。但她說，只是我能活著回去，這就夠了。

我們在十八到二十歲之間離家上了前線，過了四年才回來。一開始，我們還很高興，後來卻覺得苦悶極了。重新當回老百姓的我們能做些什麼？面對和平生活，我們反而害怕起來。其他的女孩都大學畢業了，而我們除了戰爭、打仗，沒有任何一技之長。

我想盡快擺脫戰爭的影響，把軍大衣改成了一件外套，連鈕釦都換了。我去市場把帆布長靴賣掉，買了一雙高跟皮鞋。我第一次穿洋裝時，淚水嘩嘩地流，都認不出鏡子裡的自己了。你要知道，我們已經連穿了四年的男裝了！我不敢告訴別人，我曾經受傷住院，想想誰還肯給我工作？誰還肯娶我？於是我們都像魚兒一樣沉默，誰都不想承認自己在前線打過仗。我們只是彼此之間保持聯繫，書信往來。

直到過了三十年，才開始為我們辦隆重的致敬活動，邀請我們去接受採訪。一開始，我們都躲著藏著，甚至勳章也不敢佩戴。男人可以光明正大地佩戴勳章、獎章，但女人不行。男人是勝利者，是英雄，是新郎官，他們上過戰場是榮譽，但一般人卻用不同的眼光來看待我們這些女兵。完全異樣的目光，我要說的是，就是這些人把我們辛苦打下的勝利奪走了，悄悄地換成了平凡婦人的幸福。他們不和我們分享勝利，這對我們來說是一種屈辱。我們不能理解，因為在前線時，男人對我們真的很溫柔友好，很愛護、珍惜我們。但盼來和平的日子，卻沒有盼來他們好好地對待女人。在我軍撤退時，大家常常躺在光禿禿的泥地上休息，這時男人會把他們的軍大衣讓給我們蓋；要是他們從哪裡弄來點棉花和繃帶，也會先給我們用：『喏，拿去吧，你們用最合適了。』就連最後一點砂糖也要分給我們。那時候，在男人身上除了善良和溫暖，我們看不到其他的。但是戰後呢？我無語了，究竟是什麼損害了我們的記憶？回憶有時會令人更難忍受現狀。

我和我先生兩個人復員回到明斯克時，除了兩件軍大衣和兩套軍裝之外，一無所有。我們找來一張大地圖黏貼在厚帆布上，再把地圖用水泡開，做成了一張帆布床單，這是我們家的第一條床單。後來，女兒出生時，我們又把這條床單改製成嬰兒背帶。我們的女兒就睡在一個膠合板做成的手提箱裡，是我丈夫從前線帶回來的。我可以這樣說，除了愛，那時候我們家裡什麼都沒有。有一次，我先生突然回到家裡對我說：『我們走，我發現了一個被人扔掉的舊沙發。』於是，我們摸黑出去把舊沙發抬回家，免得被別人看見。撿到這個沙發，真的讓我們如獲至寶！

當然，我們還是幸福的。瞧，我有這樣一個好伴侶！日子難過，但是我們從未灰心喪志。每次買到配給食物，都會打電話給對方：『快回來，我買到糖了，我們可以好好喝一次茶了。』那時我們一貧如洗、家徒四壁，哪有這些地毯和玻璃器皿什麼的，但我們仍然過得很幸福。一部分原因是我們活下來了，可以說話、可以笑、可以逛街……我總是可以這樣自娛娛人，儘管四周都是斷壁殘垣，連樹木都毀得面目全非了，但總有愛情在溫暖著我們。

現在我經常應邀到軍事博物館做報告，總算開始重視我們了，但已經是四十年之後了，四十年啊！前不久還有一些義大利女孩問我話，她們七嘴八舌提了很多問題：我是被哪個醫生治好的？受過什麼傷？……不知怎地，她們發現了我從來沒有去看過心理醫生。她們還關心我做過哪些夢，是否夢到過戰爭等等。俄羅斯女人拿起武器到戰場，對她們而言簡直就是個謎。我們做的，不僅救護傷患、包紮傷口，還親自開槍、爆破、殺人……這對女人來說，意味著什麼？她們還很好奇地問我是否結婚了。她們一致認為我一定是個單身女人，我笑著說：『別人都從戰場上帶戰利品回來，而我帶回來了一個丈夫。我們有個女兒，現在幾個外孫也長大了。』在前線時，有個營長深愛著我，整個戰爭期間他都護著我，復員後他也曾到醫院來找過我，這都過去了。我喜歡孩子，曾經夢想生養許多子女，但我只有這麼一個女兒，我的寶貝女兒。我的體力和精力都不允許，我還經常生病。我的這雙腿，全都因為這雙腿，把我害慘了。我退休前在綜合技術學院裡當實驗員，從教授到學生都喜歡我，因為我充滿了愛，懂得快樂生活，只想在戰後好好生活。上帝創造人不是為了讓我們互相殘殺，祂創造人是為了愛。你認為呢？

兩年前，我們當年的參謀長伊萬·米哈依洛維奇·格林科到我們家拜訪，他已經退休了。他當時也坐在這個桌子旁，我同樣也是烤餡餅招待他。他和我先生一起回憶往事，他還能叫出當年我們那些女孩的名字……而我突然就委屈地哭了出來：『說什麼榮譽、尊重，當時那些女孩現在幾乎都是孤孤單單一個人，住在集體住宅裡。有誰可憐過她們？保護過她們？你們戰後都跑到哪去了？都是叛徒！』於是，我很掃興地把重逢的氣氛破壞掉了。

參謀長說：『你可以告訴我，有誰傷害了你們。』他用拳頭敲著桌子，『只要你把他說出來！』接著他又請求我原諒，『瓦莉婭，除了陪著你一起流淚，我無話可說。』其實沒有必要可憐我們，我們是多麼自豪的人。就讓他們一遍又一遍地改寫歷史吧。但永遠不變的一點是，我們是勝利者！還有我們經歷過的痛苦也不會改變的，這也不是垃圾和灰燼，這是我們的生活。

我沒有其他的要說了。」

在我離開前，女主人塞給我一包餡餅：「這是西伯利亞的特產，你在店裡買不到的。」我還得到了長長一串地址和電話號碼：「她們一定會很高興你去看她們，她們一直都在等你。我清楚地告訴你：回憶是痛苦的，但是不去回憶，就更不能忍受了。」

現在我理解她們為何要一直說個不停了……

我們只獲得了一枚小小的獎章*

每天早上我都會去開信箱。

我的私人信箱愈來愈像是兵役委員會或博物館的專用信箱了：「來自瑪林娜·拉斯柯娃航空團女飛行員的問候」、「我受鐵人旅全體女游擊隊員的委託給您寫信」、「明斯克的女地下工作者祝賀您」……

到現在為止，對於我的採訪請求只有少數幾位斷然拒絕：「不，這是可怕的噩夢，我無法說出口！」或「我不願再去回憶！我早就忘了」等等。我還記得有封信上沒有寄信人的地址：

「我的丈夫，光榮勳章的獲得者，戰後卻被關了十年勞改營……祖國就是這樣對待自己的英雄，這樣對待打勝戰的人嗎？就因為他寫了封信給他在大學裡的同事，說他很難為我們的勝利感到驕傲，因為全國的土地上布滿了俄羅斯人的屍體，浸透了我們的鮮血。他立即就被逮捕，摘下了軍人肩章……

直到史達林去世後，他才從哈薩克回來，但已經是滿身病痛了。我們沒有孩子。我不需要去

---

*本篇先收錄五封寄給亞歷塞維奇的信件內，之後記錄亞歷塞維奇拜訪醫院老兵聚會，集合與會者的口述記錄。內容記述方式請參考一六九頁注釋。

記住戰爭，我畢生都在打戰……」

不是所有的人都會寫回憶錄，不是所有的人都能把自己的思想感情訴諸文字。就像女電信報務員布拉克娃中士所說的：「淚水阻礙了我們。」結果經常事與願違，我的回憶錄上只不過多抄錄了一些地址和名字而已。

「我想我體內的金屬應該夠多了，我在威帖布斯克受的一次傷，彈片鑽進了肺裡，離心臟只有三公釐；第二塊彈片打在右肺上，還有兩塊彈片在卡在腹部。

這是我的地址。請你來看看我吧，我無法再繼續寫了，淚水模糊了我的視線，我什麼都看不清楚了……」

——V．格羅莫娃
（衛生指導員）

「我沒有立過什麼大功勞，只得了幾枚小小的獎章。我不知道你對我的生平是否感興趣，但我總想把自己的經歷向別人說說……」

——V．沃羅諾娃
（電話接線生）

「我和先生兩人先前住在馬加丹地區的極北鎮。我先生當司機，我當檢查員。戰爭一爆發，我們兩人就申請上前線。有關部門答覆我們說，你們應當繼續做好本職工作。於是我們就給史達林同志發電報，並捐了五萬盧布來打造坦克（當時那是一大筆錢，是我們全部的積蓄），同時也表達我們一起上前線的願望。我們收到政府的感謝函。一九四三年，我們兩人被派到切里亞賓斯克坦克技術學校旁聽學習，並從那裡畢了業。

我們領到了一輛坦克，夫妻兩人都是一級坦克駕駛員，但一輛坦克只能有一名駕駛員。於是指揮部任命我為「IS-122」坦克車長，任命我丈夫為正駕駛員。就這樣，我們兩夫妻從本國一路打到了德國。我們都受過傷，也都拿過獎章。

戰爭期間，有不少女孩當上了中型坦克手，而在重型坦克上的，只有我一個是女的。我有時會想，要是能把我們的一生都告訴某位作家就好了。我自己寫不成書，應該找作家的。」

——A．鮑依科

（少尉，坦克手）

「一九四二年我被任命為營長時，團政委提前告誡我：『大尉，請您注意，您要指揮的不是普通的營，而是『少女營』。營裡有一半的成員都是年輕女孩，需要特別對待、關注及照顧。』我雖然知道當時有許多女孩在軍中服役，但完全沒料到自己會碰到這種情況。我們這些現役軍官，對於女性擔任軍職始終持保留態度，軍人理當都要由男人來擔任。當然，比如說，軍醫院的護士還是有存在的必要，她們在一次世界大戰，還有國內戰爭期間都表現得很勇敢。但是，話說回來，一個年輕女孩待在高射砲部隊裡能做些什麼？在我們這種砲兵部隊，都需要親自扛砲彈的！再說，每個砲連只有一個掩蔽部，裡面住的都是清一色的男性砲班員。還有，我們有時要一連好幾個小時坐在火砲機械上，這些設備都是鐵製的，女孩怎能吃得消？最後的麻煩是，她們要在哪兒洗頭髮，要怎樣吹乾頭髮？問題一大堆，而且還不是一般的問題。

我經常會到各個砲兵連走走看看，見到年輕女孩手持步槍站崗，見到她們拿著望遠鏡守在瞭望哨上，說實話，我心裡是很不舒服的，也許是因為我剛從前線陣地回來吧。此外，每個女孩的性格各有不同，靦腆的、膽小的、嬌氣的、果斷的、火爆的，要求她們遵守軍紀不是人人都能做到，女人的天性本來就與硬邦邦的軍紀格格不入。她們要不是忘記了命令的內容，就是在收到家書後哭上半天。想要懲罰她們，又狠不下心。所以，當時我老是想：『接了這差事，簡直是被坑了！』但沒過多久，我就消除了全部的疑慮。女孩都成了出色的軍人，我們一起走過了殘酷的歷程。最後，請你過來一趟，我們可以好好談談……」

——I．A．列維茨基

（原七八四高砲團第五營營長）

我手裡有各地的通信人地址，莫斯科、基輔、阿普舍隆斯克市、威帖布斯克、伏爾加格勒、雅盧托羅夫斯克、蘇茲達里、加利奇、斯摩棱斯克……我們的國土這麼大，我無法一一走訪。這時倒是出現了一件事幫到了我，那是個出乎意料的提醒。

有一天，郵筒裡多了一份請柬，是巴托夫將軍的六十五集團軍老戰士協會發來的：「每年的五月十六日和十七日，我們都在莫斯科紅場聚會。這是一個傳統儀式，凡是能來的人都會參加。他們有的來自莫曼斯克和卡拉干達，有的來自阿拉木圖和鄂木斯克，總之來自於我們廣闊無際的祖國各地……最後一句話，我們非常期待您能撥冗赴會。」

我來到了莫斯科賓館，五月是勝利的月份，到處都有人抱頭痛哭、拍照留影，人人胸前綴起了鮮花、勳章和獎章。我走進了人流中，大家把我高舉起來，我發現自己就像置身在一個陌生的世界，周圍是一群我既熟悉又不相識的人，但有一點我很確定：我愛他們。

對我們這一代來說，他們是已被遺忘或逐漸淡忘的一群人，他們正在老去，人數只會一年比一年少。但每年就這麼一次，他們要聚集在一起，哪怕只是短暫地回到過去那段屬於他們自己的時間，或只是走進回憶裡。

在七樓五十二號房裡，聚集著五二五七醫院的老兵，為首者是大尉軍醫亞歷山德拉·伊萬諾芙娜·札依采娃。她看到我很高興，一一幫我引介給所有人，就像我和她相識已久。

我把當天與會者的所有名字都記了下來：外科醫生加琳娜·伊萬諾夫娜·薩佐諾娃、醫生伊莉莎白·米哈依洛夫娜·艾傑什坦、外科護士瓦蓮京娜·瓦西里耶夫娜·盧基娜、一級手術護士安娜·伊格納吉耶夫娜·戈列麗克、護士娜傑日達·費多羅夫娜·波圖日娜亞、克拉弗季婭·普羅霍洛夫娜·鮑洛杜麗娜、葉蓮娜·帕甫洛夫娜·雅柯夫廖娃、安格麗娜·尼古拉耶夫娜·季莫菲葉娃、索菲亞・卡瑪爾金諾夫娜・莫特蓮柯、塔瑪拉・德米特里耶夫娜・莫洛卓娃、索菲亞・費利莫夫娜・修苗紐克、拉麗莎・吉洪諾夫娜・捷伊昆。＊

布娃娃和步槍

「哎喲喲，女孩們，這場戰爭是多麼卑劣，用我們的眼睛好好看看吧。用女人的眼睛去看，就因為太可怕，所以人們從來就不問我們……」

「女孩們，你們還記得嗎？那時我們坐在鐵路貨車裡，男兵嘲笑我們拿槍的姿勢，說我們不是在拿槍，更像是摟著布娃娃。」

「人們哭天搶地，我只聽到兩個字眼：戰爭！我在想：『戰爭比學校考試還恐怖嗎？考試才是重要，戰爭算什麼？』

一個星期後轟炸開始了，我們已經在救人了。我們在醫學院裡學習了三種課程，在這種非常時期已經算很不錯了。戰爭初期，我看到了太多血腥，開始害怕了。不過，就算我只是半個醫生，大家還是對我另眼相待，這對我是很大的鼓舞。

女孩們，讓我來說一個故事，在一次轟炸結束後，我睜眼望去，眼前的土地都翻土炸開花了。我跑過去挖掘傷亡者，我的雙手在你泥土中摸到了一張臉，還有頭髮，是個女人！我把她挖了出來，趴在她身上不禁哭了起來。不料她卻睜開了眼睛，沒有問自己的身體怎樣，倒是擔心地問：

『我的包包在哪裡？』

『你這情況，包包算什麼？總會找到的。』

『包包裡有我的證件啊。』

原來她在意的是自己的黨證和軍人身分證是否還在，我趕緊幫她找包包，幸好找到了。她把包包放在胸前，這才又閉上了眼睛。救護車很快趕到，我們把她送上車前，我再次幫她檢查了一遍包包是否和她在一起。

到了晚上，我回家後把這些說給媽媽聽，還對她說，我已經決定上前線了。」

「我軍撤退時，男女老少都出來為部隊送行。有個上了年紀的老兵走過來，在我家茅屋前停下腳步，站得筆直，然後向我媽媽深深地鞠躬說：『真對不起您，大嬸。要靠您自己保護這個女孩了！』我那時才十六歲，有一條很長的辮子。就是這張照片，看這長長的黑睫毛……」

＊以下文字集結所有與會者的口述內容而成，每個段落（上下「引號」之間）即是其中一個人的口述文字，不記錄個別人物姓名。

「我還記得我們是怎樣開往前線的，一整車都是女孩子，防水帆布覆蓋著大卡車。那是黑漆漆的夜晚，樹枝刷刷拂過車篷，摩擦電壓的聲音就像是一發發子彈，嗖嗖地射向我們。戰爭改變了我們的話語和聲音，而它現在還跟我們形影不離，不肯離開。連『媽媽』這樣的稱呼都成了新語彙，『家』也有了完全不同的意義，包括更多的愛和更多的恐懼。

但是從開戰的第一天起，我就知道，敵人不會戰勝我們。瞧，我們的國土這麼遼闊，無邊無際。」

「我是媽媽的寶貝女兒，從來沒有離開過自己的城市，從來沒有在別人家裡過夜。但最後，我竟然跑到一個迫擊砲連當了見習醫生。我的人生轉了個大彎。迫擊砲只要一開始射擊，耳朵就什麼也聽不見了，整個人就像被燒著了一樣。我坐在地上呻吟：『媽媽，我的媽媽，我親愛的媽媽……』我們部隊駐紮在林子裡，每天清晨我都會跑出去，靜悄悄的四周，草葉上還掛著晶瑩的露珠。即使在戰爭中，景色還是這麼美、這麼幽靜。

上級命令我們必須穿軍裝，但我的身高只有一五〇公分，套進男生的長褲，就能從褲腰那兒往上包住整個人。於是，我索性就穿著自己從家裡帶出來的洋裝到處跑，遇到領導就躲起來。結果，因為破壞軍紀，我被關了禁閉。」

「本來我說什麼也不相信，不相信自己也會在行軍時邊走路邊睡覺。但我真的是這樣，還一頭撞在前面的人身上，驚醒後又繼續走繼續睡。戰士無論在哪兒，都能倒頭就睡。有一回，我在黑夜裡一邊走一邊打盹，結果走偏了，一直到栽進一條水溝裡才醒了過來。

士兵坐下休息時，會捲一支菸三個人輪流抽。只是往往第一個人才抽兩口，第二個人和第三個人就睡著了，甚至還打起呼來。」

「我忘不了有一次，送進來一名傷患，擔架抬他進來時，有人抓起他的手給我看，說：『算了，他已經死了。』他們下擔架就走了。沒想到，傷患卻發出了聲響，我跪在他前面，發現他還有點氣息，連忙喊著醫生：『醫生！醫生！』大夥兒把睡著的醫生扶起來，用力搖醒他，但一鬆手他又倒下了，就像一捆乾草似的，甚至用氨水也熏不醒他。原來，在這之前，他已經連著三天三夜沒睡覺了。

嚴冬時的重傷患就更慘了，軍服都凍僵了，血水和雪水一起結成冰，油布氈靴裡同樣灌滿了血和冰，刀子都切不開。他們凍得跟殭屍沒兩樣。

此時，你若望向窗外，冬天的景色還是美得讓你動容。神奇的白雲杉聳立著，那一瞬間你才會忘記這一切……」

「那是一個滑雪營地，清一色都是十年級的男學生。敵人的機關槍朝他們掃射，其中一個受傷的戰士被送到我們這裡，他一直哭。我跟他同齡，但感覺比他要大，我抱著他、哄著他：『乖孩子……』他對我說：『你去戰場待看看，就不會在這裡說什麼乖孩子了！』他已經奄奄一息了，但是整夜都在喊著：『媽媽！媽媽！』我們醫院裡還住著兩個庫斯克的小伙子，我們管他們叫『庫斯克夜鶯』。我每天都要叫他們起床，他們都睡得很香甜，嘴角還掛著口水。」

「我們常常一連幾晝夜站在手術台旁，兩隻手臂都痠得抬不起來，腦袋時常會撞在手術病人的身上。要是能瞇一會就好了！我們的雙腿都浮腫了，油布氈靴套也套不進去，眼睛累到眼皮都閉不攏。

我的這一場戰爭由三種氣味組成：血、麻醉劑和碘酒。」

「全身上下裡外都是傷，各種外傷，子彈、手榴彈片、砲彈片，炸開的頭顱、炸開的肚腸、破碎的身體……我們把金屬碎片連同鈕釦、破爛的大衣、襯衫及皮帶，一起從士兵的身體上剝除下來。有個士兵整個胸腔都被炸開了，心臟露在外面，還在怦怦跳著，不用醫生診斷就知道不行了。我為他做了最後的包紮，撐住不要哭出來。我希望能快點做完，好讓我躲在角落裡放聲大哭。但他忽然對我說話了：『謝謝你了，小護士。』他伸出了手，手中握著一小塊金屬似的東西。我猜想可能是一枚徽章。『為什麼要給我？』我問他。『我媽說，這個護身符會保佑我，但我已經用不上了。也許你會比我幸運。』

到了傍晚，我的頭髮已經被血染紅，順著工作服往下滴流。黑色黏稠的血，與屎尿都混在一起了。

又有一次，有個傷患大聲喊叫：『小護士，我的腿好疼。』其實他的腿已經沒了。要說我最害怕的工作，就是抬死人，微風吹開床單，死者正瞪著眼直勾勾地看著你。後來只要一見到死者睜著眼睛，我會先把他的眼睛闔上。」

「醫院裡運來了一名傷患，他躺在擔架上，全身上下都是繃帶，整顆頭整張臉也捆了層層的繃帶。我知道，他活不了多久了。或許我讓他想起了誰，他一直對我叫著：『拉莉莎，拉莉莎，親愛的。』顯然他是在呼喚他心愛的女孩。奇妙的是，我也正好叫這個名字，但我不認識他。我走近他，呆呆地注視著他。『你來了？是你來了嗎？』他喃喃說道。我抓住他的一隻手，俯下身子。『我知道，你一定會來。』他的嘴唇蠕動著，但我聽不出來他說什麼。到了現在，我只要回想起當時的情形，還是會禁不住掉眼淚。他又說：『我離開你上前線前，都沒能親吻你。現在，你親我一下吧。』

我對著他俯下頭去，在他唇上輕輕吻了一下。他的眼裡湧出了淚水，濡濕了繃帶。我趕緊逃開了，後來他就死了。」

血腥味和死前的驚駭

「沒有人願意死，我們得對每一聲呻吟、每一次尖叫做出回應。有一個傷患，感覺自己快死了，緊緊抓著我的肩膀，抱著我不放手。他以為只要有個人在他身邊，生命就不會離開他。他央求：『讓我多活五分鐘吧，哪怕多兩分鐘都行。』一些人已經毫無聲息地安靜了，另一些人還在叫喊著：『我不想死啊！』有人罵遍了所有髒話，有人突然唱起歌，唱著莫爾達瓦民歌。每個人都想活下去，不相信自己已經走到人生盡頭。你可以看到，一種黃黃的顏色從髮根往下蔓延，像影子一樣慢慢移動到臉上，然後到身體，死後躺在那兒，臉上還帶著一種驚駭，似乎還訝異著：『我怎麼就這樣死了呢？難道我真的死了？』只要他們還能聽到我說話，我就要把這句話說到底：『不會，不會的，你怎麼會死呢？』我親吻著他們，擁抱他們，安慰他們：『瞧你，這該怎麼啦？』直到他們死去，眼睛直瞪著天花板，我還在和他們輕聲耳語，繼續安慰他們。現在，他們的姓名我已經忘了，從腦海中消失了，但臉孔還清楚地保留著。」

「送來了一批傷患，他們放聲大哭，不是因為傷痛，而是因為不甘心而哭。這是他們第一天打仗，他們剛到前線，有些兵士甚至還沒開過一槍，因為還沒有發槍枝給他們。在戰爭頭兩年，武器比黃金還貴重。德國人，他們有坦克又有大砲、飛機；而我們，只能等戰友倒下了，才能拿起他們的步槍、手榴彈。許多人就是赤手空拳上陣的，就像在學校打群架。他們就那樣跳上了敵人的坦克。」

「他們死的時候，都在看什麼、想什麼呢？」

「我的第一個傷患，子彈擊中了他的喉嚨，他只撐了幾天，什麼話都說不出口。

截掉胳膊或大腿，開始時根本不見血，只有白淨淨的肉，過一會兒才會湧出血來。我直到現在都還不能切雞肉，特別是一看見白雞肉，嘴裡就會泛出一股鹹鹹的味道。」

「德國人不把女兵留作戰俘，抓住就立即槍斃。或者把她們拉到集合起來的德國士兵面前，展示說：『瞧瞧，這些都不是女人，都是怪物。』我們始終都要為自己準備兩顆子彈，必須要兩顆，以免第一顆是啞彈。

我們有一個護士被俘了，一天後我們奪回了被敵人占領的村子，隨處可見散落著死馬、摩托車、裝甲運兵車。我們在那裡找到了她，德軍剜掉了她的眼睛，割去了她的乳房，把她的身子殘暴地豎插在木棍上。寒冬臘月的天氣，她的身子雪白雪白的，頭髮也是灰白的。這女孩不過才十九歲。

在她的背囊裡，我們發現了她的親人來信，還有一個綠色的橡膠小鳥，那是她兒時的玩具。」

「我們向後撤退，敵人追著我們轟炸。戰爭第一年，我們一退再退。法西斯的飛機飛得很低很低，追擊著每一個人。總是感覺它們好像就貼在你的身後，我拚命逃跑，清楚地看到和聽到敵機對著我俯衝而來，甚至都看到了飛行員的臉，他也看見了下面是一群女孩，是救護列車。但他還是獰笑著沿著車廂掃射，就像開槍取樂一樣。那麼殘暴可怖的笑容，卻又長得那麼俊俏。我實在受不住了，尖叫著鑽進了玉米田裡，而他就跟到玉米田，我再往林子裡跑，他又逼得我趴倒在地上，那是一片灌木叢。我又跳起來拚命逃進樹林裡，鑽進枯葉堆裡。我嚇得鼻血直流，不知道自己是不是還活著。動動手腳，哦，沒事，還活著。但從此以後，我就得了飛機恐懼症。飛機還在很遠的地方，我就嚇得要命，腦袋裡一片空白，只想著：『飛機來了，我要趕緊躲好，看不見也聽不到它。』一直到現在，我還是聽不得飛機的聲音，不能搭飛機。」

「唉，唉，可憐的女孩們……」

「戰爭發生之前，我原本打算結婚了，嫁給我的音樂老師。那是一個瘋狂又浪漫的愛情故事，但媽媽不同意，她說：『你還小呢！』

沒過多久，戰爭就來了。我申請上前線，想離開家做個成熟的人。家裡人一邊哭一邊幫我收拾行李。我還記得暖和的襪子和內衣。

上戰場的第一天，我就看到了死人。事情發生在一所學校的校園，那裡安置了臨時醫院，一塊彈片飛了過來，醫生助理受了致命傷。我當時就想：『我想結婚時，媽媽堅持說我年紀太小；但對戰爭來說，我不是就更……我親愛的媽媽啊！』」

「我們剛停下腳步，就開始搭建醫院，傷患很快就運送過來了。但就在這時候，突然又聽到了疏散的命令。我們只能運走一部分傷患，因為沒有足夠的車子。上級催促著我們：『留下他們，你們自己快離開。』我們整理行李的時候，傷患都在一旁看著，一雙雙眼睛注視著我們。他們的眼神包含了一切，其中有認命也有屈辱。他們哀求著：『兄弟們！姊妹們！不要把我們丟給德國人。求你們朝我們開槍吧。』他們是那樣悲哀，那樣絕望！只有能夠站起來的，才能和我們一起走。不能站起來的傷患，就只能躺在那裡等死。我們都不敢抬起眼睛，因為無力幫助他們而痛苦、愧疚。想想，我當時那麼年輕，一路流著淚離開。

等到我們反攻回去時，就沒有再丟下任何一個傷患了，甚至還收容了受傷的德軍。我曾經在工作中和受傷的德國士兵打過交道，習慣了幫他們包紮，做得好像毫無芥蒂一樣。但我沒有忘記一九四一年我們丟下自己的傷患時，德國人是怎樣對待他們的。想到這兒，我就會痛恨自己得幫他們治療，但到了第二天，我還是照常做我的工作。」

「我們搶救的是生命，但很多醫務人員都後悔從事醫生這個行業，因為他們能做的就只是治療，不能拿起槍去射擊。我還記得這種感覺，記得在雪地中鮮血的味道特別強烈，那些人就躺在田野上。鳥群啄著他們的眼睛，吃著他們的臉和手。無可奈何的生命，如此輕賤的生命。」

「戰爭快結束時，我都不敢給家裡寫信了。我想，萬一我突然死了，媽媽肯定會哭死。戰爭都快結束了，卻在勝利前夕才死掉，是不是特別冤枉？我們誰都不肯談論此事，但心裡都在暗暗擔憂。我們可以感覺得到勝利在望了，春天已經來了。

而且我突然發現，天空似乎更藍了。」

「我能記得的是什麼呢？最深的記憶是寂靜，不尋常的寂靜。病房裡躺著的都是一些重傷患，奄奄一息，彼此之間不說話，連呼吸都很微弱。他們就那樣安靜地躺著，但心裡應該都在想著什麼吧？就算你大聲叫他們，他們也好像聽不見。他們到底在想什麼呢？」

馬和鳥兒

「我們坐在火車上，一路向前行駛。

有一次，運送傷患和運送馬匹的列車同時停靠在月台邊，這時轟炸開始了。兩趟列車都燃起了大火，我們趕緊打開車廂門讓傷患逃離現場，但他們卻衝過去搶救那些受困的馬兒。人受傷時，喊叫聲已經很嚇人了，但馬兒受傷時的嘶鳴聲更是可怕。你要知道，馬兒沒有任何過錯，你不能讓牠們為人類的行為負責。

我還能說什麼呢？我只想說，法西斯的飛機飛得很低很低，幾乎貼著地面飛行。我後來常想，德國的飛行員肯定都看在眼裡，難道他們不會感到羞愧嗎？他們心裡在想什麼……」

「我還記得一件事。我們到了一個村莊，村子邊的樹林裡躺著一些被殺害的游擊隊員。他們的慘狀我實在無法描述，他們都是被活活折磨死的，內臟都露在外面；而不遠處，還有馬兒在徘徊。顯然地，這是游擊隊員的馬，甚至馬鞍還在馬背上。也許牠們是從德國鬼子手中逃了回來，或許是德軍沒來得及把牠們帶走，至於事實如何，我也不知道。牠們遲遲不肯離去。我還記得我當時心裡想的是：『人類怎能當著這些動物的面前做出這麼殘忍的事情？牠們全看到了。』」

「田野和森林都燒起來了，黑煙竄天。我發現被燒死的母牛和狗，那是從未聞過的味道，難受死了。我也看見存放番茄和白菜的木桶都燒焦了，甚至鳥兒也燒死了，還有馬……很多很多的馬全都燒得焦黑，橫躺在道路上。到處都是燒焦的氣味，令人無法忍受。

那時我才意識到，原來所有東西都能燒起來，連血液也不例外。」

「有一次轟炸時，一頭山羊從村子裡跑出來，跟我們躲在一起，緊靠著我們臥著，咩咩地低聲叫著。轟炸停止後，牠也跟著我們一起往回走，緊緊依偎著人。瞧，連動物都害怕了。我們走進另一個村子，把這頭羊交給了第一個遇到的婦人，跟她說：『把牠牽回去吧，多可憐哪。』我多想救這些小動物……」

「我的病房裡躺著兩名傷患，一個是德國兵，一個是全身燒傷的我們的坦克手。我走進病房去看他們：『感覺如何？』

『我很好，』我們的坦克手回答，『但這位情況不太好。』

『這是個法西斯……』

『我沒什麼，但他情況不好。』

此時，他們已經不是打得你死我活的敵人了，只是兩個受傷的普通人，是並排躺在一起的兩名傷患。他們之間，竟然產生了人情味。這樣的情形，我不只見過一次，而且心境轉換都是很快發生。」

「就是這樣，深秋出現的一列列大雁，遠遠地成群結隊飛了過來。我軍砲兵和德國砲兵正在互相開砲攻擊，但大雁群還是繼續飛牠們的。要怎麼叫牠們離開？要怎麼對牠們發出警告：『不要飛過來！這裡危險！』結果，鳥兒紛紛被擊落，摔在了地面上。」

「我們被派去為德國的黨衛軍包紮傷口，有個小護士走過來對我說：『我們要怎麼做？弄痛他們，還是正常包紮？』

『正常包紮。他們是傷患。』

於是，我們就給他們做正常包紮。後來有兩個傢伙逃走了，又被抓了回來，為了防止他們再次逃跑，我把他們褲子的鈕釦剪掉了。」

「有人跑進來，只說了幾個字：『戰爭結束了！』聽到了這句話，我馬上跌坐在消毒台上。我曾經和醫生做過約定，只要一聽到戰爭結束的消息，就坐到消毒台上。我們要做些反常的事，要是在平時，我可不許任何人走近消毒台，就像不許別人靠近射擊時的大砲一樣。那天，我已經戴上了橡皮手套，戴好了口罩，穿上消過毒的手術服，拿出一切必需品：止血棉、手術刀……但聽到消息後，我全身都癱軟了，一下就坐在了消毒台上。

我們當時最渴望的是什麼呢？第一，當然是打敗敵人；第二，要活下來。有個女孩說：『等戰爭結束，我要生一大堆孩子！』另一個說：『我要念大學。』還有一個說：『我要走進美容院，打扮得漂漂亮亮的，讓所有男人都盯著我瞧。』還有人說：『我要去買香水，買圍巾和胸針。』

但是，當這個時刻真的降臨時，所有人卻突然都不說話了。」

「我們奪回了一個村莊，然後開始尋找水井。我們走進了一座院子，看到了一口水井，還有躺在院子裡、被射殺的主人，他身旁臥著一條狗。看到我們，狗兒開始嗚嗚地低鳴。牠沒有立刻跑到我們跟前，只是對著我們低聲吠叫。然後牠領著我們進了茅草屋，門檻旁躺著女主人和三個孩子。

狗兒蹲在他們身邊嗚嗚叫著，像在哭泣，就像人一樣。」

「我們開進老家的村子，村子裡只剩下幾根豎著的柱子，其他一無所有！在烏克蘭我們解放的一些地方，也是什麼都不剩了，只留下一片西瓜地，人們只靠吃點西瓜過活。我們進村子時，他們就捧著西瓜來給我們，代替歡迎的鮮花。

我回到家裡，媽媽、三個孩子，還有我們家養的一條小狗，全都住在地窖裡，正在吃著採來的濱藜。他們把雜草一樣的濱藜煮熟後，不僅自己吃，也給狗狗吃。戰前我們家附近有好多夜鶯，但戰後足足有兩年，再也沒聽到牠們的鳴叫聲。一整片土地就像翻過土一樣，就像俗話說的，連祖墳都給掘出來了。直到第三年，夜鶯才重新出現。牠們先前躲到哪去了？無人曉得。過了三年，牠們總算回到自己的故鄉來了。

我想，應該是眾人又重新蓋起了房子，夜鶯才肯飛回來的。」

「一看到野花，就會回想起戰爭。那時候我們從來都不隨便摘花，只有在給戰友送葬時，才會摘一大把的野花送給永別的戰友。」

「唉，唉，女孩們……這可惡的戰爭，是多麼卑鄙啊……我們會永遠記住那些夥伴……」

從戰場回來後，我已經不是原來的那個我了

什麼最難忘？最難忘的，是講述者那種輕輕的、惶恐又困惑的聲音，他們對發生的事、對生命、對身邊的人都感到迷惘。往事如煙，早已被熾熱的旋風吹走，但困惑依舊，保存在歸於平凡的人生中。生活平淡無奇，唯有記憶不同尋常。因為走訪各地，我也成了一個見證者，見證了所有人的往事、回憶及蒼涼的現實，以及他們記住了什麼、想忘卻什麼，或者想把什麼掃到記憶的最角落。我親眼看見他們如何掩飾自己，如何絞盡腦汁搜索用語，又是如何想要恢復那些已然泯滅，卻依然相信還有存在意義的事實，看清並明白他們在當時當地沒能明白的一切。

他們反覆審視自己，再一次重新認識自己。他們往往已經變成了兩個人：活在當時的那個自己，以及生活在現在的這個自己；年輕的自己，以及年華老去的自己；戰爭期間的自己，以及戰爭結束後的自己。那場戰爭過去很久了，但我一直甩不掉一種感覺：從同一個人身上，我可以同時聽到兩種聲音。

在莫斯科，在勝利日那天，我見到了奧莉佳·雅柯夫列夫娜·奧梅爾琴科。當天，女人都穿著春天的裙服，圍著鮮豔的絲巾，唯獨她穿著全套軍裝，高大而健壯。她不多話，不哭不笑，一臉默然。就是這樣一種異樣的沉默，讓我覺得比滿室的話語更引人注意。她彷彿一直都在跟自己

對話，不需要與任何人交談。

我走上前去自我介紹，後來我又特地跑到波洛茨克拜訪她。

就在那天，我面前的戰爭史又翻開了新的一頁，而面對這一頁，我曾經所有的想像都變得蒼白……

以下是步兵連衛生指導員奧莉佳．雅柯夫列夫娜．奧梅爾琴科的訪談：

「這是媽媽的護身符。我媽媽想讓我跟她一起撤退，她知道我會偷偷跑到前線去，於是把我綁到一輛大車子上，車上堆著我們家的所有家當。我悄悄扯斷了繩子，逃走了，那條繩子我還留在身邊。

所有人坐車的坐車，走路的走路，但我要往哪裡去？到前線要怎麼走？途中我遇到了幾個女孩，有個女孩說：『我們家離這兒不遠，去找我媽媽吧。』我們在深夜時到了她家，輕輕敲了敲門。她媽媽打開門，看見我們穿著破衣破褲、一身狼狽，就大喝了一聲：『站在門口別動！』我們只好乖乖站著。她拖過來幾口大鍋子，把我們剝了個精光，我們最後用爐灰洗了頭髮（那時已經沒有肥皂了），才爬到火炕上，美美地睡了大覺。一早，女孩的母親燒好了菜湯，用麩皮和馬鈴薯烤出了麵包。對我們來說，這是多美味珍貴的一餐啊！我們就這樣在她家住了四天，她母親供我們吃喝，雖然能吃的東西其實不多。到了第五天，她跟我們說：『你們走吧。』我們剛要出門，鄰居就來敲門了。我們又坐回到炕上，她母親伸出一個指頭，要我們別出聲。她甚至瞞著鄰居，不敢說她女兒回來了。她逢人就說女兒在前線，她要把獨生女兒獻給國家，所以無法容忍女兒連仗都沒打就跑回家了。

這天深夜，她把我們叫起來，塞給我們幾包吃的，擁抱了我們。最後她說：『你們趕快走吧。』

（亞：她連自己的女兒都不想要了嗎？）

不是的，她吻了女兒一下，說：『你爸爸在打仗，你也去吧！』

在路上，這個女孩告訴我，她是個護士，好不容易才從敵軍的包圍中脫困逃出來的。

我在各地遊蕩了很久，最後來到了唐波夫市，被安排在醫院工作。醫院的生活條件挺好的，在長期挨餓後，我的身體慢慢恢復健康，還長了些肉。我滿十六歲時，上級告訴我，可以像其他醫護人員一樣，開始捐血給傷患。於是，我每個月都捐一次血，一次捐五百毫升。由於醫院裡常常鬧血荒，我後來就每月捐血兩次，同樣也是每次捐五百毫升。固定捐血會多給一些配給：一公斤糖、一公斤碎麥米，以及一公斤的香腸，好讓我盡快恢復體力。我和護理員紐拉大嬸感情很好，她生養了七個孩子，丈夫在開戰不久就犧牲了。她的大兒子十一歲，常常幫她去領食物，後來卻把食品卡弄丟了。於是，我就把我的輸血配給送給他們一家人。有一次，醫生跟我說：『留下你的姓名地址，說不定你輸血的對象會突然來找你。』我就把姓名地址寫在一張小紙片上，裝進一個大玻璃瓶。

過了差不多兩個月，有一天我值完班回到宿舍，剛剛要躺下睡覺，別人把我拉了起來：『快起來！你哥哥來找你了。』

『什麼哥哥？我沒有哥哥！』

我們的宿舍在頂樓，我趕緊跑下樓，看見一個帥氣的年輕中尉站在門口。我問：『請問誰找奧梅爾琴科？』

『是我。』他回答，還把一張小紙片遞給我看，就是我填寫的那張紙。『就是這麼回事，我是你的同血兄弟。』

他給我帶來了兩顆蘋果、一包糖果。那時，市面上已經買不到糖果了。糖果好吃極了。我跑去向院長報告：『我哥哥來看我了。』院長准了我的假。中尉說：『我們去劇院看戲吧。』這是我有生以來第一次進劇院，何況還是跟一個英俊的小軍官！

幾天後，他要被派到沃羅涅什前線。臨行前，他來向我道別，我只能從窗口向他揮手，這次院長沒准我假，因為進來了大批傷患。

以前從來沒有人寫信給我，所以我一直很好奇，收到信是什麼感覺？然後有一天我就突然收到了一封蓋著軍郵戳的信，我拆開一看，裡面寫著：『您的朋友，機槍排長……英勇犧牲了。』就是他，我那位同血哥哥！他是在孤兒院長大的，所以唯一能留的地址，就是我的地址了。他離開時，還叮囑我務必留在這家醫院，方便他戰後能夠找到我。他還擔心地說：『在戰爭中，很容易就會失去聯繫。』現在才過了一個月，我收到的竟是這樣的一封信。這對我來說，太殘酷了，於是我下定決心要全力去爭取上前線的機會。我想要為他報仇，我也知道，我的血有可能會灑在戰場上。

但是上前線不是那麼簡單。我先後給院長寫了三次報告，到了第四次，我還親自跑去找他，當面威脅他說：『如果您不同意我去，我就逃跑。』

『好吧，既然你這麼固執，我就派你去。』

可想而知，參加第一次戰鬥時有多麼可怕，因為在此之前，我對真正的戰爭一無所知。天空在轟鳴，大地在顫抖，心也好像被撕裂了，而身上的皮肉都要綻開了。我害怕自己會撐不下去，為了幫自己壯膽，我拿出共青團的團證，在上面塗抹傷患的鮮血後，裝進靠心臟最近的口袋裡，外面再用鈕釦扣好。最後還宣誓：「挺住，不要再怯懦。」因為我知道，過不了第一關，往後我就別想上戰場了。他們會把我從前線趕回去，派到衛生營。我一心只想著要待在前線，想親眼看看德國鬼子的真面目，想親自了結他們的性命。我跟著部隊衝鋒陷陣，穿越草叢深及腰部的茅草地，那裡已經有好幾個夏天沒種過莊稼了。

有一次的作戰間空檔，參謀長把我叫過去。司令部設在一間破爛的小房子裡，什麼擺設都沒有。我走了進去，屋裡只有一把椅子，參謀長站在那兒。他讓我坐在椅子上。他說：『是這樣的，我每次看見你就會想：到底是什麼讓你跑到這裡來的？你要知道，這是打仗，這是戰爭，人會像蒼蠅那樣隨便就被打死了。所以讓我把你送走吧，哪怕是去衛生部隊都比這裡好。還有，要是被一槍打死就罷了，萬一你是沒了眼睛、缺了胳膊呢？你想過這些嗎？』

『報告上校，這些我都想清楚了，我只求您一點，不要把我調出去。』

『別囉唆了，你走吧！』他大聲說完後就轉身面對窗外，嚇了我一跳。

當然，這場戰爭我們打得很辛苦。我還有過肉搏戰的恐怖經驗，用刺刀捅肚子、挖眼睛、卡死對方的喉嚨、折斷他的骨頭，又是怒吼又是慘叫的，還能聽到頭骨咯吱咯吱的爆裂聲，總之，不像是人幹的事！對我來說，這是一場噩夢，完全沒有人性。如果有誰敢說戰爭不恐怖，我絕不輕饒他。

當德國鬼子把袖子卷到肘部準備展開強攻時，你會情不自禁地發抖；但當你聽到出擊命令時，就又什麼都忘了，你會跟著大家一起縱身躍起，向前攻擊，根本就不覺得害怕。但到了第二天，你會恐懼到無法入眠，會記得所有的情景、所有的細節，害怕下一回自己有可能死掉。出擊過後，最好不要馬上去瞧別人的臉色，那完全是另一張臉，不是正常人的臉。我們都學會不去抬起眼睛看，只要你一走近誰，他就會喊道：『走開！你別過來。』我說不出那究竟是什麼樣子，反正所有人都不對勁，眼神中都閃動著野獸般的綠光。直到現在，我還不相信，居然能活了下來。我還活著，雖然受過傷……

我只要一閉上眼睛，往事就會歷歷在目。

我記得有一次，一枚砲彈落在彈藥庫，只見火光一閃，一個站崗的士兵就被燒得不成人樣，就像一塊黑熏肉，整個人在原地抖動著四處亂竄。大家在戰壕裡都看傻了眼，沒有一個人敢上去救他。我抓起了一條被單，向他跑過去，把被單蓋到他身上後按倒在地。因為地面是冷的，他又抽搐了一陣子，直到心臟迸裂，嚥了氣。

我渾身是血，有個老兵走過來抱住我。我聽見他對別人說：『到戰爭結束時，就算她還活著，也不再是個正常人了，她已經完了。』因為我遇到的事太可怕了，而且年紀還那麼小。我那時渾身抖個不停，像癲癇發作似的，雙腿虛軟站不起來，後來戰友把我抱回了掩蔽部，一路上，我就像通了電一樣地手腳痙攣。

在謝夫斯克城時，德國人每天會發動七至八次攻擊。有一天我又救下了不少傷患，連同他們的武器一起帶回來。當我向著最後一名傷患爬過去時，發現他一條胳膊被打爛了，只剩幾片皮肉掛著，血管都斷了。他渾身是血，必須馬上截肢包紮，否則就無法搶救了。但我身上沒有剪刀，掛在腰上的急救包在晃來晃去後，裡面的器械早都掉光了。怎麼辦呢？於是，我硬是用牙齒把傷患的斷臂啃了下來，然後馬上進行止血包紮。我在包紮時，傷患還在催促：『護士，快點，我還要打仗呢。』他可真是個急性子。

幾天後，當敵人的坦克向我們進攻時，有兩名士兵逃走了，結果連累了整條散兵線，好多戰友都被打死了，我背到彈坑裡的傷患也被抓住了。本來應該有一輛救護車來載送他們的，但大家都被那兩名逃兵嚇傻了，沒能及時反應，而把傷患丟下不管。等我們返回後，有的人被剜去了眼睛，有的人被剖開了肚子……我目睹了這個慘狀後，足足昏迷了一整夜。

第二天，全營整隊集合，那兩個膽小鬼被押了出來，大家一致認為應該馬上槍斃他們。按規定要有七個人負責處決，但最後只有三個人站出來。後來我端著衝鋒槍走出隊伍，大家一看到我一個女孩子都站出來了，所有人也跟著站出來。我不能原諒這兩個人，就因為他們，那麼多勇敢的戰士都死了。

執行處決後，一直到我放下衝鋒槍，才感覺到害怕。我走向躺在地上的兩具屍體，有一個人的臉上還掛著微笑，就像生前一樣。

我不知道如果是現在，我能否原諒他們？我不知道，我從來不說假話。但如果再發生一次，我一定會失聲痛哭。

我在戰爭中遺忘了一些美好的東西：從前的生活，還有愛情。

當時有個偵察連長喜歡我，常常讓士兵給我送紙條。但我只跟他談過一次，我對他說：『我還愛著另一個人，雖然他已經死了。』他走到我面前，直勾勾地盯著我的眼睛看，然後轉身走開了。迎面都是槍林彈雨，但他連腰也不彎一下。後來，我軍打到了烏克蘭，我們解放了一個集鎮。我想天氣這麼晴朗，去四處看看吧。我信步走到村子後面，那裡有一片新墳，還散發著泥土的香味。莫名其妙地，我竟然開始彎著身子讀起墓碑，上面有死者的相片和姓名，突然間我看到了一張熟悉的臉孔，心裡一震，就是那位喜歡過我的偵察連長，上面有他的名字。照片裡的他直勾勾地看著我，就像那一天一樣。就在這時，他連裡的一群小伙子來給他上墳。他們都認識我，因為都曾經幫他傳過紙條。但現在他們沒有一個人理我，把我當透明人看待。後來，我又遇過他們幾次，總覺得他們好像不能容忍我還活著，巴不得我早點死掉。當然，這只是我的感覺。

我從戰場上回來後大病了一場，轉了很多家醫院，最後遇見一位老教授才治好了我的病。他說我太早上戰場，身子沒長好就埋下了病根。『用藥固然是一個方法，但要想徹底恢復健康，我唯一的勸告就是結婚，儘量多生幾個孩子。這樣才能救你，每生一個孩子，就有一次脫胎換骨的機會。』

（亞：您當時多大年紀？）

我從戰場上回來時，剛滿二十歲。只不過，我根本沒考慮要結婚。

（亞：為什麼？）

因為我覺得身心俱疲，心理年齡像個老太婆。我的一干朋友都在開開心心地跳舞，但我卻做不到。我就像是待在另外一個世界的老人！雖然不乏追求者，但那些毛頭小子進不了我的心，我的內心世界跟他們不一樣。

我再講一件事，那是發生在謝夫斯克戰役時。整整打了一天的仗，隔天晚上，我的耳朵就流出了血，一早醒來時，枕頭上都是血。

在我們手術室的屏風後面有一個大洗衣盆，我們把截肢下來的斷肢殘臂都扔在裡面。有一天，一個從前線回來的大尉，不知何故竟然進到手術室，看到了這個大洗衣盆，結果竟然就嚇暈了過去。

我可以像這樣一直不斷地回憶下去，但你要是問我什麼可以代表戰爭？我的答案是聲音，戰爭的聲音。你周遭所有的一切都會因為戰火而降低了聲音，變得窸窸窣窣。人的心也會在戰火中老去。所以戰爭後，二十歲的我已經不再年輕。

（亞：您後來有結婚嗎？）

我結婚了，還生養了五個兒子。上帝沒有給我一個女兒，而是給了我五個光頭小子。對我來說，最驚訝的是，有過這樣殘忍的經歷後我居然還能夠生出那麼漂亮的孩子，而且，還成了一個滿不錯的母親和滿好的奶奶。

如今回想起來，我都覺得，當年那個女孩不是我。」

我回家時，帶著整整兩天對話的四卷錄音帶，上面的標籤寫的是「又一場戰爭」。我體會了跟先前不一樣的情感：震撼和恐怖、困惑及欽佩，以及好奇和失落、溫柔和憐憫。回到家後，我把一些片段轉述給朋友聽。出乎意料的是，所有人都做出同樣的反應：「太殘忍了，她怎麼撐下來的？她沒有精神失常嗎？」應該說我們都習慣了閱讀另一種戰爭，其中有著明確的界線：他們和我們、善良與醜惡。然而，在奧梅爾琴科的口述中，我看到了愛與淚水。

在這片土地上已經有過好幾千次的戰爭（不久前我才讀到，大大小小的戰爭超過三千次），我想戰爭大概是人性中最大的奧祕之一，所以才會保留下來，從來不會因為時代不同而改變過。在這些採訪中，我試圖將大歷史濃縮到小人物身上來理解，而語言的捕捉尤其重要。但狹小、隱密的個人內心空間，往往更撲朔迷離、深不可測，但也因此更能撼動人心。用愛去理解別人，或許才是我此行最大的收穫吧。

我現在還記得這雙眼睛

資料的蒐集還在繼續，不過這一次我不需要遠行。

我在明斯克居住的那條大街，是以蘇聯英雄瓦西里．札哈羅維奇．科爾日的名字命名的。他參加過國內戰爭，又是西班牙戰爭的英雄，後來是偉大衛國戰爭中的游擊隊領導人。每個白羅斯人都讀過他的傳記，中學課本和電影裡也有他。他是白羅斯的傳奇。雖然我無數次在信封和報紙上寫過這個名字，卻從來沒有把他當成現實人物去想過。傳奇早已取代了一個活生生的人，成了他的雙胞胎兄弟。

但是這一次，我是懷著嶄新的感受走在這條大街上的：我搭了半個鐘頭的電車趕到市區另一邊，專程去拜訪他的女兒和妻子。英雄的兩個女兒都到過前線，所以我心目中的傳奇人物總算吐了一口生氣，成了我可以觸摸得到的普通人，而且就跟我活在同一個世界。不論我喜歡仰望天空或是眺望海洋，只要從顯微鏡中看，每一粒沙子都跟我一樣複雜。一滴水可見大千世界，我從這場戰爭中發現了這個深刻得難以估量的智慧。

我找到正確的地址，這是一幢龐大又樸拙的高層建築，我走到第三個門，按下七樓的電梯。他的小女兒幫我開了門，她叫季娜依達．瓦西里耶夫娜，寬寬的黑眉毛和直率坦誠的眼神，一如照片上她的父親。

「請進，我們正等著你呢。奧麗雅姊姊今天早晨才從莫斯科趕回來，她住在那邊，在盧蒙巴各民族友誼大學教書。媽媽住在我這裡。瞧，我倒要感謝你讓我們家人相聚了。」

這兩姊妹奧麗雅和季娜依達，都曾經在騎兵連裡當過衛生指導員。她們並排坐在一起，眼睛都望著她們的母親，菲奧多西雅．阿列克賽耶夫娜。

母親先開口了：

「敵人轟炸我們這兒時，到處是火海。政府安排我們往大後方疏散，我們跋涉了很長一段時間，才走到史達林格勒。婦女兒童繼續往後方撤，男人就迎頭往前方趕。收割機和拖拉機司機都上了前線，卡車司機也跟著去了。我記得有一次，有個人在車上站了起來，衝著我們喊：『母親們，姊妹們！你們安心到大後方去吧，多種些糧食支援我們打敗敵人！』一時間，全車的人都摘下了帽子，向我們致意。我們離家時，唯一帶著的，就是我們的孩子。我們把孩子高高舉了起來，那個人還在朝我們喊著：『母親們，姊妹們！你們安心到後方去吧，多種點糧食……』」

此後，在我們整個訪談過程，菲奧多西雅沒再說過一句話。兩個女兒時不時地輕輕撫摸著她的雙手，安撫著媽媽。

季娜依達開始說：

「我們那時住在平斯克，我只有十四歲半，奧麗雅十六歲，弟弟廖尼亞十三歲。那幾天，我們剛好要送奧麗雅去少年兒童療養院，父親也想和我們一起去一趟鄉下，看看他的親友。但是那天夜裡，他其實沒有在家過夜。他白天在州黨委會辦公，深夜時有人把他叫走，到早上他才回來。他跑進廚房，匆匆吃了點東西，說：『孩子們，戰爭爆發了，你們哪兒都別去，在家裡等著我。』

到了夜裡，我們離開了家。父親有一件他最珍視的西班牙戰爭紀念品——一枝名貴獵槍，帶有彈夾。這是他勇敢作戰的獎勵，他把獵槍交給了弟弟：『你該承擔起責任了，你已經是個男子漢，要照顧好媽媽和姊姊們。』

整個戰爭期間，我們一直都珍藏著這枝獵槍。家裡值錢的東西全都賣了，或者拿去換了糧食，但爸爸的獵槍我們一直保存了下來，因為它寄託著我們對爸爸的思念。爸爸又把一件大羊皮襖扔到我們車上，這是他最保暖的一件衣服。

在車站，我們換乘火車，但還沒有到戈麥爾就遭到敵機激烈掃射。上面下令：『統統下車，跑到樹叢裡趴下！』掃射結束後，大家先是愣了一下，接著就爆發了一片哭聲。每個人都朝火車跑過去，媽媽和弟弟及時鑽進了車廂，但我卻落在了後頭。我怕得要死，我從來沒有一個人留下來過。突然間，就只剩下我一個人，我怕到發不出一點聲音，我失聲了，不管別人問什麼，我都說不出話來。後來我緊跟著一個女人，幫忙她包紮傷患，她是個醫生。大家都叫她『大尉醫生』。我跟著她的衛生部隊一起出發，他們供我吃喝，但很快他們就想到了一件事：『你幾歲了？』

我知道，要是我說實話，他們就會把我送到兒童收容所去。我再也不願離開這些有能力的大人，我想跟著他們一起去打仗。那時總是有人不斷跟我們保證，我們就要打到敵人老家去了，目前這一切都只是暫時的，戰爭很快就會以打勝戰結束。既然如此，我又怎能錯過這個機會？我那時的想法是很天真沒錯。於是我說謊了，我回答他們我十六歲了。他們果然把我留下來，還派我去訓練班學了四個多月護理，學習之外的時間都用來照顧傷患。沒多久，我就習慣了戰爭，我不是科班出身的，而是衛生營裡短期訓練出來的。我們撤退時，還帶了很多傷患。

我們不能走馬路，因為常常會遭到轟炸和掃射。我們走的是沼澤地、羊腸小路，而且要分散前進。當時只要有地方聚集了許多人，就表示雙方要開打了。我們就這樣一路走著，路過大片的田野，田裡有好多莊稼。我們踩踏著無人收割的黑麥，那是一個豐收的年份，莊稼都長得很高很高。綠油油的一片明晃晃的陽光，但是地上卻躺著死人，凝著血。樹木燒黑了，火車站被炸毀了，熏黑的車廂上掛著燒焦的屍體……我們就這樣一路走到了羅斯托夫。在那兒又遇上了一場轟炸，我受了傷。恢復知覺時，人已經在火車上了。這時我迷迷糊糊聽到一個烏克蘭老兵在訓一個年輕人：『你老婆生孩子時，她沒哭，你倒哭了。』他回過頭，看到我已經睜開了眼睛，就對我說：『你哭幾聲吧，孩子。哭一哭，心裡會好受些。你可以哭出來，不要緊。』我想起了媽媽，於是哭了起來。

出院後，上級安排我休長假。我就想方設法去找媽媽。媽媽也在四處找我，奧麗雅也在找我說來真是神奇，我們竟然透過莫斯科的一些熟人找到了彼此。我們都往熟人的地址寫信詢問，這樣就找到了。媽媽住在史達林格勒郊區的一個集體農莊裡，後來我也到了那裡。

那是一九四一年的年底。

我弟弟廖尼亞已經開上了拖拉機，他還完全是個孩子，才十三歲。他起初是當耕播助手，後來因為拖拉機手全都上了前線，他便開始頂替了他們的位置。他經常白天黑夜不停工作，媽媽擔心他會睏得睡著，一頭從拖拉機上栽下來，便常常到拖拉機上去看他，或跟他並排坐在一起。媽媽和廖尼亞睡在別人家裡的地板上，都是穿著厚厚的衣服躺下，因為沒有任何可以用來蓋身體的東西。這就是他們的生活。不久，奧麗雅也過來了，她被安排當會計員。但她給兵役委員會寫了信，申請上前線，不過，申請一直沒下來。於是我們決定（那時我已經有戰鬥經驗了）兩個人一起去史達林格勒，設法混進部隊裡。我們哄騙媽媽，安慰她說，我們是去庫班投靠爸爸的朋友，庫班算是個有錢人居住的地區。

我有一件舊的軍大衣、一件軍便服和兩條長褲。我給了奧麗雅一條長褲，因為她什麼都沒有。一雙長筒靴，我們兩人可以輪流穿。媽媽用羊毛線幫我們織了一雙既不像襪子又不像鞋子的東西，但穿上去很暖和。我們兩人步行了六十公里，走到了史達林格勒。那時是二月天，我們飢寒交迫，一個人穿長筒靴，另一個就穿媽媽做的那種便鞋，然後再換著穿。媽媽幫我們準備的食物是用骨頭湯做的肉凍和一些乾糧，讓我們在路上慢慢吃。但我們還是餓壞了，一躺下睡覺，夢裡全是吃的東西，比如一個個在頭頂上飛來飛去的大麵包。

到了史達林格勒，部隊理都不理我們。於是我們決定，就像我們哄媽媽時說的，真的到庫班去，按爸爸給的地址去找熟人。我們爬上了一輛貨車，我穿著軍大衣坐在車上，而奧麗雅則鑽到貨架底下躲著。然後我們再換穿大衣，我再爬到貨架底下去，讓奧麗雅坐在外面。因為當時軍人最大，沒有人會計較，而我們手裡一分錢都沒有。

我們到了庫班，幸運地找到了爸爸的朋友。同時也得知，哥薩克*志願軍，即第四哥薩克騎兵軍成立了（後來改稱為近衛軍），全是由志願者組成的。在這支部隊裡，年齡參差不齊：有曾經在布瓊尼和伏羅希洛夫†率領下衝鋒陷陣的老哥薩克，也有年輕人。他們接收了我和奧麗雅。我至今都不知道為何那麼順利，大概因為我們不死心地一再懇求吧。我們被編入一個騎兵連，拿到了軍裝和馬匹。自己騎的馬要自己負責餵食和照顧，幸好我們小時候家裡就有養馬，所以對馬不陌生。馬一交到我手裡，我就騎了上去，一點都不害怕。雖說牠沒有立刻被馴服，但我並不慌張。我得到的是一匹精幹可愛的小馬，尾巴拖到了地上，跑得快，聽使喚。我很快就學會了騎術，後來連匈牙利和羅馬尼亞的馬也會騎了。我很愛馬，直到現在我都無法漠然地從馬兒身邊走過，我喜歡抱抱牠們。我們就睡在馬兒的腿下，牠連動動腳都很輕，絕對不會碰傷人。牠不會去

---

* 以騎術聞名的游牧民族，英勇善戰，是俄羅斯史上重要武力。

† 騎兵英雄布瓊尼元帥在七十年的戎馬生涯中，參加過包括兩次世界大戰在內的四次大戰爭。伏羅希洛夫，蘇聯國務、黨務及軍事活動家，兩次獲蘇聯英雄稱號。曾於史達林死後出任名義上的元首七年。

踩踏死者，而只要主人受了傷，牠也絕對不離開，不會拋棄你，真是非常聰明又重感情的動物。對於騎兵來說，馬就是他們的好朋友，永遠忠誠的朋友。

我的第一次戰鬥洗禮，是在庫紹夫斯克的坦克大戰。就在庫紹夫斯克戰役後，我軍被授予了「近衛軍」稱號。那一仗打得十分殘酷，對於我和奧麗雅來說尤為可怕，因為我們那時的膽子都很小。我雖然打過仗，知道打仗是怎麼回事，但這種場面：騎兵像怒濤一般衝向前，切爾克斯*戰袍騰空翻起，馬刀出鞘，戰馬嘶鳴，無畏地撲向坦克車，撲向大砲，撲向德軍，就像陰曹地府的夢境一樣，絕對不是人間的景象。德軍人數眾多，比我們要多得多，他們帶著衝鋒槍，跟著坦克並排前進，但是今天他們頂不住了。德國鬼子知道自己無法抵抗這股怒濤，紛紛拋下武器，抱頭鼠竄……就是那樣一幅景象。」

對這場戰爭，奧麗雅補充道：

「我正在為傷患包紮，旁邊躺著一個德國軍人。我以為他死了，根本沒去注意他。但他只是受了傷，還想偷襲我，幸好我發覺有人在我後面有動作，趕緊轉身一看，一腳踢掉了他的衝鋒槍。我沒有打死他，也沒給他包紮，只是直接走開了。那傢伙是腹部受了傷。」

季娜依達接著說：

「我背著傷患，突然發現有兩個德國鬼子正從一輛輕型坦克裡爬出來。坦克被打壞了，而他們顯然沒有在第一時間逃出來。只差那麼一秒鐘，要是我沒有及時開槍，我們兩個人就被射殺了。事情發生得那麼突然。我走過去看那兩個傢伙，他們躺在地面上，眼睛還睜著。我至今也忘不掉那兩雙眼睛，其中一個是很英俊的年輕小伙子。雖然他們是法西斯，但我還是有點可憐他們，已經過了那麼久，這種感覺一直揮之不去。我並不想殺人，你明白嗎？但我的內心卻又如此憎恨，恨他們為什麼要入侵我們的土地？然而，要親手殺掉他們，我又真的很痛苦。

這場仗一結束，上百名哥薩克人從馬背上跳了下來，但奧麗雅卻不見了。我逢人便問，到處查看，最後一個離開戰場。天色已經暗了下來，仍沒有找到奧麗雅，有人跟我說，她和其他幾個人留在戰場上負責抬傷患。於是我什麼都不做，只是一個勁地去找她。我留在大隊人馬的後面等姊姊，害怕地哭了起來：難道第一次打仗，我就把姊姊弄丟了？她到哪去了？出事了嗎？或許她正在某個地方快死了，正在呼喚我。

奧麗雅也哭成了淚人兒，她到深夜才找到我。看到我們姊妹重逢，哥薩克人都哭了。我們攀住彼此的脖子，不肯分開，這時我們才明白，我們不能一起待在同一支軍隊，雙方都會受不了。最好是分開，萬一有一個人在另一個人眼前死去，那麼我們肯定經受不住這種打擊。於是我們決定，由我申請到其他連隊去。但我們分得開嗎？」

＊西北高加索民族，好戰勇猛，大多為順尼派穆斯林。

我問她：「您被調走了嗎？」

她回答：

「對，接下來，我們兩人一直都是分開作戰。一開始是在不同的騎兵連，後來甚至不在同一師。但只要有機會，我們就會互相轉達問候，了解一下對方是否安然活著。我還記得在亞拉拉特山下的一件事，當時我們在沙漠中紮營，德軍還占領著亞拉拉特。那天是耶誕節，德國人特地停戰過節。我們選出了一個騎兵連和一隊四十毫米口徑砲兵連。下午五點鐘左右我們從營地出發，徹夜行軍。黎明時分見到了我們的偵察員，他們剛剛從那個鎮上出來。

城鎮就在山腳下，看起來跟以往沒有兩樣。德國鬼子沒有料到我們居然能夠從這樣的沙漠走出來，所以防守得很鬆散。我們神不知鬼不覺地繞到他們身後，從山上往下衝，就像從天上飛下來的鬼魅一樣，抓住了哨兵，摸進了小鎮。德國大兵還在赤身裸體地又唱又跳，只是手裡還抓著衝鋒槍。他們圍著聖誕樹狂歡，酩酊大醉，每個院子裡都至少停著二至三輛的坦克，其中有輕型坦克，也有裝甲運兵車，所有的裝備都在。我們就在原地把這些裝備炸毀了，當時是槍聲大作、炸彈橫飛，德國人驚恐萬狀，四處逃竄。那時的情景太可怕了，每個人都唯恐逃生不及。一片火海，聖誕樹也燃成了沖天火炬。

那次我救了八名傷患，把他們一個個背上山。但是我們卻出現了一個很明顯的疏漏：沒有即時切斷通信。結果德軍的砲火劈天蓋地炸向我們，又是迫擊砲又是榴彈砲，火力非常密集。我急忙把傷患放到救護馬車送走，但是一眨眼卻又眼睜睜地看著一顆砲彈落到救護馬車上，瞬間炸得粉碎。當我走過去察看時，見到還有一個人活著。這時候德國人已經上山來了，那個傷患一直求我：『護士，把我丟下吧。別管我了，反正我就快死了。』他的肚子被炸了一個大洞，腸子都流出來了。

我原本以為我的馬是因為這名傷患而沾了滿身的血，但仔細一看，才發現牠的腹側也受了傷，於是我把全部的急救包都用上了。最後發現我身上還有幾塊糖，也把糖都餵給牠吃了。這時子彈從四面八方射了過來，但我看不到德國人和自己人在哪裡，我騎著馬走了十幾公尺，路上不斷遇到傷患，我心想，我必須趕快找到一輛馬車，好把所有傷患都帶走。我走到了一個斜坡，看到下面有三條岔路，我迷路了，不知該往哪裡走，只好牢牢抓住韁繩，任由馬兒帶著我走。事實上，當時我已經完全不知道要怎麼辨才好，我曾聽說走到這種三岔路時，馬兒自己可以憑著嗅覺找到方向，於是我就鬆開韁繩，讓牠朝著跟我所想的完全不同一條路走下去。

我渾身乏力地騎在馬背上，讓馬兒馱著我隨便去哪裡。牠走著走著，似乎愈來愈激動，開始搖頭晃腦起來，我把韁繩抓在手上，又彎下身子，輕輕用手撫摸著牠的傷口。馬兒繼續走著，還嘶鳴了起來，顯然是聽到了什麼。我開始擔心了，可別半路殺出了德國兵啊。我決定先跳下馬再說，這時我發現了一些新鮮的蹤跡，除了馬兒踩出的蹄印，還有車輪輾過的轍印，看來人數應該在五十人之譜。我們又走了二三百公尺，馬兒一頭撞到了前面一輛大車上。車子上躺著我們的傷患，我終於找到了我們騎兵連的散落人員。

過了不久，後援部隊也找到了我們，還帶來了馬車、牛車。原來是上級下了命令，哪怕槍林彈雨，也要把所有人員都找回來，一個人都不能丟下，包括傷患和死者。我也上了一輛牛車，發現那個肚子被炸開的傷患也在上面。他們說，所有的人都被救出來了，只剩下被射殺的戰馬留在了那裡……天色亮了起來，清晨的風光是如此驚人的美麗，還有漂亮又健壯的馬兒成群結隊地走，清晨的微風吹起了牠們的鬃毛。」

在我們坐著的這個大房間裡，整面牆壁掛滿了姊妹兩人在戰前和前線的大照片。有一張照片裡，兩個人還是中學生模樣，戴著遮陽草帽、手裡捧著鮮花，這是在戰爭爆發前兩週拍下的。兩張純樸又帶著孩子氣的臉龐，笑盈盈的，因為想要看起來成熟些，又稍稍有點一本正經。而旁邊的照片，她們已經穿起了哥薩克的袍子和騎兵的氈靴，拍攝時間是一九四二年，雖然只隔了一年，但模樣卻完全不同了，簡直是判若兩人。這張照片是季娜依達．瓦西里耶夫娜從前線寄給母親的：胸前已佩上了第一枚勇敢獎章。還有幾張照片是兩姊妹在勝利日那天拍的……讓我印象最深的，是她們神態的變化：從輕柔稚氣的線條到成熟女性的目光，甚至還含有某些堅毅的嚴厲。很難相信這些神態的變化，是在短短的幾個月或幾年時間裡完成的。在和平的年代，這種變化會十分緩慢，而且不知不覺。人的面孔是靠長年累月塑造成型的，而在面孔上會慢慢顯現出靈魂。

但戰爭卻很快就能創造出自己的人物肖像，書寫出自己的人物畫廊。

奧麗雅回憶道：

「我們攻占了一個大村莊，有三百多戶人家。還留下了一處德國人的醫療部，就在當地醫院的一幢大樓內。首先映入眼簾的是：院內挖了一個大坑，裡面有一些被槍斃的德國傷兵——在逃跑之前，德國人殺死了自己的傷患。顯然他們認為我們也會殺掉他們，以為我們也會做出他們對我們的傷病員所做的那些事。只有一個病房的傷患留了下來，看來是他們沒來得及動手殺掉，也可能是存心拋棄，反正這些人都已缺了腿。

我們走進病房時，德國傷兵都用仇視的眼光看著我們，大概以為我們是來要他們命的。翻譯告訴他們，我們不殺害傷患，而且會給予治療，這時有個傷患提出要求說，他們三天三夜滴水未進了，三天沒有換藥了……我過去一瞧，果然沒錯。德軍醫生早就不管他們了，傷口化膿腐爛，繃帶都長到肉裡去了。」

我問：「你們憐憫他們嗎？」

奧麗雅說：

「我不能說出當時的心情是怎樣的，憐憫或同情，這畢竟是一種情感。我還從來沒有體驗過這種情感。這是另一回事……我們還遇到過這麼一件事：有個戰士動手打了一名俘擄。在我看來，這是不應該的，所以去保護了那名俘擄，雖然我很明白，那是他心靈的吶喊。他認識我，痛罵了我，當然他比我年長。但是他沒有再打那個俘擄，而是對我大吼大叫：『你都忘記了嗎？媽的！你難道都忘了他們怎麼對待我們的？他媽的！』我當然什麼都沒忘記，我清楚地記得見過的那些靴子，當時德國人竟然在他們的戰壕前擺上一排帶著斷腿的長統靴。那是嚴冬時節，那些穿著靴子的腿豎立在那裡，就像一排木樁子。那些靴子，都是我們在自己同胞身上看到過的。

我還記得水兵是如何趕來援救我們的，他們當中有很多人都被地雷炸死，我們當時撞入了一片地雷區。這些水兵，他們在地上躺了很久。在太陽底下躺著，屍體都腫脹了，他們穿著海軍衫，腫脹得看上去就像顆西瓜，好像大片野地裡一個個巨大的西瓜，很大很大。

我當然不會忘記，我絕不會忘記。但是我卻不能去打那個俘擄，因為他已經沒有武器。不過，這是個人的決定，而這點很重要。」

季娜依達說：

「那次戰鬥發生在布達佩斯城下，是在冬季。我正背著一名傷患，中士機槍班長。我自己身穿棉褲和棉襖，頭戴遮耳棉帽。一邊背著傷患，一邊看到前面的白雪中有一大塊黑色——燒焦的黑色。我意識到那是一個深深的大坑，這正是我需要的。我滑到這個大坑中，發現裡面還有活著的人，我覺得他還活著，還有咯吱咯吱的金屬聲音。我轉過身，原來是個腿部受傷的德國軍官，他躺在那兒，用衝鋒槍對著我。當時我的長髮從棉帽中露了出來，肩背著急救包，包上有紅十字標記。當我轉過身時，他看到了我的臉，意識到這是一個女孩，顯然情緒就放鬆了。他本來緊張的神經平復下來，扔掉了槍，他也就沒有什麼特別的了。

此時，在坑中有三個人：我們的傷患、我和這個德國人。坑很小，我們彼此的腿都搭在一起。我身上都是他們的血，我們的血都混在一起。那個德國人有一雙大大的眼睛，直勾勾地看著我，看我會對他做什麼。該死的法西斯！但是他馬上扔下了槍，你明白嗎？這一幕……我們的傷患沒有去想是怎麼回事，就抓起了槍，挺起身子想掐死那個德國人；而德國人就看著我，現在我還記得他那雙眼睛。我幫自己人做了包紮，而德國人還在血泊中，他的血快流盡了，一條腿完全炸斷了。再過一會兒，他就會失血過多死掉。我很清楚這點。於是，我還沒幫我們的傷患包紮完，就轉身去幫這個德國人撕開軍服包紮，纏上止血帶。然後我又轉過身回來給我們的傷患包紮。那個德國人不住地說：『好人，好人。』不停地重複這個詞。而我們的傷患對著我大叫、發脾氣，直到失去知覺。我伸出手安撫他，出言安慰他。這時救護馬車到了，把他們兩個都抬上車，運走了。德國人也救走了。您明白嗎？」

奧麗雅說：

「男人在前線看到女人時，臉色都會起變化，就連聽到女人的聲音，也會使他們的神態跟原來不同。有一天夜裡，我坐在掩蔽部外面，小聲唱著歌。我以為大家都睡著了，沒有人聽得見我在唱歌。可是第二天早上，連長對我說：『我們都沒睡著。我們真渴望聽聽女人的聲音……』

還有一次，我給一個坦克手包紮傷口。那時戰鬥還在繼續，轟隆轟隆的。他卻突然問起我：

『女孩，你叫什麼名字？』口氣中帶著明顯的曖昧。我說我叫奧麗雅，我對於在這隆隆的砲聲中，在戰火紛飛的險境裡還要把名字告訴人家，自己都感到驚愕不解。我平時總是努力保持著整潔端莊的外表，別人常常議論我：『天哪，難道打仗時，她還要這麼乾乾淨淨的嗎？』我就是害怕自己萬一死了，躺在地上會很難看。我見過一些被打死的女孩，在泥巴中、在汙水中。那怎麼行？我可不願意死的時候像她們那樣。有時我在躲避掃射時，考慮的不是如何保住性命，而是把臉藏起來以免毀容，還有雙手也不能難看。我覺得所有女孩都是這樣想的。而男人總是嘲笑我們這一點。在他們看來，這簡直滑稽可笑。他們說，女孩擔心的不是死，鬼知道她們擔心什麼，傻不傻。都是女人的那些胡思亂想。」

季娜依達說：

「死神是無法馴服的，不可能，你必須習慣與祂同處。有一次我們部隊躲開德國鬼子，退到山裡。留下了五個重傷患沒法帶走，他們全都傷在腹部，而且是致命傷，過上一兩天肯定是要死的。帶他們走是不可能的，因為沒有辦法挪走他們。上級要我和另一個叫奧克薩諾奇卡的衛生指導員留在木板棚裡照料傷患，還對我們說：『過兩天我們就回來接你們。』但他們過了三天才來。我們和這些傷患在一起等了三天三夜，他們本來都是些身強力壯的男子漢，他們不願意死，而我們只有些消炎粉，其他什麼都沒有。他們不停地要水喝，但我們不能給他們喝水。有些人理解，有些就罵人，什麼粗俗的話都說了。有人摔杯子，有人扔靴子……這是我人生中最恐怖的三天。我們眼睜睜地看著他們一個接一個死去，卻完全幫不上。

您問我的第一個獎賞？上級決定授予我一枚勇敢獎章，可是我沒去領，因為我不服氣。我的上帝，真好笑！您猜是怎麼回事？因為我的一個朋友，她得的可是戰功獎章，而我只弄了個勇敢獎章。她前後只參加過一次戰鬥，而我在庫紹夫斯克和其他地方參加過好多次戰役。我可委屈了：她只參加過一次戰鬥，就得了戰功獎章，那就是說她有許多功勳，而我，到頭來只有一枚勇敢獎章，好像我只有一次是勇敢的＊。後來指揮員來了，當他知道是怎麼一回事時，忍不住笑了。他告訴我：『勇敢獎章是最高等級的獎章，只差一點就是勳章了。』

在頓巴斯的馬克耶夫卡，我負了傷。傷在屁股上，一塊像小石頭般大小的彈片鑽了進去，卡在裡面。我發覺自己流血了，趕忙把急救藥棉塞在傷口上，又繼續跑起來，給傷患包紮。我不好意思向別人說及此事。一個女孩子受了傷，再說又是傷在屁股上，這種事，一個十六歲的少女是羞於承認的。就這樣，我帶著傷繼續東奔西跑，給別人包紮，直到流血過多昏死了過去，長統靴子灌滿了血。

我們的人看到時，顯然以為我死了。衛生員跑來，又走了。戰鬥繼續進行。也許再過一會兒，我真會死。可是，幾個出來偵察火力的坦克手發現了我——看見一個女孩躺在戰場上。我沒戴帽子躺在那裡，帽子已經不知丟到哪去了。他們看到我下身還在流血，斷定我還活著，馬上把

＊戰功獎章中的「戰功」一詞為複數，而「勇敢」是單數，所以季娜依達才覺得委屈。

我送到了衛生營。衛生營又把我轉送到野戰醫院，然後又從這個醫院轉到那個醫院。啊呀，我的戰爭這麼快就結束了，光是確定我的健康狀況就花了半年時間。當時我才十八歲，但是身體垮了：三次受傷，以及一次嚴重的炸彈震傷。但我還是個女孩啊，所以我隱瞞了身體狀況，我告訴別人我受過傷，但從沒說過被震傷的事。但是震傷本身卻把我出賣了，我又被送進了醫院，還發給我殘障證明。我能忍受嗎？我把證明撕得粉碎，扔掉了，連殘障撫恤金也沒去領。如果領了證明和殘障金，就得經常到會診委員會去複查身體，要不斷述說：什麼時候震傷，什麼時候受的傷。

我住院時，騎兵連長和司務長到醫院來探望我。戰爭時期我就很喜歡連長，但那時他從來不注意我。他長得很英俊，軍裝特別合身。男人穿軍裝個個都很合身熨貼。但戰場上的女人，穿著是怎樣的呢？穿的都是肥大的男式長褲，也不許梳辮子，一律剪短得像個男孩一樣。直到戰爭後期才准我們留頭髮、梳辮子。在醫院裡，我的頭髮長了，梳成了辮子，人也變得漂亮了。結果呢，我的上帝，真好笑！他們兩人竟然同時喜歡上我，太突然了！整個戰爭期間，我們天天都在一起，但他們都對我沒興趣，但是現在，他們兩個人卻同時喜歡上我，還向我求婚了。愛情啊！愛情，所有人都渴望的愛情！渴望幸福！

這是一九四五年底的事了。

戰後每個人都想盡快忘掉戰爭，父親幫了我和姊姊。他是個聰明人，把我們的獎章、勳章和獎狀、證書全都收走，藏了起來，他對我們說：『戰爭過去了，仗也打完了。現在你們必須把它你們忘掉。戰爭是戰爭，現在是現在，該過日子了。你們應當穿上便鞋，打扮得漂漂亮亮才行。你們還應該再去學習，應該嫁人……』

但是，奧麗雅一直無法適應新生活，她太傲氣了，就是不肯脫掉軍大衣。我記得，有一次聽到爸爸對媽媽說：『這都是我的錯，讓她們這麼小就去打仗。戰爭哪能不傷害她們呀……那樣繼續下去的話，她們一輩子都在打仗了。』

因為我獲得過勳章和獎章，收到一些優待券，可以到軍人服務社去買些短缺的商品。我給自己買了一雙當時最時髦的膠底女鞋，還買了外套、洋裝和高統靴。我決定把軍大衣賣掉，就去了舊貨市場，穿著一件時髦光鮮的洋裝、戴著漂亮的髮夾……猜猜我在舊貨市場看到了誰？一群失去手腳的年輕小伙子，全都是從戰場上回來的，胸前還掛著獎章和勳章。雙手完整的，在販售自製的湯匙勺子、女人的胸罩和內褲；另一些人缺手斷腳的，就坐在那兒流著淚，乞討點小錢。他們沒有輪椅可坐，是被那些還有手臂的弟兄用板車推過來的。他們都喝得醉醺醺的，唱著〈我被人遺忘，我被人拋棄〉。看到這樣的一幅景象，我悄悄離開了，沒有賣掉自己的軍大衣。我在莫斯科住了幾年，有五年多吧，再也沒有去過舊貨市場。我害怕這些殘障軍人中有人會認出我來，他們會對我怒吼：『為什麼你那時候要把我從戰火中救出來？為什麼要救我們？』我想起一位年輕的中尉，他的兩條腿有一條被彈片削掉了，另一條還晃盪地掛著。我冒著轟炸的危險，幫他做了包紮，他對我大吼：『別管我！開槍打死我吧。我命令你……』您明白嗎？所以，我一直害怕見到這名中尉。

我住在醫院時，那兒所有人都認識一個年輕漂亮的小伙子。他是坦克手，名叫米沙，沒有人知道他姓什麼，只知道名字。他的兩條腿都截掉了，右手臂也沒了，只剩下一條左手臂。截肢的部位很高，腿是從盆骨那兒鋸掉的，連義肢都不能裝，只能坐輪椅。醫院為他特別定製了一輛高輪椅，只要有時間，大家都會輪流推他。當時有很多民眾到醫院來協助照料傷患，他們都會特別照顧米沙這樣的重傷者。有婦女也有中學生，甚至還有孩子。有人把米沙抱上抱下，他也不感到沮喪。他真的想活下去啊。他只有十九歲，還沒有好好生活過。我不記得，他是否有親屬。但是他深知大家不會撇下他一個人受苦，他相信大家不會忘記他。

戰爭是在我們的國土上進行的，到處都留下了廢墟。我們解放的一些村莊，已經全被燒毀了。只剩下了土地，唯有土地還存在。

我們姊妹兩人戰前的理想是當醫生，可是後來我們誰都沒當成。我們不需要經過任何考核，就可以去學醫，前線回來的人有這種權利。可是人們的苦難、死亡，我們見得太多了，已經無法再看到病人，哪怕連想像都受不了。甚至過了三十年，我還勸阻女兒不要去報考醫學院，雖然她很想報考。都幾十年過去了，如今只要閉上眼睛，我又能看到那些景象……春天，我們在剛剛打過仗的野地裡走著，尋找傷患。野地的景象，只有一個慘字可形容。我們意外發現了兩具死屍，一個是我們的年輕士兵，一個是德軍的年輕士兵。他們都躺在麥苗中，眼睛直勾勾地看著天空……他們就像沒有死去，就那樣仰望著天空。直至今天，我還記得他們的眼睛……」

奧麗雅說：

「我對戰爭中最後那幾天記得最清楚。那天，我們正騎馬行軍，忽然不知從哪兒傳來了樂聲，是小提琴獨奏。在我的感覺裡，戰爭就是這天結束的，那真是神奇的時刻：突然間聽到了音樂，久違的另一種聲音。我就像大夢初醒似的，我們所有人都覺得，經歷過戰爭，經過如此的人間浩劫和滔滔血淚，未來的生活將會變得格外美好。勝利之後，這一天之後，我們都覺得，所有人都會變得非常善良，彼此相愛。大家都成了兄弟姊妹，情同手足！我們朝思暮想的，就是這樣的一天。」

我們沒有開過槍

戰爭中有很多人，戰爭中有很多事。

不僅生死關頭可以建功，尋常生活裡也有許多人的貢獻。戰爭中不僅有開槍射擊、埋雷掃雷、轟炸爆破、衝鋒肉搏，還有洗衣煮粥、烘烤麵包、清潔爐灶、飼養馬匹、修理汽車、製作棺材、遞送郵件、釘製氈靴和輸運菸草。甚至戰爭時期的生活，也多半是些平淡的瑣事，不值得一書。這種想法不太習慣是嗎？「在戰爭中，我們女人的活兒也堆積如山啊。」衛生員亞歷山卓·約瑟芙娜·米舒金娜回憶說。軍隊向前進，緊跟在後面的是「第二戰線」的洗衣女兵、炊事兵、汽車修理工、郵遞員……

她們當中有人寫信給我：「我們都不是英雄，我們是在幕後的。」那麼，幕後又是怎樣的一種景象呢？

一雙小皮鞋和該死的小村子

「我們在沼澤地中行軍，戰馬經常陷入沼澤而死去。汽車也呼哧呼哧地開不動，士兵就用身體拖拉大砲。用人力拉著裝有糧食和衣服的馬車行進，還有馬合菸草*的大箱子。我看過一個菸草箱子怎樣飛落到沼澤地中，引起一片破口大罵。戰士很珍惜彈藥，也很珍惜菸草。

我丈夫總是反覆地對我說：『睜大眼睛好好看看吧！這就是史詩！史詩啊！』」

——達吉揚娜．阿爾卡迪耶夫娜．斯梅良斯卡婭（隨軍記者）

「戰前我過得很幸福，待在父母身邊。我父親是從蘇芬戰場上回來的，回家時右手已經少了一根手指頭，我總問他：『爸爸，為什麼會有戰爭？』

戰爭很快就來了，我還沒怎麼長大呢。明斯克居民開始疏散，我們被送到了薩拉托夫。我在那兒的集體農莊裡幹活，有一次，村中的蘇維埃主席把我叫了去。

『小姑娘，我一直在考慮你的事。』

我感到奇怪：『您考慮我什麼事呀，大叔？』

『還不是這該死的小村子！都得怪這該死的小村子。』

我站在那兒莫名其妙。他又說：

『上面來了命令，要我們村子派出兩個人去前線，但我沒人可派。本來想我自己去，但又放

---

*馬合菸也稱莫合菸，由黃花菸草製成。抽菸時由抽菸者自己手卷而成。

不下這倒楣的小村子。又不能派你去，你是疏散避難來的。或許你還是能去的吧？除了你，我這兒還有瑪麗亞．烏特金娜。』

瑪麗亞是個高個子、發育成熟的女孩，而我呢，又瘦又小。

『你能去嗎？』主席又問。

『能發給我一副包腳布嗎？』我反問。

那時我們穿的衣服都破破爛爛的，我想領到一些日用品！

『你真是個好姑娘，到了部隊會發給你一雙皮鞋穿的。』

於是，我同意了。

我們從軍用列車下來時，一個魁梧的大鬍子叔叔來接我們，可是誰也不肯跟他一起走。我不知道是怎麼回事，但我也沒問。我是這種人，從來不幹強出頭的事。反正我們大家都不太喜歡這個大叔。然後，又來了一個長得好看的軍官，他勸動了我們，我們就跟他走了。等我們到了部隊後，又遇到了這個大鬍子叔叔。他笑著說：『噢，調皮鬼，怎麼不肯跟我一塊來呀？』

少校點名時，逐個詢問：『你會幹什麼？』

『我會擠牛奶。』一個女孩回答。

『我在家幫媽媽煮過馬鈴薯。』另一個女孩說。

點到我的名了：『你呢？』

『我會洗衣服！』

『你是個好女孩，要是你會做飯的話更好。』

『我也會做飯。』

於是，白天時我負責做飯，晚上再去幫戰士洗衣服，還去站崗。當人家對我喊『哨兵！哨兵！』時，我卻怎麼也回答不出來，因為一點力氣也沒有，甚至連出聲的力氣都沒了。」

——伊琳娜．尼古拉耶夫娜．季尼娜（列兵，炊事員）

「我們坐在衛生列車上。我還記得，頭一個星期我一直在哭。首先，因為離開了媽媽；其次，我睡的是上鋪，那兒算是我的『小房間』，但後來堆滿了行李。

（亞：您是幾歲上前線的？）

我那時正在讀八年級，但沒有讀到年底。我是偷偷跑到前線去的，衛生專車上的女孩全都是我這個年齡。

（亞：你們都做些什麼？）

我們的工作就是照料傷患、餵水餵飯、送便壺等等，這些工作全是我們要做的。有一個比我大些的女孩和我一塊值班，一開始她很照顧我：『如果他們要便壺，你就叫我。』傷患的傷勢很嚴重：有的沒有手臂，有的沒有腿。第一天我還叫那位女孩幫忙遞便壺，可是她也不可能整天整夜都跟我在一起，後來就留下我一個人值班了。於是，傷患都這樣喊我：『小護士，便壺！』

有一次，我把便壺遞給一名傷患，但他不接過去，我這才發現他沒有手。我腦子裡馬上閃過一個念頭，想像著該怎麼辦才好。我站了好幾分鐘，不知如何是好。您明白我的意思嗎？我確實應該幫他，但我不知道男人『那個』是怎麼回事，從來沒有瞧見過，甚至在訓練班上也沒人跟我們講過。」

——斯維特蘭娜．尼古拉耶夫娜．柳畢契（義務衛生員）

「我從來沒有開過槍，我的任務是每天幫戰士煮飯，為此我還得過一枚獎章呢。對於這枚獎章，我從來不當一回事：我又沒有打過仗！我只管燒飯、煮大鍋湯、搬鍋灶和大桶，它們都死沉沉的。我記得，連長有一次很生氣地說：『我真想開槍把這些大桶都打穿了，再這樣勞累下去，戰後你還怎麼生孩子呀？』後來有一次，他果真開槍把所有的大桶都打出洞了。結果，我們不得不到村子裡找來一些小一點的桶子。

有一天，從前線陣地回來了一群小戰士，他們是來放假的。可憐的小傢伙，渾身髒兮兮的，累得不成樣子，手腳都凍壞了。烏茲別克人和塔吉克人特別害怕冬天，他們的老家經常陽光普照，很暖和，而這兒往往冷到攝氏零下三、四十度。他們身上暖和不起來，只能由我們來餵飯。他們自己都拿不穩湯匙吃東西。」

——亞歷珊卓．謝苗諾夫娜．瑪莎柯夫斯卡雅

「我一直在幫士兵洗衣服，……整個戰爭期間一直都在跟洗衣盆打交道。我們全都是用手洗，棉襖啊、套頭軍裝啊都洗……衣物送來了，磨損得很厲害，骯髒不堪，爬滿了蝨子。還有醫務人員的白袍，幾乎都認不出來了，上面濺滿了血跡，白色長袍已經不是白的都變成紅色的了；而陳年的血跡則是黑色的。只用一次水，是沒辦法洗的，因為水馬上變成了黑紅色。有些軍裝沒了袖子，胸口上全是窟窿眼，褲子沒有了褲管……我們真是邊洗邊掉淚，用淚水在洗啊。

要洗的軍裝堆積成山，還有棉襖、棉背心……。我現在一想起來，還會覺得手臂痠疼呢。冬天的棉衣很沉，上面的血跡都凍硬了。我常常在夢裡見到這些情形，一座又一座的黑色大山在我面前。」

——瑪利亞・斯捷潘諾夫娜・傑特科

（列兵，洗衣員）

「戰爭中有很多奇怪的事發生，就讓我來告訴你一件。

我們的通信員阿尼婭・卡布洛娃躺在草地上。一顆子彈射中了她的心臟，她要死了。就在這個時候，天上飛過了一群排列成人字形的大鶴。我們全都抬起頭望向天空，阿尼婭也睜開眼睛，看著天空說了句：『真可惜，女孩們。』她停頓了一下，又對我們笑笑，『我是要死了嗎？』就在這時，我們的郵差克拉瓦跑來了，一邊跑一邊大喊著：『你不要死啊！你不能死啊！你家裡來信啦……』阿尼婭沒有閉上眼睛，她一直等著。

我們的克拉瓦在阿尼婭身邊坐下，打開了信封。這是阿尼婭的媽媽寫來的信：『我親愛的、心愛的女兒……』我旁邊站著一位醫生，他說：『這真是個奇蹟，奇蹟啊！她居然還活著，這是違反醫學定律的。』一直到讀完了媽媽的信……阿尼婭才閉上了眼睛。」

——瑪麗亞・尼古拉耶夫娜・瓦西里耶夫娜
（中士，通信兵）

「我的專業嘛……我的專業就是幫男人理髮。

那天來了一個女孩，我不知道該怎麼幫她剪頭髮。她有一頭秀髮，天生自然卷的美麗長髮。指揮員進入掩蔽部說：『給她剪個男人頭。』

『但她是個女孩啊。』

『不，她現在是一名軍人。戰後她才會重新成為一個女人。』

反正，反正只要女孩的頭髮稍稍長出來，我會在夜晚時偷偷幫她們卷頭髮。沒有卷髮筒，我們就用松枝，用雲杉毬果。嗯，至少還能卷起些波浪來。」

——瓦希莉莎・尤日妮娜
（列兵，理髮員）

「我沒有讀過很多書，所以無法講得很好。我們的工作就是幫士兵換衣服、洗衣服、熨衣服，這就算是我們的英雄行為了吧。我們全都騎馬，很少搭火車，馬兒真是辛苦了；也可以說，我們是一路步行到柏林的。如果回憶我們做過的全部事情，就是這樣的：我們幫衛生員背傷患；在德國的聶伯河畔搬運過砲彈，因為不能用車子運，只好捧在懷裡硬是走了好多公里；我們挖過掩蔽部，也鋪設過橋樑……

我們也曾經被德軍包圍，我和大夥兒一樣，邊打邊突圍出去。我說不出自己到底殺過人沒有，反正當時就是一邊開槍一邊逃出重圍，和大家一樣。

我覺得我記得的東西太少了，沒有幾件事！我再想想吧，等你下次再來……」

——安娜・札哈洛夫娜・戈爾拉契（列兵，洗衣員）

「我的故事真的微不足道。

司務長問我：『小女孩，你多大啦？』

『十八歲了，幹嘛？』

『是這樣的，』他說，『我們不收未成年的人。』

『隨便您派我做什麼，就是烤麵包也行。』

於是，他們就接受我了。」

——娜塔莉亞·穆哈梅金諾娃

（列兵，麵包員）

「我被列入了文書編制部門，上級說服我接下這項工作，他說，我們知道你戰前曾經在照相館工作，那就在我們部隊負責照相吧。

我記得最清楚的事，是我不想給死者拍照，死人的照片我不能拍。我總是在士兵休息時、抽菸時和說說笑笑的時候幫他們拍照，特別是在授予獎章、勳章的光榮時刻。可惜的是，當時我沒有彩色膠卷，只有黑白的。要是有彩色底片的話，在授予戰鬥團旗幟時，就可以拍得很美很美。

到了今天，時常有記者問我：『您給犧牲者拍過照片嗎？在戰場上……』我就開始找，但我很少會拍這樣的照片。如果有人死了，小伙子們會央求我：『你有他生前的照片嗎？』於是，我們會去找他活著時拍的照片，只為了看到他的微笑。」

——葉蓮娜·維倫斯卡雅

（中士，文書）

「我們是工程兵，也就是負責修建鐵路、搭建浮橋和構築掩體等工作。前線就在不遠處，所以我們只能利用夜間挖戰壕，以免被敵人發現。

我們也做伐木工作。我那個班裡基本上都是女孩子，都非常年輕。男人沒有幾個，因為這是非戰鬥部門。你問我們怎麼砍樹？就是所有人一起砍倒一棵樹，然後把它拖走。整個班就圍繞著一棵樹。我們手上都磨出了血淋淋的水泡，肩膀上也是……」

——卓雅・盧基亞諾夫娜・維爾什畢斯卡雅（工兵營，班長）

「我讀完了師範學校，等到拿畢業文憑時，戰爭就爆發了。既然開戰了，我們沒有分發到哪裡教書，就被打發回各自老家了。回到家裡沒幾天，就得到通知要到兵役委員會。媽媽不放我走。沒錯，我那時還年輕，只有十八歲。媽媽說：『我送你到哥哥家去，就說你不在家。』我說：『不行，我是共青團員呀！』兵役委員會把我們集中起來，動員一番後，要求我們去為前線的戰士烤麵包。

工作很需要體力，我們共有八個大烤爐，每到一個被破壞的村鎮或城市時，就要把烤爐架起來。架好烤爐，又需要搬來柴火、二三十桶水、五大袋麵粉。我們這些十七八歲的女孩，要搬七十公斤重的麵粉袋，我們兩個人一抓就扛起來了；又或者是把四十個戰爭麵包放在擔架上，像我這樣的身子骨根本抬不起來。我們日日夜夜地烤麵包，這幾盆的麵團還在發酵，那幾盆的麵團已經快做成麵包了。敵人炸敵人的，我們做我們的。」

——瑪利亞・謝苗諾夫娜・庫拉柯娃（列兵，麵包員）

「整整四年戰爭，我都是在車輪上度過的。我們按照『繡錦農莊』或『科盧羅農莊』等指示牌四處奔波，在市場上徵集菸草、香菸和打火石，如果沒有這一切，士兵是無法上前線的。在一個地方收購後，還要繼續上路。有時我們搭汽車，有時我們坐馬車，更多的是步行，和一個或兩個士兵一起。到前線戰壕時，我們都把所有的東西扛著背著，因為不能趕著馬匹，那樣德國人會聽到馬蹄聲，所以全都壓在自己身上，就像駱駝似的，而我的身材其實非常瘦小。」

——葉蓮娜·尼基甫洛芙娜·葉夫斯卡婭（列兵，物資供應員）

「戰爭開始時，我十九歲，住在弗拉基米爾州的穆羅姆市。一九四一年十月，我們一批共青團員被派去修建穆羅姆市——高爾基市——庫列巴基的汽車公路。當我們從勞動第一線返回時，又被徵召入伍了。

我被送到高爾基市的通信學校學習郵政通信課程，課程結束後就參加了作戰部隊——第六十步兵師，負責一個團的郵政信件。我親眼看到前線的戰士收到家書後一邊親吻信封一邊痛哭。很多官兵的親人都被敵人殺死，或者是在敵占區度日，不能寫信過來。那個時候我們還以陌生女孩的名義寫了很多信給戰士：『親愛的士兵哥哥，我是一個與你素不相識的女孩，我寫信給你，是想知道你是怎麼打敗敵人的？你什麼時候能夠帶著勝利勳章回家？』我們整夜整夜地寫信，為了戰爭，我寫了好幾百封這樣的信。」

——瑪利亞·阿列克賽耶夫娜·雷姆涅娃（少尉，信使）

「我是在五一節結的婚，六月二十二日戰爭就爆發了。第一批德國飛機進行了空襲。戰前我在西班牙兒童育幼院工作，孩子都是一九三七年從西班牙送到我們基輔來的，那時正發生西班牙內戰。

德軍空襲時，我們都不知所措，而西班牙的孩子已經開始在院內挖壕溝了。他們倒是都懂得。我們把所有孩子送到大後方，然後我到了奔薩。上級交給我的任務，是組建一個護士訓練班。一九四一年的年底，由我主持了這個訓練班的考試，因為所有醫生都上前線了。我給學員發了證件後，自己也申請上前線。上級把我派到史達林格勒，進了陸軍野戰醫院。我是女孩中最年長的，至今還和我保持聯絡的索尼婭·烏特魯戈瓦雅，那時才十六歲，剛剛讀完九年級，就進了這個醫務訓練班。我們到了前線，都第四天了，索尼婭還坐在小樹林裡哭。我走到她身邊：『索尼婭，你怎麼還在哭啊？』

『你不懂嗎，我已經三天沒見到我媽了！』她回答我。

現在我一向她提起那件事，她就會咯咯笑起來。

凱牌特殊肥皂和警衛室

在庫斯克會戰時，上級把我從醫院調到了野戰洗衣隊當政治指導員，洗衣員都是非軍事人員，所以通常是這樣：我們坐在大車上，車上堆放著大水桶、洗衣盆、保溫桶，最上面坐著穿著各色花裙子的女孩。這下子，誰見了都會大笑著說：『洗衣大軍來了！』大家還把我叫做『洗衣政委』。過了好長時間，我的女孩才開始穿得低調、不起眼了，就像俗話說的『馬馬虎虎，過得去』。

每天的工作都很繁重。我們那時聽都沒聽過洗衣機，全是用手洗，全靠女人的一雙手。每到一地，上級就會撥一間茅屋、木房或掩蔽部給我們這群女孩使用，我們就在裡面洗衣服。為了滅蝨子，必須先用一種專門的凱牌肥皂水浸泡，然後再洗淨烘乾。滅蝨劑是有的，但當時滅蝨劑已經不管用了，我們只能用凱牌肥皂。這種肥皂非常難聞，氣味簡直嚇人。而在這間房子裡，我們不但要洗衣、烘衣，還要在裡頭睡覺。上級規定每個戰士洗衣服的肥皂定額是二十到二十五克，全都發到我們手中。這種肥皂像土塊一樣，黑乎乎的。很多女孩都因長期洗衣負擔過重和緊張過度而得了疝氣，還有很多人雙手都被肥皂腐蝕出了濕疹、指甲脫落，我們都以為指甲不會再長出來了。不過，只能歇上一兩天，就又得去洗衣服了。

女孩們都很聽我的話。

有一次，我們到了一個營地，駐紮的是整整一個飛行大隊的飛官。您想想吧，他們都在盯著我們看，而我們卻穿得破破爛爛、邋邋遢遢。於是，這些飛官輕蔑地說：『真了不起，原來是洗衣大姊們啊。』女孩聽了差點都氣哭了：『指導員，您瞧他們……』

『沒關係，我們會報復他們的。』

於是，我們商量了一個辦法。這天晚上，女孩穿上了她們最漂亮的衣服來到小草坪。一個女孩對著飛行員的住處拉起了手風琴，他們聞聲趕來，跳起了舞。但我們早說好了，絕不和任何一個飛行員跳舞。他們湊了過來，但沒有女孩理睬他們，整個晚上，女孩只和女伴在一起跳舞。最後飛行員求饒了：『一個傻瓜出言不遜，你們卻怪罪我們大家。』

一般說來，非軍事人員是不得關禁閉的。但是，你要如何管理這一百多個女孩呢？比如說，空襲警報常常要到夜裡十一點才解除，可是她們誰也不把它當回事，總是千方百計地溜出去。我只得罰幾個女孩關禁閉。有一回，附近部隊的首長到我們這兒來，恰好在我的房間裡正關著兩個女孩。

『這是怎麼回事？你們把非軍事人員關禁閉？』他們問我。

我不慌不忙地回答：『報告上校，您想打報告就隨您的便。但我還是得嚴明紀律，我的隊伍要有良好的秩序。』

他們只好走開了。

紀律是不能動搖的。有一次我從房間裡走出來，看到一名大尉正好從我屋子旁邊走過。他看到我，停了下來。

大尉對我說：『我的天哪！您怎麼從這兒出來了，您知道這屋子裡住的是誰嗎？』

『我知道。』

『這是那個政治指導員的住處，您不知道她有多麼厲害嗎？』

我說，她厲害不厲害我從沒聽說過。

『我的天！她從來沒笑過，總是一臉氣勢洶洶的。』

『莫非您想跟她認識認識嗎？』

『謝天謝地，我可不敢！』

於是我對他說：『讓我們認識一下吧，我就是那個政治指導員！』

『不，這不可能！有人跟我講過她的事……』

但我也很愛護自己的女孩。我們洗衣隊裡有個很漂亮的女孩，叫瓦麗婭。有一次，上級有事把我叫去司令部，十天沒回來。回到洗衣隊時，我聽說瓦麗婭這些天常常都很晚回來，偷偷和一個什麼大尉的來往。好啊，好啊！原來在幹這種事。兩個月過去，我聽說瓦麗婭懷孕了。我把她叫來：『瓦麗婭，怎麼搞的？你現在到哪兒去好呢？你後媽（她沒有母親，只有後媽）還住在掩蔽部裡呢。』她哭著對我說：『這都是您不好，要是您不離開，就什麼都不會發生了。』她們和我在一起，就像和母親、大姊在一起一樣。

瓦麗婭還穿著單薄的衣服，天氣已經挺冷了。我就把自己的軍大衣送給了她。我的瓦麗婭就這樣離開了。

一九四五年三月八日這天，我們正在過婦女節。我們燒了熱茶，還好不容易弄到了一些糖果。女孩從屋裡出來時，突然發現從樹林裡鑽出了兩個德國兵，自動步槍掛在身後。這是兩名傷兵，女孩立刻就把他倆收拾了。我身為政治指導員，理所當然地向上級寫了一份請功報告：『今天，三月八日，洗衣女工俘擄了兩名德國兵……』

第二天，我們去參加幹部會議，政治部主任頭一件事就說：『聽著，同志們，我先要讓大家高興一下：戰爭很快就要結束了。還有，就在昨天，二十一野戰洗衣隊的洗衣女工抓到了兩個德國兵。』

大家鼓起掌來。

戰爭期間，我們沒得過任何獎勵。戰爭結束時，上級對我說：『你們洗衣隊可以嘉獎兩個人。』我一聽就火大了，據理力爭說：『我是洗衣隊的政治指導員，我知道洗衣女工的工作有多麼繁重，她們當中有很多人都得了疝氣，手上起了濕疹。她們都很年輕，機器也沒有她們洗得多，她們就像牽引車一樣工作。』上級問我：『您明天能再上報一些需要嘉獎者的資料嗎？我們再獎勵一批……』於是，我和隊長又研究了嘉獎人員的名單，一夜未睡。結果，很多女孩都獲得了勇敢獎章和戰功勳章，還有一位洗衣女工被授予了紅星勳章。這是一位最優秀的女工，時刻不離洗衣盆，往往在大家都筋疲力盡、累得躺倒時，她仍在埋頭洗衣服。她是一位上了年紀的婦女，全家人都死了。

我要送女孩回家了，真想送點東西給她們。她們全都是白羅斯和烏克蘭人，而那裡已經徹底毀於戰火了。我怎麼能讓她們兩手空空地回到家鄉呢？我們那時正好駐紮在一個德國村莊裡，村裡有一間縫紉工廠。我跑過去一瞧：縫紉機都還在，完好無缺。我真為此感到慶幸。就這樣，我們送給了每個要離開的女孩一份禮物。我當時別說有多高興、多幸福了。在能力所及下，我為女孩做了該做的一切。

其實，所有人都想回家，但又害怕回家。沒有人知道在家鄉等待我們的是什麼……」

——瓦蓮金娜．庫茲敏尼契娜．勃拉特契柯娃－鮑爾肖夫斯卡婭（中尉，野戰洗衣隊政治指導員）

「我要說說我爸爸。我親愛的爸爸是共產黨員，一個聖潔的人。我這一生從來沒有見過比他更好的人，他總是教育我：『要是沒有蘇維埃政權，我什麼都不是，就是個窮光蛋，給富農做長工。是蘇維埃政權給了我一切，讓我受了教育，成為一名橋樑工程師。所以我把自己的一切都貢獻給我的國家。』

我自己也熱愛蘇維埃政權，熱愛史達林，熱愛伏羅希洛夫，熱愛所有的國家領導人。這些都是爸爸教我的。

戰爭在進行，而我在成長。每到晚上，我都和爸爸一起唱〈國際歌〉，唱〈神聖的戰爭〉，爸爸還拉手風琴伴奏。等我滿十八歲，爸爸就帶我去了兵役委員會。

我從部隊上寫了封信回家，告訴爸爸我在修建和保護橋樑。這是我們全家人的快樂！因為爸爸，我們全家人都愛上了橋樑，我們從小就喜歡橋樑。每當我看到那些因轟炸或爆破而毀掉的橋樑，我都會難過得哭出來，我對待橋樑就像對待寵物，而不是戰略設施。我一路上親眼看見大大小小、幾百座的橋樑遭到破壞，戰爭中首先就是要摧毀橋樑，那是第一目標。每當我們通過了毀塌的橋樑時，我總是要想：『要重新修復它們，又得需要多少年啊？』戰爭也是在扼殺時間，扼殺人類的寶貴時間。我清楚地記得，每一座爸爸建造的大橋是花了多少年時間。他每天夜裡都坐在那兒看藍圖，即使是週末也不休息。戰爭中我感到最痛惜的就是時間。爸爸的時間。

爸爸早已不在了，可是我還繼續愛著他。每當有人說像我爸爸這樣相信史達林的人是愚蠢和盲從，或者是因為懼怕史達林的時候，我絕對不信。他們是真誠地相信列寧思想，真正是始終如一的。請相信我，他們都是善良而誠實的人，他們倒不是相信史達林和列寧，而是相信共產主義思想，就像後來所說的那樣，是相信有人情味的社會主義＊，相信要為所有人謀福利，要為每個人謀取幸福。他們是一批夢想家，一批理想主義者，但絕不是盲從的人，我絕不認為他們是盲目追隨者，絕不同意這樣的說法！

在戰爭中期，我們也有了優質的坦克和飛機，有了精良武器，但是如果沒有信念，我們也不可能打敗如此凶惡的敵人。希特勒的軍隊是強大而有紀律的軍隊，他們征服了整個歐洲。沒有信仰，我們不可能打斷他們的脊樑骨。我們的主要武器就是信念，而不是恐懼。我對您說的是一個誠實黨員的心裡話，我是戰爭期間入黨的，至今也是共產黨員。我不認為有黨員證是恥辱的，我

＊戈巴契夫提出建設有人情味的社會主義。

從來沒有拋棄過黨員證。從一九四一年開始，我的信念就沒有改變過……」

——塔瑪拉·盧基亞諾娃·托洛普

（列兵，建築工程師）

「我們在沃羅涅什城外阻止了德軍的侵犯，他們每天狂轟濫炸，但是久久攻不下這座城市。德國飛機每天飛過我們莫斯科夫卡村，我從來沒有見過敵人，只見到了他們的飛機。但我很快就意識到，戰爭就是這樣的。

上級派人到我們醫院傳話，說沃羅涅什城下有一列火車遭到轟炸，命令我們立即趕赴現場。在那裡我們放眼看去，到處都是被炸碎的血肉，我都說不出話來了。我記得醫生是先到的，他大聲喊道：『擔架！』那時我是年紀最小的，剛滿十六歲，他們全都看著我，怕我昏過去。我們沿著鐵軌，一節一節地爬上車廂查看。已經沒有人可以放上擔架了：車廂燒毀了，聽不到任何呻吟或哭喊聲，找不到完整的人形。我的心跳簡直要停止了，嚇得閉上雙眼。等我們回到了醫院，所有人都倒下了，有人把頭擱在桌上，有人癱在椅子上，就這樣睡著了。

我值班後回到家。帶著滿臉淚痕倒在床上，只要一閉上眼睛，就又看到了那一切。媽媽下班回家了，米佳舅舅也回來了。我聽到媽媽的聲音：『我不知道蓮娜會怎樣，你瞧，這段時間去醫院後，她的臉色都成了什麼樣子了。她都不像自己了，總是沉默不語，跟誰都不說話，只是在夢中大哭大喊。她以前那些笑容和快樂都到哪兒去了？你知道她以前是個多麼開心的女孩。現在她再也不說笑了。』

聽著媽媽的話，我的眼淚都流出來了。

一九四三年沃羅涅什解放時，我加入了戰時警衛隊。隊裡清一色都是女孩，全都是十七到二十歲左右，年輕又美麗，我從來都沒有看過這麼多漂亮的女孩集中在一起。我第一個認識的是瑪露西亞·普羅霍洛娃，她還有個閨密叫塔尼亞·費多羅娃。她們兩人來自同一個村莊。塔尼亞不苟言笑，有潔癖，任何東西都要擺得整整齊齊；瑪露西亞喜歡唱歌跳舞，總愛唱些淘氣頑皮的歌謠。她最喜歡的是描眉化妝，在鏡子前一坐就是幾個小時。塔尼亞總是罵她：『美麗不是畫出來的，你不如把自己的服裝好好熨平，把床鋪弄乾淨些。』我們警衛隊裡還有個女孩叫帕莎·利塔夫琳娜，是個毫無顧忌的女孩，但她的朋友舒拉·巴蒂謝瓦雅，則是既靦腆又謙遜，在女兵中是最安靜的。還有柳霞·利哈喬娃喜歡燙卷髮，一邊卷頭髮一邊彈吉他，每天睡前都要抱著吉他。其中年紀最大的是寶莉娜·涅維洛娃，她的丈夫在前線死了，她總是一臉愁容。

我們所有人都是穿著軍隊制服。我媽媽第一次看到我穿軍裝時，臉色變得煞白：『你決定參軍了？』

我安慰她：『不是的，媽媽。我都和您說過了，我們就是守護橋樑。』

媽媽哭了起來：『戰爭很快就結束，你要盡快脫掉你的軍大衣。』

我也是這樣想的。

過了兩天，聽說戰爭結束了，我們都被集合在榮譽室開會。警衛隊隊長納烏莫夫同志說了一番話。『我親愛的女兵，』他說，『戰爭已經結束了，不過昨天我接到命令，西部道路還需要警衛隊戰士去保衛安全。』

『那邊不是有反革命的匪幫嗎？』不知是誰開了口。

納烏莫夫停頓了一下，接著說：『是的，女孩，那裡是有匪幫，正在和紅軍作戰。但是命令就是命令，應該去執行。有誰願意去，請向警衛隊領導提出自願參加的申請。』

我們回到宿舍，每個人都在自己的床上躺下，大家都非常安靜。誰都不想再背井離鄉到那麼遙遠的地方去了，誰都不想在戰爭結束後還要面臨死亡。第二天，我們又集合起來開會。我坐在主席台桌子後面，桌上覆蓋著紅布。我想我是最後一次坐在這張桌子後面了。

警衛隊長講話了：『巴比娜同志，我知道你是第一個參加的。而你們所有人，也都很勇敢。戰爭結束了，你們本來可以回家的，但你們還要出發去保衛自己的祖國。』

兩天後我們出發了。上級派給我們一列貨運火車，車廂裡鋪著乾草，充滿著草味。

我以前從來沒有聽過斯特雷這個城市，而現在我們要守護這裡。我不喜歡這個恐怖的小城，日日飄送著哀樂，天天有人被埋葬：要麼是警察，要麼是共產黨員和共青團員。我們再次看到了死亡。佳麗雅．克洛波金娜是我新交上的朋友，後來她在那裡壯烈犧牲了。我還有另一個好友，也被刺死在夜裡。我自從到了那裡後，就沒有再說笑過。」

——葉蓮娜．伊萬諾夫娜．巴比娜

（戰時警衛隊戰士）

我開拖拉車，還罵髒話

「我長得很像我爸爸，一看就知道是他的女兒。

我的父親由一個沒文化的小伙子成長為一名國內戰爭時期的紅軍排長，是一位真正的共產黨員。他犧牲的時候，我和母親正住在列寧格勒，我身上所有的優點都應歸功於這座城市。我很愛看書，被麗吉婭·察爾斯卡雅＊的愛情小說感動得痛哭流涕，對屠格涅夫的作品愛不釋手，還喜歡讀詩歌。

那是一九四一年夏天，六月底我們全家人一起去頓河的外婆家，走在半路上就遇到了戰爭。攜帶軍事委員部特急件的信差騰雲駕霧般策馬飛馳。哥薩克女人唱著歌、喝著酒，號啕大哭，送哥薩克男人上戰場。我趕到鮑柯夫斯克鎮，到了區兵役委員會。那裡的幹部生硬而乾脆地說：『我們不要小孩上前線。你是共青團員？那非常好，就請你去集體農莊幫忙幹活吧。』

我們在貯糧窖裡用鏟子翻動糧食，以免發霉腐爛，接著又是收成蔬菜。手上磨出了很硬的老繭，嘴唇也裂開了，臉被草原的陽光曬得黝黑。如果說我跟村裡的女孩還有什麼不同的話，那就是，我知道很多詩歌，在從田地裡回家的長長道路上，我一口氣能背出許多詩。

戰場在逼近。十月十七日，法西斯占領了塔甘羅格。眾人紛紛離家疏散。外婆自己留下不

＊麗吉婭·阿列克賽耶夫娜·察爾斯卡雅（一八七五～一九三七），俄羅斯著名女作家。

走，把我和妹妹送走了，她說：『你們都還年輕，快逃生去吧。』我們走了五天五夜，到達了奧勃利夫斯克。平底涼鞋扔掉了，我們光著腳走進了這個哥薩克鎮。火車站的站長提醒所有人：『你們不要等客車了，就坐上運貨列車走了。現在我給你們去張羅車票，把你們送到史達林格勒去。』真走運，我們爬上了運燕麥的列車，光著腳丫踩進燕麥堆裡，用頭巾裹著臉，彼此緊緊依偎著，打起了瞌睡。

我們的糧食早吃光了，並且身無分文。在最後那幾天，哥薩克女人就分給我們一些東西吃，我們不好意思接受，因為沒什麼好回報人家的。她們勸我們：『吃吧，現在大家都在受苦，理當互相幫助。』我暗自發誓，永遠不會忘記這些善良的好人。永遠不能忘記！不管怎樣，都不會忘記。

我們從史達林格勒搭乘輪船，然後轉乘火車，在一天深夜兩點到了梅德韋吉茨車站。人潮把我們推擠到月台上，我們兩個都快凍成冰棒了，走都走不動了。幸虧跟我們一起來的人還記得我們，等來了一輛裝滿人的四輪大車後，他們就把我們拴在車子後面，給我們穿上棉襖說：『你們得走走路，不然會凍死的。身上還沒暖過來，不能讓你們上車。』我們起初一邁步就倒下，但又爬起來走，後來乾脆跑了起來，就這樣跑了十六公里……

弗蘭克村，又叫五一集體農莊。集體農莊主席聽說我是從列寧格勒來的，而且念完了九年級，高興得很：『這很好，你就留在這裡助我一臂之力吧，頂替會計員。』

我起初很高興，但我馬上就看到了，在農莊主席身後掛著一幅宣傳海海報：『女孩們，握緊方向盤！』

『我不坐辦公室，』我對主席說，『只要教我，我一定會開拖拉機。』

拖拉機停在地裡，落滿了雪。我們把它們從雪裡拖出來打掃乾淨。天冷得滴水成冰，手只要碰到金屬，立刻就被黏去了一層皮。鎖緊並生鏽的螺絲釘好像焊死了一樣，不管是順時針或逆時針一直都擰不動。就在這個節骨眼，好想故意為難我似的，生產隊長伊萬諾維奇像是從地裡突然冒出來一樣。他是集體農莊唯一的正規拖拉機手，也就是我們的老師。他恨得抓耳搔腮，不住地亂罵髒話。『嘿，他娘的！』他罵的聲音倒是很輕，但是我還是一下子就哭了出來。

我是倒退著把拖拉機開進田裡的：這台史達林格勒出產的拖拉機，變速箱裡的大部分齒輪都已經很老舊了。原因也很簡單，變速箱是從那些行駛了二十公里、已將登記報廢的拖拉機上拆下來改裝成的。曾經還發生過這麼一件事：一位和我一樣大的女拖拉機手薩羅契卡，竟然沒發現散熱器漏水，結果把馬達弄壞了。當然又是招來一頓臭罵：『嘿，他娘的！』

我在戰前連騎自行車都沒有學會，在這裡卻開起了拖拉機。馬達長時間運轉，很容易起火。我知道超負荷運轉是怎麼回事，也知道在這種情形下該如何駕駛拖拉機——不能轉圈，也不能斜著往前開。潤滑劑和燃料全都按照戰時定額標準使用，得對每一滴油盡心負責，對每一個哪怕已徹底磨損的軸承也得視若性命。

有一天，在下田工作前，我打開齒輪箱蓋子檢查油質，發現了一些乳漿。我忙喊生產隊長來看，告訴他說應該注入新機油了。隊長走過來，用指頭蘸了點機油，撚了撚，聞了聞，說：『別擔心！可以再幹一天活兒。』我急忙說：『不行，您自己說過的嘛……』他打斷我的話：『我真是自作自受，倒叫你給咬住不放了。知識份子就是難搞。嘿，他娘的！我命令你開，就這樣開！去吧。』我只好開著拖拉機下田了。拖拉機冒著煙，熱極了，叫人喘不過氣來。今天還真是有些奇怪：軸承怎麼不對勁？我覺得拖拉機在不斷跳動，趕忙停下來，但好像又沒樣。等到再踩油門時，它又跳動起來！又過了一會兒，我的坐墊下面突然間『突突突』地震動起來！

我趕緊熄了火，跑到檢視孔那兒，打開蓋板一看，上面黏糊糊的機油沾著一層金屬細屑，兩副軸承都已經磨得粉碎了！我跳到地上，抱著輪胎大哭起來，這是我在戰爭中第二次大哭。我真該死：剛才明明看出是什麼油質了！助手瑪塔也害怕起來。剛才我應該跟生產隊長力爭到底的，可是卻沒有，多麼迂腐的知識份子！

我聽到身後有人說話，轉過身一看，糟了！集體農莊主席、拖拉機站經理、政治部主任都來了，當然，還有生產隊長伊萬諾維奇本人。都怪他不好！

他站在那兒，不敢過來。他心裡有數，卻一言不發。嘿，他媽的！

拖拉機站長也心裡有數，問道：『壞了幾副軸承？』

『兩副。』我回答。

按照戰時法律，這就應該抓去審問了，罪名是：疏忽怠工和蓄意破壞。

政治部主任轉過身去對生產隊長說：『你為什麼沒有照看好自己的小女孩？我怎麼能把孩子送交法院！』

他們經過了幾次交涉，事情總算過去了。從那次以後，隊長在我面前再也沒罵過髒話了。我倒是學會了娘來娘去，嘿，他娘的！狠狠地罵人……

後來我們很幸運：找到了媽媽。媽媽也來到這個集體農莊，我們又有了家。有一天，媽媽突然對我說：『我想，你應該到學校去。』

我一時沒有反應過來：『到哪兒？』

『難道要別人去替你把十年級讀完嗎？』

在經歷過這一切之後，重新坐到課桌上，解習題、做作文、背德語（而不是直接去打德國法西斯），該有多麼不習慣！而此時敵人已逼近了伏爾加河！

我本來應該等一等的：再過四個月我就滿十七歲了。就算沒有十八歲，至少有了十七歲，就誰也不能把我趕回家了。在區委還算一切順利，可是在兵役委員會就非得罵上幾句不行了。需要檢查年齡和視力，而且優先考慮的是年齡，當他們指出我的年齡問題時，我就罵兵役委員是官僚，並且宣布絕食。我就坐在兵役委員的辦公室裡，兩天兩夜沒移動，他吩咐送來的麵包和開水都被我拒絕了。我威脅說我馬上就會餓死，但我要寫下遺言，說明誰是造成我死亡的罪魁禍首。兵役委員大概既不害怕也不相信，但他真的把我送去體檢了。所有檢查都在兵役委員旁邊的一個房間裡進行。醫生檢查了我的視力後，遺憾地攤了攤手，這時兵役委員笑了，說我餓肚子白費工夫了，他很同情我。但我回答說，我正是因為絕食才什麼都看不到的。我走向窗戶，湊近那張可惡的視力表大哭起來。一直哭到背熟了最下面那幾行圖形為止，然後我擦乾眼淚，說我準備再接受一次檢查。就這樣，我過關了。

一九四二年十一月十日，我們按照命令，準備了十天的食物，共有二十五名女孩鑽進了一輛破舊的車廂。我們一路上高唱著〈軍令已下達〉這首歌，不過把『投身到國內戰爭中去』的歌詞改為『保衛自己的國家』。我們在卡梅申宣過誓，然後出發沿著伏爾加河西岸步行到了卡普斯金崖口。預備役團就在那裡安頓下來。那兒有幾千名男人，我們混在裡面簡直討不了好。加上，從各部隊到此補充兵源的『買家』們，也儘量不想看見我們，總是想辦法擺脫我們。

在路上，我同安努什卡、巴茜娜交上了朋友。她們兩人沒有什麼專長，我也知道自己不具備軍事專長。所以，不管人家需要什麼人，我們三個總是步調一致地向前邁出三步。我們認為自己在任何位置上都能很快掌握專業知識。但是，人家根本不理睬我們。

不過，當『司機、拖拉機手、機械員，向前三步走』的口令一發出，我們應聲跨出了行列。這次的『雇主』是一個年輕上尉，他沒能夠擺脫我，因為我不是向前跨了三步，而是跨了五步。

他怔住了，默默地盯著我，不出聲。

『你們為什麼只要男人？我也是個拖拉機手！』我說。

他聽了我的話，好奇地問：『不可能吧！那麼，說說拖拉機的操作步驟。』

『一、三、四、二。』

『你燒壞過軸承嗎？』

我老實地承認我燒壞過兩副軸承。

『好吧，我收下你。就為了你說話誠實。』他點點頭，走開繼續問別人去了。和我一起向前跨出來的，還有我那兩個朋友，上尉只好做出一副無可奈何的樣子。嘿，他娘的！

部隊首長在會見補充人員時，問上尉：『你怎麼把這幾個女孩帶來了？』上尉表情窘迫，回答說是因為他看我們很可憐：『她們要是隨隨便便去了哪個單位，會像山雞一樣被打死的。』

首長沉默了一會兒，嘆了口氣說：『那好吧，一個到廚房，一個到倉庫，那個有點文化的，到司令部來當文書。』停了一會兒又補充說：『真是憐香惜玉啊。』

我們三個女孩中，最『有文化』的就算我了，但要我去當文書，那不行！這哪叫『憐香惜玉』？我忘了軍隊的紀律，直接就吼了起來：『我們都是自願者，是來保衛國家的！我們必須參加作戰部隊……』

大概因為我的態度很堅決，上校居然讓步了：『要去作戰部隊就去吧。那兩個女孩到流動組開機床，這個利嘴女孩，去裝配發動機。』

就這樣，我們在第四十四自動裝甲坦克野外檢修場開始工作了。我們的工廠是建在汽車輪子上的，在稱為『流動服務隊』的汽車上安著幾種設備：銑床、鏜床、磨床、旋床，還有電站、澆注組和硫化組。每兩人一組，一個人要一口氣地連續工作十二個小時。早、中、晚飯時，再由副手替換你。要是兩人中一個去出公差，那麼留下來的那個人就得一口氣工作二十四小時。我們常常渾身是雪、渾身是泥地幹活，就是在敵人轟炸時，工作也不能停下。已經沒有人說我們漂亮了，雖然在戰爭中，大家還是都會比較憐惜美女（應該說比平時更憐惜，這是事實）。比如說，不忍心參加她們的葬禮，不忍心給她們的媽媽寫陣亡通知書……嘿，他娘的！

我現在還經常做有關戰爭的夢，我知道做了些什麼夢，但是卻很少記得住細節，不過會留下感覺。夢中，我又回到了戰場，一瞬間就可以完成在現實生活中需要很多年才能做到的事。還有一次，我把夢與現實混淆了：我夢見那是在季莫夫尼基，我剛下班回來躺了兩個小時，轟炸就開始了。嘿，他娘的！我心想，寧可被炸死，也不能讓這兩個小時的甜蜜睡眠被破壞了。附近發生了劇烈的爆炸，房子都搖動了，但我又沉入了酣睡之中。

讓我來告訴你，我當時一點都不懼怕，根本缺乏害怕的感覺。只是在一次最猛烈的空襲後，我的一顆蛀牙鬆動了。戰後的五年裡，我身體的各部位常常出現莫名其妙又難以忍受的疼痛，不得不去找專家診斷，要不是因為這個，我迄今還會把自己看成是絕對勇敢的人。一位很有經驗的神經病理學家在得知我的歲數後，嚇了一跳：『才二十四歲，全身自主神經系統就遭到了徹底破壞！往後你到底打算怎樣生活？』

我回答說，我打算好好過日子。最重要的是，我還活著！戰爭中我是那麼想要活下來！不錯，我是活了下來，可是戰後沒過幾個月好日子，我就開始全身關節腫脹，右臂疼得要命，不聽使喚，視力也不斷衰退，還有腎下垂、內臟移位等等毛病。後來總算弄清楚病因，源來是自主神經系統全亂了。

戰爭期間，我最大的夢想就是戰後能繼續上學。但對我來說，大學卻成了第二次史達林格勒保衛戰。我提前一年從大學畢業，否則真沒精力讀下去了。戰爭四年，我就穿著一件軍大衣度過冬天、春天和秋天，還有一件發白的褪色軍便服……嘿，他娘的！」

——安東尼娜・米隆諾夫娜・連科娃

（野站裝甲車車間鉗工）

當然是需要軍人，可我也還想做美麗的女人

幾年來已經記錄下幾百個故事，匯集在我的小書架上分類擺放著的幾百盒錄音帶和幾千頁的稿紙。我身心都沉浸於傾聽，著迷於閱讀。

戰爭世界讓人難以想像的一面，愈來愈多地呈現在我面前。我以前從來沒有問過自己這些問題：怎能夠在髒亂不堪的戰壕裡睡那麼多年，或者長年累月穿著氈靴和軍大衣，圍著篝火睡在裸露冰冷的地上。在夏天她們既不穿洋裝，也忘記了高跟鞋和鮮花，不但從不唱歌跳舞，甚至連笑也不會了。那時候的她們，只不過是十八到二十歲的女孩！我曾經習慣性地以為，女人的生活方式在戰爭中是沒有立足之地的，那是兒女情長的禁區，絕不可能出現。

但是我錯了。很快地，我在最初幾次採訪中就發現了：不管女人講述的是什麼故事，哪怕是說到死，她們也絕不會漏掉美的話題（是的），這是她們之所以存在的根深柢固的一部分：「她躺在棺材裡這麼漂亮，就像新娘一般。」（斯特洛采娃，步兵）「上級要授予我一枚獎牌，但我的軍服實在太舊了。我用紗布幫自己縫製了一個白色的小領子，讓自己感覺到在那一刻我有多麼漂亮。可是當時根本沒有鏡子，我連自己是什麼樣子都看不到。所有的一切都被炸爛了。」（葉爾馬科娃，通信兵）她們既開心又很願意講述自己還是天真女孩時的小心眼、小祕密，還有些不

被外人所知的特徵，因為在男人化的戰場生活及男性化的戰爭中，她們依舊想保有自己的本色，不改變自己的天然屬性。

雖然已經過去了四十多年，她們的記憶還是令人驚訝地保存著大量戰時生活的瑣事、細節、口吻、顏色和聲音。在她們的世界中，生活習慣與生存條件是緊密相連的，生存過程本身就具有價值，她們回憶戰爭就像回憶一段生命歲月。如同生活本身，沒有什麼驚人之舉，但我卻不止一次從她們的對話中發現渺小如何擊敗了巨大，甚至擊敗了歷史。「可憐啊，我只有在戰爭中才是美的。我在戰場上度過了最美好的年華，當時我真是光采照人呢。戰後，我很快就老了。」（安娜．加萊伊，自動槍手）

隨著歲月長河的流逝，有些東西會突然強化起來，另一些則不斷減弱。強化的是隱祕的人性，對我而言，人性的力量愈來愈強大，也最令人好奇。甚至對人本身而言，人性也成為更加有趣的，與生活更加密切的東西。人性能夠擊敗非人性，僅僅就因為它是人性。「你不要害怕我流淚，不要可憐我。就讓我難過吧，但我很感激你，讓我記起了自己的年輕時代。」（吉洪諾維奇，中士，高射機槍手）

我還是不了解這場戰爭，甚至沒法去猜測它。

男人的靴子和女人的帽子

「我們就像鼴鼠一樣住在地底下，但女孩子的一些小擺設、小玩意卻一直保存著。春天到了，折下幾根柳枝插起來，心情就愉快了不少。因為明天你就可能不在人世，看到這些婀娜的柳枝就會想起自己，提醒自己，記著自己。有個女孩收到了家裡寄來的毛料衣裙，我們大家都很羨慕，雖然軍隊裡不許穿私服。我們的司務長，是個男人，卻喜歡嘮嘮叨叨：『要是給你寄來一張小床單也好啊，那倒是更有用處呢。』確實，我們連床單和枕頭都沒有，都是睡在樹枝和稻草上面。但我自己也偷偷藏著一副耳環，每到夜裡我就戴上耳環睡覺。

當我第一次被震傷後，耳朵聽不到聲音，嘴巴也不能說話了。我對自己發誓：『如果嗓音不能復原，我就一頭栽到火車輪下算了。』我是那麼喜歡唱歌，突然失聲了怎麼行。幸好，後來我的聲音又回來了。

這下我可高興了，還把耳環戴上了。上崗的時候，我高興得大聲喊了起來：『報告上尉，哨兵某某向您報告……』

『這是什麼？』

『什麼？』

『你馬上離開！』

『怎麼了？』

『立即拿掉耳環！這算是什麼軍人？』上尉長得非常英俊，我們所有的女孩子都有點為他癡迷。他常對我們說，戰爭期間需要的是軍人，只是軍人。當然是需要軍人，可是我也還想做美美的女人。整個戰爭期間我都很害怕，生怕腿受傷，我有一雙美麗的長腿。可是，對男人來說，這又算什麼？他們就不那麼害怕，就算沒有雙腿，反正他們都是英雄，照樣可以做新郎！而一個女人如果瘸了腿，那她這輩子就算是完了。女人的命運啊！」

——瑪莉亞・尼古拉耶夫娜・謝洛克娃（中士，通信班長）

「戰爭期間我一直很樂觀，我覺得必須盡可能地笑，因為女人就應該有光采。在上前線之前，一位老教授這樣教我們：『你們應該對每一個傷患說你愛他，最有效的靈丹妙藥就是愛。愛能救人，給人活下去的力量。』傷患躺在那裡，他痛得忍不住哭了出來，而你對他說一句：『我親愛的，我的寶貝……』要是對方問你：『你愛我嗎，小妹？』（他們對我們這些年輕女孩都叫小妹。）我們就回答：『當然，我愛你。但你要快點好起來喔。』傷患可能因為太痛苦而開口罵人，但是我們絕不能回嘴。一句不禮貌的話語，都會使我們受處罰被關禁閉。

很困難，當然困難，比如當身邊清一色都是男人時，你還要穿裙子爬上車的時候。專用救護車是高高的大卡車，而你必須要爬到最上面去！你試試看就知道了。」

——維拉．弗拉季米洛夫娜．謝瓦爾德舍娃
（上尉，外科醫生）

「上級讓我們上了火車，是貨車車廂。我們就只有十二個女生，其餘都是男人。火車行進了十到十五公里就停下了，但就是這段路程，讓我們陷入了尷尬的僵局。既沒有水又沒有廁所，你明白嗎？

男人在火車附近燃起了篝火，脫下衣服，一邊抓蝨子，一邊烤火。我們能去哪裡呢？我們得跑到一些背對他們的陰影處換衣服。我穿的是一件針織毛衣，蝨子鑽進每個縫隙中、每一毫米的毛衣小孔裡。看一下就感到噁心：頭蝨、體蝨和陰蝨，我身上全都有了。但我不能和男人待在一起，怎麼能和男人一起烤火除蝨子呢？丟死人了。我乾脆就扔掉了毛衣，只穿著一件連衣裙。不知道在哪個車站，有個不認識的女人脫下一件上衣給我，還有一雙舊鞋子。

後來又搭了很長時間的火車，接下來還步行了很長一段時間。冰天雪地。我一邊走一邊不住地照鏡子，我沒有被凍傷吧？可是到了晚上，我就發現臉頰凍傷了。在這之前我啥都不懂。我聽說臉頰凍傷時，都是白色的。可是我的臉卻是通紅通紅的，很好看。我就想，既然還挺漂亮的，不如就這樣凍一凍吧。可是第二天就變成黑色的了。」

——娜傑日達．瓦西里耶夫娜．阿列克謝耶娃

（列兵，報務員）

「我們當中有很多漂亮的女孩。有一次我們去洗澡，澡堂附近有一間理髮廳。我們就走了進去，互相看著，給眉毛和嘴唇化了妝。結果軍官訓斥了我們一頓：『你們是來打仗，還是來跳舞的？』我們哭了整整一夜，把妝都抹掉了。第二天早上起來，軍官又走來走去地對每個女兵重複說：『我需要的是戰士，而不是淑女名媛。美女在戰爭中是活不下去的。』真是一位非常嚴格的指揮官。而在戰爭之前，他是數學老師。」

——阿納斯塔西婭·彼得羅夫娜·謝列格

（下士，航空氣球員）

「我覺得我走過了兩個人生，男人和女人的不同人生。

我一進學校就開始講軍事紀律：除了上課就是列隊，在宿舍裡一切也都照章行事，對我們女孩子沒有任何寬容。一天到晚就是聽到：『別說話！誰在偷偷說話？』可是每到晚上，我們就急著坐下來縫衣繡花。女人嘛，反正就是這點記性，任何時候都放不下。我們已經離鄉背井，沒有家務事可做，某種程度上就不算女人了。上級只給我們一小時休息時間，還只能坐在列寧主義學習室裡寫寫信，或是自由地站著交談一會，但是不許笑出聲來，更不許大喊大叫。這些統統都是紀律。

（亞：能唱歌嗎？）

當然不能。

（亞：為什麼不能唱歌？）

因為那是規定，只有在集合列隊時上級下令唱歌，我們才可以唱。

（亞：其他時候能不能唱歌？）

不行。這不符合規定。

（亞：這很難習慣吧？）

我覺得我根本就不可能習慣。僅僅是睡個覺，就常有緊急集合：『馬上起床！』就像一陣風把我們都吹下了床。然後開始穿衣服，但女人衣物總比男人要多，手忙腳亂的。最後就把腰帶拿在手裡跑進貯衣室，再邊跑邊穿上大衣衝進武器庫，在那裡把挖掩體的鐵鏟固定在皮帶上，再掛上子彈盒，扣緊腰帶。然後背起步槍，一邊跑一邊扣上槍栓，沿著樓梯從四樓跑下去，簡直可以說是滑下去的。最後急急忙忙站到隊伍裡。全部都要在幾分鐘內完成。

在前線就是這樣子。我的靴子大了三個尺碼，像兩隻彎曲的船，充滿灰塵。路上遇到的某個女主人送給我兩個雞蛋：『帶著路上吃吧，這麼單薄的身子，一會兒就倒下了。』這兩個雞蛋很小，我悄悄地打碎它們，不讓她看到，用這兩個雞蛋洗乾淨我的大靴子。當然我也想吃，但是女人愛美的天性占了上風。你都想不到那件軍大衣有多麼粗糙，那身行頭有多麼沉重，從皮帶到整套行頭，都是男式的。我特別不喜歡大衣摩擦我的脖子，還有這雙靴子，走路的姿勢都歪了。

我清楚地記得我們當時是多麼悲慘，而行軍是最慘的時候。」

——斯坦尼斯拉娃·彼得羅夫娜·沃爾科娃
（少尉，工兵排長）

「要把我們變成戰士，沒有那麼容易，真的沒那麼簡單。

上級發下制服時，司務長召集我們列隊訓話：『鞋尖要對齊！』我們趕緊對齊鞋尖。鞋尖是對齊了，但是我們人又後靠了，因為靴子是四十到四十一碼。司務長還在不停叫著：『鞋尖，鞋尖！』

接著又下令：『學員，看齊第四位的前胸！』

我們當然做不到，他就厲聲大叫：『你們在上衣口袋裡都裝了些什麼東西？』我們都笑了起來。

『不許笑！』司務長大叫。

為了準時又正確地辦好歡迎儀式，從椅子到標語，一切都必須做好。哈哈，司務長對付我們這些女孩，也算是吃足苦頭了。

有一次進城，我們列隊去澡堂洗澡。男兵在男澡堂那邊，我們在女澡堂這邊。可是一走進女澡堂，就聽見裡面的女人尖聲大叫，還有的女人趕緊遮住自己的身體，喊道：『大兵進來了！』原來她們已經分不清我們到底是女生或男生了。我們的頭髮都剪得很短，穿著清一色不分男女的軍裝。還有一次我們進廁所，結果裡面的女人都跑去把警察叫來了。我們就問警察：『那麼，請問我們應該去哪裡解決呢？』

警察就轉身大吼那些女人：『這些都是女孩啊！』

『什麼女孩，都是大兵嘛。』」

——瑪莉亞·尼古拉耶夫娜·斯捷潘諾娃（少校，火砲營通信連長）

「我只記得一條路，那條我們來來回回走了無數遍的路。

當我們到達白羅斯第二方面軍*時，上級本來想把我們留在師部。他們說：『你們都是女人，為什麼一定要上前線？』我們回答：『不，我們都是狙擊手，請把我們派到需要的地方去。』於是，上級又對我們說：『那就把你們派到一位很愛惜姑娘的上校那個團去吧。』每個指揮官的脾性是很不相同的，他們這樣告訴我們。

這位上校講了這番話來迎接我們：『你們瞧，你們來到戰場，是要打仗的吧，那就打仗吧，但別的事情你們可不能做。周圍都是男人，根本沒有女人。鬼曉得該怎樣才能向你們解釋清楚這件事。戰爭，女孩子……』他很清楚，我們還完全是孩子。第一次敵機來襲時，我就坐在那兒用雙手抱著腦袋。後來我才想到，手也不能傷著啊。那時我還沒有準備好去死。

我還記得進入德國以後……哦，太好笑了！在一個德國小鎮，我們被安排在一個城堡過夜，城堡裡有很多房間，好大、好美麗的大廳！衣櫥裡掛滿了漂亮衣服，都是女孩子的衣服，每一件都好適合自己。我很喜歡一件鵝黃色的裙子，還有一件長裙，美得無法形容，長長的、輕飄飄的，只有在普希金的詩歌中才會有的那種！已經到了睡覺時間，所有人都累壞了。我們就穿上這些衣服躺下睡覺，穿著自己喜歡的衣服馬上就睡著了。我就穿著那件黃色的裙子……

還有一次，我們在一個主人逃跑的帽子店裡，一頂一頂地試戴帽子，為了多一點時間戴帽子，我們整整一夜都是坐著睡覺的。早上醒來，我們對著鏡子再看一次。然後把帽子全都拿了下來，穿回我們自己的軍上裝和軍褲。我們什麼都不能拿，行軍路上就是多一根針都嫌重。但最後還是偷偷把一個小湯匙塞到自己的靴筒裡，這就是全部了。」

——貝拉·伊薩科夫娜·愛潑斯坦（中士，狙擊手）

「男人，他們是另一種人，不是都能理解我們。

但我們大家很喜歡普季欽上校，都叫他『老爸』。他和其他人不一樣，很了解我們女人的心思。在莫斯科城外撤退時是最艱難的時刻，他告訴我們：『女孩們，莫斯科就在我們身旁。我會

＊方面軍（Front）是軍隊的一種建制。蘇聯等軍隊的方面軍，約五十萬到一百萬人，大致相當於西方國家軍隊建制中的集團軍群（Army Group，或稱軍團）和第二次世界大戰中日本皇軍的總軍。

為你們找來美髮師，你們可以畫畫眉毛、卷卷睫毛、燙燙頭髮。按規定這是不允許的，可是我希望你們個個都保持美麗。這是一場持久戰，不會很快結束。』

後來，上校還真的不知從哪兒找來了一個美髮師，讓我們都燙了頭髮。那天我們真是好幸福、好開心。」

——季娜伊達．普羅科菲耶夫娜．霍馬列娃（報務員）

「那次我們越過拉多加湖的冰面向敵人進攻，遭遇了猛烈的砲火。到處都是冰水，人一受傷倒下，就會馬上沉入水底。我爬來爬去地給傷患包紮。當我爬到一個雙腿都被炸斷的戰士身邊時，他的腿已經失去了知覺，卻推開了我，撲向自己的小『精品袋』，就是一個口袋。他是在找自己的應急口糧。人都快死了，還在找吃的呢。我們在冰雪中行軍時，都是自己攜帶食物。當時我想給他做包紮，他卻只知道把手伸進自己的口糧袋中，不管裡面有什麼。有些男人好像很難忍受飢餓，餓肚子在他們看來比死還要痛苦。

關於我自己，我也就是記住了這些。一開始是怕死，然後內心裡是擔憂和好奇相伴而生，到了後來，就再也不害怕也不好奇了，就只剩疲勞過度。時時刻刻都是體力的極限，或超越了能力的極限。到最後就只剩下一種擔心：死後的樣子會不會很難看。這就是女人的恐懼，只要不被砲彈炸得支離破碎就行了。我知道那是怎樣的，我自己就蒐集過炸碎的殘肢。」

——索菲亞·康斯坦丁諾夫娜·杜布尼亞科娃
（衛生指導員）

「大雨沒完沒了下著，我們在沼澤地急行軍，不斷有人倒在泥淖中。有的受傷，有的死掉了。沒有誰願意死在這片沼澤地裡，黑色的沼澤地。一個年輕女孩怎能那樣躺在沼澤地裡呢？還有一次，我們已經打到白羅斯了，在奧爾沙大森林中，到處是小灌木櫻桃，花是藍色的，整片草地都是藍色的。要是死在這樣的花叢中也值了，就安靜地躺在這裡。那時候真是傻，只有十七歲，我想像自己就應該那個樣子死去。

那時候，我以為死後就像飛到什麼地方去了。有一次我們徹夜在談論死亡，但只有那一次。我們後來再也不敢說出這個字眼。」

——柳波芙·伊萬諾夫娜·奧斯莫洛夫斯卡雅
（列兵，偵察員）

「我們整個飛行團都是女人，一九四二年五月，我們飛往前線……

上級分給我們的是波2型飛機。這種飛機體積小、速度慢，只能低空飛行，往往還是超低空飛行，貼著地面飛！戰前都是年輕人在飛行俱樂部學習駕駛這種飛機，沒有人想到它也會被用作軍事目的。這種飛機是木質結構，完全是由膠合板製成的，外面再包覆一層高密度帆布，其實也就是紗布。這種飛機只要一被命中就會燃燒，像一團火球在空氣中燒著，直到墜落，就像劃一根火柴那樣，瞬間就會熄滅。機內唯一的固體金屬零件就是M－II型發動機。

到了戰爭快結束時，才發給我們降落傘，並在駕駛艙內配備了一挺機關槍，在那之前是沒有任何武器的，只有在起落架下面掛了四個炸彈，這就是全部裝備。現在有人把我們的飛機稱為『神風』，是啊，我們那時就是『神風特攻隊』；而勝利的價值遠高於我們的生命。一切都為了勝利！

你問我們是如何挺下來的？讓我來回答你。

退休前，我一直為這樣的想法而苦惱：我不工作會怎樣？為什麼在五十歲之後我還要讀完第二個大學？我成了歷史學家，其實我應該畢生都是地質工作者，但是一個優秀的地質學家應該一直在野外工作，而我已經沒有體力了。醫生幫我做了心電圖後問我：『您的心肌梗塞何時發作過？』

『梗塞是什麼？』

『您的心臟中有些疤痕。』

這些疤痕顯然就是戰爭留下來的。當我在目標上空盤旋時，整個身體都在發抖，因為身下是一片火光：戰鬥機向你射擊，高射砲對你開火……有些女孩被迫離開飛行團，因為實在忍受不了。我們飛行大都是在夜裡。有段時間上級試著派我們白天去轟炸建築物，但馬上就放棄了這個想法。因為我們的『波2』連衝鋒槍都能打中……

我們都是每天午夜十二點之前起飛。我看過著名的王牌飛行員波科雷什金，那天他正好打完空戰飛回來。他是一個堅強的男人，也就是二十歲到二十三歲之間，和我們年齡相仿。飛機加油時，技術員只來得及把他的襯衫脫下來擰一擰，汗水就像下雨一樣流出來。現在不難想像當時我們是怎樣做事了吧？我們完成任務飛回基地時，連爬出駕駛艙的力氣都沒有了，還得要別人把我們拖出來。我們也無力背著裝地圖的囊袋，只好在地面上拖著走。

我們女機械師的工作就更別提了！她們要徒手把四個炸彈（一共有四百公斤重）一次掛上飛機。就這樣，整個夜晚，一架飛機起飛，又一架飛機降落。我們身體的機能全都變了，在戰爭那幾年我們都不是女人了，失去了女性每個月都會來的那事……您是明白的。戰爭結束後，有些人就失去了生育能力。

那時候我們都會抽菸，只有在抽菸時才能感覺到一點點安慰。飛上天空時，我們全身都在顫抖，只有點燃一根菸才能冷靜下來。我們穿著夾克、長褲和套頭軍裝，冬天還要套上男式皮上衣，行為舉止不由自主地就變得像男人了。戰爭結束後，上級給我們縫製了卡其套裙，我們才又覺得自己是個女孩子。」

——亞歷珊卓．謝苗諾夫娜．波波娃
（近衛軍中尉，飛機領航員）

「不久前我獲得一枚獎章，是紅十字會發的南丁格爾國際金質獎章。所有向我道賀的人都驚訝地問：『你怎麼能夠把一百四十七個傷患背出來啊？在軍報照片上的你是一個很嬌嫩的小丫頭呢。』其實，還有人計算我當時可能救出了兩百多人呢。我從來都沒把這些記在腦袋裡，我們那時還不明白數字的重要性。戰鬥在進行，大家都在流血，我怎麼可能坐下來記錄我救了多少人？我從來沒有預計過衝鋒何時結束，只是在戰火中爬啊爬啊，來來回回地救傷患。如果他身上中了彈片，我卻要過一兩小時才爬到他身邊，那人的血早就流盡了，我等於什麼都沒做。

我受過三次傷，還有大腦的三次震傷。在戰爭中，有人想著能早日返鄉，有人想著要打到柏林，而我只是在想，我能不能活到生日那一天，活到滿十八歲。不知怎地，我很害怕自己會早早死掉，甚至不能活到十八歲。我穿著男人的褲子，戴著男人的帽子，因為總是要用膝蓋跪著爬行，還要背著沉重的傷患，我總是破衣爛衫。從來都沒有想過自己有一天，還有可能站起來在土地上直立行走，不再爬行。這在當時只是個夢想！有一天師長不知為何來了，看到我就問：『你們怎麼還招這樣的少年當兵啊？你們怎麼把他留下的？這樣的孩子本來應該送去上學。』

我記得有一次繃帶不夠了，機槍掃射的傷口非常嚴重，用盡了所有的急救包也不夠。我就把自己的內衣撕了下來，轉身向小伙子請求：『脫掉你們的內褲和背心吧，我的傷患都要死了。』他們都脫掉內衣內褲，撕成碎條。我看著他們也不覺得難為情，就像和哥哥在一起，我就像個小男孩生活在他們中間。我們行軍時，都是三個人手臂挽在一起，中間的一個就可以睡一兩個小時。然後我們再換一個人到中間。

我一直打到了柏林，在德國國會大廈上寫下幾個大字：『我，索菲婭．孔采維奇，來到此地，是為了消滅戰爭。』

我看到無名烈士墓，都會在墓前下跪。在每一個無名烈士墓前下跪，但不說一句話。」

——索菲婭・阿達莫夫娜・孔采維奇

（步兵連衛生指導員）

姑娘的尖叫和水手的迷信

「我聽人說過，語言就像毒藥一樣，也像石頭一樣。他們還說，男人的願望就是為國打仗。但要是女人也去殺人呢？那就不是正常的女人了，不是真正的女人了。

不對！一千一萬個不對！但其實也符合人性。戰爭爆發後，我依舊過著正常的生活，女孩子的生活。但我們的鄰居收到了一封信，她的丈夫受傷，躺在醫院裡。我就在想：『他受傷了，誰去頂替他？』還有，下來一個失去雙臂的士兵，誰去頂替他？回來了一個失去雙腿的士兵，又有誰去頂替他呢？於是，我寫信懇求接收我入伍。

我們自小就受這樣的教育，說我們的國家如果沒有了，我們就什麼都沒了。我們從小就學會熱愛國家、讚美國家。一旦戰爭爆發，我們必須做點什麼去幫助國家。需要護士，我們就去做護士；需要高射機槍手，我們就去開高射機槍。

我們在前線是否真的想和男人一樣？起初我們真的非常想，我們把頭髮剪得短短的，甚至故意改變走路的姿勢，但後來就不行了，受不了！再往後，就想要好好打扮一下，寧可不吃白糖，也要省下來，用它去漿白衣領。每當有一鍋熱水可以洗頭髮，那就是我們的幸福時光。經過長時間行軍，如果發現了一片柔軟的草地，我們就採集一些嫩草搓在腿上。你知道嗎？用草可以洗身體。部隊領導不會去想這是怎麼回事，為什麼我們都把腿腳塗成了綠色。當然，如果司務長是一位有點年紀的男人，他就懂得這些，就不會從我們的背囊裡拿走多餘的內衣；但如果是個年輕司務長，他就一定會要求我們扔掉多餘的衣服。其實對女孩來說，有什麼是多餘的呢？我們每天總要換兩次衣服。我們就從被迫丟下的內衣剪下兩隻袖子，實際上也只有兩件內衣，也就是總共四隻袖子。」

——克拉拉．謝苗諾夫娜．吉洪諾維奇
（上士，高射機槍手）

「戰爭之前，只要跟軍人有關的事我都喜歡，我喜歡男人做的事。我跑到航空學校去了解錄取規則。我覺得我適合穿軍裝，也喜歡列隊操練，喜歡一絲不苟的動作和簡潔有力的口令。不過航校的答覆是：『先讀完十年級再說。』

戰爭爆發後，以我的性格和衝動程度，當然是不能坐在家裡的。但是人家又不讓我上前線，因為我才十六歲。兵役委員這樣說，如果戰爭才剛開始，我們就把這樣小的孩子送上前線，把未成年的女孩送到前線，敵人會怎麼想。

『我必須上陣殺敵。』

『沒有你們，敵人照樣會被粉碎。』

我企圖說動兵役委員，說我的個子很高，沒人會以為我十六歲。我還賴在兵役委員的辦公室不肯離開：『您就寫我是十八歲，不是十六歲嘛。』『你現在是這麼說，以後你會怎麼想我啊？』

確實，戰爭結束後我就不願意了，這時候僅憑軍事專業是到哪兒都行不通的，最好是除去自己身上所有的軍人味道。至今我還是很討厭軍褲，就算是到森林裡去採蘑菇、採野果，我也不願意穿長褲，我就是想穿戴一般的女人衣物。」

——克拉拉．瓦西里耶夫娜．岡察洛夫

（列兵，高射機槍手）

「我們立即感受到什麼是戰爭。大學畢業的那一天，就有『買家』出現在我們校園，我們把那些從整編部隊來招兵的人稱為『買家』。這些『買家』都是男人，完全能夠感覺到他們很同情我們。我們一雙雙眼睛直盯著他們，但他們卻用另一種眼光看我們。我們從隊伍裡衝出來，以為愈早顯示自己，就愈能被發現和招收，可是他們都看膩了，只要掃我們一眼，就知道該把我們往哪兒發送。他們心裡全都有數。

我們這一團是個男人團，第八百七十遠程轟炸機團，只有二十二個女生。我們回家拿了兩三套衣服，不許拿很多。我們在路上遭到敵機轟炸時，只能在原地找地方躲避，或者逃到來得及跑去的地方。男人都到了中繼站，他們在那裡換上軍裝。而我們什麼都沒有，只發給我們包腳布，我們就用這些布縫製了內褲和胸罩。領導知道之後還大罵了我們一通。

半年過後，由於超負荷壓力，我們已不再是女人了。我們的月經停了，生理週期受到破壞。你能明白嗎？其實我們都很害怕，擔心自己永遠不會是女人了。」

——瑪莉亞．涅斯特爾洛夫娜．庫茲敏科

（上士，槍械員）

「我們是很上進的，不願意人家這樣說我們：『哈，瞧那些女人！』我們比男人更努力，還必須證明自己並不比男人差。但是有很長一段時間，別人還是用傲慢而居高臨下的態度對待我們：『這些小娘們也去打仗了……』

如何做個男人？當然，成為男人是不可能的。我們的想法是一回事，天生屬性又是一回事，我們的生理特徵就是和他們不同……

那次我們一共有兩百多個女孩行軍，後面跟著兩百多個男兵。天氣酷熱，急行軍三十公里，是三十公里啊！我們在前面走，身後的沙土上就留下紅色斑點，紅色的痕跡……啊，這些事情，怎能藏得住？後面那些男兵就跟著這些印記，卻裝作什麼都沒發現，不朝腳底下看。我們的褲子曬得就像破裂的玻璃罐，裂口處一直散發出血腥味。那時候不發給我們任何女性用品，男兵在灌木叢晾曬襯衫時，我們就在一旁悄悄看著，抽空就去偷走兩件。他們後來猜到是我們做的，就笑道：『司務長，再發給我們一件襯衫吧，女孩子把我們的偷走了。』包紮傷患的棉花和繃帶不夠了，但不是因為傷患。女人的衣物直到兩年之後才有，我們就一直穿著男人的褲子和襯衫。行軍時都是穿著大靴子！腳受盡折磨。有一次行軍前往一個渡口，那裡有艘渡輪在等著。可是我們到了渡口時，突然遭到敵人轟炸。轟炸很劇烈，男兵紛紛跑去藏身，又喊著叫我們過去。可是我們沒有遭遇過轟炸，反倒朝著河邊跑，跳進水裡！我們只能在河裡面，全身都濕透了，四處都是橫飛的彈片，但又不敢起身，羞怯簡直比死還要可怕。一些女孩就被炸死在水裡了。

那是第一次，我想成為一個男人。

終於，我們勝利了。頭幾天我走在街上還不相信戰爭結束了，直到後來才相信這是真的，我們贏了。」

——瑪莉亞・謝苗諾夫娜・卡利貝爾達
（中士，通信兵）

「當時我們已經解放了拉脫維亞，部隊駐紮在陶格夫匹爾斯城外。這天夜裡，我剛剛準備躺下睡覺，聽到哨兵大聲喝道：『站住！誰在那裡？！』大約過了十分鐘後，有人把我叫起來去見指揮員。我去了指揮員的掩蔽部，裡面坐著幾位我們的同志，還有一個穿便服的男人。我清楚記住了這個人，因為那些年我看到的男人都是穿軍裝和軍大衣，這位卻是穿著毛絨領子的黑大衣。

『我需要你的幫助，』這個男人對我說，『我的妻子在距離這裡兩公里外，正在待產，現在自己一個人，那個房子裡沒有別人了。』

指揮員對我說：『那是在中間地帶。你知道，那並不是安全區。』

『有婦女在分娩，我一定要幫她。』我答道。

上級給我派了五名衝鋒槍手。我在背包裡裝滿了包紮材料，還隨身帶上一團最近才發給我的新法蘭絨包腳布。我們出發了，周圍一直有砲擊聲，子彈落地的位置忽近忽遠。森林裡漆黑一片，連月亮都看不見，最後終於看到一棟房子的輪廓。這是一間小木屋，我們走進去，只見一名女子趴在地上，衣衫襤褸。她丈夫馬上去放下窗簾，兩個衝鋒槍手留在院子裡，兩名守在門口，還有一個為我舉著手電筒照明。女人勉強克制自己的呻吟聲，她陣痛得很厲害。

我不斷地勸她：『再忍耐一下，親愛的。你不能叫出聲音。』

這是兩軍對峙的中間地帶，如果敵人發現了，馬上就會對我們發射砲彈。但是當士兵聽說孩子生下來後，都不由自主地輕輕喊出：『太好了！』幾乎像是在耳語。這可是個在前線出生的嬰兒！

士兵帶來了水。但是沒處可以生火燒熱，只好用冷水給孩子抹了身體。我用我的包腳布把孩子包了起來。房子裡真是空空如也，只有幾件破衣服墊在母親身體下。

就這樣，我又連續幾個夜晚都趕到這個小木屋裡幫忙。直到進攻之前，我最後一次來到小木屋，向他們告別：『我不能再來看你了，因為我們要離開了。』

那女人用拉脫維亞語和她的丈夫說了什麼，男人轉過身對我說：『我妻子問你叫什麼名字？』

『安娜。』

女人又說了話，丈夫翻譯給我聽：『她說，這是很美麗的名字。承蒙你的恩德，我們要給女兒取名安娜。』

女人還無法起床，就欠起身子，遞給我一個非常美麗的、鑲嵌著珍珠的香粉匣，看得出來，這非常昂貴。我打開小匣子，在夜晚，香氣是那麼沁人心脾，儘管周圍槍聲不斷。很誘人的香味，我現在想起來還想哭。香粉的氣味、鑲著珍珠的盒蓋，還有可愛的小嬰兒，這才是真正屬於我們女人的生活。」

——安娜・尼古拉耶夫娜・赫洛羅維奇

（近衛軍中尉，醫生助理）

「女人登上船艦，向來是禁忌。一般總認為，女人上船會帶來不祥的後果。我出生在法斯蒂夫，母親活著時，村子裡的女人會逗她：『你是生了一個女娃，還是小伙子啊？』我甚至給伏羅希洛夫本人寫過信，請求接收我去列寧格勒的砲兵技校。正是由於伏羅希洛夫親自下令，我才真的被學校錄取了，前所未有的唯一女生。

砲兵技校畢業後，他們還是想把我留在陸地上。那時起，我就不再承認自己是女人了，烏克蘭的姓氏『魯堅科』＊掩護了我，但有一次我還是把自己出賣了。那天我正在擦洗甲板，突然聽到一陣騷動，轉過身一看：原來水手在驅趕一隻貓，不知道牠是怎麼上了船。大概是古代水手流傳下來的迷信，說讓貓和女人上船都會帶來霉運。那隻貓顯然不想離開這艘船，還使出各種機靈精采的假動作，連世界級的足球健將都相形失色，在船上引起一片笑聲。就在這時，那隻貓差點跌落到海裡，我不禁驚嚇得大叫起來。這顯然是一個女人的尖叫聲，男人的笑聲頓時消失，甲板上一片安靜。

我聽到艦長的聲音在問：『值班水手，有女人在艦上嗎？』

『絕對沒有，艦長先生。』

於是，再次出現了恐慌：艦艇上竟然有女人。

我是第一個成為職業海軍軍官的女人，戰爭期間我在軍艦和海軍陸戰隊都打過仗。那時候英國媒體有過報導，說在俄羅斯海軍有某種性別不明的生物在作戰，既不是男人也不是女人。而且他們還說，這種『佩劍小姐』是誰都不會要的。沒有人會娶我嗎？不，大錯特錯了，恰恰有位優雅的紳士，最英俊的軍官娶了我。

我是幸福的妻子、快樂的母親和祖母。我的丈夫在戰爭中犧牲了，這不是我的罪過。我很喜歡海軍，畢生熱愛海軍。」

——泰西亞・得羅夫娜・魯堅科－舍維廖娃

（莫斯科海軍編隊連長，現為退役中校）

「我那時在工廠工作，就在高爾基州克斯托夫斯克區，是我們米哈依尼克沃村的鏈條工廠。一開始徵召男人上前線時，馬上就把我安排到廠房去完成男人的工作，後來又把我調到鍛造間做鍛工，製造艦船上使用的各種鏈條。

我要求上前線，但工廠領導以各種理由把我留在工廠。後來我寫信給共青團區委會，終於在一九四二年三月收到了入伍通知書。我們是好幾個女孩子一起離開家鄉的，全村男女老少都出來送行。我們徒步三十公里走到高爾基城，然後被分配到不同的部隊。我被分到第七八四中口徑高砲團。

沒過多久，我就被任命為一號瞄準手。但這對我來說是不夠的，我想做一個填彈手。沒錯，這項工作被認為是男人活兒：必須要抱起十六公斤的砲彈，並跟上五秒鐘一次的密集火力排射節奏。幸虧我曾經做過鍛工。一年後，我被提拔為下士，並被任命為第二班班長，帶領兩個女兵和四個男兵。由於連續發射，砲筒熱得發紅，如果繼續發射會十分危險，因此就得違反所有規則，用濕毛毯給砲筒降溫。砲無法一直發射，但人必須繼續忙碌。我是個身強力壯又有耐力的女孩，但我也知道，在戰爭中必須擁有比和平生活更大的能量，甚至體力也必須更強，我也不知道從哪兒發出來的一股從未有過的力量。

從無線電廣播中聽到勝利的消息後，我拉起警報集合砲手班，下達了我最後的命令：『方位

＊這個姓氏看不出男女。

一五〇〇，砲筒高度一〇〇，引爆點一二〇，速度一〇！』

為紀念四年戰爭取得的勝利，我親自拉動了砲栓，發射了四發砲彈作為禮砲。砲台戰位上的所有人聽到砲聲都跑了過來，就連斯拉特文斯基營長也來了。因為我的任意妄為，營長當場下令把我逮捕，但隨後又推翻了自己的決定。這下我們都聚集在一起，扔掉了自己的武器大肆慶祝，我們互相擁抱和親吻，喝著伏特加，唱著歌。然後，我們哭了一整夜又一整天。」

——克拉夫迪婭·瓦西里耶夫娜·科諾瓦洛娃（下士，高射砲班長）

「我肩上扛著一挺機槍，我從來不承認它很沉，不讓任何人把我甩到第二名。不稱職的戰士必須換掉，會被派到廚房去，這是很丟人的。上帝保佑，我可不能在廚房裡打完戰爭，那我可會哭死了。

（亞：會派女人去做和男人完全相同的任務嗎？）

嗯，上級會儘量照顧我們，反而是我們不得不去請求出戰或類似的任務，主動表現自己。做這樣的事需要勇氣和拚命的性格，不是每個女孩都行的。瓦麗亞就一直在廚房裡工作。她身體柔弱，待人隨和，你無法想像把她和武器放在一起。當然，在極端的情況下她也會開槍，但她並不渴望衝上去打仗。我呢？我就很渴望打仗。夢寐以求啊！

其實，我在學校讀書時是個很文靜的女孩，很低調的女孩。」

——加林娜・雅羅斯拉沃夫娜・杜波維克
（史達林第十二騎兵游擊旅游擊隊員）

「命令下達：二十四小時後必須到位……方向：第七百一十三野戰機動醫院……我記得我是穿著黑色長裙和涼鞋到達醫院的，上身套了一件我先生的外套。醫院當即發給了我全套軍裝，但是我拒絕：這套軍裝比我的尺寸要大上三四號。他們向醫院院長報告說我不服從軍紀，院長卻沒有對我採取任何措施，說是過幾天之後我自己就會換上軍裝。

幾天後，我們轉移到另一個地方，遭遇了激烈的轟炸。我們躲進了馬鈴薯田地，之前剛剛下過雨。這下好了，你能想像我的長裙和涼鞋會變成啥樣子嗎？到了第二天，我就穿得像個士兵了，全套軍裝都穿上了。

就這樣我開始了軍旅生涯，一路打到德國去。

一九四二年一月的最初幾天，我們進入了庫斯克州的阿方涅夫卡村，正好是酷寒的天氣。兩棟教學樓都擠滿了傷患，有躺在擔架上的、地板上的，還有稻草上的。沒有足夠的汽車和汽油把所有傷患都送到後方。於是，院長做出了一項決定，從阿方涅夫卡和鄰近村莊組織一隊馬車。第二天早晨馬車隊到了，完全由村裡的婦女管理馬匹。她們在雪橇上鋪了土布墊子、被子和枕頭，有的馬車上甚至還有棉被。一想起這些事情，到今天我還會不由自主地掉淚，多麼感人的場面。每個女人都選好了一個負責照顧的傷患，準備上路時，她們輕聲地呵護他們：『好了，親愛的！』『嗯，我的好孩子！』……每個女人都隨身帶來了一些家裡的食物，還有熱呼呼的馬鈴薯。她們用自己家裡的東西把傷患包裹起來，小心翼翼地把他們放到雪橇上。直到現在我的耳邊還能聽到這樣的禱告，這種輕輕的女人低語聲：『哦，我的小寶貝』、『唉，我的好孩子』……我真感到後悔，甚至覺得良心受折磨，因為那時候我們都沒有人去問一問這些女人的姓名。

我還記得我們是如何在解放的白羅斯土地上推進的，那些村莊裡沒有一個男人。只有婦女，只有婦女留下來了。」

——葉蓮娜・伊萬諾夫娜・瓦留欣娜（護士）

沉默的恐怖和臆想的美麗

「我可以告訴你，我是怎麼開槍的，但我是怎麼哭的，就沒有什麼好說了，那是沒法說清楚的。我只知道一件事：在戰爭中，人會變得十分可怕，又不可理喻。怎麼可能理解透呢？

你是個作家，就自己去想吧，想些美麗的東西。沒有蝨子和汙垢，沒有令人作嘔的東西，也沒有伏特加和血腥味……一個不那麼可怕的人生。」

——阿納斯塔西婭・伊萬諾夫娜・梅德韋特金娜

（列兵，機槍手）

「我不知道，不，其實我很明白你在問什麼，但是我的詞彙不夠用。要怎麼形容呢？每當深夜躺在寂靜中，突然想起來時，我的心都會抽痛得厲害，好像要悶死了。窒息得渾身發抖，就是這樣子。

能用什麼言語去表達呢？或者需要一位詩人，像但丁那樣的一位詩人。」

——安娜·彼得羅夫娜·卡里亞金娜

（中士，衛生指導員）

「我常常想聽音樂或歌曲，想聽聽女人的歌聲，從中可以找得我那時候的感覺。某種似曾相識的東西。

我看戰爭片，總覺得太假了，我讀寫戰爭的書，也太假了。根本就不是那麼回事。當然，就算是我自己現在說，也已經不是那麼回事了。其實，既沒有那麼恐怖，也沒有那麼美好。你知道，戰場上經常出現多麼美麗的早晨嗎？就在開打之前。看到那樣的早晨，你馬上就會想到這有可能是你人生的最後一個早晨。大地是如此美麗，空氣是如此清新，朝陽是如此可愛。」

——奧麗嘉·尼基契什娜·札貝利娜

（戰地軍醫）

「在猶太人隔離區，我們被圍困在鐵絲網裡面，我甚至還記得那是一個星期二發生的事。不知何故，我很清楚那天是星期二，卻記不得是幾月幾日。我偶然走到窗前，在我們房子的對面，一個男孩和女孩坐在一個長椅上接吻。四周槍砲聲不斷，他們卻在接吻！這樣美好和平的景象，我一時間看呆了。

我們這條街道很短，這時就在街道的另一端出現了德軍巡邏隊。他們一定也看見了，當時視野很好。我還沒來得及反應過來，就聽見了驚叫聲和槍聲，德國人開槍了。我當時大腦一片空白，第一個感覺就是恐懼。我正好看到那個男孩和女孩，他們剛剛站起來，就倒了下去。他們是一同倒下去的。

然後，這一天過去了，第二天、第三天也過去了，我依然在回想著那個情景。我想弄明白：他們為何不在家裡，而偏要在街上接吻？到底為什麼？他們應該就是想好了要這樣死去。他們知道，在猶太隔離區裡，反正遲早也會死的，不如以另一種方式死去。當然，這就是愛情。還有其他原因嗎？哪裡還會有其他原因？只有愛。

我和你說過了，真的，這是在我眼前發生的事，如此美好。但是，現實生活呢？全是悲慘的，是的，還能有什麼呢？我現在仍然認為，他們是在做無言的對抗，想優美地死去。我確信，這就是他們的抉擇。」

——柳鮑芙．埃杜阿爾多夫娜．克雷索娃

（地下工作者）

「我？我不想談，儘管沒什麼……總之，關於這些我不能說。」

——伊琳娜・莫伊賽耶芙娜・列彼茨卡婭（步兵）

「有一個瘋女人滿城遊走，她從來不洗澡，也不梳頭。她的五個孩子都被殺死了，那是她所有的孩子。孩子被殺的方式都不同，一個是被打中頭部，一個是子彈射進了耳朵裡……她在街上逢人就講，見到每個人都這樣說：『我跟你說，我的孩子們是怎麼死掉的。先講誰好呢？先說瓦辛卡吧……他們打中了他的耳朵。還有托利卡，子彈射進了腦袋裡……是啊，要從誰開始講好呢？』

所有的人看到她就遠遠地避開。因為她瘋了，所以還能喋喋不休地說著。」

——安東尼娜・阿爾貝托夫娜・維魯托維奇（游擊隊護士）

「我只記得一件事：人人都在大喊勝利了！整整一天歡呼聲不絕於耳。勝利了！兄弟們，我們勝利了！起初我不敢相信，因為我們已經習慣了戰爭，這已經成了我們的生活常態。勝利了！我們贏了，我們是多麼幸福、多麼快樂！」

——安娜・米哈伊洛夫娜・彼列別爾卡（中士，護士）

你們知道嗎？工兵排長平均只能活兩個月

其實，我一直在說的只是一件事，翻來覆去就是一個主題。

我說的最多的就是死亡，是關於她們與死亡的關係，死亡是常常伴隨在她們左右的。如同生活一樣，她們對死亡也是如此親近，而且十分熟悉。我一直想弄明白，在這無休無止地體驗死亡的常態中，怎樣才能安然無恙？日復一日地觀察，孜孜不倦地思索，情不自禁地嘗試。

我們可以談談這個話題嗎？這會受到語言和我們感情的影響嗎？什麼是不能解釋的謎題？我的問題愈來愈多，答案卻愈來愈少。

我有時在採訪後回到家，內心有一種想法揮之不去：痛苦就是一種孤獨，像聾子般與世隔絕。有時我又感覺到，痛苦是一種特殊的知識類別，是人生中無法以另一種方式表達和保存的東西，我們尤其如此。我們的世界就是這樣建立的，我們也是這樣成長的。

我是在白羅斯國立大學的講堂，見到本章其中一位女主人翁的。當時剛下課，學生喧譁著，愉快地收拾自己的筆記。「我們當時是什麼樣子？」她回覆我的第一個問題，「就和我的這些學生一樣啊。只有衣著不同，還有女孩子的打扮更簡單些：金屬指環、玻璃項鍊、橡膠平底鞋。」

我一邊看著學生們匆匆離開教室，一邊開始了採訪……

「我和好友在戰前就從大學畢業了，戰爭期間我們兩人又進了工兵學校。我們是以軍官身分上前線的，軍銜是少尉。當時上級是這樣歡迎我們的：『好樣的！能上前線，真的很棒。但是我們不能把你們派到任何地方去，你們就留在司令部吧。』工兵司令部就是這樣迎接我們的。聽到這話，轉身就去找司令馬林諾夫斯基。我們還走在路上呢，營地裡就已經傳開了，說有兩個女孩在尋找司令。有一個軍官向我們走過來，他說：『請拿出你們的證件。』

他一邊看一邊說：『你們為什麼要找司令，你們不是在工兵司令部嗎？』

我們回答他：『我們是被派到這裡的工兵少尉，可是他們要把我們留在司令部。我們的要求就是，身為工兵排長這樣的級別，必須要上前線。』

這位軍官當下就把我們送回了工兵司令部。他們在擠滿人的小房間裡談了很久，每個人都在發表意見，然後又有誰大笑起來。我們堅持自己的立場，說我們有介紹信，必須擔任工兵排長的職務。這時，那個把我們送回司令部的軍官火大了：『小姐們！你們可知道一個工兵排長能活多久嗎？平均只能活兩個月。』

『我們知道，所以我們才要求上前線。』

他們沒有辦法，只好又給我們寫了介紹信：『那麼好吧，我們就派你們去第五突擊軍。你們大概也知道什麼叫做突擊軍吧，顧名思義，就是在第一線的軍隊。』

他們沒有再對我們多說什麼嚇人的話，但我們很高興：『完全同意！』

於是，我們來到了第五突擊軍的司令部，那裡坐著一位溫文爾雅的大尉，彬彬有禮地接待了我們。但是當他聽到我們要當工兵排長時，就撓了撓頭：『不行不行！你們以為自己是誰？我們幫你們安排的工作，就是在司令部這裡。開什麼玩笑，前方只有男人，突然間來了一個女工兵排長，還不叫人瘋掉。你們以為自己是誰啊？』

一連兩天，他們就不停地勸說。但我們絲毫不退讓，就是要當工兵排長，寸步不讓。終於，他們總算接受了我們的意見，把我帶到我的排裡去了。

士兵看著我，有的帶著嘲笑的目光，有的甚至還帶著惡意，不然就是聳聳肩，意思很明白。當營長宣布說我是他們的新排長時，他們異口同聲地發出『嗚…嗚…嗚……』的聲音，表達心中的不滿，其中有個人還『呸』的一聲吐了口水。

但過了一年，當我被授予紅星勳章時，同樣是這些小伙子（活下來的傢伙），他們一起把我抬了起來，高舉著把我送進了掩蔽部。他們為我感到驕傲。

如果你問我戰爭是什麼顏色的，我會告訴你，是土地的顏色。對於工兵來說，戰爭就是土地的黑色和黃色，黏土的顏色。

不管我們到什麼地方，都露宿在樹林裡。燃起篝火，圍著篝火取暖，大家都安靜地坐著，有人就這樣睡著了。我即使睡著也會盯著篝火，我睡覺總是睜著雙眼：看著那些飛蛾，有的是小蟲蟲，整夜一片一片飛來，撲向篝火，沒有任何聲響，沒有任何動靜，就這樣默默地消失在熊熊的火焰中。前仆後繼地撲火。老實說，我們不也是這樣的嗎？前仆後繼。

兩個月過去了，我沒有死掉，又過了兩個月，我受了傷，第一次受的是輕傷。後來我就不再去想會不會死了。」

——斯坦尼斯拉娃·彼得羅夫娜·沃爾科娃

（少尉，工兵排長）

「我從我的童年開始說起。其實在戰爭中，最害怕的就是回憶小時候的事。最溫柔的童年，是戰爭中不能去想的，戰爭是柔情的禁區。

從很小開始，父親就給我剪了短短的寸頭。當兵後剪頭髮時，我又從女孩變成了小兵，當時我就想起了自己的小時候。有些女孩被嚇壞了，但是我很快就習慣了。那是我的本性，難怪連我爸都無可奈何地嘆氣說：『我養的不是個丫頭，是個小子。』我這種剛烈的性格惹了不少禍，因此不止一次被父母教訓。冬天我經常會從陡峭的山崖，跳到被大雪覆蓋的鄂畢河上，放學後，就穿上父親的老棉褲，把褲腳和氈靴紮在一起，用棉花塞進褲子，再用皮帶拉緊，頭上戴一頂遮耳棉帽，在下巴上緊緊綁牢，看上去就像一頭熊似地蹣跚挪著腳步，一路爬到河上的山崖邊。先要使盡全身力氣助跑，然後從一個懸崖口往下跳。

啊哈！在你飛身跳入深淵，一頭栽進大雪中時，那是一種什麼樣的感覺！呼吸都停了！也有其他女孩跟我一起嘗試，但她們都做得不順手：不是扭到腳，就是碰破皮了，各種意外都曾發生。只有我，動作比男孩子還要敏捷。

我之所以先說點童年的事，是因為不想一開始就談到血。當然我知道，這才是重點，非常重要。我喜歡讀書，我懂的。

一九四二年九月，我們抵達莫斯科。整整一個星期，我們都在鐵路環線的列車上，沿途停留各站：孔采沃、彼洛夫、奧恰科沃，每到一站就從車上下去一批女孩。人們俗稱的『買家』（不同軍兵種的幹部），在我們中間挑選狙擊手、衛生指導員，或者無線電員，所有這些都沒有讓我動心。最後整列火車上只剩下了十三個人，都被轉到一輛封閉貨車列車裡，拉到了鐵軌的盡頭，在那兒停著兩節車廂：我們這節和指揮部的一節。連續兩天兩夜，沒有一個人來找我們，我們只管又說又笑，唱著俄羅斯民歌〈被遺忘和被遺棄的〉。到了第二天晚上，我們終於看到有三個軍官和列車長一起朝車廂這邊走來。

『買家』來了！他們身材高大，軍大衣上的軍釦發亮，帶有馬刺的皮靴擦得發光。好帥！我們從來沒有見過這樣的軍官。他們走進了指揮部的車廂，我們就把耳朵緊貼在車廂外牆上，偷聽他們在說什麼。車長在念我們的名單，並對每個人的特點簡要說明：誰本來是做什麼工作的，老家是哪兒，受過什麼教育等等。最後我們聽到一聲命令：『讓她們全都過來。』

於是，車長走出指揮部車廂，命令我們列隊集合。上級問我們大家：『你們想學習作戰技能嗎？』我們當然求之不得，可以說是夢寐以求！以至於我們居然沒有一個人想到要問：『去哪裡學習，和誰學習？』只聽到長官命令道：『米特羅波爾斯基上尉，把這些女孩帶到學校去。』於是我們每個人都背上自己的袋子，兩人一行，軍官把我們帶上了莫斯科大街。親愛的莫斯科，祖國的首都！即使在這種艱難的時刻也是如此美麗，如此親切。

軍官在前面大步流星地疾走，我們都有些跟不上他。直到後來，在衛國戰爭勝利三十週年紀念日那天，當我們與米特羅波爾斯基在莫斯科重逢時，他才向我們這批莫斯科軍事工程學院的學員坦承，當年他帶領我們走在莫斯科街頭時，其實是相當尷尬的，他很想離我們愈遠愈好，免得被大家注意到他帶領著這樣一批如羊群一樣的女孩。當然，我們當時並不知道他心裡在想什麼，就是一路小跑步地跟緊了他。

在開始學習的頭幾天，我就被罰了兩次額外勤務，一次是因為教室裡太冷，我凍得受不了；還有一次是因為什麼來著，你也知道，學校的規矩又多又繁。反正我是罪有應得，一而再、再而三地違反紀律，屢勸不改。大家分手後，學員在街上看到我時，還都忍不住笑我：『這就是那個專職的勤務員耶！』在他們看來當然可笑，我白天不能上課，夜晚又不能睡覺。白天我要一整天在靠近門邊的衣櫃旁擔任勤務，晚上要在宿舍裡擦洗地板。那個時候怎麼洗刷地板？現在我可以一五一十地講給你聽。

那時可不像現在這樣，有各種刷子和打蠟工具可用。為了不弄髒樹脂地板，要脫下氈靴，用舊大衣的布條把腳包上，就好像是用繩子綁起來的樹皮一樣。你要先掃一遍，然後再用鬃毛刷去磨刷。鬃毛刷子很容易掉毛，我們就趕緊用腳整理乾淨，地板要擦到像鏡子一樣亮。這些工作都要等到熄燈後才能做，所以你幾乎一整夜都在洗地板，像跳舞一樣團團轉！有時兩腿跪到痠麻，腰背都直不起來，眼睛也被汗水蒙住。到了早晨筋疲力盡，甚至沒有力氣朝大家喊：『起床！』白天也不能坐下，因為我要站在門邊的衣櫃附近值勤。

有一次，我就碰上一件好笑的事。那天我在衣櫃附近整理宿舍時，因為實在睏到不行，倚著櫃子就睡著了。突然間，我聽到有人打開門走進房間，我連忙一躍而起，在我面前站著營值班員。我趕緊舉手報告：『報告上尉，本連正在休息。』他睜大眼睛看著我，忍不住就笑了起來。後來我才明白，因為我是左撇子，匆匆忙忙地就舉起左手敬禮了。雖然馬上想改為右手，但為時已晚，一錯再錯。

有好長一段時間，我還意識不到這裡既不是遊玩的地方，也不是在中學，而是準備打仗的軍事院校，長官的命令就是法律。

我還清楚地記得畢業考的一道問題：『工兵一生中可以犯幾次錯誤？』答案是工兵一生中，只能犯一次錯誤。犯一次就死了

上級把我帶到我以後要帶領的工兵排，下令道：『全排集合！』但是全排士兵都不站起來。有人躺著，有人坐著，有人在抽菸，還有人在打哈欠伸懶腰。他們都假裝沒注意到我的存在。這幫久戰沙場的男偵察兵，想到居然要聽從一名二十歲上下的女孩指揮，想想就丟人。我當然明白他們的心思，只好就地下令說：『解散！』

就在這時，敵人突然開始砲轟。我跳進戰壕時，因為大衣是新的，我沒有一下子臥倒在泥地上，只有大衣側面黏了一些薄薄的白雪。年輕時候常常是這樣，把一件軍大衣看得比性命還珍貴。女孩子嘛，就是這麼傻！結果當然是，遭到我的士兵一陣訕笑。

你問我，我們的工兵偵察是怎麼進行的？就是戰士在深夜悄悄潛入中間地帶，挖一個雙人掩

蔽溝。有一天黎明前，我和一個班長悄悄爬到雙人掩蔽溝裡，其他戰士幫我們掩護。擔心換人會驚動敵人，我們就在溝裡埋伏了一整天。兩小時過去了，我們的手腳都凍僵了，就算穿著氈靴和皮襖也不管用。四小時後，人都凍成了冰柱。要是再下雪，我就變成一個雪姑娘了。相反的，到了夏天，又不得不在酷暑或雨水中趴著，一整天趴在那裡仔細觀察所有動向，還要畫出前線觀察圖：察看哪些地方的地面表層出現變化。如果發現地面有凸出或者土堆、雪地有汙痕或草地被踩踏過或露水沒有了，這些都是我們必須留意的，目的就是要探明：是否有德國工兵在野地中布過雷。如果他們設置了鐵絲網隔離帶，就必須找出隔離帶的長度和寬度；還有他們使用哪一類地雷，是反步兵地雷或是反坦克地雷，或者是更加厲害的其他種地雷？此外，還要精確找出敵人的火力點。

在我軍進攻之前，我們在頭一天夜裡就要做好偵察工作，一寸一寸地探測地形，在雷區中確定出一條可以走的安全路線。我們總是緊貼地面匍匐移動，肚皮就像滑行的船底，急速地從一個班爬到另一個班。

我遭遇過各種各樣的情況，那些故事夠拍成一部電影或影集了。

有一天，軍官邀請我去吃飯，我同意了。工兵不常能吃到熱食，因為大多數時間都在野外度過。當飯菜都擺在桌面上時，我卻緊盯著一個爐門關閉的俄羅斯烤爐，走過去想看看裡面是什麼。那些軍官看到我這個樣子，笑說這個女人神經兮兮的，大概以為砂鍋裡會有地雷吧。我正要回應他們的笑話，卻注意到烤爐左側的底部有一個小孔。我仔細地朝裡面看，只見有一根細細的導線通向烤爐。我急忙轉身對坐在屋裡的人說：『房子裡有炸彈，請馬上離開房間！』軍官頓時安靜了下來，難以置信地瞪著我，沒有人想站起來。燒肉和烤馬鈴薯的香味在房間裡飄著呢。我又大聲說了一遍：『馬上淨空房間！』隨後我帶領工兵開始工作。先卸下烤爐門，再用剪刀剪斷導線，這下就看到了：在烤爐裡面，有幾個用麻線捆在一起的搪瓷缸子。我們把那種缸子叫做『士兵之夢』，比用鐵鍋更實惠。但是在烤爐深處，隱藏有兩大卷的東西，用黑紙包著，那是約二十公斤重的炸藥。嘿，這就是你們說的砂鍋啊？

我們反攻到烏克蘭境內，已經到了斯坦尼斯拉夫，現在叫做伊萬——弗蘭克夫州。我們接到了一項任務，要立刻去一座製糖廠拆除炸彈。我們爭分奪秒地趕路，也不知道是用何種方式在工廠布下的炸藥，要是安裝了定時裝置，隨時都可能爆炸。

我們一路急行軍前往任務地點，當時天氣已經轉暖，我們是輕裝上路的。我們經過一個遠端榴彈砲陣地時，突然看到有個人跳出戰壕衝著我們大喊：『空襲啊！拉瑪*來了！』我抬起頭，空中沒有拉瑪啊，沒有發現任何飛機。四周寂靜無聲，拉瑪在哪兒啊？這時我的一個工兵請求批准他從隊伍裡出去一下，只見他跑過去找到那個叫喊『空襲』的砲手，搧了他一耳光。我還沒來得及弄明白發生了什麼事，就聽到那個砲手在喊：『弟兄們，他們打人啦！』於是，從戰壕裡跳出來好幾個砲手，團團圍住我的工兵。我們工兵排的士兵也不由分說，扔掉了挖地的鑽頭、探雷器和身上的背包，趕上前去救自己的弟兄。一場打鬥就爆發開來了。一時間我沒弄明白到底發生了什麼事，為什麼我的士兵突然打起架來？現在是分秒必爭要去拆除炸彈，這裡卻亂成一團了。

我馬上下令：『工兵排集合！』但沒有人理我。於是我掏出手槍，朝天開了一槍。這時從防空洞跑出來幾個軍官，平息了一場形勢緊張的打鬥。一個大尉走向我的隊伍問：『誰是領導？』我說是我。他睜大了眼睛，顯得很困惑，又問：『到底發生了什麼事？』我答不上來了，因為實際上我也不知道。這時副排長走出來講了事情的原委，我這才知道，原來拉瑪還有其他的意思，是用來羞辱女人的字眼，類似妓女什麼的，這是前線用來罵人的髒話。

你知道，說實話，我在戰爭中儘量不去想愛情和童年的事，死亡也不去想。嗯，是這樣的，我已經說過了，為了活下來，我自己劃下很多禁區，特別是絕對不能去觸碰任何曖昧和溫情，想都不能去想，就算回憶過去也不行。我還記得在解放利沃夫之初，上級批准我們有幾個晚上可以自由活動。那是戰爭期間的第一次，我們全營的人都到城裡去看了一場電影。一開始，我們甚至坐不慣軟圈椅，不習慣看到這樣美麗雅靜、舒適安寧的環境。電影開始前，有樂隊演奏和藝術家演出，大家可以在大廳裡跳舞。跳波爾卡、勇士舞、西班牙舞，最後以永遠不變的〈俄羅斯女人〉結束。音樂對我是特別有感染力的，讓我一時間忘掉了有些地方還在作戰，忘記了我們馬上就要開赴前線，忘記了不遠之處仍然有死神守候著。

只過了一天，我們就奉命去清理通往鐵路某段崎嶇不平的區塊，在那裡有幾輛汽車炸飛了，又是地雷造成的。我們偵察兵帶著掃雷器沿著公路前行，天上下起了冰冷的細雨，寒氣很重，所

＊二戰時期德國的一種雙引擎轟炸機。

有人都被雨水淋得濕透。我的靴子泡脹了，愈來愈沉，彷彿腳底黏著兩塊鐵板似的。我把軍大衣的衣襬塞到皮帶裡，以免踩在腳下絆倒自己，走在前面的是我的軍犬涅爾卡，我用皮帶拴著牠，牠負責尋找砲彈和地雷，然後就坐在旁邊等待我們排雷。牠是我忠實的朋友，你瞧，照片上的就是涅爾卡，牠坐在那兒待命時會不時地叫上幾聲。

這時候，有人傳達口令給我：『中尉，請到將軍那兒去。』我回頭一看，公路上停著一輛吉普車，我跳過路邊水溝跑過去，邊跑邊拉出大衣的下襬，調整好皮帶和軍帽。儘管如此，我看上去還是有些邋遢寒酸。

我跑到車前，打開車門就開始報告：『報告將軍，依您的命令……』

這時我聽到一聲：『稍息。』

我依舊保持立正的姿勢，將軍甚至沒有轉過身來，只是看著車窗外的公路。他神情緊張，不時地看著手錶。我就一直立正站著。一會兒，他轉頭問自己的勤務兵：『工兵指揮官到底在哪兒？』

我試圖再次報告：『報告將軍……』

他終於轉過頭來，對我發怒道：『我下了地獄才會需要你！』

我頓時明白了，差點失聲笑了起來。倒是他的勤務兵先猜到了：『報告將軍，也許她就是您要找的工兵指揮官？』

將軍瞪了我一眼：『你是誰？』

『我是工兵排長，將軍。』

『你就是工兵排長？』他怒氣沖沖地問。

『完全正確，將軍！』

『這兒是你的工兵在工作？』

『完全正確，將軍！』

『別一口一個將軍將軍的。』

他跳下汽車，向前走了幾步，來到我身邊停了一會兒，仔細打量我一番後，又轉身問他的勤務兵：『你確信是她嗎？』

然後又轉過來問我：『你多大了，中尉？』

『二十歲了，將軍。』

『哪裡人？』

『西伯利亞。』

他又問了我很多問題，還提出要我轉到他的坦克部隊去。我居然一副破衣爛衫的樣子，讓將軍很惱火，說我要是在他的手下，這是絕不被允許的，還說他們的部隊也迫切需要工兵。然後他把我拉到一邊，指一片小樹林說：『那邊有我的一批箱子，我想透過這條鐵路運送。可是鐵軌和枕木都被拆掉了，而公路上可能布滿了地雷。所以請幫幫坦克手，去檢查一下公路吧。從這裡能夠更方便且更近距離地運送到前線。你知道什麼是出其不意的突襲吧？』

『我知道，將軍。』

『哦，好好保重自己，中尉。一定要活著看到勝利，我們很快就會勝利，你知道的！』

我們檢查出來，道路真的被布雷了。

到了此時，每個人都想活著看到勝利。

一九四四年十月，包括二一〇特別掃雷支隊在內的我們這個營，與烏克蘭部隊一起踏上捷克的土地。所到之處，人人歡天喜地地迎接我們，朝著我們拋來鮮花、水果、香菸，街道還鋪上了地毯。一個女孩指揮了一整排的男兵，同時自己也身先士卒，這樣的事蹟成了一件轟動遠近的大事。我本來就剪著男孩的頭髮，又穿著男人的褲子和夾克，行為舉止也都很男性化，只有個頭較小，因此看起來就像個男孩。有時候我會騎著馬進入村莊，大家很難確定我的身分，只有敏感的女人會猜到並敬佩地望著我，女人的直覺真的很厲害。

還有一件好玩的事！那天我來到一幢要下榻的民房，那裡的主人只知道房客是個軍官，但沒有人告訴他們是男是女。結果很多人都驚訝得張大了嘴，說不出話來，就跟看默片一樣！但對我來說，就只是覺得好玩，我喜歡以這種方式讓別人大吃一驚。

在波蘭也是如此，我記得在一個小村莊裡，有個老太太拍拍我的頭。我猜到她是什麼意思了：『您看我是個小伙子嗎？』她不好意思地說：『哦，不不。』她就是可憐我，一直說：『這樣年輕的小伙子。』

那時候，每邁出一步都可能踩到地雷，多得不得了。有一次我們走進一棟房子，有人一眼就看到一雙長統靴立在衣櫃旁邊。他已經伸出手要去拿了，我大叫一聲：『不要去碰！』然後走過去查看，果然那雙靴子是連著地雷的。什麼東西裡都有可能藏著炸彈，有的是椅子，有的是矮櫃，有的是梳妝檯，還有布娃娃和吊燈。農民懇求我們到菜園子裡幫他們排雷，那裡種植了番茄、馬鈴薯和白菜。還有一次為了換一頓餃子嘗嘗，工兵排不得不先到一個村莊的麥田裡幫他們探雷，甚至連脫殼機的滑輪也要檢查一番。

我們就這樣一路到過捷克、波蘭、匈牙利、羅馬尼亞和德國。但是對沿途景色留下的印象很少，基本上都是地形地貌的偵察照片。各種巨石、茂密的草叢（不知是草叢真的長得高，還是我們感覺它們很高），要在草叢中使用探雷器，真的是寸步難移。我還記得更多的溪流和溝壑、森林灌木、密密層層的鐵絲網和腐朽的木樁、雜草叢生的雷區。德國人很喜歡花壇，他們留下了一座座荒廢的花壇，但總是埋下了地雷。有時，一般人在附近的地裡用鐵鏟挖馬鈴薯時，我們就在一旁排雷。

有一次，在羅馬尼亞的德治城，我住在一個年輕的羅馬尼亞女子的家裡，她俄語說得很好，她的祖母是俄羅斯人。這個女人有三個孩子，丈夫在前線陣亡了，他在羅馬尼亞志願師裡打過仗。即便如此，她還是很愛笑，總是很快樂。有一次她邀請我一起去參加舞會，她建議我穿上她的衣服，這對我誘惑很大。於是，我先穿上軍褲、軍便服和長統靴，外面再套上羅馬尼亞的民族服裝：亞麻布縫製的襯衫和羊毛方格緊身裙，腰上繫了一條她的黑色寬腰帶，頭上包著一塊有垂穗的大頭巾。由於當時是夏天，我又總在山上爬行，曬得黑黝黝的，鼻子都曬得脫皮了，所以看上去我和真正的羅馬尼亞人沒有什麼區別，看起來就是一個道地的羅馬尼亞姑娘。

德治城沒有俱樂部，年輕人都在自己的房子裡歡聚。我們到達時，音樂已經響起，大家都在跳舞。我看到我們全營的人幾乎都來了，起初我還怕他們認出我，就遠遠地坐在一邊，避免引起注意，甚至還用頭巾遮住臉，偷偷地看著所有人。沒想到的是，有好幾個人過來邀舞，竟然沒有一個軍官認出塗上口紅和畫過眉毛的我，我覺得有趣又好玩，就放下戒心也玩了起來。聽到有人說我是個漂亮姑娘時，我還真開心，我喜歡聽恭維話。那天晚上，我一直在跳舞。

戰爭結束後，我們還有整整一年的時間要排雷，從田野到湖泊和河流。戰爭期間，碰到水域，我們每個人都會毫不猶豫地跳進水裡渡水而過，準時到達目的地。而現在，我們開始會想別的事了，我們想活下去了。對工兵來說，戰爭是在勝利後又過了好幾年才結束的，他們比任何人的作戰時間都要長。勝利後還要繼續冒死拆除炸彈，這是怎樣的感覺呢？我們多半不樂意，因為勝利後才死亡，是最可怕的死亡。

作為一九四六年的新年禮物，上級送給我一塊十公尺長的紅緞子。我笑了：『我要它做什麼用呢？難道復員後我要縫製一件紅色的連衣裙，勝利的紅裙子？』不久後就下達了我的復員命令。就像平常一樣，全營戰友為我舉辦了隆重的歡送式。在晚會上，軍官獻上了一份厚禮，一塊大大的刺繡藍頭巾。這塊藍頭巾讓我不得不獻上一首歌曲〈藍色小方巾〉＊。那次，我為戰友歡唱了一整夜。

在回家的火車上，我發燒了。臉腫得嘴都張不開，原來是長了智齒。我從戰爭中回來了……」

——阿波琳娜・尼科諾夫娜・里茨凱維奇－巴拉克
（少尉，工兵掃雷排排長）

*二戰時期流行的蘇聯民歌。

哪怕只讓我看他一眼

現在要說關於愛情的故事了。

是戰爭中唯一的個人隱私。其他一切都是共同問題，連死亡也不例外。

對我來說，什麼是出乎意料的？就是她們談論死亡比談論愛情更直白。她們有些話總是不會說到底，好像在防範什麼，每次都在某個界限處停住，警惕地守著底線。在她們之間似乎有個默契：不能再說，帷幕落下。她們到底在防範什麼？我明白，是要防止戰後的怨氣和誹謗。這就是她們戰後的遭遇！戰爭結束後，她們自己還有另一場戰爭要打，可怕的程度並不比她們剛剛走出來的那場戰爭來得輕微。如果有誰敢於把實話說到底，或者脫口而出、大膽地表白，她總會在採訪結束時堅決懇求「請幫我改一下姓氏吧」，或者「目前還不到公開說出這些故事的時候」。但我聽到的是更多的浪漫和悲劇。

當然，這些都不是全部的生活，也不是全部的真相，但是，卻是她們的真實過往。就如同一位戰地作家所坦承的：「那是一場該詛咒的戰爭，它奪去了我們最好的時光！」這就是他們之間的密語，這就是他們生命的同一則箴言。

但不管怎樣，戰場上的愛，與死神毗鄰的愛，到底是什麼樣子？

魔鬼女人和五月玫瑰

「這場戰爭奪走了我的愛，我唯一的愛。

德軍轟炸城市時，尼娜姊姊跑來和我道別。我們都已經預想到，彼此不會再見面了。她對我說：『我想去當衛生員，但是我在哪裡可以找到他們呢？』我現在還記得那情景：那是個夏天，她穿著一件薄短裙，我看到她左肩的脖子附近有一塊胎記。她是我的雙胞胎姊姊，但我卻第一次看到她的胎記。我一邊看著她一邊想：『原來，我對你不是無所不知的。』

感覺就是這樣敏銳，愛情也如此……心都快跳出來了。

所有人都撤離了明斯克。大馬路遭到轟炸，我們只好從森林裡走。不知哪兒有女孩在喊叫：『媽媽，戰爭來了！』我們的部隊已經撤退了。我們走在寬闊的田地裡，黑麥正在抽穗，路邊是低矮的小農舍。已經到了斯摩棱斯克州，路邊站著一個女人，看上去比自己的小房子還要高，她穿著一身亞麻衣服，上面繡著俄羅斯民族的圖案。我們的士兵經過時，她就把雙臂在胸前交叉並深深鞠躬，一邊鞠躬一邊說：『讓上帝保佑你們返回家鄉。』你知道，她向每個人都鞠躬，並說著同樣的話。聽到她的話，所有的戰士都流出了眼淚。

我在整個戰爭期間都記著這個女人。而另一件事發生在德國，那時我們正在追擊德國人，到了一個小村莊，有兩個戴著便帽的德國女人坐在院子裡喝咖啡，彷彿沒有發生過戰爭。我當時就想：『我的上帝啊，我們都被炸成了碎片，我們的人在地底下求生，我們的人在吃草根，而你們卻坐在這裡悠閒地喝咖啡。』附近就是我們的汽車，我們的戰士在趕往前線，她們卻在喝咖啡。

後來，我回到了我們的國土上，我看到了什麼？看到一個村子只剩下一個烤麵包爐，一個老人坐在那裡，身後是他的三個孫子，看得出來他的兒子和兒媳婦都沒了，還有一個老婦人在低頭往爐子裡生火。牆上掛著一件羊皮襖，看來他們是剛從森林裡回來的。烤爐內，其實什麼都沒有。

感覺就是這樣敏銳，愛情也是這麼地強烈。

我們的列車停了下來。我不記得為了什麼，可能是在修道路，或是在更換火車頭。我和一個護士坐在一起，附近有兩個士兵在煮粥。這時候不知從哪裡出現了兩個德軍俘擄，朝我們走了過來，向我們討吃的。我們有麵包，就拿出一個麵包，掰開給他們。兩個煮粥的俄軍士兵看到了，就在議論：『瞧瞧，還有這樣的醫生，把麵包送給我們的敵人呢！』接下來他們愈發說得起勁：『她們哪裡知道真正的戰爭啊，都是待在醫院裡，沒有打過仗……』

過了一會兒，又有另外一些德國俘擄來到熬粥的戰士旁邊。那個剛剛指責過我們的士兵對一個德國大兵說：『什麼，想吃東西？』

德國俘擄就站在那兒，一言不發地等著。另一個我們的士兵就遞給自己同志一塊大麵包：『算了，你切給他吧。』那個士兵就把麵包切成片，幾個德國兵都拿到了麵包，但還站在那兒不動，眼睛直看著鍋裡熬的粥。

『好吧，』我們的士兵又說，『給他們一碗粥吧。』

『可以，但是粥還沒有熬好呢。』

你聽聽，他們說的什麼啊？

那些德國大兵好像也聽明白似的，就站在那兒等著。我們的士兵在熱粥裡加了些醃豬油，然後就給德國兵倒滿了他們的鐵罐。

你看到我們士兵的好心腸了吧？他們雖然指責我們，但自己也把麵包給了俘擄，還有粥，還加了些醃豬油。這都是我記得的。

感覺就是這樣敏銳，這麼強烈……

戰爭結束多年後，有一次我要出門度假時，正巧發生了加勒比海危機*，世界又變得不安定了。已經準備好出發，手提箱裝著折疊得整整齊齊的衣裙和襯衫。還有什麼不能忘的？對，我又找出一個公文袋，從裡面拿出自己的軍人身分證。我心想：『不管發生什麼情況，我都可以隨時找到當地的兵役委員會。』

在海上航行，我悠閒地休息，在甲板散散步，在餐廳吃飯時和同桌旅客聊聊天，告訴人家我為什麼來搭船旅遊，還隨身攜帶了軍人身分證。我這樣對人說，並沒有任何想法或炫耀的意思。餐桌上有個男人得知我的身分，興致勃勃地說：『全世界只有我們的俄羅斯女人，在外出度假時

---

*指一九六二年美國、蘇聯、古巴之間發生的古巴飛彈危機。

還會隨身帶著軍人身分證。認為萬一有情況，可以立即去兵役委員會報到。』

我還記得他那個喋喋不休的熱情勁兒，他看著我的那種眼神，就像我先生那樣子。不好意思，我說太久了，我無法說得有條有理。我的想法一直很跳躍，感情用事。

我是和我先生一起上前線的，兩人同行。

很多事都忘了，但我還記得和他在一起的每一天。

有一次作戰結束後，安靜得難以置信。他用雙手撫摸著青草，草很柔軟，然後就看著我，看著我，用那樣的眼神。

還有一次，他們分成了幾個小組出去偵察。我等了他兩天，兩天兩夜都沒有睡覺。後來忍不住打了瞌睡，醒來時他正坐在身邊看著我。他對我說：『躺下睡吧。』我說：『捨不得睡。』

感覺就是這樣敏銳，愛情也是如此，心都快跳出來了。

很多事情我都忘了，幾乎快忘光了。但我認為有些事不會忘記，永遠不會忘記。

我們穿越過東普魯士，大家都在談勝利。但是他卻犧牲了，一瞬間就死了，因為被彈片打中，當場死亡。我聽到他們把他帶回來了，我跑了過去，緊緊地抱住他，不讓別人把他帶去埋葬。戰爭中下葬很快：當天犧牲，如果仗打得快，就立即把死者蒐集起來，挖一個大坑就掩埋了，戰友長眠在一起。還有一次，就地掩埋在沙中，如果你長時間看著那個沙丘，會感覺它正在移動，正在顫抖。你會誤以為裡面還有活著的人，他們不久前還是活生生的。現在我依舊能看到他們，能跟他們交談，我不相信他們死了。我們曾經朝夕相處，怎麼能相信他們突然間就從世界上消失了？

我不許他們馬上掩埋我先生，我想和他再過一個夜晚。我就坐在他身旁，看著他，撫摸著他。

第二天早上我打定了主意，要親自把他帶回老家。那是在白羅斯，家鄉在幾千公里外，而且一路上都在打仗，兵荒馬亂的。大家都以為我是悲傷過度精神失常了：『你需要冷靜下來，你一定要睡一會兒。』不行！我不能丟下他！我從一個將軍找過另一個將軍，一直找到了羅科索夫斯基。起初他也拒絕了，心想這個女人太不正常了！我們有多少戰友都被掩埋在無名烈士墓中，都長眠在他鄉異地。

我又一次去向他請求：『您想要我給您跪下嗎？』

『我理解你的心情，但是他已經死了。』

『我沒有為他生過孩子，我們的房子被燒毀了，甚至連照片都沒有了，什麼都沒有了。如果我把他帶回老家，至少還能留下一座墳墓。』

司令沉默不語了。他在辦公室來回踱步。

『您也曾經愛過吧，元帥？我不是埋葬我的先生，我是在埋葬愛情。』

他繼續沉默。

『那麼我也想死在這裡。沒有了他，我為什麼還要活著？』

他沉默良久，然後走過來，吻了吻我的手。

就這樣，上級專門為我派出了一架專機。我上了飛機，抱著他的棺木，失去了知覺。」

——葉芙羅西尼亞．格里戈利耶夫娜．博列尤斯（大尉，醫生）

「戰爭把我們夫妻分開了，我先生上了前線，我自己先疏散到哈爾科夫，然後又到了韃靼斯坦，在那裡得到一份工作。有一天有人在找我，那時我用的是娘家姓氏『索夫斯卡婭』。我聽到所有人都在叫著：『索夫斯卡婭！索夫斯卡婭！』我立刻回答：『我就是！』他們跟我說：『快去內務部，領取通行證，馬上去莫斯科！』為什麼？沒有任何人向我解釋，我什麼都不知道。那是戰爭時期。我去莫斯科的路上就在想，也許是我先生受傷了，所以他們叫我去看他？我已經四個月沒有他的任何消息了。我打定了主意，如果我看到他缺手斷腳成了殘廢，就立即帶他回老家去。我們就相依為命地活下去。

到了莫斯科，我按照地址找了過去。那裡的門牌寫的是『白羅斯共產黨中央委員會』，裡頭有很多像我這樣的人。我們都很好奇：『什麼事？為什麼把我們都叫來這裡？』工作人員回答：『你們馬上會知道的。』然後我們被集中在一個大廳裡，白羅斯黨中央書記波諾馬連科和其他領導接見了我們。他們問我：『你想不想回到自己的家鄉？』是的，我來自白羅斯，我當然想回去。於是，上級把我派到一所特殊學校去學習，準備派到敵人後方去。

修完課程後的第二天，我們就坐上汽車到前方去，下車後我們又步行了一段路。我完全不知道前線是什麼樣子，但那其實就是一個中間地帶。上面下令：『準備就緒！一號行動！』這時『啪』的一聲，幾顆信號彈升上天空。亮光下只見一片白白的雪，還有我們排成一線，一個挨著一個地趴在地上，有很多人。信號彈熄滅了，就再也沒有發射了。新的命令下達：『跑！』我們就一起跑，就這樣通過了中間地帶。

在游擊隊裡，鬼使神差的是我居然收到了我先生的信。這讓我喜不自勝，我完全沒有想到，他已經兩年杳無音訊了。那次是有飛機來空投食物、彈藥，還有郵件。就在這個帆布郵包裡，有給我的一封信。於是，我馬上以書面形式向黨中央提出了申請。我寫道：『只要能和外子在一起，我願意做任何工作。』我避開游擊隊長，把這封信偷偷交給了飛行員。不久後我們得到消息，是透過無線電傳達的：『完成任務後，上級在莫斯科要接見我們特別小組全體成員，上級要把我們派到一個新地方。所有人都必須搭飛機離開，尤其是費多先科。』

我們在等待著飛機，這是在夜晚，天空黑得讓人覺得好像待在桶子裡。一架飛機在我們頭頂上空盤旋，引來了敵機向我們投擲炸彈。此時我們的Y——2飛機正在降落，就在我附近的雲杉樹下。我們的飛行員剛剛降落，馬上又準備起飛，因為他看到了德國飛機，於是掉頭並且開始掃射。我死死抓住了機翼，大聲喊叫：『我要去莫斯科，我有上級命令！』他甚至有些粗暴地吼道：『你給我坐下！』就這樣，我跟他兩人一道起飛了。兩個人都毫髮無傷。

莫斯科是五月的天氣，我卻還穿著冬天的氈靴走來走去，進劇院也是穿著氈靴，但是感覺好極了。我寫信給我先生：『我們怎麼見面？』我仍然在等待中，上級答應過我會送我去我先生所在的部隊，哪怕只讓我看他一眼，然後就回來，我願意被派到任何地方去。後來，我自己從郵箱號碼知道了丈夫在哪裡打仗，我就自己搭車去了。我先找到州黨委，給他們看我先生的地址，以及證明我們是夫妻的文件，告訴他們我想見我先生。他們的回答是不可能：『他是在最前線，你還是回去吧。』我已經筋疲力盡，又餓又乏，這樣叫我怎麼辦？怎麼後退回去？我又去找軍事衛戍司令。他一看到我，就下令讓人給我送些衣服來。我拿到一件套頭軍便服，繫上一條軍皮帶，然後他開始勸阻我：『你這是怎麼了，你先生那裡非常危險。』

我坐下來就放聲痛哭，最後他心軟了，給了我通行證。

『你去吧』，衛戍司令說，『沿著公路走，你會看到一個調度員，他會指引你如何去。』我找到了公路，找到了那位調度員，他把我安置在一輛車子上，我就上路了。我來到部隊，那裡的人看到我都十分驚訝，因為這裡全都是軍人。他們紛紛問我：『你是誰？怎麼會來這個四面都有炸彈爆炸的地方？』我總不能說我是某某人的妻子，於是我就回答說我是他妹妹。他們就對我說：『你再等等，到那邊去，還有六公里路要走呢。』我這麼大老遠來，怎麼還能夠繼續等待呢。那時正好有輛車子從那邊開過來領取午飯，車上是一位棕色頭髮、臉上有雀斑的准尉。他說：『哦，我認識費多先科，但他是在戰壕裡啊。』

於是，我百般懇求他。他們總算讓我上了車，一路上我看不到任何東西，只有一片黑壓壓的森林。森林間只有一條路，對我來說，這很新鮮：雖然說是前線，但都沒有見到人，只是不時會聽見槍聲。我們到達了目的地，准尉問：『費多先科在哪兒？』

有人回答：『昨天他們出發去偵察了，現在已經天亮，他們得在那裡等待了。』他們用無線電聯絡，通知他說你妹妹來了。什麼妹妹？這邊說：『是個棕色頭髮的女孩。』他的妹妹是黑髮，一聽說是棕髮，他立刻猜到是個什麼妹妹了。我不知道他從那邊是怎樣爬回來的，反正費多先科很快就出現了，我們終於在前線見了面，別提有多高興了。

我和他待了一天後，第二天我就做出了決定：『你去向司令部報告，我要留下來和你在一起。』

他去找領導了，我屏住呼吸等消息。他們會怎麼說呢？才二十四小時，她就邁不動腿啦？這是在前線，我們可以理解……

忽然，我看到領導進入了掩蔽部：一位少校和一位上校。他們和我握了握手，然後，我們就在掩蔽部坐了下來，喝著茶。他們分別說了一番稱讚我的話，說一個妻子千里迢迢跑到戰壕裡找丈夫，還備有證明文件，這是多麼偉大的女人！大家都要學學這樣的女人！他們一邊說著，一邊還哭了起來。這個晚上，我一輩子都不會忘，我還有什麼割捨不掉的呢？

部隊接收了我當護士，但我常常和他一起出去偵察。有一次敵人砲擊，我眼睜睜看著他倒了下去。我當時想：『他是死了，還是受傷了？』馬上不顧一切奔過去，當時迫擊砲彈還在不斷落下，指揮官大聲喊道：『你亂跑什麼？不要命了！』我匍匐著過去，他活著，還活著！

在聶伯河畔的一個晚上，月光之下，我被授予了紅旗勳章。然而我的先生受了重傷，那天我們是一起陷在泥濘的沼澤地裡，一起爬著出來。敵人的機槍不停掃射，我們就一步一步地爬著，他的傷全在大腿上，被子彈擊中，我用盡了繃帶給他包紮，但是他臀部全炸爛了，汙垢泥土都在裡面。我們正在突圍，無法安置傷患，我也沒有什麼醫藥用品。只有一個希望，就是衝出去。突圍之後，我護送丈夫到了醫院。但是到院時他已經因為感染而快死了。這是新年，一九四四年到來的第一天，他卻要死了。我可以感覺到他不行了，他獲得許多獎章，我把他拿到的獎章、勳章全都放在他身邊。就好像經過了長途跋涉一樣，他睡著了。醫生走過來說：『你離開這裡吧，他已經死了。』

我回答：『輕點，他還活著呢。』

我先生正好睜開了眼睛，他說：『天花板在變藍。』

我看了看說：『不，那不是藍色的。瓦夏，天花板是白色的。』

可是，在他看來就是藍色的。

鄰床的傷患對他說：『我說費多先科，如果你能活下來，那你就應該把妻子永遠抱在懷裡。』

『我會永遠抱著她。』他同意。

我不知道他是不是也覺得自己快死了，因為他抓住了我的手，拉到自己嘴邊親吻著。這是我一生中最後一次被人親吻：『小柳芭，很對不起，所有人都在過新年，但是我和你卻在這裡。但你不會後悔的，我們還有很多的新年。』

他只能活幾個小時了。他顯然很難受，我幫他換上了乾淨的被單，重新包紮了他的腿，又把他扶上枕頭。但他到底是個男人，很重很重，我抱起他的時候，腰彎得很低很低。現在我覺得一切都到盡頭了，每分每秒他都可能會離開，這是在夜晚。到了十點十五分，我還記得最後那一刻，寧可是我自己死去。我那時肚子裡已經有了我們的孩子，這是我唯一的支柱，為此我才能度過那些日子。在一月一日我埋葬了他，過了三十八天之後，我們的兒子出生了，他是一九四四年出生的，現在他自己也有了孩子。我先生的名字叫瓦西里，兒子也叫瓦西里，我的孫子叫瓦夏，是瓦西里的暱稱。」

——柳芭芙・弗米尼奇娜・費多先科

（列兵，衛生員）

「我看得太多了，每天都看，但還是不能習慣。那麼年輕英俊的男人一個接著一個死去，我只想能來得及去親他們一下。既然沒有辦法用醫生的方式幫到他們，那麼女人的一些做法對他們還是有用的。關鍵時候，哪怕是一個微笑、一個撫摸，或者握著他們的手。

戰爭過後很多年，有個男人向我承認，他一直記著我年輕時的微笑。而對我來說，他就是一個普通傷患，我甚至都不記得他了。可是他說，就是這個微笑把他從另一個世界拽了回來，活了下來。這應該叫做女人的微笑。」

——薇拉・弗拉基米羅夫娜・謝瓦爾德舍娃

（上尉，外科醫生）

「我們到了白羅斯，一共有二十七個女孩子。男人欣賞又敬佩地看著我們說：『你們不是洗衣女工，也不是電話接線生，而是女狙擊手！我們可是第一次見到這樣的女孩呢，多麼棒的女孩！』司務長還為我們寫了詩，大意是這樣的：『女孩們是如此動人，就像五月玫瑰，戰爭也無法摧毀她們的靈魂。』

我們每個人上前線時都發過誓：在戰場上絕不能出現情感糾葛。只要我們能完整無損地從戰場上回來，以後一切都會有的。在戰爭爆發之前，我們甚至連接吻的經驗都沒有。我們看待這些事可要比現代人嚴格得多。對我們來說，接吻就代表了堅守一生的愛情。在前線，戀愛是禁止的，如果被領導知道，通常就會把戀愛中的一個人調到另一個部隊，以這樣簡單的方式棒打鴛鴦。我們都是小心翼翼地維護著隱祕的愛情。實際上，我們都無法堅持自己那些幼稚的誓言，我們都在戀愛。

我想，如果在戰場上我沒有墜入愛河的話，那我就根本活不下來。愛能救人，我就是被愛情拯救的人。」

——索菲亞·克利蓋爾
（上士，狙擊手）

「你是問愛情那些事？我不怕和你講真話。

我曾經是一個野戰妻子、戰場老婆、二奶、不合法的女人。

我的第一個男人是營長。

但其實我並不愛他。雖然他是個很好的人，但我不愛他。我是過了好幾個月才去了他的掩蔽部，走投無路啊！周圍全是男人，跟一個人過，總比擔心所有人要好。在戰鬥中，還不如戰鬥結束後那麼糟糕，特別是休息過、恢復鎮定之後。在槍林彈雨中，他們都叫我『護士小妹、衛生員妹妹』，但是打完仗以後，每個人都不懷好意地追逐著你、圍繞著你，讓你夜晚根本不敢走出自己的房門。

是不是有其他女孩告訴你這些了？或者是她們都不敢承認？我想，她們一定都羞於啟齒吧！事實擺在那兒，誰都不想白白死去。那麼年輕就死掉，太可惜了。而對於男人來說，他們整整四年都沒有碰過女人，也是太難過了。在我們軍中沒有妓院，也不提供任何藥品。有些軍隊可能會比較照顧到這方面，但我們軍隊沒有。整整四年，只有軍官可以允許做那些事，而大頭兵是不行的，有嚴格的紀律。但大家都心照不宣，其實沒有人能守住紀律，沒有人。就拿我來說，我是全營唯一的女生，我住在公共掩蔽部，和男人在一起。他們單獨給我劃出一個地方，但那算什麼單獨啊？整個掩蔽部只有六公尺寬，我一覺醒來張開雙臂，一隻手就會摸到別人的臉，另一隻手會放到另一個人的臉上。後來我受傷住進醫院，睡覺時還是習慣性地張開手臂去摸，夜班護士會把我推醒：『你怎麼啦？』這個祕密，你可以告訴誰呢？

第一個營長被地雷炸死了，又來了第二個營長。

對這個營長，我是真的愛上了。我和他一起出生入死，我總想和他寸步不離，我愛他。但他還有一個心愛的妻子和兩個孩子，他給我看了他們的照片。我知道，戰爭之後，如果他能夠活下來，就得回到他妻子和孩子身邊，他的老家在卡盧加。但那又怎樣？反正我和他有過如此相愛的一段時光就夠了。我們體驗過這樣的幸福！更重要的是，我們都從那場可怕的戰爭中回來了，我們活下來了，而他再也不會和任何人發生這種戀情了，絕對不會了！我知道，我知道他沒有我將不會再有幸福了。他和任何人都不會再發生和我在戰場上那樣的感情，永遠不可能！

在戰爭後期我懷孕了，這正是我想要的。但我們的女兒是我一個人養大的，他沒有幫過我，連禮物或信函都沒有過，哪怕是一張明信片。結束了戰爭，也結束了愛情，就像唱了一首浪漫情歌。他離開我，回到了他的合法妻子和子女身邊，只留下一張小照片給我做紀念。我真不希望戰爭結束，這樣說很可怕吧。卻是我的心裡話。我想我是瘋了，為愛瘋狂！

我早知道這段戀情會隨著戰爭一起結束。他把愛帶走了，但無論如何，我都為他給了我那些年的感情而感激著！那是只有我和他知道的感情。我就是這樣用一生去愛他，多年來都背負著這份感情。我沒有理由撒謊，我已經老了。是的，我畢生承受著這樣一段情感！無怨無悔。

女兒責備我說：『媽媽，你幹嘛還要這樣愛他？』但我就是愛。不久前得知他死了，我哭了很多次，甚至因此和女兒吵起來。女兒說我：『你哭什麼？對你來說他早就死了。』但我至今都還愛著他。在記憶中，戰爭是我一生中最好的時光，那是我最幸福的時候。

只是為了我的女兒，請不要公開我的姓氏。」

——索菲亞・凱……維奇

（衛生指導員）

「戰爭期間，上級把我派到一個最前線的部隊。指揮官見了我，第一句話就說：『請先脫帽，謝謝。』於是我摘下了軍帽，在兵役委員會時，他們已經幫我剃了男生頭。但在軍營訓練時，在上前線前的那段時間，我的頭髮又慢慢長出來了，卷曲著，就像小羊羔的鬈毛。你想像不出我那時候的樣子，現在我已經老了。指揮官就這樣上下打量著我說：『我已經有兩年沒見過女人了，我就是想看看女人。』

戰爭結束後，我住在一個集體公寓。鄰居都用自己的丈夫來傷害我。她們嘲笑道：『呵呵，跟我們說說你在戰場上是怎麼和男人在一起混的。』她們往我熬馬鈴薯的鍋裡倒醋，或者撒上一勺鹽，然後哈哈大笑著離開。

我剛才說的那位指揮官，他復員後來找過我，後來我們結婚了。到登記處去了一趟就搞定，沒有辦婚禮。一年後，他離開我跟另一個女人走了，她是我們工廠食堂的負責人。他說：『從她身上飄出的是香水味，而你身上是氈靴和包腳布的味道。』

後來我就一直獨居，在這個世界上我再沒有和任何人來往。謝謝你這次特地來了。」

——葉卡捷琳娜·尼基蒂奇娜·桑尼科娃

（中士，步兵）

「幸好我丈夫不在家，上班去了。他一直嚴格看管著我，他知道我喜歡跟人說我們的愛情故事，喜歡講如何在一個晚上用繃帶縫製婚紗，我一個人做的。繃帶是我們前線女兵用一個月時間蒐集到的，都是戰利品，這樣我就有了一件真正的婚紗！那時的照片還保存著呢，我穿著婚紗，腳下踩的是一雙氈靴，不過鞋子看不到就是了，但我清楚地記得當時穿的是氈靴。這頂禮帽是我用一頂舊船型軍帽改製的，很棒的禮帽哦。但是關於愛情往事，我先生不讓我吐露一個字，他說只能講講打仗的事。他對我非常嚴厲，攤開地圖教我，足足有兩天教我看地圖，前線在哪個位置，哪裡是我們的部隊……我要能馬上掌握，跟在他身邊做紀錄，要背得很熟。

你笑什麼？呵呵，你笑起來好可愛，連我都要笑了。好吧，我就這樣成了戰爭史學家！但我最好還是給你看看我用繃帶縫製的那件，我有結婚時的照片。

我當時是那麼自傲，穿著白色禮服的戰地新娘。」

——阿納斯塔西婭·列昂尼多夫娜·沙爾傑茨卡婭

（上等兵，醫療指導員）

沉靜的天空和一枚丟失的戒指

「我從喀山上前線時，只是一個十九歲的女孩。

半年後，我寫信告訴媽媽，上級還以為我是二十五到二十七歲呢。每天我都在害怕和驚恐中度過，彈片橫飛，就好像在剝你的皮。身邊的人不斷死去，每天每個小時，甚至感覺每分鐘都在死人。裹屍的被單都不夠用了，只好用內衣。病房裡總是出奇地安靜，這種寂靜我不記得在別的地方體驗過。有一個人在臨死前，總是仰視著上方，從來不看別處，甚至對他旁邊的我也不理睬。只是看著上面，望著天花板，那個樣子就像是在仰望天堂。

我一直告誡自己，在這種地獄般的地方絕不能談情說愛，我不可以相信愛情。就那幾年戰爭中，我都不記得聽過任何歌曲，一首歌都沒聽過。我只記得自己離開家鄉上前線時，家裡花園的櫻花正盛開，我一邊走一邊回頭看。後來，我在去前方的路邊也見過不少花園，鮮花在戰爭中也照樣開放。

我在學校時很喜歡笑，但是上戰場後從來沒有再笑過。看到有女孩子在前線描眉塗唇，我就會很生氣，對這些我是斷然抗拒的：『怎麼能這樣？這個時候她怎麼還想著要去取悅男人？』身邊都是傷患，聽到的都是呻吟聲；而死者的臉是黃綠色的。在這種環境中，你怎麼可能去想開心的事？怎麼去想自己的幸福？我不會想把愛情和這些情景聯想在一起，但它們有時就是避無可避。

我覺得在這裡，在這種環境下，愛情瞬間就會消亡。沒有快樂，沒有美好的事物，怎麼可能有愛情？只有在戰爭結束後，愛情才會到來，才會有美好的生活。而在當時，在戰場上，那是不應該的。要是我突然死了，那個愛我的人不是會很痛苦嗎？換作是我，怎麼能承受得了？我那時，就是這樣想的。

我跟我先生是在前線相識的，那時他苦苦地追求我。但是我不想聽他的甜言蜜語，我說：『不要，等到戰爭結束後，我們才能談戀愛。』我不會忘記，有一次他打完仗回來，問我：『你連一件女襯衫都沒有嗎？穿一件吧。讓我看看你穿女裝是什麼樣子。』而我確實什麼都沒有，除了套頭軍便服。

我的朋友是在前線嫁人的，我對她說：『沒有花，沒有戒指，連婚也沒求，他就突然要娶你了。這叫愛情嗎？』我是不贊成她結婚的。

戰爭結束了，我們面面相覷，不相信戰爭真的已經結束，而我們真的活了下來。現在我們可以過正常日子了，可以談戀愛了。但是我們都已經忘了如何過正常生活，已經不會了。我回到家不久，就跟媽媽一起去店裡訂做結婚禮服，那是我戰後的第一件洋裝。

店員問我：『你想要什麼樣式的？』

『我不知道。』

『你怎麼來到禮服店，卻不知道想要哪種款式呢？』

『我不懂……』

五年來，我沒有見過一條裙子，甚至都忘了裙子是什麼樣子了。有些常識必須現場補回來，比如裙子怎樣剪裁，是低腰或高腰，這些我都糊里糊塗的。我曾經買過一雙高跟鞋，在房間裡走了幾步，跟就掉了，被我扔在角落裡。當時我心裡就想：『我可能永遠也學不會穿高跟鞋走路了。』」

——瑪莉亞・賽利維斯托弗娜・波若克（護士）

「我想說說我從戰爭中得到的那種非比尋常的美好感情。當時那些男人對我們女兵是那麼百般呵護，不是三言兩語就能說清楚的。我和他們同住在一個掩蔽部，同睡一張通鋪，共同去完成一樣的任務。而在我凍得都能夠聽到自己脾臟的聲音、舌頭僵硬了、大腦失去意識時，可以向身邊的男兵請求：『米薩，解開你的外套，暖暖我吧。』他就解開大衣把我擁緊：『怎麼樣，好些了嗎？』

我一生中再也沒有遇到過這樣的情景。那是在祖國處於危亡之際，個人私事是不能去想的。

（亞：可是，當時你們有人有過性關係？）

有的，我自己就遇見過。不過或許是我錯了，或許那不算是完全自願的，而且我在內心裡還譴責過這種人。我認為我沒有時間真的去談戀愛，周圍只有邪惡和仇恨。我覺得，身邊很多人也都是這樣想的。

（亞：戰爭前你是什麼樣子呢？）

我那時候喜歡唱歌、喜歡笑，還想成為飛行員。那時候我們的愛情觀可大大不同呢！我認為在我的一生中，愛情不是最重要的，最重要的是祖國。今天我才知道，我們那時的想法太幼稚了。」

——葉連娜·維克多羅夫娜·克列諾夫斯卡婭（游擊隊員）

「在醫院裡，傷患都為了自己能活下來而感到幸福。有一名二十多歲的中尉，雖然失去了一條腿，但是他活下來了。在全國性的大苦難中，能夠活著，就是幸運的人。想想看，他只少了一條腿，以後他還能談戀愛，還能娶老婆，還能擁有一切。雖然他現在只剩下一條腿，確實很慘，可是他們都能用一條腿跳蹦著走路，還能照常抽菸，還能說笑，而且更被視為英雄！而我們，又算什麼呢？

（亞：你在戰場上談過戀愛嗎？）

當然，我們都是年輕的女孩子。每當有新傷患送達，就一定有人會墜入愛河。我的朋友愛上了一個上尉，他全身傷痕累累。她指給我看：『喏，就是那個人。』我當然知道他，那也是我愛上的人。在被轉送到其他醫院之前，他跟我要一張小照片。那是我僅有的一張照片，是我們一群女孩在某個月台的合影。我找出這張照片，正要送給他，但轉念一想：『如果這並不是愛情，幹嘛我要送他照片呢？』這時他正要被抬出去，我向他伸出一隻手，手中攥著那張小照片，還是沒有決定是否鬆開手把照片送給他。這就是全部的愛了。

後來是帕夫利克中尉，他也是傷得很重，我悄悄把巧克力放在他的枕頭下。但是戰爭結束二十多年後，當我們再次見面時，他卻向我的朋友莉麗婭·德羅茲多娃一再地道謝，就因為那塊巧克力。莉麗婭莫名其妙：『什麼巧克力？』這時我才承認，當時偷偷送他巧克力的人是我。他親吻了我，遲到了二十年的一個吻。」

——斯韋特蘭娜·尼古拉耶夫娜·盧比契

（醫院志願者）

「有一次，在一間規模很大的後方醫院，我的表演結束後，主任醫生來找我商量：『我們這裡的一個單獨病房，有個受重傷的坦克兵。他幾乎對什麼都沒有反應，也許你的歌聲能幫到他。』我去到那間病房。我永遠都不會忘記這個人，他奇蹟般地跳出了燃燒的坦克，但是從頭到腳都燒壞了。他就那樣四肢攤開，一動不動地躺在床上，雙眼失明，臉色紫黑，只有喉嚨在痙攣。見此情景，我有好幾分鐘都控制不了自己。接著，我才輕聲吟唱了起來。我看到，傷患的臉孔在微微顫動，好像低聲在說什麼。我彎下腰，聽到他喃喃道：『再唱一首吧。』我為他唱了一首又一首，把音樂會上的曲目都唱過了，直到主任醫生說：『看來他睡著了。』」

——莉麗婭·亞歷山大洛夫斯卡婭

（女演員）

「我們的營長和護士柳芭·賽琳娜，他們彼此深愛著對方，大家都看在眼裡。只要他出去打仗，她都很不安，還說如果他犧牲時她不在場，她不會原諒自己，因為她沒有在他活著的最後一分鐘看到他。她說：『我寧願兩人一起被打死，被同一顆砲彈埋葬。』他們就是打算要同死共生的。

戰場上的愛情，沒有今天和明天之說，它只發生在今天。誰都知道只能愛在此刻，因為一分鐘之後，可能是你也可能是那個人就不在了。在戰爭中一切都發生得飛快：無論是生存或死亡。雖然在戰場上就那麼幾年，但我們已經走過了全部的人生。無論多久，無論對誰，我從來都無法解釋那種體驗。戰場，是另一個時空。

有一次作戰後，營長受了重傷，柳芭受了輕傷，只是彈片擦傷了肩部。營長被送到後方，她仍然留在前線。那時她已經懷孕了，他給她寫信說：『去我父母家吧。無論發生什麼，你都是我的妻子。我們就要有自己的兒子或女兒了。』

後來柳芭寫信告訴我，營長犧牲了，但他的父母不接受她，也不承認孩子。

多年來，我一直打算去探望她，但總沒有成行。我們曾經是最好的朋友。她走得太遠，去了阿勒泰。前不久收到一封信，說她已經死了。現在是她的兒子來找我，一起去為她掃墓。

我很想再看她一眼。」

——尼娜·列昂尼多夫娜·米哈伊（上士，護士）

「勝利紀念日那天，我們準備去參加老兵聚會。我剛走出旅館，就有幾個當年的女兵問我：『你當時是在哪個部隊，莉麗婭？我們剛剛眼睛都哭腫了呢。』

原來，是有一個哈薩克男子找到她們問：『你們從哪個部隊來的？從哪家醫院？』

『您是要找誰呢？』

『每年我都會來這裡，要找一個護士小妹。她救了我的命，而我愛上了她。我要找到她。』

女兵都笑了：『還到哪兒去找護士妹妹啊？早都成老奶奶啦！』

『不……』

『您已經有妻子了吧？也有孩子了吧？』

『孫子都有了，但失去了靈魂，再也沒有靈魂。』

女兵一邊講這個故事給我聽，我一邊在回想：『他會不會就是我的那個哈薩克小伙子？』醫院送進來一名哈薩克男孩。唉，完全還是個男孩子。我們為他做了手術，他的腸子被炸成七八截，八成活不下來了。他孤零零地躺在那裡，我立刻就注意到了。趁著一分鐘空檔，我跑過去問：『喂，你怎樣了？』我親自給他做了靜脈穿刺，測量體溫，他總算撿回了一條命，並且持續好轉。我們不會把傷患留在這裡很長時間，因為我們是在第一線，只提供急救，把傷患從死亡線上救回來後，就送他們去後方。不久，他就要按照順序被送走了。

那天他躺在擔架上，有人告訴我，他在叫我。

『護士妹妹，請到我這裡來一下。』

『什麼事？你需要什麼嗎？你各方面都很好，現在要把你送到後方去。一切都會好起來。請相信我，你已經活下來了。』

他懇求說：『我真的有事求你。我是父母親的獨生子，幸虧你救了我的性命。』說著就給了我一個禮物：一枚小指環，很精緻的小戒指。

我是不戴戒指的，不知為何從來不喜歡那玩意。於是我拒絕了他：『我不能接受，不行。』

他堅持求我收下，其他傷患也都幫他。

『拿著吧，他的心是純潔的。』

『這是我的責任，你們明白嗎？』

但他們還是說服了我。不過後來，我把那枚戒指弄丟了。戒指對我的手指來說太鬆了，有一回坐車時，我睡著了，車翻覆了，戒指就掉了。我那時非常難過。

（亞：您找過這個男人嗎？）

沒有，此後我們就沒有碰過面。我不知道他是不是那個人，紀念日那天我們幾個女人一整天都在找他。

一九四六年，我復員回到家。人家都問我：『你外出是穿軍裝或是穿便服？』當然是穿軍裝，我甚至沒有想過要脫下來。有天晚上我到軍官之家去跳舞，你聽聽這裡的人是怎樣對待女兵的。

我換上了一雙高跟鞋和一條連身裙，把軍大衣和氈靴存放在衣帽間。

一位軍人走了過來，邀請我跳舞。

『你大概不是本地人吧？』他說，『你是個很有修養的女孩。』

整場舞會他都和我在一起，寸步不離。舞會結束後，他對我說：『請把您的號碼牌*給我吧。』

他往前走到衣帽間，人家把靴子給他，大衣也給他。

他說：『這不是我的……』

我走上前說：『這是我的。』

『你怎麼沒有告訴我你上過前線？』他說。

『那你問過我嗎？』

他竟然有些不知所措，都不敢抬起眼睛看我。其實他自己也剛剛從戰場上回來。

『你幹嘛這麼驚訝？』

『我不能想像你曾經當過兵。你知道，前線的女孩……』

『你奇怪我怎麼還是單身，怎麼沒有丈夫，也沒懷孕？或是我既不穿軍棉襖，也不抽菸，也不罵粗話，是嗎？』

我沒有讓他送我回家。

---

*在衣帽間寄放衣物時，會給一個號碼牌，憑此牌領取自己寄放的東西。

我永遠感到自豪的，就是我上過前線，我保衛過祖國。」

——莉麗婭·布特科
（外科護士）

「我的初吻給了尼古拉斯·貝洛赫沃斯蒂克少尉。你瞧，雖然我都已經是老太婆了，說起這事我還會臉紅呢。那時還是青蔥歲月，都是年輕人。當時我以為，應該說我確信，我愛上他了，但我對誰都沒有承認過，連我的閨密都沒說。我真的陷入情網了，那是我的初戀，或許還是唯一的一次。我以前從來沒有這樣喜歡過一個人，就算喜歡過，也沒有這樣強烈。我走到哪裡都會想著他，每分每秒都在想他。這是什麼？這就是真正的愛！我深深地感覺到了。各種表現都是那樣……你瞧，說到他我還臉紅呢。

有一天，我們安葬了他。他躺在帆布擔架上，剛剛被打死。德國人還在對我們砲轟，必須要盡快埋葬，就地埋葬。我們找到了一片老樺樹林，選擇了一棵老橡樹旁的白樺，是林中最高的一棵白樺樹。我站在這棵樹旁，努力記住它，以便日後還能找到這個地方。這裡是在村莊的邊緣，有個岔路口，但我記得住嗎？如果一棵白樺樹在我們眼前燃燒，你又怎麼能記得住？大家開始和他告別，同伴對我說：『你先說吧！』我的心怦怦直跳，我明白了，原來每個人都知道我的愛情，大家都知道。這時有一個念頭擊中了我：『莫非他也是知道的？』可是太晚了，他已經長眠了。大家把他安放在泥土中準備掩埋，這時我想到他或許知道我愛他時，卻不禁狂喜起來。接著又想，他是否喜歡我呢？彷彿他還活著，現在就能回答我似的。我還記得新年的時候，他送過我一塊德國巧克力，我有一個月都捨不得吃，一直放在口袋裡。

我一生都會記得這一刻：砲彈在亂飛，而他就躺在擔架上。那個時刻，我竟然感到高興，站在那裡為自己而微笑。當時我人都不正常了，就為了他可能知道我對他的愛而欣喜。

就這樣，我走上前去，當眾親吻了他。在此之前我還從未吻過一個男人，這是我的初吻。」

——柳博芙・米哈伊洛夫娜・格羅茲比（衛生指導員）

孤獨的子彈和人

「我的故事是獨一無二的。只有祈禱能夠安慰我，我也為自己的女兒祈禱。

我牢牢記著母親的口頭禪。媽媽喜歡說：『子彈是個傻瓜，命運才是凶手。』她遇到任何壞事都要嘮叨這句話。子彈是獨立的，人也是獨立的，子彈飛往它想去的地方，命運卻任意捉弄人，反覆無常。一個人就像羽毛，就像麻雀的羽毛，你永遠不知道自己未來會飄向何處。我們沒有天賦，沒有能力參透人生的奧祕。戰後我回到家鄉時，一個吉卜賽女人幫我算過命。她從車站向我走過來，把我叫到一旁，信誓旦旦地說我會有一場轟轟烈烈的愛情。我當時有一只德國手錶，為了感謝她向我預言了偉大愛情，當場摘下來送給了她。我就是相信命運。

要是今天，我才不會為愛情哭泣呢。

我是高高興興上戰場的，和一群女孩一起，滿懷著共青團員的理想。我們搭乘的是貨運列車，車身外面用黑色重油寫著：『容量：四十人和八匹馬。』但車廂內實際上擠了一百多人。

我成了一名狙擊手。本來我可以當通信兵，那是個有用的專業：既是軍人，又不用打仗，適合女人。可是大家都說，當兵就應該開槍，所以我就幹了射擊這一行。我的槍法很準，在三年戰爭中，獲得過兩枚光榮勳章和四個獎章。

我還記得，從聽到人們歡呼『勝利了』，到聽到廣播正式宣布勝利的時候，我的第一個感覺是快樂，但同時又立刻有了害怕的感覺！緊張，甚至是恐慌！因為不知道怎樣繼續生活下去。我的爸爸死在史達林格勒城下，兩個哥哥在戰爭初期失蹤了，家裡只剩下媽媽和我，兩個女人。我們怎麼生活下去呢？這是我們所有女孩都在思考的問題。我們晚上聚集在防空洞裡議論著，我們的生活現在剛剛開始，真是既喜悅又慌張。在此之前，我們害怕的是死亡，現在害怕的卻是活下去。都同樣的可怕。真的！我們最後都沉默不語了。

我們是嫁人或不嫁人？是要為愛情而嫁，還是不愛也要嫁？我們撕菊花瓣占卜，花兒被扔進河裡，隨波逐流。我還記得在一個村莊，當地人指給我們看一個女巫住的地方，大家就都跑去算命，甚至還有幾個軍官。女孩全都去了，那個女巫是用一盆水算命的。還有一次，我們在一個街頭拉手風琴的那兒抽籤算命，我抽到的幾張全是幸運籤，可是我的幸福在哪裡呢？

那麼，祖國又是如何歡迎我們的？我真是忍不住要哭，四十年過去了，說起來還是臉孔發熱。男人都沉默不語，而女人都衝著我們大喊大叫：『我們知道你們在前方幹的那些好事！用你們的年輕身體去勾引我們的男人，前線的婊子！穿軍裝的母狗……』侮辱的話語五花八門，俄國的詞彙很豐富的。

有一次舞會後，一個小伙子送我回家，我突然感覺身體不妙，心臟撲撲地亂跳。走著走著，一屁股就坐在雪地裡了。

『你怎麼了？』

『哦，沒什麼，跳舞跳累了。』

其實是因為我受過兩次傷，因為戰爭。而現在我們都要學做小鳥依人的女人了，要表現得弱不禁風。但是我們的腳都因為穿靴子而變大了，有四十碼呢，也不習慣被人抱住；希望聽到恭維的客氣話，但又不很明白，對我來說就像是兒童用語。在前線時，混在男人當中，通行的只有粗魯的俄羅斯國罵，都已經習慣了。在圖書館工作的女伴就教我：『讀讀詩歌吧，讀讀葉賽寧＊。』

我很快就結婚了，戰爭結束一年後就嫁給了我們工廠的工程師。我幻想愛情，想有家庭和家人，希望家裡有小孩子的氣息。我捧著第一個孩子的尿布，聞啊聞的，就是聞不夠。那是幸福的氣味，女性喜歡的氣味。在戰爭中沒有任何女性氣味，所有女人都男性化了。戰爭就是男子漢的味道。

＊俄國詩人，以創作抒情詩文為主。

我有了兩個孩子，一個男孩，一個女孩。老大是善良聰明的男孩，大學畢業後成為建築師。但是女孩，我的女兒呢，她五歲才會走路，七歲才會叫媽媽，直到現在還把媽媽說成『姆媄』，把爸爸叫『布波』。她怎麼了？我覺得不對勁，肯定有什麼出錯了。她進了精神療養院，在那裡住了四十年。我退休後每天都去看她，是我的罪孽……

這麼多年來，每逢九月一日，我都要給她買本新的識字課本。整天整天地和她一起看圖識字，有時我離開她回來，感覺連我自己都忘記了如何閱讀和寫字，忘記了如何交談。我感覺什麼都不需要了，這是怎麼了？

我正在承受懲罰，為了什麼？也許是因為我殺過人？我是這樣想的。我花了很長時間思考過去，每天早上我都跪在窗前向外張望，向上帝祈禱，為所有的事情而祈禱。我不埋怨我先生，早就原諒他了。當年我生下女兒時，他來看我們，只待了一會兒就離開了，還責備我：『難道正常的女人會去打仗嗎？會去學開槍嗎？所以你才會沒有能力生下一個正常的孩子。』我也為他祈禱。

或許他是對的？我也這樣想，這一切大概都是因為我的罪孽吧。

我曾經愛祖國勝過一切，我是真心地愛。現在我能夠向誰說這些呢？只能講給我的女兒聽，她是唯一的傾聽者。我對著她回憶戰爭，她以為我是講故事給她聽，講童話故事。多麼可怕的童話故事啊！

請不要寫我出的姓名，拜託……」

——克拉夫季婭·謝……娃

（狙擊手）

最後一點點馬鈴薯

還有另一種戰爭。

在這種戰爭裡，沒有人能在地圖上指出哪裡是中間地帶，哪裡是戰鬥前線，也沒人能數得清戰士和武器的數目。當時用高射砲、用機關槍，甚至用獵槍，還有沙俄時期的老套筒槍作戰。這裡沒有戰鬥空檔，也沒有大規模的進攻，許多人都在孤獨地戰鬥，孤獨地犧牲。和敵人殊死打拚的不是正規軍，不是整師整營或步兵連，而是人民，是游擊隊員和地下工作者，是男人、老人、婦女和兒童。托爾斯泰把這種多面孔的抗戰熱情稱為「人民戰爭的巨棒」和「潛在的愛國主義熱能」，而步拿破崙後塵的希特勒，則向他的將軍抱怨說：「俄國人打仗太不講章法。」

在這種戰爭中，單純的死亡，並不是最痛苦的——有太多的事情，要比死亡痛苦得多。我們想像一下吧：你是一個前線士兵，卻被自己的家人所包圍：孩子、妻子和年邁的父母。時時刻刻你都要準備著，將會有親人因為自己犧牲了生命。在這種時候，勇氣就和背叛一樣，從來沒有目擊證人。

勝利日那天，在我們許許多多的村落裡，人們並不是歡天喜地，而是放聲哭號。在痛哭中，很多人仍然受著煎熬：「那實在太可怕了，我埋葬了所有的家人，同時把自己的靈魂也一起埋葬

在戰爭中。」（安德羅西克，女地下工作者）

剛開始，她們都是悄聲細語地說話，但是到了最後，幾乎都大聲喊出來：「我就是見證人……」

以下是女游擊隊員克羅塔耶娃的訪談紀錄。

「我給你講講我們游擊隊長的故事。不要說出他的名字，因為他還有親人活著。他們讀到這些會很痛苦……

聯絡員向游擊隊報告說，隊長的家人被蓋世太保抓到了，包括他的妻子、兩個年幼的女兒和老母親。每條街道上都貼滿了告示，還有人在街市派發傳單，說如果游擊隊長不投降，就會吊死他的家人。只給他兩天時間考慮。偽警察一個村又一個村地在民眾裡煽動：『紅軍政委都是毫無人性的怪物，他們甚至連自己的孩子都不心疼，對於他們來說沒有什麼是珍貴的。』敵人從飛機上在森林裡撒傳單，我們游擊隊長也想過放棄，甚至想過自殺。在那段時間，大家從來不敢讓隊長單獨待著，我們寸步不離地跟著他，生怕他自殺。

我們跟莫斯科取得聯繫，向上級反映了這種情況。在收到上級指示的那一天，我們召開了游擊隊黨員會議，對游擊隊長宣布了上級的決定：「絕不屈從德軍的挑釁。」身為一名共產黨員，他服從了黨紀。

兩天後，我們派到城裡去的偵察員，帶回了一個可怕的消息：隊長全家人都被吊死了。就在緊接著這件事之後的那場戰鬥中，我們隊長也犧牲了。沒人清楚他是怎麼死的，出人意料。但我覺得，他是自己想去死。

我只能用眼淚代替語言，我怎麼能確定，什麼話該說，而什麼話不該說？又怎麼能讓別人相信我說過的話呢？人人都想安靜地、好好地活下去，都不想聽我說話，都不想跟著我一起難過……」

至於我自己，就唯有更加堅信，必須繼續採訪下去……

裝炸藥的籃子和絨毛玩具

「那次，我完成了一項任務，不能繼續留在村子裡，於是投奔了游擊隊。幾天後，蓋世太保進村抓捕我的家人。雖然弟弟僥倖逃脫，但母親被他們抓住了。敵人殘酷地折磨我的母親，向她拷問我的行蹤。母親被關押了兩年，在這兩年裡，每次搜索行動，法西斯都把她和其他婦女一起押在最前面。他們害怕踩到游擊隊的地雷，所以總是逼著當地居民走在自己前面，如果遇上地雷，這些群眾就會被炸死，德國兵就得以保全性命。活生生的盾牌。整整兩年，他們就這樣押著我母親。

不止一次了，我們正要伏擊開火，突然發現婦女走在前面，德國人走在後面。等她們走近了，又看見自己的親人都在裡頭。這時大家最提心吊膽的，就是游擊隊長下令開槍，大家都在痛苦的煎熬中等待指令。一個人小聲嘟囔：『那是我媽。』另一個人也說：『那是我小妹。』還有人發現了自己的孩子。我母親總是圍著一條白色頭巾，她個子高，所以大家常常最先認出她。往往我自己還沒有看見她，別人就告訴我：『你媽媽在那兒。』射擊命令一旦下達，你就必須開槍。在那個關頭，我自己都不知道是朝哪兒開槍了，腦子裡只有一個想法：『緊緊盯住那塊白頭巾。』我想看看媽媽是活著，還是倒下了？那塊白頭巾很顯眼。只要槍聲一響，鄉親和敵人都會向四處跑開，也就會有人被擊中倒下。如果我沒有弄清楚媽媽是否還活著，就會一連數天心神不寧，坐立不安，直到聯絡員從村裡回來，告訴我媽媽還健在，我才又恢復正常。就是這樣，直到下一次伏擊，再經歷一回。這種事要是發生在今天，我是怎麼也受不了的。但是當時我非常仇恨法西斯，就是這種仇恨，支撐我挺了下來。直到現在，我的耳邊還時常出現小孩子的慘叫聲，那是一個被扔到井裡的孩子叫聲。您哪裡聽到過那種聲音？那孩子被扔進井裡時，叫聲淒厲，簡直像是從陰曹地府傳出來的聲音。那已經不是孩子的喊叫聲了，甚至不是人的聲音了。還有，誰看過一個年輕小伙子被鋼鋸活活鋸成幾段？那是我們的游擊隊戰友。從那以後，我每次執行任務，心裡就只有一個念頭：『殺敵報仇，有多少殺多少，用最無情的方法消滅他們！』我一看到法西斯俘擄，就想活活掐死幾個。用我的雙手掐死他們，用我的牙齒咬死他們。我連開槍擊斃他們都不想，這種死法太便宜他們了。

在法西斯逃跑之前，這時已經是一九四三年了，他們槍殺了我母親。而我媽媽就是這樣的人，在臨死前還在為我們祝福：『堅持下去，孩子，你們應該活下去。就是死，也不能隨隨便便地死。』

媽媽並沒有說什麼豪言壯語，她說的只是普通女人會說的話。就是想我們能活下去，並且要讀書學習，特別是學習。

跟她一起關在囚牢裡的婦女後來告訴我，每次母親被押出去時，都請求她們：『姊妹們，我只有一件事掛在心上，如果我死了，請照顧我的孩子們！』

所以戰爭過後，當我回到老家時，母親的一位朋友便把我帶到她家，跟她一起生活，雖然她還要養活兩個小孩子。法西斯把我們家的茅屋燒掉了，我弟弟在游擊隊裡犧牲了，爸爸還在前線打仗，媽媽被槍殺了。爸爸從前線回來時，滿身是傷、渾身是病，沒多久也過世了。就這麼一大家子人，到頭來只剩下我孤零零的一個。母親這位朋友自己也很窮，再加上兩個很小的孩子。因此我決定離開她，隨便到什麼地方去都好。她一直哭，不肯放我走。

當我得知母親被敵人槍殺後，變得神志不清，心智恍惚，常常不知自己身在何處。我一定要找到她的屍體。敵人槍殺她們後，把屍體埋在一個很深的防坦克壕裡，又用推土機在上面輾過。有人在現場指給我看，媽媽當時站在什麼地方，我就跑過去用雙手挖了起來，找出了好幾具屍體，我憑著媽媽手上的一枚戒指認出了她。看到這枚戒指，我大叫一聲，就不省人事了。幾個女人把母親的屍體抬回來，用空罐子舀水洗淨她的身子，安葬了。我現在還保存著那個空罐子。

一連幾夜，我在床上輾轉反側，無法擺脫罪惡感：媽媽都是因為我才死的。可是，也不全是因為我。如果我因為擔心親人而不去抗敵，另一個人也這樣想，如果第三個、第四個人都這樣想，那就不會有今天的一切。我決意讓自己忘記，忘記媽媽向我們走來時的情景，忘記聽到命令的那個瞬間。可是，我確實朝她那個方向開過槍，我忘不掉她的白色頭巾。你絕不能想像，這種感受是怎樣讓人痛不欲生。時間愈久，愈是苦不堪言。

有時在深夜裡，窗外突然有年輕人的笑聲和說話聲傳來，我都會嚇得直打哆嗦，剎那間以為這是孩子的哭喊聲、孩子的慘叫聲。有時我會突然從夢中驚醒，覺得喘不過氣來，一團焦糊味堵住心口。你不知道人肉燒焦是什麼氣味，特別是在夏天，那是一種叫人毛骨悚然的甜膩味道。如今我在區政府的工作負責的是，如果哪裡著了火，就必須趕到現場搶救文件。可是如果聽說是農場失火，有牲畜燒死了，我是說什麼都不會去的。我做不到，因為那會使我回憶起過去，那種味道，就像燒焦人肉的味道。有時深夜醒來，我會起身噴一噴香水，因為我覺得空氣中也有這種氣味，到處都是。

有很長一段時間我不敢結婚，不敢要孩子。因為我害怕如果突然又爆發戰爭，我還是要上前線，那我的孩子怎麼辦？現在我喜歡讀有關死亡的書，死後的世界是怎樣的呢？我在那邊會與誰相遇呢？我是多麼希望，但又如此害怕見到我的母親。年輕的時候不怕，但是現在年紀大了。」

——安東尼娜·阿列克謝耶夫娜·康得拉紹娃

（貝托施地區游擊旅偵察員）

「我最強烈的體會是，一看到德國鬼子，就像在被人毆打一樣，整個身體都難以忍受地疼，每個細胞都感到痛苦。他們憑什麼到我的家鄉來？那種仇恨十分強烈，超過對自己親人的擔憂，甚至比對死亡的恐懼都要強烈得多。我們當然時時刻刻都在擔憂親人，但我們卻別無選擇。敵人窮凶極惡地侵犯了我們的土地，用火和劍殺了進來。

那一次，我在得知敵人要來抓我時，就逃進森林參加了游擊隊。我一個人走了，把七十五歲的老母親留在家裡，而且她是孤身一人。我們商量好，讓媽媽裝作又聾又瞎，以為這樣，敵人就不會把她怎樣了。其實，這都是我在自我安慰。

就在我逃離的第二天，法西斯就破門而入。按照我們說好的，媽媽假裝她是既看不到又聽不到。但敵人還是殘酷地毒打她，逼問她女兒在哪裡。母親也因此生了一場大病，長期臥床不起。」

——雅德維佳．米哈伊洛夫娜．薩維茨卡雅

（地下工作者）

「我會一直保持我們當年的樣子，到生命結束。是的，那時我們多麼天真，又多麼浪漫。雖然現在我們白髮蒼蒼了，但是我依然不變！

我有一個朋友叫卡佳．西瑪柯娃，是游擊隊的聯絡員，她有兩個女兒，都不大，也就是六七歲吧。她常常牽著兩個女兒的手，走遍全城，記下哪兒有敵人的軍事設施。遇到敵人崗哨喊住質問，她就張著嘴巴，裝出癡呆的樣子。就這樣極度危險地工作了好幾年。身為母親，她是把自己的女兒奉獻了出去。

我們還有個叫札查理斯卡雅的女戰友，她有個女兒叫瓦列麗亞，小女孩才七歲。有一次，需要炸掉敵人的一間飯堂，我們決定把炸藥包放到敵人的烤爐裡，可是得有人先把炸藥帶進敵營。這位母親說，她的女兒可以把炸藥帶進去。她把炸藥放在籃子裡，上面鋪了兩件兒童裙、一個絨毛玩具、二十個雞蛋，還有一些黃油。就這樣，硬是讓一個小女孩把炸藥包帶到敵人飯廳裡去了。人們都說，最強大的力量是母親保護子女的母性本能，但我認為不是。理想更有力量，信念更有力量！我在想，甚至我也這樣相信，如果沒有這樣的母親，沒有這樣的女兒，如果她們不敢這樣帶炸彈進入敵營，我們根本就不會勝利。是的，生命誠然寶貴，但還有更加貴重的東西。」

——亞歷珊卓・伊萬諾夫娜・赫羅莫娃

（安托波爾地下黨區委書記）

「我們游擊隊裡有一對姓契木克的兄弟。有一次，他們在自己的村子中了埋伏，被堵在一座穀倉裡，敵人從四面向他們開槍，又放火圍攻，他們一直堅持到打完最後一顆子彈，最後渾身著火衝了出來。敵人把他們放到車子上示眾，讓村民辨認他們是誰家的人，希望有人會出賣他們。

全村子的男女老少都站在那裡，他們的父母也在人群裡，但誰也不吐露一個字。做母親的要有一顆多麼堅強的心，才不至於喊出聲來。她知道，如果她哭喊出來，整個村子都會被燒光。敵人不僅會殺死她一個人，全村鄉親都會被殺死。為了一個被打死的德國兵，德軍是會燒掉整個村子來報仇的。她知道這一點。任何功績都能受勳，但這位母親呢？就是用『金星英雄』這種最高勳章去表彰她，也不為過啊！只為了她的沉默。」

——波琳娜・卡斯貝洛維奇（游擊隊員）

「我和母親一起參加了游擊隊。媽媽在游擊隊幫大家洗衣服、做飯；需要的時候，她還站崗。有一次我外出去執行任務，我媽聽人說我被絞死了。過幾天我回到了營地，她看到我時，連話也說不出來了。一連幾個鐘頭，好像口舌都麻木了。當時這所有的一切都得忍受，所有這些都是必須忍受的痛苦。

曾經，我們在路上救過一位婦人，當時她已經神志恍惚，路都不能走，只能在地上爬，她說自己已經死了。儘管感覺血還在身上流動，但她斷定自己是在陰間，已經不在人間了。我們使勁搖晃她，她才多少恢復了神志，對我們講述敵人是怎樣把她和她的五個孩子一道拉出去槍斃的。

敵人把她們拉到木板棚子前，先把幾個孩子槍斃了，一邊開槍，還一邊獰笑著，最後只剩下一個還在吃奶的孩子。一個法西斯比畫著說，放下你的孩子，我要開槍了。這位母親使勁地把孩子摔在了地上，她寧可把自己唯一的孩子摔死，也不願意讓德國鬼子開槍打死。她說她不想活了，在經歷了這一切後，她再也無法在人世間活下去了。

我不想殺人，我不是天生就要殺人的。我的理想是成為老師。但是，當我看到法西斯怎樣燒毀我們的村莊，我既不能尖叫，又不能哭出聲來：我們那次是被派出執行偵察任務，恰好到了這個村子。我能做的，只有用力咬住自己的手，我的雙手至今還留有那時候的齒痕傷疤，咬到手都出血，咬到肉裡了。我還清楚記得當時那些人是怎樣尖叫，牲畜是怎樣尖叫，家禽是怎樣尖叫。我覺得連牛羊雞鴨，都發出了人類的尖叫聲。所有生命都在尖叫，痛苦地哀號。

這不是我在說話，而是我的悲傷在說話。」

——瓦蓮京娜·米哈依洛夫娜·伊爾凱維奇
（游擊隊聯絡員）

「我們知道，所有人都知道我們最後一定會勝利。

後來，大家都以為是上級把父親留下來執行區黨委的任務。其實，沒有任何人要求他留下，也沒有什麼任務，是我們自己決定留下來戰鬥的。我記得，當時我們全家人完全沒有害怕和驚慌，有的只是憤怒與痛苦。是的，絕沒有驚慌，大家都相信勝利是屬於我們的。就在德國人入侵我們村莊的那天傍晚，父親用小提琴奏起了〈國際歌〉。他悲憤地拉著小提琴，表達自己抗爭到底的意志。

三個月過去了，或者，更多的時間過去了。

我還記得，看到一個猶太男孩，德國人把他拴在自行車上，他就像狗一樣跟在德國人的車子後面跑。『快跑！快跑！』德國人一邊騎車一邊大笑著。這是一個年輕的德國人。等他玩累了，從自行車上下來時，比畫著叫男孩跪在地上，四肢著地，像狗一樣跳著走。他在一旁大叫：『狗崽子！狗崽子！』又扔出一根木棍，喝令孩子：『去撿回來！』猶太男孩站起身，跑過去把棍子拿在手裡跑回來。德國人大怒，氣勢洶洶地打他罵他，比畫著要男孩四肢著地，像狗一樣跳著跑過去，用牙齒銜起木棍。最後，男孩是用牙齒咬著木棍爬回來的。

那個德國青年這樣耍弄了猶太男孩兩個多小時後，又把他拴到自行車後面，轉身回去。男孩就像狗一樣跑著，朝猶太人隔離區那邊而去。

聽到這樣的故事，你還會問為什麼我們要去作戰，為什麼要學習開槍嗎？……」

——瓦蓮京娜．帕甫洛芙娜．柯熱米亞金娜

（游擊隊員）

「我怎麼忘得掉傷患用湯匙吃鹽的情景，還有集合列隊點名時，士兵剛應聲出來，就和步槍一起倒在地上——餓到站都站不住了。

都是人民在支援我們。要是沒有人民的支援，游擊運動就無法繼續下去，是人民在和我們並肩作戰。雖然有時他們會流淚，但畢竟還是把自己的東西全都貢獻了出來：『孩子們，我們一起吃苦吧，也一起盼望勝利。』

他們把糧食都給了我們，連最後一點點馬鈴薯也拿出來，一口袋一口袋地送到森林裡交給我們。這個說：『我有多少，交多少。』那個說：『我也是。』『那麼你呢，伊萬？』『你呢，瑪莉亞？』『我跟大家一樣，可我還有孩子要養。』

要是沒有老百姓，我們怎麼辦？游擊隊全都駐紮在森林裡，沒有老百姓我們就活不成。他們耕地、播種，養活自己和孩子，也供我們吃、供我們穿，整個戰爭期間都是這樣。夜裡只要沒有戰火，他們就出來耕地。我記得有一次我們到了一個村子，那兒正在安葬一位老人，他是夜晚耕地播種糧食時被打死的，死的時候種子還緊緊抓在手裡，掰都掰不開。他們對糧食永遠不放手。

我們有武器，可以自衛，但他們呢？因為把糧食送給游擊隊，他們會被敵人殺死。我在村裡過上一夜就走，但如果有人告密，說我在哪家待過，那家的人都會被槍斃。一個村裡有個單身婦人，沒有男主人，卻帶著三個小孩。她有孩子要養活，但我們到她家時，她從不趕我們走，還給我們生爐子烤火、洗衣服。她把最後一點糊口的東西都送給了我們：『你們吃吧，年輕人！』春天的馬鈴薯很小很小，就像豌豆一般。我們吃著，餓肚子的孩子卻在爐邊坐著、哭著。這是最後一點豌豆大小的馬鈴薯仔。」

——亞歷珊卓．尼基伏洛夫娜．札哈洛娃
（戈麥爾州二二五團游擊隊政委）

「我收到一批傳單，把它們藏到了枕頭裡。媽媽鋪床時摸出來了，她把枕頭拆開，發現了裡頭的傳單，她哭著說：『你這是害你自己，也害我呀。』可是後來她也幫了我許多忙。

那時游擊隊的聯絡員常常到我家來，雖然從馬匹上卸完東西就走，但你想，別人會看不見嗎？誰都能看到，也猜得出來。我總是對人說，他們是從我哥哥那兒來的，從鄉下老家來的。但鄰居都一清二楚，我在鄉下根本沒有什麼哥哥。我永遠感激他們，我應該向我們那條街上的所有鄰居致敬。只要走漏一絲風聲，就足以使我們全家人遭到殺身之禍……甚至只須用手指頭朝我們家這邊一指，我們就完了。可是沒有，沒有一個人幹出這種事。戰爭期間，我真的太喜歡那些鄰居了，對他們的愛永遠不會減少。

解放以後，我走在大街上總會習慣性地環顧四周：已經沒辦法不害怕了，已經不能心情平靜地走過街道了。走路必須注意汽車，在火車站要注意火車。這種警戒心態持續了好久好久。」

——薇拉·格里戈利耶夫娜·謝多娃

（地下工作者）

「我當時忍不住哭了，淚水奪眶而出。

我們走進了一間小茅屋，裡面幾乎什麼都沒有，只有兩條磨得光光的長椅和一張桌子。就連喝水的杯子也沒有，老百姓的一切都給敵人搶走了，但是屋角卻擺著一尊聖像，聖像上罩著一條手巾。

屋裡坐著老公公和老婆婆，我們一個游擊隊員脫下長統靴，解開包腳布，包腳布已經破得不能再破了，哪裡還能裹得住腳呢。野外又是下雨，又是泥濘，靴子也是破的。老婆婆看在眼裡，起身蹣跚著走到聖像跟前，慢慢取下罩在聖像上的手巾，遞給了游擊隊員：『包上吧，孩子，不然往後你怎麼走路呢？』

然後，這個茅屋裡就再也不剩什麼了。」

——薇拉．薩弗倫諾夫娜．達維多娃（游擊隊員）

「最初幾天，我在村外找到兩名傷患，一個頭部受傷，另一個士兵腿上中了彈片。我自己把那個彈片拔了出來，再往傷口裡倒煤油沖洗，那時候找不到其他用品，而我知道煤油可以消毒。處理好這兩名傷患，我扶著他們站起來。先扶著一個走進樹林，然後是第二個。等這個傷患要離開時，突然跪在我的腳下，想親吻我的腳：『親愛的小妹妹，是你救了我的命啊！』

那個時候，我們彼此都不知道名字，只有妹妹和哥哥。

一到晚間，村裡的女人就聚集在我家茅屋裡議論時局：『德國人說他們拿下莫斯科了。』『他們永遠都別想！』

解放之後，同樣是這些婦女，我們一起建立了集體農莊，她們選我做農莊主席。我們農莊裡還有四個老爺爺和五個十到十三歲的小男孩。這就是我農莊的全體成員。我們有二十匹馬，但牠們已經渾身生瘡，必須治療，這些就是我們的全部家當。既沒有車子，也沒有馬匹，婦女就自己一鐘一鐘地翻地，趕著牛耙地，拽著牛尾巴一步一步地走，只要公牛一使性子，她們就動不了。

幾個男孩子白天拉犁耙地，晚上才能把繩子從身上解開。所有的食物都是一樣的：野菜餅。你不知道那是什麼東西吧？是用酸模草的種子碾碎揉成麵後烤成的。這是一種三葉草，擠壓磨碎再完全搗成粉，就能做成烤餅。這種餅味道很苦。

秋天政府發來了派工單：要上交木材五百八十立方公尺。誰能做到啊？我就帶上自己十二歲的兒子和十歲的女兒，還有其他的婦人，就這樣砍倒了一片森林。」

——薇拉．米特羅凡諾夫娜．托爾卡切娃（游擊隊聯絡員）

下面是約瑟夫．格奧爾基耶維奇和他的女兒，原羅科索夫斯基旅彼特拉科夫游擊隊聯絡員瑪莉亞講述的故事。

約瑟夫說：

「為了勝利，我把全部的家人都貢獻出去了。我最親愛的家人。我的兒子都在前線打仗，我有兩個外甥，因為跟游擊隊有聯繫而被敵人槍斃了，我的姊姊，也就是他兩人的母親，被法西斯活活燒死在她家的茅屋裡。當時在場的人說，她一直抱著一尊聖像，直直站立著，像一根蠟燭，直到被火焰吞噬。戰後，每當我看到夕陽，總會感覺那是一團烈火在熊熊燃燒。」

瑪莉亞：

「那時我還是個小女孩，只有十三歲。我知道父親在幫助游擊隊，我全都懂。經常有人在深更半夜到我家裡來，留下一些東西，又取走一些東西。父親外出時常常把我也帶上，他把我放在車上，對我說：『好好坐著，不許站起來。』我們坐著車到約定的地點，然後他再從那兒運回武器和傳單。

後來爸爸開始派我一個人去聯絡站，他教我必須記住哪些要點。我總是悄悄地藏在灌木叢裡，一直蹲到深夜，暗暗記下敵人列車通過的數目，還要記下車上是運送什麼東西。我知道得很清楚：他們在運武器，有時運的是坦克，有時運的是士兵。樹叢就在鐵路旁邊，德國人每天都要朝這裡掃射兩三次。

（亞：你當時不害怕嗎？）

我那時個頭很小，偷偷鑽進樹叢去，誰也發現不了我。有一天我印象很深，爸爸兩次試圖走出我們住的村子，游擊隊在樹林裡等他。可是他兩次出村，都被敵人巡邏兵趕了回來。天色暗了下來，他終於喊我了：『瑪莉亞……』這時媽媽說話了：『我不放孩子去！』要把我從爸爸身邊拽走。

但我還是去了，按照爸爸的吩咐悄悄地穿過林子。雖然我熟悉那裡的每條小路，但說實話，我很怕黑。最後，我總算找到了游擊隊，他們正在等著呢。我把爸爸說的話告訴他們。在回家的路上，天已經微微亮了。怎樣才能避開德國人的巡邏隊呢？我在樹林裡繞啊繞的，結果掉進了湖裡，爸爸的上衣、皮靴，全都沉到水底了。我從冰窟窿裡鑽出來，在雪地上光著腳丫跑回家。然後我就病了，一躺下就再也沒爬起來，雙腿麻木。那時候沒有醫生也沒有藥品，媽媽只能煎些草藥湯給我喝，把黏土敷在我的頭上。

戰後才把我送去看醫生，但是已經太晚了，我全身癱瘓，只能躺在床上。現在我可以坐起身來，但是時間不能太久，只能躺著看電影。這就是我記憶裡的戰爭。」

約瑟夫：

「我把她抱在懷裡，過了四十年，還是像小孩子那樣。我妻子兩年前去世，臨終前，她原諒了我的一切。年輕時的罪孽，全都怨我。但瑪莉亞仍不肯原諒我，從她的眼神中我看得出來。我現在很怕死去，因為那樣就會把女兒一個人留在世上了。誰還能這樣把她抱在懷裡？誰還會在夜間為她祈禱？還有誰能為她祈求上帝呢？」

阿母和阿爸

明斯克州的沃洛任斯克區拉坦茨村，距離首都一個小時的車程，是個典型的白羅斯村莊：木結構的房屋，開滿鮮花的小院子，雞鵝在街道上行走。孩子在沙土中玩耍，年老的婦女坐在長凳上聊天。當我走近其中一個婦人，整條街的女人都聚集了過來，七嘴八舌，但異口同聲。

她們每個人都有自己的故事，但是又都在講述同一個故事。都是關於如何犁地、如何播種，如何給游擊隊烤麵包，如何保護孩子，如何去找巫師和吉卜賽人算命解夢，如何請求上帝寬恕，以及如何期待丈夫早早打完仗回家。

我只記下了頭三個女人的名字：葉蓮娜·阿達莫夫娜·維利奇科、尤斯金娜·盧基亞諾夫娜·格里戈羅維奇，還有瑪莉亞·費多羅夫娜·瑪祖羅。接下來，由於哭聲就分不清誰是誰了。*

「啊，可愛的小姐！告訴你吧，我的寶貝，其實我並不喜歡勝利日，因為我總會在那天痛哭不止！我的腦子裡撇不開那些念頭，一切都舊景重現。雖然說是苦盡甘來，但還是會痛啊。德國人把我家搶得一乾二淨，又一把火燒了我們的茅屋，只剩下一塊灰色岩石。我們從樹林裡回來後，什麼都沒有了，只有野貓偶爾出現一下。吃什麼呢？夏季就是去採集漿果和蘑菇。我還有一窩孩子要養呢。

戰爭結束後，我們都參加了集體農莊，耕種、收割、打穀，用自己代替馬匹拉犁。當時沒有馬，牠們都被殺掉了，連狗也都被射殺了。我媽媽就說：『等我死的那天，有什麼能和靈魂做伴啊，只有兩手空空。』我的女兒才十歲，就跟我一起耕作。生產組長過來看到了，心疼地說：『這麼小的女娃，從早到晚當大人用！』我們就是這麼工作的，從太陽落到樹林後面，做到它再次升起。我們的時間都不夠用，也得不到任何報酬，只是記下勞動工點數。從初夏開始下田耕作，秋天還分不到一袋麵粉。我們就用這一點點可憐的食物撫養孩子。」

「戰爭結束時，只剩下我孤身一人。我既做牛馬，又做女人，還做男人。唉……」

「戰爭真是一場災難。我的小茅屋裡除了孩子什麼都沒有，既沒有椅子，也沒有櫃子，家徒四壁。只能吃橡樹果子，春天就吃草。我的小女兒該上學了，那時我才給她買了第一雙鞋子。她連睡覺都穿著，捨不得脫下來。這是人過的日子嗎？我這輩子都快到頭了，但我什麼都不記得，只記得那場戰爭。」

「有消息說，我軍的一批被俘士兵會押送到村裡，要是誰家發現裡面有自己的親人，就可以領走。各家婦女聽說了，馬上都跳起來跑了過去。晚上，有人在戰俘中找到了親人，也有人把陌生人領回家去。她們都說沒有能力去辨認：被俘士兵都被折磨得不成人形，餓得奄奄一息了。他們一直吃的是樹葉、草莖，從地裡挖出草根……。我第二天才跑去，沒有找到我的兒子，但是我想我也應該也要去救別人的孩子。有個皮膚黝黑的孩子看著我，他叫薩什卡，和我現在的孫子同名。他十八歲，我給看押的德國人送了熏肉雞蛋，按照教會方式，一邊稱他『兄弟』，一邊在胸前畫十字，他們才讓我把薩什卡帶回家。這孩子已經衰弱得很，連一個雞蛋都吃不下。可是，這

＊本節以下文字為村中婦女的口述紀錄，每個小段落（上下「引號」之間）即是個別人物的講述內容，有的僅有一句話，有的則為數段回憶。

些被俘士兵在我們村連一個月都沒住滿。因為村裡出了一個敗類，他和所有人一樣過日子，已經結婚，有兩個孩子。就是他，跑到德軍指揮部舉報，說我們領回家的是外人。第二天，德國人騎著摩托車來了。我們下跪，趴在地下求情，但是德國人騙我們說會把他們送回家鄉。分手時，我把爺爺的衣服給了薩什卡，我以為他會活下去。

誰知道到了村外，就被自動步槍打死了。所有的人，一個都不剩，都是年紀輕輕的好孩子啊！我們幾個收留過士兵的人，共有九個，商量著要安葬他們。五個人挖坑，四個人放哨，提防德國飛機飛來。天氣酷熱，他們已經在地上躺了四天，我們不敢用鐵鍬，只有找來一張桌布鋪平拉開，再打來水給他們洗身體。為了不讓自己倒下去，我們都得把鼻子捏住。就這樣，我們在樹林裡挖了一個墓坑，把他們擺成一排，用床單把頭包覆住，腿只能露在外面。

整整一年，我們都沒能安靜下來，一直都在為他們哭泣。每個女人都在想，我自己的丈夫或兒子又在哪裡呢？他們還活著嗎？因為從戰爭一開始，我們就等啊等的，還老是要埋葬死人。唉，唉……」

「我有一個善良的好丈夫，我和他一起過日子的時間只有一年半。他離開家時，我正懷著孩子。但他從來沒見過女兒，沒等到女兒出生就上前線了。他是夏天走的，我是秋天生下女兒的。

那一天，我正坐在床上，懷裡抱著不到一歲的女兒，給她餵奶。忽然有人從外面敲著窗戶說：『蓮娜，通知書來了，是你男人的。』我大吃一驚，抱著正在吃奶的女兒站起來，然後又跌倒在地，女兒也驚嚇得放聲大哭。我收到這個噩耗正好是在棕櫚星期六＊，那是四月份，陽光明亮溫暖。從那封通知書中，我得知我的伊萬在波蘭犧牲了，是在一九四五年三月十七日那天，埋葬在格但斯克城下。我們好不容易熬到了勝利，花園裡的花兒都開了，我以為我的男人就要回家了，但我只得到這張薄薄的陣亡通知書……

女兒那次受到驚嚇後，病了很長一段時間，一直到上小學，只要有人大聲敲門或大聲喊叫，她就會發病，睡夢中還常常哭鬧。我一直都跟她一起受苦，大概有七年時間沒有見過陽光，它不會照在我身上，我的眼前總是一片黑暗。」

「等到大家歡呼『勝利了』的時候，男人也陸續回到自己的家鄉，可是，回來的男人遠遠少於我們送走的，甚至還不到一半。我的哥哥尤西科是第一個回來的，但是他已經成了殘廢。他和我一樣，也有一個女孩，四歲多，快滿五歲了，我女兒常常去他家裡玩。有一次，女兒大哭著回家說：『我再也不要去她家了。』我問她：『你為什麼要哭？』女兒回答：『奧爾加（我哥的女兒）的阿爸跪著抱她，疼愛她。我沒有阿爸。我只有阿母。』我們母女倆只好相擁而泣。

就這樣又過了兩三年。有一天，女兒從街上跑回家對我說：『我可以在家裡玩嗎？因為我在街上和其他孩子一起玩，有個阿爸走過來了，可是他認不出我來，看都沒有看我一眼。』我又不

＊東正教信眾慶祝春天的節日。

能把女兒從茅屋裡趕出去和孩子一起玩，她就整天在家裡坐著，苦苦地等待自己的阿爸。但是我們家的阿爸永遠不會回來了。」

「我男人出發上前線的時候，哭得好厲害，他把一堆幼小的孩子留在家裡，怎麼能捨得呢？孩子真的是太小了，甚至都不知道他們有個爸爸。主要是他們全都是男孩子，最小的一個還在我懷裡吃奶呢。我男人緊緊抱著小兒子，貼在自己胸前。那邊的人大聲喊叫：『所有人馬上列隊！』他還是不放開兒子，我在他後面緊跟著，他就抱著孩子站到隊伍中。一個帶兵的軍人對他大聲喝斥，可是他像小孩子一樣，哭得眼淚直流，孩子的衣服都濕了。我和孩子跟著他的隊伍跑出了村子，追了五公里後還不捨得停下。和我們一起的，還有村子裡的婦人。後來我的孩子都累倒了，我也快抱不動小兒子了。而我男人沃洛佳還在不斷地回頭張望，我就繼續跑啊跑的。最後只剩下我一個人，我把孩子都扔在了路上，只抱著最小的兒子，繼續追趕我的男人。

過了一年，來了一封通知書，上面寫著：『您的丈夫弗拉基米爾·格里戈洛維奇在德國柏林城下為國犧牲了。』我從來沒有見過他的墳墓。一個鄰居完好無缺地回來了，另一個鄰居失去了雙腿回來了。唯有我是這麼可憐，只要我的男人回來，沒有腳又怎樣？只要他還活著，我會用雙臂抱著他生活。」

「我只有三個小兒子在身邊。我把一捆捆的莊稼背在身上，從森林裡背出木材，還有馬鈴薯和柴火，全部活兒都自己一手包辦。我還把犁耙套在身上去耕田。有什麼辦法？在我們的小茅屋裡只有兩種人：寡婦或者小孩。村子裡沒男人，也沒有馬，馬也在戰爭中給搶走了。我就是這樣過來的。上級曾發給我兩張獎狀，有一次還獎勵了十公尺的印花布。我真是高興，用這些布給我的三個小子縫了三件襯衫。」

「戰後，那些犧牲者的兒子還在發育成長。雖然只有十三、十四歲，但是男孩已經自認為是大人了，想到要娶妻生子。因為沒有男人，女人也都是處女。

所以，如果有人告訴我，交出自己的牛就能夠不打仗，我會立刻交出去！只要能夠讓我的孩子不再遭遇我那時的苦難就好。一天一天，一夜一夜，我都在傾聽自己的痛苦。」

「我總是呆呆地看著窗外，就好像他還坐在院子裡，晚間我常常有這種幻覺。我已經老了，可是我看到的他永遠那麼年輕，還是我送他上前線時的樣子。如果是在夢中相見的話，連我也是年輕貌美的。

其他婦女都收到了陣亡通知書，只有我那張紙上面寫的是『失蹤』，用藍色墨水寫的。第一個十年裡，我每天都還盼望著他回來，直到現在我也在等待。只要人活著，就可以繼續抱有希望。」

「一個孤獨的女人要怎麼生活？不管別人是否會幫忙，只有苦難才是唯一的伴侶。什麼樣的話我都聽過了，大家說得太多，狗兒也叫得太多。不過，我在自己的五個孫子身上都能夠看見我的伊萬。我一次又一次地守著他的照片，給孫子看他的照片。心裡總有些話，想要跟他說說。」

「唉唉唉，我們的上帝，仁慈的主啊！」

「戰爭剛剛結束時，我總會做同樣一個夢：我走到院子裡，看到我的那個人正在院子裡散步。他穿著軍裝，還在一直不斷叫我的名字。每到此時，我就掀開毯子，跳下床，打開窗戶朝外看。但是院子裡靜悄悄的，就連鳥叫都聽不到，世界都還在酣睡中。只有風吹得樹葉沙沙作響，只有風在輕輕呼嘯。

於是有一天，我一早起床就帶著一打雞蛋去找吉卜賽女人算卦。那個女人擺出撲克牌，占卜了一番之後對我說：『他已經走了，不要白白等待了。那只是他的靈魂在家裡飄遊。』我和他是因為愛情走到一起的，火熱的愛情。」

「一個女巫教我：『趁深夜裡所有人睡著時，你戴上一條黑色圍巾，坐在大鏡子前。那時，他就會從鏡子裡出來。但是你既不能碰他的人，也不能碰他的衣服，只能和他說話。』我按照女巫說的那樣，整夜整夜坐在鏡子前面。就在大清早時，他真的來了。他一言不發，只是默默地流著眼淚。他這樣子出現過三次，我只要叫他，他就會出現，總是哭著來看我。後來我就不再叫他了，因為我不忍心看著他流淚。」

「我一直在等待和我的男人見面，我白天黑夜都想和他說話。我什麼都不需要他做，只要他聽我說話。他在陰間可能也在變老，就像我一樣。」

「你是我的小同鄉……我每天就是挖挖馬鈴薯，挖挖甜菜。總感覺他還在什麼地方，我馬上就會去找他。姊姊告訴我：『你不要往地下看，要往天上看。抬頭看看天空吧，他們都在那裡啊。』但我總覺得他就在我的小草屋裡，就在我身邊。請在我們家住一夜吧，過夜之後，你會知道得更多。血畢竟不是水，捨不得灑出去，它是在身體裡流動的。我看電視，每天都看。

你還是不要寫我們吧，能記在心裡更好。所以我對你什麼都說，也和你一起哭。等你和我們道別時，再看一下我們，再看看我們的小屋。不要像陌生人那樣只看一眼，多看兩眼吧，就像自己的家一樣。別的都不需要，就好好看一下吧！」

渺小的生命和偉大的思想

「那時候，我就是確信無疑。我相信史達林，相信共產黨，我自己也曾經是個共產黨員。我信仰共產主義，我為實現共產主義而生存，也正因為這個信念，我才活到現在。

我在游擊隊打了兩年仗，在最後一次戰鬥中，我的兩條腿都受傷了，整個人失去了知覺。那是在一個天寒地凍的地方，等我醒過來時，兩隻手也凍傷了。別看現在我的兩隻手靈活、很健康的樣子，當時都發黑了。兩條腿當然也凍傷了，如果不是嚴寒，兩條腿或許還可以保住，因為它們當時還在流血呢。我在雪地上躺了很久，他們找到我時，把我與其他傷患一起集中到了一個地方。傷患很多，又正被德軍包圍，游擊隊要撤退突圍出去，於是我們像柴火一樣給扔到雪橇上，不管三七二十一，全都拉到森林深處隱藏起來。就這樣運來運去，後來游擊隊才向莫斯科報告了我的傷勢，畢竟我是最高蘇維埃的代表，算是個大人物，許多人都為我感到驕傲。我是從最基層的一個普通的農婦，從一個農民家庭成長進步的。我很早就加入了共產黨。

我的腿就這樣沒了，截肢了，為了救我的性命，就在樹林裡動了手術，在最原始的條件下。他們把我放在桌子上，連碘酒都沒有，使用簡單的鋼鋸把我的雙腿鋸了下來。同志跑到六公里外的另一支游擊隊去找碘酒，我就躺在桌子上等著。那時什麼都沒有，更不要說麻藥了，代替麻藥的是一瓶家釀白酒。什麼手術器械也沒有，只有一把普通的鋼鋸，木匠用的鋸子。

游擊隊一直在跟莫斯科聯繫，要求派飛機過來。一架飛機飛來了三次，但只能在高空盤旋，周圍的敵人拚命向它射擊，無法下降。第四次，飛機總算降落了，但我的兩條腿已經截掉了。後來，我在伊萬諾夫和塔什干又動了四次修補截肢，因為發生了四次壞疽，每次都切下一段，截肢的部位愈來愈高。第一次我還哭呢，因為想到今後我只能在地上爬，不能走路，所以哭得很傷心。我自己也不知道後來是什麼幫助了我，支撐了我，更不知道我是怎樣說服自己的。

當然，我遇見了很多善良的人，很多的好人。有位外科醫生，他自己也沒有腿，他有一次談到我的時候，這樣說道（這是別的醫生轉告我的）：『我對她真是佩服得五體投地，我曾經為那麼多的男人做過手術，卻從未見過像她這樣的人。沒有喊叫過一聲。』我確實是如此，我已經習慣在別人面前表現得堅強。

後來我回到了後方，回到迪斯納，我的家鄉小城。我是拄著柺杖回去的。我現在沒辦法走路了，因為老了。可當初那會兒，我跑遍了全城，全都靠步行，裝了義肢到處都可以去。

我常常到集體農莊，因為我那時是區執委副主席，承擔了很繁重的工作。我從來不坐在辦公室裡，總是往農村跑，往農田裡跑。要是別人想照顧我，我反而會發火。當時還沒有像現在這麼有文化的集體農莊主席，每逢有什麼重要活動，區裡就得派人下鄉。每個星期一，我們都要被召到區委，上級分配任務後，就派我們到各農莊去。有一回，我一大清早就起來，望著窗外，看見別人不斷地到區委去，偏偏就沒叫我，傷心極了。我也想和他們一樣去開會啊。

終於，電話鈴聲響了，是第一書記打來的：『費克拉・費多洛夫娜，請您來一下。』我那時有多麼滿足啊，雖然我到各個村莊去是非常非常困難的，我被派往的地方都有二三十公里遠。有的地方可以搭車，有的地方只能靠步行。我有時在森林裡走著走著就會跌倒，老半天爬不起來，只好把手提包放在地下，掙扎著撐起身子，扶住樹幹站起來，繼續趕路。我已經領取了退休金，本來可以自由自在地過日子，可是我想做一個對別人有用的人。我是一個共產黨員嘛。

我沒有任何私人財產，只有一些勳章、獎章和證書。房子是國家建的，又高大又寬敞。因為裡面沒有孩子，就顯得格外空曠。在這麼高的天花板下，這麼大的房子裡，只有我和妹妹兩個人住。她既是我的妹妹，又是我的媽媽，還是我的保母。我現在老了，早上無法自己起床。

我們姊妹兩人相依為命，都是活在過去的時代。我們有一個美好的過去，生活雖然艱苦，但是既美好又誠實。我問心無愧，一輩子都問心無愧。」

——費克拉·費多洛夫娜·斯特魯伊

（女游擊隊員）

「是時代把我們變成當時那樣的人，以後不會再有這樣的機會了，歷史不會重複。那時候，我們的想法是年輕的，我們的人也是年輕的。列寧剛去世不久，史達林還活著。當我戴上少先隊的紅領巾時，在我戴上共青團徽章時，是那樣自豪和驕傲。

戰爭就在這時爆發了，而我們正是最有理想的一代。當然，在我們的日托米爾，馬上出現了地下抵抗組織。我立即參加，甚至不用商量。參加或不參加，害怕或不害怕？這根本不用考慮。

過了幾個月，我們的地下組織被出賣，遭到敵人追蹤。蓋世太保抓住了我。對我來說，受刑比死亡更痛苦。我害怕受折磨，要是萬一我忍受不了酷刑呢？我們每個人都會這樣想，如何面對酷刑，比如我，從小開始，就很難忍受任何疼痛。其實，我們當時都不了解自己，不知道我們有多麼堅強。

在蓋世太保的最後一次審訊中（這次審訊後我第三次被列入槍斃名單），這已經是第三個審訊我的人了，這是個自稱歷史學家的傢伙。在他審訊我時，發生了這樣一件事。這個法西斯想要弄明白，為什麼我們是這樣的人，為什麼思想觀點對我們是如此重要。『生活高於思想。』他對我說。我當然不同意他的話。他就狂叫著毒打我，邊打邊問：『是什麼使你們成了這樣的人？是什麼讓你們連死都不怕？為什麼共產黨人認為共產主義必定在全世界獲勝？』他說著一口流利的俄語。於是，我決定把一切都講給他聽，反正我知道他們最後還是不會放過我的，我不能就這麼白白死掉，要讓他知道我們是有力量的。大約在四個小時裡，他提出問題，我就盡我所學到的馬克思思想去回答他。哈，他當時是多麼狼狽啊！抱著腦袋，在刑訊室裡走來走去，然後又像釘在地板上似地站住，呆呆地看著我，盯著我，卻第一次沒有動手打我。

我昂起頭看著他。以前我還有兩條大辮子，如今頭髮卻被揪掉了一半。一個快餓死的女囚，起初，我想吃一塊小麵包；後來，連麵包皮也行；再後來，哪怕有些麵包渣也可以。但我就是這樣，挺直了身子站在他面前，兩眼放光。他聽我說話，認真地聽著，居然不再毒打我。不是的，他不是感到害怕，因為當時才一九四三年。但他已經感覺到了某種危機。他是想弄清楚，這種危機感到底來自何處。而我正是回答了他的疑問。可是當我走出刑訊室時，他還是把我列入了槍斃名單。

在執行槍決前的那一夜，我回憶了自己的一生，短促的一生。

我記得，我一生中最幸福的一天，那天父母要返回老家，他們是為了躲避轟炸而回去的，只有我還仍留在家裡。我知道我們必須繼續鬥爭，我們也感覺勝利就在眼前，一定的！我們所做的第一件事，就是尋找和救護傷患。他們遍布在田野、街市和溝壑裡，我們甚至爬到牲畜棚裡去找人。有一天早上，我出去挖馬鈴薯，在我們的菜園裡發現了一名傷患。他是一個年輕軍官，快死了，連告訴我他的名字都沒有力氣，只是喃喃地吐出了幾個字，我都聽不清楚。我記得自己當時曾經很絕望，但我也覺得從來沒有像那些日子那麼幸福過。

我已經記不清第一次審訊的情景了，雖然那時我並沒有失去知覺。只有一次我昏了過去，那是他們用一個什麼鐵輪子絞我的雙手。我好像沒有喊叫過，雖然在這之前敵人常拉著我去看別人受刑時的慘狀，聽別人的慘叫聲。在後來的審訊中，我已經失去了疼痛感，身體麻木得就像木頭一樣。我只有一個念頭：『不能說！』在敵人的眼中我不能死，絕不能！只是在拷打結束後，他們把我扔回監牢裡，我才能感到遍體鱗傷的疼痛。體無完膚，但是要挺住！要讓媽媽知道，我寧死不屈，沒有出賣任何人。媽媽！

敵人還剝光了我的衣服，把我吊起來拷打，還給我拍照。我只知道用兩隻手緊緊遮護著胸部。我曾經看到一個叫柯連卡的小男孩，還不到一歲，大人還在教他叫『媽媽』。就是這麼幼小的嬰孩，當敵人把他從母親懷裡奪走時，他似乎是本能地知道要失去母親了，於是平生第一次，他喊出了：「媽——媽！」其實這還不是語言，或者說，這不僅僅是語言。我想好好地講給你聽，全都講給你。唉，我在牢房裡見過的，都是多麼好的獄友啊！她們在蓋世太保的地下室裡默默死去，她們的英勇行為只有牢獄的四壁知道。如今，四十年過去了，我仍然在心中向她們表示深切的敬意。她們常說：『死比什麼都簡單！』可是，活著呢？人又是多麼想活著！我們堅決相信，我們必定會戰勝敵人。我們只懷疑一點，就是：我們能否活到那個偉大的日子？

我們的牢房有個很小的窗子，上面有鐵柵欄，你得讓人托著你，才能看到外面，而且看到的不是一抹天空，僅僅是一小片屋頂。我們大家都很虛弱，根本做不到互相托一把去看看外面。有位獄友叫安尼婭，是個女傘兵。她在一次跳傘到敵後，一落地就被敵人抓住了，傘兵小隊全都中了敵人埋伏。她已經被打得皮開肉綻，卻突然請求我們：『托我一把吧，我想看看自由，我只想上去看一眼，就看一眼。』

看一眼，這就是全部了。我們大家一起用力把她托了起來。她叫了起來：『嘿，那兒有一朵小花。』於是，每個女孩都開始要求：『也托我一下吧。』那是一朵小小的蒲公英，它怎麼會長到屋頂上來的，我想不出原因。每個姑娘都在想這朵小花的來由。我現在知道了，當時大家都是同一個疑問：這朵小花能活著離開這座地獄嗎？

我曾經那麼喜歡春天，喜歡看櫻花開，喜歡聞丁香花的香氣，你不會對我這種柔情感到驚訝吧？我還喜歡寫詩呢。但現在，我不喜歡春天了，因為戰爭橫在了我們之間——在我和大自然之間。就是那年櫻花盛開時節，我看到了法西斯踐踏著我的故鄉日托米爾的土地。

我奇蹟般地活了下來，一些尊重我父親的老百姓把我救了。我父親是個醫生，在那個年代，醫生是個很崇高的職業。在敵人把我們送上刑場槍決的路上，有人把我推下了火車。我完全不記得傷痛，只知道起身趕快跑，像是在夢境中，朝著眾人奔跑的那個方向。後來有人找到了我，把我送回家。我全身都是傷，而且馬上長滿了神經性濕疹。我甚至連說話聲都聽不得，一聽到有聲音就會疼痛，爸爸媽媽只能小聲交談。我難受得整天喊叫，只有泡在熱水裡才會安靜。我不許媽媽離開我身邊，她只好求我：『好女兒，媽媽要去爐子那兒生火，弄弄菜園子。』但我還是不放她走，因為只要我一鬆開她的手，往事就會向我襲來，我經歷過的一切都會浮現。

為了轉移我的注意力，媽媽給我找來了一束花，是我最喜歡的風鈴草和栗子葉，她想用花草的味道吸引我的注意力。我被蓋世太保抓去時穿過的連衣裙，媽媽都給藏了起來。直到媽媽去世，那條連衣裙都一直壓在她的枕頭下面。她活著時一直藏著它。

我第一次起床下地，是在我看到我軍戰士的時候。當時我已經躺了一年多，卻突然從床上一躍而起，跑到大街上高喊：『我的親人！最親愛的人，你們終於回來了。』後來是戰士把我抬回家的。我十分興奮，第二天、第三天接連跑到兵役委員會去：『給我分配工作吧！』有人告訴了我爸爸，他趕緊跑來領我：『孩子，你怎麼到這兒來啦？誰能要你去工作啊？』就這樣折騰了幾天之後，我又不行了，又開始犯病，渾身痛得不行。我整天整天地叫著喊著，從屋外走過的人都祈禱著：『上帝啊，要不您就收走她的靈魂，要不就救救她吧，別讓她這麼痛苦了。』

最後，還是茨卡爾圖博*的醫療泥漿救了我，也是求生欲望救了我。活下去，活下去，別無他求。我終於活了下來，能和大家一樣生活了。我在圖書館工作了十四年，那真是快活的歲月，的的確確。現在呢，生活又成了與疾病沒完沒了的鬥爭。總之，衰老都是一件可恨的事。還有疾病和孤獨，我完全是一個人過活，爸爸和媽媽很早就過世了，那些輾轉難眠的漫漫長夜啊！這麼多年過去了，我還是會做噩夢，每次醒來都嚇出一身冷汗。我不記得安尼婭姓什麼了，也不記得她老家是勃良斯克州或是斯摩棱斯克州，我只記得她是多麼不想死啊！她常常把白白的手臂彎在腦後，透過窗櫺向外面大喊：『我想活下去！』

我沒有找到她的父母，也不知道可以向誰述說她的故事。」

——索菲亞．米倫諾夫娜．維列夏克

（女地下工作者）

「戰後，我們才知道奧斯威辛，知道達豪集中營……看到這些，我還怎麼敢生孩子啊？當時我已經懷孕了。

戰後我馬上被派到鄉下宣傳公債，國家需要錢，需要重建工廠，恢復生產。

我到了一個村莊，村子早就不存在了，大家都在地底下住著，生活在地窖裡。有一個婦女鑽了出來，她身上穿的簡直不忍卒睹。我鑽進地窖，看到裡面有三個孩子，全都餓得不成人形了。那個女人把孩子趕到一個鋪著乾草的大石槽裡。

她問我：『你是來徵求購買公債的嗎？』

＊茨卡爾圖博：現在喬治亞境內，海拔高度一百三十七公尺，那裡的放射性泉水和泥漿對風濕病和其他關節疾病有療效。

我說是的。

她說：『我沒有錢，只剩下一隻母雞。讓我去問問鄰居大嬸要不要買，昨天她還問我來著。要是她買了，我就把錢給你。』

我現在說起這件事，就像有什麼東西哽在喉嚨一樣。這些都是怎樣的人啊，多麼好的人！那位婦女的丈夫在前線犧牲了，丟下三個孩子，家裡一無所有，只剩下這隻母雞，她還要把牠賣掉，好交錢給我。她寧願貢獻出一切，只要能換來和平，只要能讓她的孩子活下去。我一直記得她的臉孔，還有她那幾個孩子。

他們會怎樣長大？我很想知道。我很想再去找他們，看看他們。」

——克拉拉．瓦西里耶夫娜．岡察洛娃

（列兵，高射機槍手）

媽媽，爸爸是什麼樣子的？

我看不到這條路的終點，苦難似乎永無盡頭。我已經不能僅僅把它當作歷史來看待。又有誰能夠回答我這個問題：我到底是在與誰糾結？是時間或是人？時間在變化中，而人呢？莫非我所思考的，只不過是生命過程一再地重複？

而她們，既是作為士兵在講述，又是作為女人在傾訴。她們之中的許多人，本身就是個母親……

洗澡的寶寶和像爸爸一樣的媽媽

「我在逃跑，我們幾個人一起逃跑。敵人一邊對我們緊追不捨，一邊朝我們開槍。我媽媽也跟著跑，當她看到我們跑掉了，就停了下來，她正在德軍衝鋒槍手的看押之下。我隱約聽見了她的聲音，像在喊些什麼。後來別人告訴我，她喊的是：『太好了，我的好女兒，你穿上了白裙子……往後再不會有人替你換衣服了。』媽媽以為我肯定會死在敵人手中，但她高興的是，我將穿著一身白衣服倒下。在這之前，我們正準備去鄰村做客，那天是復活節，我們正要去親戚那裡。

周圍很安靜，敵人停止開槍。只有我媽媽還在叫喊著。或許敵人後來開槍殺死了她？但我沒聽見。

在整場戰爭中，我家人全死了。戰爭結束後，我已經沒有什麼人可以等待。」

——柳芭・伊戈列夫娜・魯德柯夫斯卡雅

（游擊隊員）

「敵人開始轟炸明斯克。我趕緊跑到幼兒園去接兒子，我的小女兒已經在城郊，她剛滿兩歲，在托兒所裡，而當時托兒所已經遷去了城郊。我決定先把兒子領回家，然後再跑去接女兒。我想盡快把兩個孩子都接到身邊。

我跑到幼兒園，敵機已飛到城市上空在扔炸彈了。我還在幼兒園牆外，就聽見我那還不滿四歲的小兒子的說話聲：『你們都不要害怕，我媽媽說了，敵人會被打垮的。』

我從柵欄門縫看進去，院內有好幾個孩子，我兒子正在安慰別的孩子。可是他一看到我，便開始發抖，大聲哭了起來。原來他自己也害怕極了。

我把兒子接回家，請婆婆幫我照看一下，又跑出城去接女兒。我一路跑到郊外的托兒所，可是那兒已經一個人都沒有了。幾個鄉下女人告訴我，孩子都被帶走了。我問：『到哪兒去了？誰帶走的？』她們說也許是進城了。原來，托兒所裡只有兩位保育員，她們沒等到汽車來，就帶著孩子步行離開了。從這兒到市區有十來公里，那都是小娃娃啊，有的才一兩歲。我親愛的，為了找他們，我到處轉了兩個星期，走遍了所有村落。終於有一天，當我走進一幢房子時，別人告訴我這就是托兒所，孩子就在這裡，我都不敢相信了。上帝啊，孩子全都躺在地上，真要命，滿身的屎尿，有的還發著高燒，像死了一樣。托兒所所長是個少婦，都已經急出了白頭髮。原來，他們從頭至尾都是走路到市裡來的，還迷了路，幾個孩子都奄奄一息了。

我在孩子中間跨著走著，就是沒找到自己的女兒。所長安慰我說：『不要絕望，再找找看。她應該在這兒，我記得她。』

我終於憑著一雙小皮鞋認出了我的艾洛契卡，我幾乎認不出她來了。

後來，我們的房子被燒毀了，我們隻身逃出，流落街頭。這時德國軍隊已經進城，我們連藏身之處都沒有。一連幾天，我帶著孩子在大馬路上流浪。在街上，我遇到了塔瑪拉·西妮查，戰前我和她並不熟，她聽說了我的情況後，就對我說：『你們到我家來吧。』

『我的孩子正患百日咳，怎麼能去您家呢？』我說。

她也有兩個小娃娃，弄不好會被傳染的。那個時候沒有藥，醫院也早就關起大門了。但是她堅持：『別說了，快走吧。』

我親愛的，這樣的事情難道我能忘記嗎？塔瑪拉和她的孩子，跟我們一起分吃著馬鈴薯皮。為了給兒子送點生日禮物，我只好用自己的舊裙子縫製了一條小褲子。

但是，我們仍然渴望能去參戰，只要有機會能參與地下工作，我就感到十分痛快，不能就這樣坐在家裡等著。兒子畢竟大了一點，我就常常把他送到婆婆家，而婆婆提出的條件是：『我可以照顧孫子，但你再也不許到家裡來。我們會因為你而全被殺死的。』結果，足足三年我都不能去看自己的兒子，甚至不敢走近那棟房子。而女兒呢，當蓋世太保盯上我時，我就帶著她逃到了游擊隊。我抱著她走了五十公里，走了兩個多星期。

女兒跟我在游擊隊待了一年多。今天我還時常在想：『當時我是怎麼帶著她活下來的？』你要是問我，我也答不上來。親愛的，那幾乎是不可能挺下來的！如今要有誰提到『圍困游擊隊』，我的牙齒還會打顫。

那是一九四三年五月的一天，上級派我把一部打字機送到另一個游擊區，在鮑里索夫地區。他們那兒有一部俄文打字機，配有俄文鉛字，但是他們需要德文字型，而這種打字機只有我們這個支隊才有。這部德文打字機，還是我從淪陷區明斯克帶出來的呢。但是，當我沿途經過帕利克湖地區時，沒過幾天圍困就開始了，於是我就耽擱了。

因為我還帶著女兒，以往每次外出執行一兩天的任務時，都要把女兒託給其他同志照顧，如果長時間執行任務就只能把孩子帶上。這一回，連女兒也落入了敵人的包圍區，德軍把這個游擊區團團圍住了。從天空轟炸，從地面掃射。男人行軍只要帶一枝步槍，我卻要背著步槍、帶著一部打字機，還有艾洛契卡。我抱著女兒趕路時，常常會突然絆了一跤，女兒便越過我的肩膀，跌進沼澤地。我們爬起來繼續趕路，走不了幾步就會再摔一次，就這樣走了兩個月。我那時暗自發誓，要是我能活下來，一定要遠離沼澤地，永遠也不想再看到它。

『我知道敵人開槍時，媽媽為什麼不臥倒，就是想讓子彈把我們兩人一起打死。』這就是我女兒，一個只有四歲的孩子對我說的話。其實我是沒有力氣臥倒了，我害怕趴下去，就再也爬不起來了。

游擊隊員有次同情地說：『夠你受的了，還是把小女兒交給我們來帶吧。』

但我誰也信不過。要是突然遇到敵機掃射，要是她被擊中，我不在身邊，那怎麼辦？要是小女兒弄丟了怎麼辦？

游擊隊政委洛帕京接見了我。

『真是個好女人！』他感動地說，『在這種情況下還帶著孩子，打字機也沒丟掉。這種事連男人也不是個個都能做到的。』

他把艾洛契卡抱在手上，抱著她、吻著她，翻遍了他自己所有的衣袋，把零星食物都搜出來給她，那是有一次她差點被沼澤地的髒水淹死之後。其他游擊隊員也學政委的樣子，把衣袋都翻開，倒盡裡面的東西給她。

等游擊隊突圍後，我徹底病倒了。全身生了癬子，皮都蛻了一層。而我懷裡還抱著孩子，我們正在等待從大後方派來的飛機。據說如果飛機能飛來，就要把傷勢最重的傷患運走，還可以把我的艾洛契卡帶走。我清楚地記得，把女兒送走的那一刻，那些同機的傷患都向艾洛契卡伸出手：『艾洛契卡，到我這兒來。』他們全都認識艾洛契卡，她會在醫院裡給他們唱歌：『哎——真是想啊，真想活到結婚那一天……』

一個飛行員問她：『在這兒你是跟誰過呢，小女孩？』

『我媽媽，她在機艙外邊站著呢。』

『叫上你媽媽，讓她和你一起飛吧。』

『不行，媽媽不能走，她還要打法西斯呢。』

這就是他們，我們的孩子。我望著她的小臉，不由得打了個寒顫，往後我還能再見到她嗎？我再講講我跟兒子是怎樣見面的吧。那是在家鄉解放之後，我朝婆婆的房子走去，兩條腿軟綿綿的。游擊隊裡年紀大些的婦女事先教我說：『你要是看見他，絕對不要馬上承認你是他媽媽。你知道沒有你，他是怎樣熬過來的嗎？』

鄰家的小女孩跑來告訴我：『喂！廖尼亞媽媽，廖尼亞還活著。』

聽到這話，我的兩條腿再也邁不動了。兒子還活著！小女孩又告訴我，我婆婆已經死於傷寒，是鄰居收留了廖尼亞。

我走進他們的院子。你知道我當時穿什麼嗎？一件德國軍便服、一條縫縫補補的黑裙子、一雙破舊的高統皮靴。鄰居馬上認出我，但沒吭聲。兒子坐在那兒，光著小腳丫，穿得破破爛爛。

『你叫什麼名字，孩子？』我問他。

『廖尼亞。』

『你和誰一起住？』

『我早先和奶奶一起，後來她死了，我把她埋了。我每天都去看她，求她把我也帶到墳裡去。我一個人睡覺會害怕。』

『你爸爸和媽媽呢？』

『爸爸活著，他在前線。媽媽被法西斯打死了，是奶奶告訴我的。』

和我一起回來的，還有兩個游擊隊員，他們要來安葬犧牲的同志。聽到我兒子這麼回答，他們都流下了眼淚。

這時我再也忍不住了：『你怎麼連媽媽都不認識了？』

他一下子跳起來，大叫一聲撲向我：『爸爸——！』因為我穿的是男人服裝，戴著男人帽子。過了一會兒，他才又抱著我大喊：『媽媽！』歇斯底里地喊叫。

整整一個月，兒子哪兒都不讓我去，連上班也不放我走。我到哪兒都要帶著他，就連一起坐著吃飯，他也要用一隻手抓著我，嘴裡還一個勁兒地重複著『媽咪』。一直到現在，他還這樣叫我：『媽咪，我的媽咪。』

當我們夫妻重逢時，一連幾個星期都有說不完的話，永遠說不夠。我白天黑夜沒完沒了一直對他說。」

——拉依莎·格利戈里耶夫娜·霍謝涅維契

（游擊隊員）

「戰爭，就是時時刻刻都在埋葬死人。那時我們常常要埋葬游擊隊員，有時整個小分隊遭到伏擊，有時所有人都戰死了。我要講一個關於葬禮的故事。

在一次激戰之後，我們損失了很多人，我也受了傷。每次打完一場仗都要舉行安葬儀式，人們通常要在墳墓前簡短地致詞。首先是指揮員講話，然後是戰友講話。這次，犧牲者中有一位本地小伙子，他的母親來參加了葬禮。這位母親號啕大哭：『我的孩子啊！我們已經為你準備好了新房，你還保證說要把你年輕的未婚妻帶來給我們看！你這是要到地下去娶親了啊。』隊伍肅立，沒人說話，也沒有人去打擾她。過了一會兒，她抬起頭來，發現陣亡的不只她兒子一個人，還有很多年輕人躺在地上。於是，她又為別人家的兒子放聲痛哭起來：『你們這些孩子，我的兒子們！你們的媽媽都不能來看望你們，她們都不知道你們要入土了！這土地這麼冰冷，真是太冷了啊。只好由我來代替她們哭了，我心疼你們所有人啊。你們都是我的親人，我親愛的孩子們。』

當她說到『我心疼你們所有人』和『你們都是我的親人』時，在場的男人也開始哭出聲來。誰都忍不住落淚，整個隊伍一片哭聲。這時指揮員大聲發令：『鳴槍致意！』哭聲這才被槍聲壓倒。

這件事深深打動了我，直到今天我還常常想起來，慈母心真是偉大。在安葬自己兒子、痛不欲生的時候，她那顆心同時也在為其他母親的兒子慟哭，就像為自己的親人慟哭那般。」

——拉麗莎·列昂季耶夫娜·柯羅卡雅

（游擊隊員）

「我回到老家的村子。我家房子旁邊，有一群孩子在玩耍。我一邊看一邊就想：『哪一個是我的孩子呢？』他們全都一個樣，頭髮剪得短短的，就像以前我們給綿羊剪毛那樣整齊。我認不出哪個是我女兒，就問他們中間誰叫柳霞。只見一個穿長袍的小孩應了一聲，轉身就朝屋裡跑。當時我很難分清誰是女孩，誰是男孩，因為他們全都穿得一模一樣。我又問：『你們當中到底誰叫柳霞啊？』

孩子用手指了指，說跑掉的那個就是。我這才明白，那就是我的女兒。過了一會，有位老太太牽著她的手出來了。這個老太太就是我的外祖母。她領著柳霞朝我走來：『我們去，我們去。我們這就去問問這位媽媽，她為什麼把我們丟下不管了。』

我當時穿著男式軍服，戴著船形帽，騎著馬。我女兒一定是把她的媽媽想像的跟別的女人一樣，而今天站在她眼前的卻是一個大兵。女兒覺得害怕，好長時間不敢走進我的懷裡來。我再委屈也是沒用，因為我畢竟沒有撫養她，她是跟著老奶奶長大的。

我帶回一塊肥皂送給孩子做禮物，這在當時可是相當講究的禮物了。我幫女兒洗澡時，她竟然啃起了肥皂，想嘗一嘗肥皂的味道，以為這是一種可以吃的東西。她們過的是什麼日子啊！

在我的記憶裡，母親一直是個年輕婦女，但再次見到她時，卻已經是個老太婆了。有人說她女兒回來了，她從菜園子裡一路跑到大街上，看到我，張開雙臂就跑過來。我也認出她了，朝她跑過去。她差幾步就跑到我身邊時，突然虛弱地癱倒在地上，我也癱倒在她旁邊。我親吻著媽媽，又親吻著土地，心中充滿了愛，也充滿了恨。

我記得，有一次我看到一個德國傷兵趴在地上，因為疼痛，兩隻手死命地摳著地面。這時我們的一個戰士走到他跟前說：『別動，這是我們的土地！你的土地在那邊……』」

——瑪莉亞・瓦西里耶夫娜・帕甫洛維茨（游擊隊醫生）

「我是追隨丈夫上戰場的。我把女兒留給了婆婆，但婆婆不久就去世了。我先生有個姊姊，是她收養了我女兒。但戰後我復員回家時，她說什麼也不肯把女兒還給我，還數落了我一番說：『既然你能拋棄這麼小的女兒去打仗，那就不應該有女兒。為人母親的，怎會拋棄自己的孩子，況且又是這麼無依無靠的小孩？』我從戰場上回來時，女兒已經七歲了，我離開時她才三歲。我見到的是一個看起來像小大人似的女孩。不過她長得很瘦小，因為常年吃不飽、睡不好。附近有一家醫院，她常常到醫院去，為傷患唱歌跳舞，醫院的人就給她點麵包吃，這是她後來告訴我的。起初她等待的是爸爸和媽媽，後來她就只等媽媽一個了。因為爸爸犧牲了，她都知道，她心裡都明白。

我在前線常常想念女兒，一刻都忘不掉她，做夢都會夢見她，想她想得好苦。一想到不是我在夜裡給她讀童話故事，一想到她睡覺和醒來時身邊沒有我，就不由得哭了起來。但我並不埋怨孩子的姑姑，我理解她，她很愛自己的弟弟。我先生是個強壯、英俊的男人，無法相信他這樣的人會被打死。戰爭頭幾個月，他就死掉了。戰爭剛爆發的那幾個月，甚至整整一年裡，德國飛行員完全掌控了空中優勢，我先生就是這樣被炸死的。他的姊姊不願意把弟弟留下的骨肉交出來，那是他唯一留下來的。她是那樣的女人，在她心目中，家庭和孩子才是最重要的。不論是遇到轟炸或是掃射，她只有一個念頭：『今天要怎樣給孩子洗澡呢？』我不能怪她。

她說我是個狠心的女人，沒有女人的良心。但是誰又能知道，在戰爭中我們吃了多少苦頭，失去家庭、房屋和自己的孩子。很多人都把孩子留在了家裡，又不只我一個人這樣做。我們背著降落傘，等待上級隨時下達任務。男人在抽菸、玩牌，但我們呢，在起飛信號彈升起前，還在坐著縫頭巾。我們終究還是女人啊。你瞧這張照片，這是我們的領航員。她想寄照片回家，於是我們有人找出一塊頭巾替她綁上，為的是不讓肩章露出來，我們還用被單遮住她的軍裝，好像她穿的是連衣裙，是這樣拍出來的照片。這張是她最珍愛的照片。

當然，後來我和女兒相處得非常好，一輩子都非常好。」

——安東尼娜・格利戈里耶夫娜・邦達列娃

（近衛軍中尉，一級飛行員）

小紅帽和戰場上的小貓

「我是過了好久才習慣戰爭狀態的。

有一次，我們向敵人進攻，有個傷患動脈出血不止，血就像噴泉一樣湧出來，我以前哪見過這樣的情景。我正要跑去喊醫生，但是那名傷患卻對我大聲喝斥：『你要去哪兒？還不快點幫我用皮帶綁緊！』這時我才回過神來。

還有一件讓我想起就心疼的事。有一個七歲的男孩，沒有了媽媽，這個孩子就坐在大路邊上，守在被打死的媽媽身邊。他還不知道媽媽已經死了，他在等媽媽醒過來，他想跟媽媽要吃的。

我們的團長沒有丟下這個孩子。他把男孩拉到自己身邊說：『好孩子，雖然你沒了媽媽，但你會有很多爸爸的。』從此這個男孩就和我們在一起，在軍隊裡長大，就像是全團的兒子。他當時七歲，負責幫我們的自動槍裝填子彈。

等你離開我家後，我先生一定會罵我。他不喜歡我談這些，不喜歡我談戰爭。他沒上過戰場，他年紀比我小，我們兩個沒有孩子。我心裡一直記著那個男孩，他本來可以做我兒子的。

戰爭過後，我瞧著什麼都覺得可憐。不但可憐人，還可憐公雞、小狗，現在我完全受不了看到別人吃苦。我在醫院工作時，病人都很喜歡我，說我心地善良。我有一個很大的花園，但我不曾賣過一顆蘋果，我都把它們分送掉了。從戰爭到今天，我只剩下這個了，那就是一顆憐憫他人的心。」

——柳芭芙・札哈洛夫娜・諾維克

（戰地護士）

「我最害怕的一件事，就是我們有同志被捕。一連幾天我們都會提心吊膽地等著：『他們能否忍受住嚴刑拷打？』如果他們受不了酷刑，那麼新的一批逮捕就會開始。過了一段時間後，聽說敵人要處死他們。上級給我的任務是：到現場去，看看今天敵人要絞死哪些同志。我在大街上走著，看著敵人在準備絞索。我們不能哭，也不能有一秒鐘的遲疑，因為到處都是密探。有好多字眼可以表達當時的心情，只有一個詞是不恰當的，那就是勇敢。請問需要有多強大的心靈力量，才能夠不流淚地默默從旁邊經過。

當時，我已經不會哭了。

蓋世太保把我抓走時，我知道自己面臨的是什麼，我早已預知了一切。敵人用皮靴、鞭子拷打我，算是見識了什麼叫法西斯的『修指甲術』。他們把我的兩隻手卡在桌子上，用一種刑具把針插進我的指甲裡，同時把所有指甲都插進鋼針。這簡直比下地獄還痛苦！我立刻昏了過去。我甚至都記不住當時的情景，只知道那樣的痛實在太可怕，後來我怎麼也回想不起來。他們還用圓木扭絞我的身子，我記得不太確切，但我還記得一點：我的身體兩邊各擺了一根圓木，而我就在中間……這是什麼刑具，我都能聽到自己骨頭斷裂的嘎嘎聲。他們折磨了我多長的時間？我記不得了。後來，他們把我全身剝得一絲不掛，有個男人還上前來抓住我的雙乳，我只能往他臉上吐口水，沒有其他的反抗方式了。就因為這樣，他們把我放在電椅上拷問，至於那個壞蛋是年輕或年老，我也不記得了。從那之後，我就碰不得電器了，現在連電熨斗都不敢用，一輩子都落下了這個病根。凡是與電有關的事，我一件也無法做。也許戰後應該建立心理創傷治療科，反正我一輩子就是這麼過來的。

我不知道今天我為什麼會哭，因為我早已經不再哭了。

最後，敵人判了我絞刑，我被押解到死牢，裡面還關著另外兩名婦女。知道嗎？我們一滴眼淚都沒有流，毫不慌張，因為我們早就知道，既然從事的是地下工作，必然會有這樣的命運在等待著我們，所以我們很鎮定從容。我們會一起談論詩歌，回憶喜愛的歌劇。我們談得最多的是《安娜．卡列尼娜》，我們談愛情，但故意不去想我們的孩子，因為不敢想。我們微笑著互相鼓勵，就這樣過了兩天半。到了第三天早晨，我被叫了出去。我們互相道別、親吻，但沒哭，也不覺得恐懼。顯然，我多少已經習慣了死的念頭，連恐懼感都沒有了。

我們被關在囚車裡走了很久，記不清走了幾個小時，我心想，反正我是與人生永別了。汽車停了下來，我們一共有二十個人，因為被折磨得太厲害，連下車的力氣都沒了。敵人把我們扔下車，就像扔麻袋一樣。德軍指揮官命令我們爬到木板棚去，他還用皮鞭抽打我們，棚子裡站著一個女人，她還在抱著孩子餵奶。唉，你是知道，旁邊就是軍犬和警備隊，他們就站在那兒一動不動，像柱子似的。那個德國軍官看到這個情景，就走了過去，一把從母親手中搶走了孩子，反手把孩子摔在鐵製的水龍頭上。孩子的腦漿當場就流了出來，像牛奶一樣的顏色。我看到那位媽媽昏倒了，我是醫生，我明白，她的心碎了。

我們每天被押著去幹活，走過城裡，穿過熟悉的街道。有一次下囚車時，正好是在一個聚集了很多人的地方，我突然聽到有個聲音在叫：『媽媽，媽咪！』我抬起頭：只見達莎阿姨站在路旁，我的小女兒從人行道上跑了過來。她們是偶然看到我的。女兒跑得很快，一下子就撲到了我懷裡。你想想，邊上就是狼狗，牠們是受過專門訓練的，會往人身上撲。但是這回，沒有一條狼狗有動作。平時要是有個動靜，牠們早就撲上來撕咬你的衣服了。女兒撲到我的身上，我沒有哭，只是說：『好女兒，娜塔申卡，我很快就會回家的，別哭。我明天就回家。』警備隊和狼狗都站在旁邊，但是誰也沒有碰她一下。

我女兒五歲就開始讀祈禱文，而不是讀詩歌。達莎阿姨教她必須祈禱，她就成天為爸爸媽媽禱告，保佑我們活下來。

一九四四年二月十三日，我被送去服苦役，地點是在英吉利海峽邊上的克羅澤集中營。那天正好是巴黎公社紀念日，在法國人越獄的同時，我也逃了出去，加入法國的抵抗運動游擊隊。我還獲頒一枚法國『十字勳章』呢！

戰後我回到了家鄉，我還記得踏上祖國土地的情景。我們當時全都跳出了車廂，親吻著土地，把泥土捧在懷裡。我記得我穿著一件白色長衫，我趴倒在地上親吻著，捧起一把土貼在胸前。我當時想的是，我再也不要跟祖國分開了。

回到了明斯克，我先生不在家，女兒在達莎阿姨家。後來我得知我先生被內務部逮捕了，關在監獄裡，我馬上就趕了過去。他們說：『你先生是個叛徒。』實際上，我們夫妻兩人是一起做地下工作的，而他是個勇敢又誠實的人。我知道一定有人誣告、誹謗他。於是我回答：『不會的，我先生不可能會叛變。我相信他，他是個真正的共產黨員。』調查人員就像神經錯亂似地對我說：『閉嘴，你這個法國妓女！給我閉嘴！』那時對所有人都會懷疑，只要你在占領區生活過、被俘過，或者曾經被送往德國，被關過法西斯集中營，他們就只有一個問題：『為什麼你能活下來？為什麼沒有死？』甚至連亡者也會被懷疑，犧牲者也不放過。他們從來沒有關注過我們曾經為了國家，做了多艱辛的奮鬥，為了勝利犧牲了一切。現在我們勝利了，但是史達林還是不相信人民。祖國就是這樣感謝我們的，就是這樣回報我們的一腔熱血。

我四處奔波申訴，寫信給所有部門。半年後丈夫總算獲釋了，但他的一根肋骨被打斷，一個腎臟也被打壞了。他在納粹的監獄裡曾經被打斷了手臂，在法西斯的監獄裡白了頭，一九四五年他又在內務部的監獄裡被打成了殘廢。我照顧他好多年，把他從疾病中拉扯出來。但是只要我抱怨國家，他就不想聽，只是反覆地說：『這只是一個錯誤。』他還說：『最重要的是我們勝利了。』就這樣，沒了。當然，我對丈夫總是堅信不疑的。」

——柳德米拉．米哈依洛夫娜．卡希契金娜
（地下工作者）

「該怎樣對孩子解釋死亡是什麼？

我帶著兒子在街上走，到處都是死人——躺在馬路這邊和那邊。我一邊走一邊給兒子講小紅帽的故事，而周圍全是死人。當時我們離開逃亡的難民群，正要回去我母親那兒。我兒子那年才五歲，經常會溜到床底下，一待就好幾個小時……

他跟我吃了一年多的苦頭。我一直都不明白，他是怎麼了？我們住在地下室裡，每當有人從街上走過，就會看到一雙雙的大皮靴。有一次，我兒子不知怎麼回事，從床底下爬出來後一看到窗外有一雙大皮靴，就失聲尖叫了起來。後來我才明白，原來法西斯曾經踢過他。

不過很快地，這種現象消失了。有一次他在院子裡和其他孩子玩，晚上回到家裡，突然抬頭問我：『媽媽，爸爸是什麼樣子？』

我解釋說：『爸爸啊，他是臉孔白淨的美男子，他在軍隊裡打仗。』

明斯克解放那天，坦克車最先浩浩蕩蕩地開進城來。我兒子哭著跑回家說：『那裡沒有爸爸！那些人全是黑臉孔，沒有白臉孔的。』

那正是七月份，坦克手全是年輕小伙子，個個的臉孔都曬得黑黝黝的。

我先生從戰場上回來時已成了殘障，而且也不再年輕了，他成了一個老頭子。我真是有苦說不出，因為我兒子已經認定他的父親是個膚色白白的好看男子，但回來的卻是個老人，還是一個病人。兒子有好長一段時間不承認他是爸爸，也不知道怎樣稱呼他。我只好想法讓他們父子倆親近起來。

我先生下班回家經常很晚，我就問他：『你怎麼回來得這麼晚？季瑪急壞了，一直問他的好爸爸哪裡去了？』

我先生打過六年仗（還參加過對日戰爭），確實是跟兒子生疏了，也跟這個家生疏了。所以，每次我給兒子買東西，總要對他說：『這是爸爸給你買的，他一直惦記著你。』

後來，父子兩人就變得很親近了。」

——娜傑日達・維肯吉耶夫娜・哈特琴科
（地下工作者）

「我從一九二九年起就在鐵路局工作，當火車副司機。當時蘇聯各地還沒有一個女司機，這正是我的夢想。領導很無奈地說：『你是女孩，卻偏要做男人的工作。』後來，我的夢想實現了。一九三一年，我創了國家的先例，成了第一個火車女司機。你大概不信，當年我開火車時，每到一個車站都會有許多人圍上來看熱鬧：『呵，女孩子開火車了。』

當時我已經有了孩子，於是我們夫妻就商量好了，兩個人輪流開一個火車頭。如果他出車，我就在家帶孩子；要是我出車，他就待在家裡。那一天正好輪到我出車，結果早晨一醒來，就聽到大街上人聲鼎沸。我打開收音機一聽：『戰爭爆發了！』

我趕忙叫醒我先生：『廖尼亞，快起來！戰爭爆發了。快起來，打仗了！』

他跑出去打聽消息，回來時淚流滿面：『戰爭爆發了！你知道戰爭是怎麼回事嗎？』

我們怎麼辦？該把孩子送到哪去呢？

後來，我們撤到了烏里揚諾夫斯克，分到了一套兩間的住房。房子很好，到今天我都沒有那樣的住宅。兒子也上了幼兒園，大家也對我非常好（可能因為我是全國絕無僅有的一個會開火車的女司機）。可是你大概不相信，我在那兒不到半年就住不下去了。我說：『那怎麼行？每個人都在保衛祖國，而我卻蹲在家裡！』

然後有一天我先生回來了，他問我：『瑪露霞*，你還打算待在後方嗎？』

『不，』我說：『我們一起走吧。』

當時，組織了一支為前線服務的特別預備縱隊。我們夫妻兩人都申請加入了這支隊伍。我先生是司機長，而我是司機。一連四年，我們都住在密閉貨運列車裡，兒子也和我們一起，他在我身邊度過了整個戰爭，甚至連一隻貓也沒見過。

有一次他在基輔郊外弄到一隻小貓，那時我們的火車正好遭到猛烈轟炸。有五架敵機向我們襲擊，他卻還抱著那隻小貓：『小乖乖，我看到你真的很高興，我在這裡誰都看不到，你就和我坐在一起吧，讓我親親你。』真是個孩子，只有孩子才會這麼天真。他在睡覺時還說夢話：『媽咪，我們現在有了一隻小貓咪，我們現在有真正的家了。』你不會刪掉這段吧？你一定要寫一寫這隻小貓。

我們常常遭到轟炸和機槍掃射，敵機專門瞄準火車頭打，首要目標就是打死司機，毀掉火車頭。飛機進行低空俯衝掃射時，我的兒子就待在車廂裡。每次敵機來襲時，我最擔心的就是他。轟炸時，我只好把他從車廂帶到火車頭裡，讓他在我身邊。我會緊緊抱著他，心想：『要死就死在一起吧。』但想死就死得了嗎？你瞧，我們偏偏就活了下來。你一定要寫這些……

---

*瑪利亞的小名。

火車頭是我的生命，也是我的青春，是我一生中最美好的所在。我現在還想開火車呢。可是人家不讓我開了，嫌我老了。

戰爭中帶個孩子在身邊有多可怕，又是多麼愚蠢。瞧瞧我們現在的生活，我住在兒子家裡，他是醫師，而且是主任醫師。我們的房子不大，但我哪兒都不想去，我就是不想離開兒子，不想離開孫子，哪怕只離開一天也會害怕。我兒子也是哪兒都不去，他工作快二十五年了，從來都沒有外出旅遊過。『媽，我和你在一起時最感到自在舒服。』他就是這麼說的。我的兒媳婦也是這樣。

如果參加過戰爭，就會明白，分開一天是怎麼回事。哪怕只是一天。」

——瑪利亞．亞歷珊卓洛夫娜．阿列斯托娃（火車女司機）

傾聽他們的沉默

「我現在說話都是輕聲細語的，不管說什麼都很小聲。

四十多年過去了，我總算忘了戰爭。因為戰後我一直都活在恐懼裡，如同活在地獄裡一般。已經勝利了，應該可以高興了。我們開始收拾破磚碎瓦、廢銅爛鐵，開始清理我們的城市。我們沒日沒夜地工作，不記得什麼時候睡過一個安穩的覺，吃過一次安穩的飯，只是一直工作工作。

到了九月，天氣暖洋洋的，我還記得那時的陽光燦爛，記得各種各樣的水果。在集市上，蘋果都是一桶一桶賣的。就是在這一天，我在陽台上曬衣服，我還記得所有的細節，因為從那天起，我的生活完全改變了，天翻地覆的改變。當時我正在曬衣服，是白色的內衣，我總是穿白色的衣服。我母親教過我怎樣用沙子代替肥皂洗衣服，我們都到河邊找沙子，我知道哪裡有沙子。就是那個時候，有鄰居從下面喊我：『瓦麗亞！瓦麗亞！＊』我趕緊跑下樓，首先想到的是：『我兒子到哪去了？』那時候的男孩總是愛往廢墟跑，玩戰爭遊戲，尋找手榴彈、地雷。一旦發生爆炸，不是丟了胳膊，就是沒了腿腳。我還記得，家長無論如何都不放孩子離開自己身邊，但他們都是男孩子，天生就對這些玩意感興趣。哪怕你大聲吼：『好好在家裡待著！』五分鐘後，他還是會不見人影。

我趕緊跑下樓衝到院子裡，但院子裡站著的竟然是我先生，我的萬尼亞！我最愛的老公回來了！他從前線活著回來了！我撲上去親吻他，渾身上下亂摸。啊，他終於回來了！我的雙腿發軟，而他卻呆呆地站在那兒，像一塊石頭，像一個紙板人似地站著，板著的臉上沒有一絲笑容。他也不擁抱我，好像凍僵了一樣。我嚇壞了，心想該不會是被砲彈震傷了吧，還是耳朵震聾了？但這些都沒有關係，重要的是人平安回來了。我可以照顧他，我已經看到過不少女人和這樣的丈

＊瓦蓮京娜的小名。

夫過日子，她們仍然會被所有人嫉妒，會被所有人羨慕。所有這些念頭，一瞬間都在我腦海裡閃過，僅僅一秒鐘，我的雙腿又因為幸福而發抖了。

鄰居聽說後，都跑了過來。大家都很激動和高興，互相擁抱。而他還是像石頭一樣沉默不語。所有人都注意到了。

我說：『萬尼亞，萬尼奇卡。』

『我們回家吧。』

我們一起回到家裡，我恨不得就掛在他的肩膀上，覺得自己好幸福，整個人都沉浸在快樂和喜悅中。同時，我也覺得很驕傲。但是，進入家門後，他在凳子上坐了下來，還是沉默不語。

『萬尼亞，萬尼奇卡。』

『你懂的……』他還是欲言又止，而且哭了起來。

『萬尼亞……』

我們在一起只過了一夜，只相擁了一個夜晚。第二天一大早就有人來敲大門，他已經知道他們會來，一邊抽菸一邊等待著。他沒有跟我多說什麼，一切都還來不及說。我知道他到過羅馬尼亞、捷克，帶回來很多獎章。但因為他曾經被俘，所以受到內務部兩次偵查。他們已經給他打上烙印。他在戰爭的頭幾個星期，在斯摩棱斯克城下被俘擄，本來他是要自殺的，我知道他一定想過自殺。但他的彈藥打完了，既不能反擊，也不能自殺。當時他的一條腿受了傷，還親眼看到政委用石頭砸爛了自己的腦袋，因為蘇聯軍官絕不能做俘擄，我們的軍人一旦被俘擄只能自行了斷，否則就是叛國。史達林同志就是這麼說的，他連自己的親生兒子都不認，因為兒子被俘擄了。

調查人員對我先生大聲喝道：『你為什麼要活著，為什麼還活著？』他是從戰俘營脫逃出來的，逃進森林參加了烏克蘭游擊隊。烏克蘭解放時，他又申請上前線。他在捷克迎接了勝利，上級還給他頒發了獎章。

我們就只相處了一個晚上，如果我知道的話，我想給他生個孩子，再添個女兒。

第二天一早他就被帶走了，他們把他從床上抓走了。我坐在廚房的桌子邊，等我們的兒子睡醒。兒子那時剛滿十一歲，我知道他醒來第一句話會問：『爸爸呢？』我該怎麼回答他？該如何向鄰居解釋？該如何告訴我媽媽？

七年後，我的先生才回來。我和兒子先是等了四年，才把他從戰場上等回來，但是勝利後又等了七年，他才從科雷馬的勞改營回來。我們一共等待了十一年，兒子都長大成人了。

於是，我也學會了沉默。在任何問卷中都有這樣的問題：『你的丈夫在哪？誰是你的父親？親屬中是否有人曾經被俘？』我如實寫出之後，他們甚至不接受我到學校去做清潔工，連拖地板都不被信任。我成了人民的敵人，成了人民敵人的妻子、叛徒的老婆。我這一輩子是完了，戰前我是一名教師，從師範學院畢業，戰後我卻在建築工地搬磚頭。唉，我這一輩子。對不起，我說話總是這樣前言不對後語……那個時候，我經常獨自一人躺在床上自言自語，好像在對什麼人述說我的遭遇，多少個夜晚，講了又講。但是一到白天，我就閉緊嘴巴了。

現在我總算可以講出一切了。我想問問：在戰爭爆發的頭幾個月中，我們數以百萬計的士兵和軍官被俘，到底是誰的過錯？我想知道，我的生活為何會淪落至此？……但是，我和我先生還是選擇沉默不語。因為哪怕是今天，我們還活在恐懼中，還在害怕。我想，我們必將在這種恐懼中死去，痛苦而屈辱地離開人世。」

——瓦蓮京娜・葉甫杜金莫夫娜（游擊隊聯絡員）

她把手放在自己的心口上

終於勝利了。

但是，如果說她們的生活，早前被分裂為和平與戰爭兩個部分，現在則是被分裂為戰爭與勝利兩個部分。

她們要再次活在兩個不同的世界，過著兩種不同的生活。在學會了仇恨之後，她們需要重新學習愛，她們需要找回已經忘卻的感情，還需要找回已經忘卻的話語。

現在，戰爭的人應該成為非戰爭的人。

在戰爭最後的那幾天，殺人總是叫人噁心

「我們都感到很幸福。

家鄉和祖國解放後，我們一路打到國外。我簡直認不出我們的戰士了，他們完全變成了另一種人：每個人臉上都笑開了花，身上穿著乾淨的襯衫，還不知從哪兒弄來了許多花兒在手上，我再也沒見到過那麼幸福的人了。

我原本以為，等我們打到德國去，我絕不會憐惜敵人，絕不會饒恕那裡的任何人。我們胸中鬱積了多少仇恨，還有屈辱！如果他們從來不憐憫我的孩子，我幹嘛要憐憫他們的孩子？如果他們殺死了我的母親，我幹嘛要憐憫他們的母親？如果他們燒了我的家園，我幹嘛不能燒他們的房子？我為什麼不能？為什麼？我真想見見他們的妻子，和生養了他們這群兒子的母親。她們敢正視我們的眼睛嗎？我真想盯著她們的眼睛看看。

我常常會想：我會幹出什麼事情呢？我們的士兵又會幹出什麼事情呢？我們都很清楚地記得所有發生的事，我們能夠克制嗎？那得需要多麼大的力量。

我們的部隊開進了一個小鎮，那裡流落著很多孩子，都是一些挨餓受凍的不幸孩子。他們看到我們很害怕，紛紛躲藏起來。但是我呢？儘管發過誓要仇恨他們所有的人，我還是從戰士的手裡搜走了所有的食物，連一塊糖都不放過，然後統統給了那些德國孩子。當然，我什麼都沒忘記，我還記得所有的往事。但是，要我平心靜氣地望著孩子飢餓的眼睛，我做不到。一大清早，我們的行軍灶旁就已經站了一隊隊的德國孩子。我們按順序發給他們食物。每個孩子的肩上都背著一個裝麵包的袋子，腰上拴著一個盛菜湯的小鐵桶，裡面裝的或是豌豆湯或是粥。我們給他們食物，還幫他們治病，甚至還撫摸他們。我第一次撫摸德國孩子時，還會覺得有些害怕和罪惡感，我怎能去撫摸德國人的孩子呢？一開始，我因為緊張而覺得嘴巴乾澀澀的，但後來很快就習慣了。那些德國孩子，他們也習慣了。」

——索菲亞・阿達莫夫娜・孔采維契

（衛生指導員）

「我從莫斯科一路打到了德國。我是坦克團的高級醫生助理，我們團的坦克是T－34型，但很快就被全部燒毀了。戰前我連槍都沒親眼見過，後來我居然能夠拿著步槍射擊。上前線時，有一次遭到敵機轟炸，雖然轟炸發生在很遠的地方，但是整個大地都在震動。那年我只有十七歲，剛從中等技校畢業。

還有一次，我從燃燒的坦克鑽出來，四處大火熊熊。天空在燃燒，大地也在燃燒，鐵甲都燒紅了，到處都是死人，旁邊還有人在呼喊：『請救救我，請幫幫我。』我陷入了如此恐怖的場景，沒有任何字眼可以形容，不知道我當時為什麼沒有想要逃走的念頭。

在德國土地上，我看到的第一件東西，就是路邊上豎著一塊自製的標語牌，上面寫著：『這裡就是該死的德國！』

我們進了一個小鎮，百葉窗全都緊緊關閉著。鎮裡的居民扔下所有東西，踩著自行車逃跑了。納粹宣傳部長約瑟夫．戈培爾告訴他們，俄國人到了後會亂砍亂殺。我們打開一扇扇門，發現裡面不是空無一人，就是全家人都躺在床上，已經服毒自盡，連孩子都死了。你問我，我們當時有什麼感覺？一方面是高興我們已經戰勝了敵人，讓他們也嘗到了痛苦，就像我們之前遭受的那樣，有一種復仇的快感；但同時又可憐那些孩子。

我們找到了一個德國老婦人。我對她說：『我們戰勝了。』

她大哭起來：『我有兩個兒子死在了俄羅斯。』

『那又是誰的罪過啊？我們又有多少人被殺死！』

她回答說：『都是因為希特勒。』

『不是希特勒親自做的，是你們的孩子和丈夫殺的人。』

她馬上沉默了。

我好想告訴我母親：『戰爭勝利了。』但是她已經在戰爭中餓死了。我一個哥哥受重傷躺在醫院裡，一個妹妹在家裡等著我。她寫信告訴我，當我們的軍隊開進奧廖爾時，她去找遍了所有穿軍大衣的女兵。她以為我一定會在女兵當中，以為我應該回家了。」

——尼娜．彼得羅夫娜．薩克娃

（中尉，醫生助理）

「這是一條勝利的大道。你根本無法想像勝利大道是什麼樣子！在路上走的全是被解放的囚犯，他們乘著人力車和馬車，背著大大小小的包袱，車上插著各式各樣的國旗。他們有俄羅斯人、波蘭人、法國人、捷克人。各民族的人都混在一起，每個人都朝著自己家鄉的方向走。所有人都來擁抱我們，親吻我們。

我們遇見了幾個俄羅斯女孩，我和她們聊天，她們告訴我一個故事。她們幾個都曾為一個德國人工作，而其中最漂亮的那個女孩，被迫和主人住在一起，後來遭到主人強姦而懷孕。那個女孩一路走來，一邊哭一邊捶著自己的肚子，嘴裡說著：『不行，我不能帶一個德國孩子回家！』同伴一直勸說她，但她最後還是上吊自殺了，和自己肚子裡的德國胎兒一起死了。

那個時候，應該要聽聽這種事，不但要聽，還應該記下。可惜的是，當時沒有誰的腦子能有這些想法，沒有人會聽我們說。所有人都只是在重複兩個字：『勝利！』其餘的，似乎不重要了。

我和朋友有次在街上騎自行車，走來一個德國女人，她帶著三個孩子——兩個坐在娃娃車裡，一個緊抓著她的裙子跟著她。那女人臉色憔悴，當她走到我們跟前時，竟然一下子就跪了下來，趴在地上向我們道歉。就是這樣，趴在地上，我們聽不懂她在說什麼，只見她把手放在自己的心口上，又指指她的孩子。我們總算弄明白了，她邊哭邊向我們致意，表示感謝，因為她的孩子活了下來。

她也是為人妻為人母的……而她的丈夫很可能就曾在東線打過仗，在俄羅斯打過仗……」

——阿納斯塔西亞．瓦西里耶夫娜．沃羅帕葉娃（上等兵，探照燈手）

「我們有個軍官愛上了一名德國女孩。這事被領導發現了，於是他被降職送回了後方。如果他是強姦……這種事當然是有的，只是我們很少有人會去寫，這是戰爭的規矩。男人這麼多年沒有女人了，有的只有仇恨。我們搶進一些城鎮或村莊時，頭三天確實會大肆搜刮搶劫，這些事當然不能公開說，但大家都心裡有數。不過三天後，就有可能會受到軍法追究。我們的那個軍官三天的酒意還沒消，就對德國女孩產生了愛意。那個軍官在特別部門坦承，他確實是愛上了那個德國女孩。這麼一來，就是叛變了。怎麼可以愛上敵人的女兒或老婆呢？這事太嚴重了，等於是投敵。總之，他手上那個女人的照片和地址都被沒收了。

我還記得另一件事。我曾經看過一個被強姦的德國女人，她赤身裸體躺在地上，一顆手榴彈就插在她的兩腿之間。現在說這些，真是丟人，但我當時並不覺得丟臉。當然，感覺會隨時間改變。幾個月後的某一天，有五名德國女孩來到我們軍營裡，找到了我們營長。她們哭訴自己的遭遇，婦科醫生幫她們做了檢查，她們的私處都受了傷，撕裂性傷口，內褲裡全都是血。她們說，她們被俄國士兵輪姦了一整夜。聽了之後，營長命令全營士兵都要出來列隊……

請您不要錄音，請關掉錄音機。真的，我說的都是真的！我們全營士兵都集合起來了，上級對這幾個德國女孩說，你們去找找看，如果你們認出是誰做的，不論軍銜都當場槍斃。可是，那幾個德國女孩卻坐在地上哭了起來。她們不想去指證，她們不想讓更多的人流血了，她們就是這樣說的。後來，上級給她們每個人發了一個麵包，就當這事了結了。當然，這是在戰爭期間。

你以為原諒，是很容易做到的嗎？看看那一片片完整又乾淨的白色小房子，看看那些玫瑰花園，我真的好希望也讓他們吃些苦頭，也想看著他們流淚。要馬上變成好人是不可能的，也不會立刻變得公正與善良，就像你現在這樣。可憐她們，當時不容易做到，過了幾十年後，我才做到了這一點。」

——拉特金娜

「祖國終於解放後，大家開始不能接受死亡，也無法忍受埋葬死者的悲哀。但還是有人不斷地死在他國土地上，被掩埋在異國他鄉。上級對我們反覆說著，敵人必須徹底打垮，敵人仍然非常危險。其實每個人都明白這個道理，但是大家都變得非常珍惜生命，沒有人願意在勝利到手前死去。

我記得當時道路的兩旁有很多海報，就像一個個十字架：『這裡，就是該死的德國！』我想所有人都會記得這種海報。

大家全都在等待這一刻，現在我們終於踏上了這片土地。我們真想看看那些德國鬼子到底是從什麼地方來的？他們的家鄉是什麼樣子？他們的房子是什麼樣子？他們難道不是普普通通的人嗎？他們不也是過著平凡的生活嗎？在前線作戰時，我無法想像自己還能再去讀海涅的詩歌，還有我心愛的歌德。我已經不能再聽瓦格納了。戰前，我是在一個音樂世家長大的，我很喜愛德國的音樂：巴哈、貝多芬……這麼多偉大的音樂家。但是所有這一切，都從我的世界被驅逐了。後來我們又看到了他們的罪行，看到了火葬場，看到了奧斯威辛集中營，看到了堆積成山的女人衣服和童鞋，還有灰色的骨灰。他們把骨灰撒在田裡，撒在白菜和蘆筍的根部，所以我更加不能再聽德國音樂了。等到我再重新聽巴哈和演奏莫札特時，已經過了許多年。

我們終於踏上他們的土地，最讓人吃驚的是那些良好的公路、寬敞的農舍，以及一盆盆繁花盛開的盆栽，甚至穀倉都掛著優雅的窗簾。房裡的桌子上都鋪著白色的桌布，擺著昂貴的器皿，還有精美的花瓷。我是在那裡第一次見到洗衣機的。我們實在無法理解，他們生活過得這麼好，為什麼還要打仗？為什麼？當我們的人蜷縮在防空洞裡時，他們還用著白色的桌布，在精緻小巧的杯子裡倒咖啡。

我還忘了說一件叫人驚訝的事，簡直讓我們大開眼界了。那是反攻時，我們第一次奪取了德國人的戰壕。我們跳進戰壕一看，裡面竟然有暖水瓶，瓶裡裝著熱咖啡（咖啡的味道好香），還有餅乾！此外，戰壕裡還有白色的床單、乾淨的毛巾，甚至還有衛生紙。反觀我們的戰壕卻什麼都沒有。我們是睡在稻草上，睡在樹枝上，兩三天沒有熱水是經常有的事。

我們的士兵舉起槍就朝著這些暖水瓶掃射過去，打得熱咖啡濺滿了戰壕。

在德國人的房子裡，我也看到了被槍打爛的咖啡機、種著鮮花的盆栽、枕頭，還有嬰兒車……不管如何，他們對我們做過的事，我們是無法以眼還眼、以牙還牙的，我們無法迫使他們像我們一樣飽受煎熬。

我們的仇恨是可以理解的，但我們很難理解他們的恨是從哪裡來的？他們為什麼要仇恨我們？

上級允許我們寄些包裹回家。包裹裡有肥皂、砂糖，也有人寄鞋子回家。德國人做的鞋子、手錶和皮具都很結實、耐用。大家都在搜尋德國手錶，但我不能跟著一起做，對於德國人的東西，我心裡有一種嫌惡感，雖然我知道媽媽和幾個妹妹都還住在別人的房子裡，需要這些物資。不過，當我回到家，把這些講給媽媽聽時，媽媽抱住我說：『我們不要拿他們的任何東西，是他們殺害了你的爸爸。』

我是在戰後幾十年才重新拿起《海涅詩集》的，還有我在戰前就喜歡的德國作曲家的唱片。」

——阿格拉雅．鮑里索夫娜．涅斯特魯克（中士，通信兵）

「到了柏林之後，我碰過這樣的一件事。

有一天我正走在大街上，忽然迎面跳出來一個手持衝鋒槍的男孩，那已經是戰爭的最後幾天，馬上就要停戰了。當時，我的手上也有槍，隨時可以開槍。但是那男孩看著我，眨了眨眼睛，卻哭了起來。我不敢相信的是，我竟然也流下了眼淚。我其實很同情他，這樣一個年少的孩子，背著一枝如此笨重的衝鋒槍。我趕緊把他推到旁邊一座廢墟的大門裡，對他說：『快去躲起來！』他十分驚慌，以為我要殺他，因為我頭上戴著軍帽，他看不出來我是男是女。他緊緊抓住我的手，大聲狂喊。我輕輕地摸了摸他的腦袋，讓他安靜下來。戰爭，把人都變成了這個樣子。我自己也說不出話來了！這整場戰爭，我一直都活在仇恨中，但是不管是否公平，殺人總是叫人噁心的，特別是在戰爭的最後幾天。」

——阿爾賓娜．亞歷山大洛夫娜．漢圖姆洛娃（上士，偵察兵）

「我沒能履行一個請求，想起來就很難過。

有一個德國傷兵被送到我們醫院，我覺得他是個飛行員。他的大腿被打爛了，已經出現壞疽現象。他成天躺著，沉默不語。我開始同情起他了。

我可以說些簡單的德語，就過去問他：『要喝水嗎？』

『不要。』

其他傷患都聽說了醫院裡來了一個德國傷兵，躺在單獨病房裡。在我打水的時候，他們就憤怒地質問我：『你難道要去給敵人送水嗎？』

『他快死了，我得幫他。』

德國傷兵的一條腿都發青了，已經無法挽救了。他連續幾天幾夜發高燒，感染會很快吞噬掉整個人。

我每次給他餵水時，他都呆呆地看著我。有一次他突然說出一句話：『希特勒完蛋！』這是在一九四二年，就在哈爾科夫圍城期間。我問他：『為什麼？』

『希特勒完蛋！』他又說了一次。

於是我回答他：『這是你現在這樣想，這樣說，因為你現在躺在了這兒。要是在別處，你還是要殺人的。』

他馬上說：『我沒有開槍，我沒有殺過人。我是被逼著來打仗的，我還沒開槍射擊過。』

『反正被俘都是有理由的。』

忽然他懇求著我：『我很想很想……求求你，』他給了我一包照片，指給我看哪個是他媽媽，哪個是他自己，哪個是他的兄弟姊妹。都是很好看的照片。在照片背面，他寫了一個地址：『你一定會去我家鄉的，一定會的！等到那時候，請你一定要把它們投進郵箱。』

後來我隨身帶著這些照片，經過了很多年，我都沒有丟掉它們。可是當我們終於進入德國時，這些照片卻遺失了。」

——莉麗婭・米哈伊洛夫娜・布特科（外科護士）

「我還記得在一場攻防戰後，我們捉到了很多德國俘擄。其中有一些是傷患。我們幫他們包紮時，他們就像孩子一樣呻吟。天氣很熱，我們還找來了水壺，餵他們喝水。我們那片地方光禿禿的，沒有遮蔽物，敵機不斷進行掃射。上級下令：『立即挖掩蔽壕，進行偽裝。』我們開始挖壕溝，德軍俘擄待在一旁看著。我們要求他們幫忙，他們看似聽懂我們的意思，卻驚恐地望著我們，以為挖好坑就會把他們推下去埋了。他們預想了自己的下場，你真該看看他們挖坑時那副恐懼的樣子。

後來，他們看到我們不僅幫他們包紮、給他們喝水，還讓他們躲到他們自己挖出來的掩蔽壕裡時，竟然十分迷茫，不知所措。其中一個年輕的德國兵甚至大聲地哭了起來。看到他哭，其他人也止不住淚水了。」

——尼娜・瓦西里耶夫娜・伊琳斯卡婭
（戰地護士）

犯幼稚錯誤的作文和電影喜劇

「戰爭結束了。有一天，政委把我叫去：『維拉・約瑟芙娜，要派你去照顧德國傷兵。』

『我不去。』不久前，我剛剛失去了兩個哥哥。

『可是，你要明白，你必須去。』

『我嚥不下這口氣，我兩個哥哥都讓他們給打死了。我不能看到這些壞蛋，我會想殺他們，而不是給他們治病。請您理解我的心情吧。』

『這是命令。』

『既然是命令，我只能服從。誰讓我是軍人呢。』

我就像做例行公事般地幫這些德軍傷兵治療，但要我每天照顧他們，為他們減輕疼痛，卻讓我非常痛苦。就在那個時候，我發現自己竟然長出了白髮。我為他們做了能做的一切：動手術、餵食、止痛——完成任務，公事公辦。但有一點我辦不到，就是夜間查房。身為醫生，白天我盡本分地幫傷兵包紮、診脈，但夜間查房時，必須跟病人交談，問他們的感覺，這些我實在做不到。先前我就曾對政委這樣說過：『要我去他們那兒夜間查房，我辦不到。』」

——維拉・約瑟夫娜・霍列娃
（戰地外科醫生）

「那是在德國，我們醫院裡有很多的德國傷兵。我還記得我處理的第一個德國傷兵，他因為壞疽嚴重，一條腿已經截肢了，就躺在我負責的病房裡。

有天晚上，有人對我說：『卡佳，快去看看你那個德國佬吧。』

我趕緊往病房跑，心想也許他又出血了，或者是發生了其他問題。可是進去一看，他睜著眼躺在病床上，沒有發燒，什麼事都沒有。

他盯著我看了一會，突然掏出一把小手槍：『吶……』

他說的是德語，我大概聽得懂，中學裡教的那點德語夠用了。

『吶……』他說，『我過去想殺你們，現在你們殺我吧。』

我猜他的言下之意是他曾經殺過我們的人，而我們卻救了他的性命，所以他想抵命。事實上，他已經不行了，但我無法告訴他實情。

我走出病房，意外地發現自己竟然流下了眼淚……」

——葉卡捷琳娜・彼得羅夫娜・沙雷金娜
（護士）

「我讀中學時，經常有德國中學生來學校參觀。他們到莫斯科時，我們會帶他們一起去劇院，一起唱歌。我還認識了一個德國男孩，他唱歌很好聽，我和他交上了朋友，甚至喜歡上了他。整場戰爭中，我一直在想：如果我見到他並認出他來，該怎麼辦？他是否也在這些侵略者之中？我從小就敏感又多情，一想到這樣的可能性，就讓我好害怕！

有一次，我走在田野中，那時才剛打完了一仗，我們忙著幫我方的犧牲者收屍，對於戰死的德軍則一律視而不見。但我似乎感覺他也躺在那裡，而且真的有個跟他十分相像的年輕小伙子躺在我們的土地上……我在他的屍體旁，站了很長一段時間。」

——瑪利亞・阿納托利耶夫娜・弗列羅夫斯卡雅（政工幹部）

「你想知道真相嗎？但我自己卻很害怕真相……

我們有個士兵，他的家人全都被殺死了。愈接近勝利，他酒就喝得愈凶。有一天，不曉得是因為精神出了問題，或是酒喝多了，他突然拿著槍衝到德國房東的屋子裡，打空了彈夾，等我們追到那裡時，屋子裡已經躺了好幾具屍體，其中還包括小孩子。我們將他繳械，把他捆綁起來。他聲嘶力竭地叫罵：『讓我殺死自己吧。』

他被逮捕並接受了審判，最後遭到槍決。我為他惋惜，大家都為他惋惜。他全程參戰，一路打到了柏林。

這樣的事能夠寫出來嗎？以前是不可能的。」

——A・斯……娃
（高射機槍手）

「戰爭那年我才剛滿十八歲，就收到了通知書：『前往區執行委員會報到，請帶上三天食物、兩件襯衣，以及水杯和飯勺。』當時稱這為『勞動前線大徵召』。

我們被帶到奧倫堡州的新特羅伊茨克城，待在工廠工作。天氣冷得不像話，連房間裡的大衣都被凍結了，沉重得就像一塊劈柴。四年裡，我們沒有休過一天假，每週都工作七天。

我們盼啊盼的，盼望戰爭能早點結束。我還記得，那時是凌晨三點，宿舍裡突然喧鬧了起來，工廠經理和其他領導突然進來大聲叫喊：『我們勝利啦！』不曉得是體力不支，或是太過激動，我一時間連起床的力氣都沒了，還是別人把我扶起來的。那一天，我就像癱瘓了一樣，如果沒人扶著，就會全身軟綿綿地倒了下去，直到第二天早上才能爬下床。然後，我馬上衝到大街上，想去擁抱每個人，親吻每個人……」

——克塞尼亞・克里門特耶夫娜・貝爾科
（勞動前線戰士）

「勝利，是多麼美麗的字眼啊！

我用隨手撿到的一塊煤渣，在德國國會大廈的牆上寫下我的名字，還有：『我，一個從薩拉托夫來的俄羅斯女孩，打敗了你們！』所有人都在國會大廈的牆壁上留下了話語，有歡呼，也有詛咒。

同伴問我：『勝利了，接下來你要做什麼？』我們在戰爭中實在是餓壞了，所以首先我們都想飽餐一頓。我當時的一個夢想，就是戰後拿到第一次薪水時，要買一盒餅乾。那麼，戰後我到底會做什麼呢？當然是廚師！到現在為止，我一直都在大眾餐飲業工作。

第二個問題是：『何時結婚？』愈快愈好，我實在太渴望親吻了，甚至還常常夢見我在接吻。我還渴望唱歌，要唱個夠！就這些了……」

——葉蓮娜．巴甫洛夫娜．沙洛娃（步兵營團支部書記）

「我學會了開槍、投擲手榴彈、布置地雷，以及戰場急救……

但在戰爭的那四年裡，為了打仗，我卻忘記了所有的語法規則，學校教的科目也全都忘光了。我可以閉著眼睛拆卸組裝槍枝，但是考大學在寫作時，卻犯下小孩子才會犯的幼稚錯誤，而且文章幾乎沒有標點符號。幸虧軍功勳章救了我，最後總算被大學錄取了。我開始上大學，但讀不懂詩歌，因為我把單詞都忘記了。

每天夜裡我都會做噩夢：黨衛軍的臉孔、狼狗的嘶叫、人們的最後哭聲……垂死的人常常會喃喃自語，那是比哭叫更可怕的聲音。這一切，都回到了我身邊。被送去槍殺的人，臨死前的眼中都有一種可怕的光線，顯然他們不願相信，直到最後一刻也不想相信。他們也有好奇和不解，即使在最後一分鐘，他們面對著衝鋒槍的槍口，還用手遮住自己的臉。

每天早上醒來時，我的腦海裡全是一陣陣哭叫的聲音。

戰爭期間，我從來沒想過這些，現在卻翻來覆去地想，不斷地重複。我患了失眠症，醫生勸我不要再繼續上學。但周圍的女孩，宿舍裡各房間的女孩，都勸我不要理會醫生的話。她們支持我，輪流拖著我去看喜劇片。『你應該學會笑，要多笑點才行。』不管我願不願意，她們都要拉著我去看喜劇片。當時喜劇片很少，但是每一部我幾乎都看過上百次。我第一次笑的時候，就像哭一樣。

現在，噩夢終於過去了。我終於可以好好學習了。」

——塔瑪拉・烏斯季諾夫娜・沃洛貝科娃

（地下工作者）

祖國、史達林和紅色印花布

「那是春天。我們有一批年輕士兵犧牲了，他們死在了春天，就在三月和四月間。

我永遠都忘不了那個春天，又到了繁花盛開的時節，每個人都在盼望著勝利，這時候埋葬死者比任何時候都讓人心情沉重和難過。也許別人已經說過這些了吧，那也請你再記錄一次吧。我的記憶太強烈了。

我待在前線一共有兩年半，這雙手做過成千上萬次的包紮，清洗過成千上萬個傷口，包紮了一個又一個的傷兵。有一次我頭才一靠在窗框上，就不省人事，醒來後才感覺好了一些。醫生一看到我就破口大罵，但我什麼都聽不明白。他離開之前，還命令我做兩次額外勤務，我的助手向我解釋怎麼回事：因為我離開崗位超過了一個小時，醫生發現我睡著了。

現在我的身體也很不好，神經衰弱。每當有記者問我：『你得過什麼獎章啊？』我都不好意思承認我沒有得過任何獎勵，上級沒發給我一枚獎章。也許有很多人都沒能獲得獎章，但每個人都做了力所能及的事情，大家都全力以赴了。所以，他們無法給所有人獎勵，不是嗎？其實，對我們所有人來說，最大的獎賞就是五月九日，那是勝利的日子！

我還記得一個不尋常的死亡，當時沒人想得通，也找不出原因。就在我們踏上德國領土的第一天，有一名大尉死掉了。我們知道，在占領期間他的家人全死了。他是一個勇敢的人，一直在等待勝利到來，生怕死得太早無法活到那一天。他要踩上敵人的土地，看到敵人的痛苦、悲傷，還有看看敵人怎樣哭泣、怎樣受到磨難，要看到敵人的家園變成廢墟殘瓦。然而，他就這樣突然死掉了，沒有受傷，也沒有生病。或許，他是心願已了，看到了他想看到的一切，然後就安心地死去了。

即使是現在，我也常常會想起這個問題：『他為什麼就那樣死了呢？』」

——塔瑪拉·伊萬諾夫娜·庫拉耶娃
（護士）

「我請求趕往前線，馬上就去。我的部隊已經開拔了，我要追上部隊。同時我心裡有數，要是從前線回家，哪怕是花上一天時間，也比從後方走要早到家。我把媽媽一個人留在了家裡。我們那群女孩現在都還記得：『她當時不想待在狙擊連呢。』但實際情況是，我到了狙擊連，把自己洗得乾乾淨淨，又找到了一些衣服穿，然後就回到了自己的戰壕，那是前線陣地。我從來不為自己著想，摸爬滾打、急速奔跑我都行，只是血腥味太重，我一直不習慣。

戰爭結束後，上級把我分配到產房當助產士，但我待的時間並不長，因為我對血腥味過敏，身體碰不得血。在戰爭中看到過那麼多血後，我已經承受不住，身體無法再碰更多的血了。於是，我離開產房，卻轉到急救室，那時我全身上下都起了疹子，連吸呼都覺得困難。

我曾經幫自己縫製了一件紅色上衣，但是只穿了一天，雙手就長滿了大大小小的水泡。原來，無論是紅色的棉布或紅色的花朵，不管是玫瑰或康乃馨，只要是紅色，我的身體就無法接受。現在我家裡看不到任何紅色，絕對不能有一絲一毫的紅色。

人的血液是非常鮮豔的，不管是大自然或是在畫家的作品中，我都沒有見過這樣鮮豔的顏色。只有熟透的石榴汁有些相似，但也不盡相同。」

——瑪麗亞·雅可夫列夫娜·葉若娃
（近衛軍中尉，狙擊排排長）

「呵呵呵，哈哈哈，所有人看到我身上的顏色都會大笑，因為我總是穿得五彩繽紛，就是在戰爭中也是如此。我不是軍人，身上戴著各種各樣的小佩件，幸好我們的長官思想開明。他不是軍人出身，是從大學來的，還是一位副教授，舉止優雅，彬彬有禮。在那個時候，他算是異類了，一隻珍禽異鳥飛到了我們這裡。

我喜歡戒指，雖然都是便宜貨，但是我有很多，兩隻手全戴著戒指。我也喜歡香水，還收藏各種小飾物，琳琅滿目。我家人都會取笑我：『我們這位狂熱的小蓮娜，她過生日還有什麼禮物好送呢？當然戒指是不嫌多啦！』戰爭結束後，我的第一枚戒指是哥哥用舊罐頭盒子幫我做的，他用酒瓶底部的玻璃，磨成了一個吊墜，那是一塊綠色玻璃，還有一個是淺咖啡色的玻璃吊墜。

我身上披披掛掛了一大串，就像喜鵲一樣，閃閃亮亮。沒有人相信我是處在戰爭中，連我自己都不相信。即便是在此刻，我和你坐在這兒談話時，我自己也不相信呢。不過，在我的首飾盒裡，還有一枚紅星勳章，最美麗的勳章。好看吧？這是上級特別頒發給我的。哈哈哈，嚴肅來說，算是歷史證明。你的這個玩意，錄音機，還在錄吧？

我還想說的是，如果我不是女人，在戰爭中根本活不下來。我從來不羨慕男人，無論是童年時、青少年時，或是在戰爭期間，我一直都很高興能做一個女人。有人說，衝鋒槍、機關槍等等的武器，都是美麗的東西，包含著許多人的思想和激情；但對我來說，武器從來不是美麗的。我看過男人如何讚嘆一把漂亮的手槍，但我無法理解。我就是一個女人。

為什麼我一直沒結婚？我曾經有過很多追求者，但我還是一個人，自得其樂。我的朋友全都很年輕，我熱愛青春，我害怕戰爭，但更加害怕衰老。你來得太晚了，我現在所想的都是關於衰老的問題，而不是戰爭。

你的這玩意還在錄吧？是為了記錄歷史，你說的。」

——葉蓮娜・鮑里索夫娜・斯維亞金采娃

（列兵，槍械員）

「我，終於回家了，家裡人都還活著，是我媽媽保護了所有人：爺爺和奶奶、妹妹和弟弟。現在我也回來了。

一年後，我們的爸爸也回來了。爸爸帶回來一大堆獎章，我也帶回來一枚勳章和兩枚獎章。但是在我家裡，名次應該是這樣排的：大英雄是媽媽。她保護了全家，既保護了家人也保護了房子，那是一場多可怕的戰爭啊。爸爸從來不佩戴任何勳章或軍功章，他認為在媽媽面前誇耀戰功是很羞愧、很尷尬的事，因為母親沒有任何獎章。

在這一生中，我從來沒有像愛媽媽那樣去愛過任何人。」

——麗塔・米哈伊洛夫娜・奧庫涅夫斯卡婭

（列兵，礦工）

「我從戰場上回來時，已經變成了另一個人。長久以來，我早就和死亡建立了一種非同尋常的關係，我可以這樣說，那是一種詭異的關係。

戰後，明斯克第一輛有軌電車開始行駛，那天我就坐在電車上。突然間電車停了下來，有乘客尖叫起來，女人哭喊著：『有人被撞死了！有人被撞死了！』只有我一個人留在電車裡，沒有任何反應，我不明白這有什麼好哭好叫的。我不覺得害怕，我在前線死人見得太多了。我已經慣在死人中間活著，與死者為伍，我們就在屍體旁抽菸、吃飯、聊天。那些死去的人，他們既不在遠處，也不在地下，就像和平生活時一樣，永遠在我們身邊，和我們在一起。

幾年後，我的感覺才恢復正常，看到死人又會感到害怕了，即便只是棺材也會害怕。這種感覺再度回到我身上，我變成了正常人，和其他人一樣。」

——貝拉・伊薩柯夫娜・艾普什泰因
（中士，狙擊手）

「那是發生在戰前的事。

那天我正在劇院裡看戲，中場休息時，燈光亮起，我突然看到了一個人，在場的所有人都看到了，頓時響起熱烈的掌聲，雷鳴般的掌聲。在政府包廂中，坐著史達林。那時，我的父親被捕了，我的哥哥在勞改營裡毫無音訊，儘管如此，我仍然感到非常激動，淚水奪眶而出，幸福得喘不過氣來。整個劇院大廳都沸騰了，觀眾全都站了起來，鼓掌長達十分鐘！

我就是懷著這樣的心情走向了戰爭，參加了戰鬥。但在戰場上，我聽過悄悄耳語。那是在夜深人靜時，幾個傷患在走廊裡邊抽菸邊聊天，當時有人睡了，有人還沒睡。他們說到了圖哈切夫斯基＊，說到亞基爾†，還說到幾千名失蹤者，還有幾百萬受難者。他們都去哪了？烏克蘭人告訴其他人，他們是如何被強迫加入集體農莊，他們是如何被鎮壓，他們把那次史達林製造的人為饑荒稱為大饑荒，悲痛欲絕的母親吃掉了自己的孩子。烏克蘭的土地是那麼肥沃，插下一根小樹枝就能長出一棵大樹，連德國戰俘都會把烏克蘭的土壤放進包裹裡寄回家去。這裡沃土連綿，地表以下一公尺深的土都是黑色的，糧食永遠豐收不匱乏。他們的對話很輕，聲音壓得很低。我們從來不聚眾談話，永遠都是兩個人，加入第三個人就多了，因為第三個人可能就會告密。

我講個笑話給你聽吧。說笑話是為了不要哭出來，就是這個意思……話說有一天深夜，在一個木板棚子裡，囚犯躺在地上聊天。他們互相詢問：『你是為什麼被關進來的？』有個人說，因為講了真話；第二個人說，是因為父親；第三個回答說：『因為懶。』『怎麼會這樣呢？』大家都很驚訝。那個人就解釋說：『是這樣的，有一天晚上我們一夥人坐在一起聊天說笑，那天回家晚了，老婆問：『我們是現在就去告發他們，還是等到明早再去呢？』我就說：『明天早上再說吧，現在想睡覺了。』於是，別人就搶先一步告發了，一大早被抓了進來。』

你說這事滑不滑稽？卻叫人哭笑不得。

＊圖哈切夫斯基，蘇聯紅軍總參謀長、蘇聯元帥，在一九三七年的大清洗中被判處死刑並立即槍決。

†亞基爾，猶太人，蘇聯首批五個一級集團軍級司令之一，烏克蘭軍區司令，也在大清洗中被槍決。

戰爭結束後，每個人都在等待親人從戰場回來，我和媽媽卻等著親人從勞改營出來，從西伯利亞回來。現在又如何？我們勝利了，我們證明了自己的忠誠，證明了自己熱愛國家，現在他們應該相信我們了吧。

我弟弟直到一九四七年才回來，但我們一直沒有找到爸爸。我最近去烏克蘭看望我在前線時的女伴，她們住在奧德薩附近的一個大村莊裡。在村莊中間豎立著兩座方尖碑：一座是紀念死於飢餓的半個村子的人，還有一座是紀念死於戰爭的全村男人。而在全俄羅斯，又怎能計算得完？幸好總還有人活著，你可以去問問活著的人。親愛的，在我們的故事中有很多很多像你這樣的年輕女孩。寫寫我們的痛苦吧，我們有流不盡的淚水。」

——納塔麗婭．亞歷山大洛夫娜．庫普里亞諾娃

（外科護士）

突然間，非常想活下去

電話一通一通打來，信函一封又一封地寄來，我不停地記下新的採訪地址。我無法喊停，因為每個真實故事都叫人不能自已。

以下是近衛軍下士，衛生指導員塔瑪拉・斯傑潘諾夫娜・烏姆尼亞金娜的故事。

「啊哈，親愛的……

昨天一整夜我都在回想往事，在記憶中搜尋故事。

我記得我去到兵役委員會時，還穿著一條粗布短裙，腳上是一雙環著腳踝的白色膠底鞋，就跟便鞋一樣，當時這是最最時髦的鞋子。我就是這樣，穿著這條裙子和這雙鞋子去申請上前線，他們還就批准我了。

我坐上汽車來到了部隊，這是個步兵師，駐紮在明斯克城郊。那裡的人對我說，你就待在師部吧，如果派一個十七歲的小姑娘去打仗，男子漢會無地自容的。你這個小丫頭，還不如回家去守著媽媽。當時就是這樣的一種心態，誰都以為敵人很快就會被我們砸得粉碎。

不讓我上前線，嚴重破壞了我的心情。怎麼辦呢？我直接去找參謀長。正巧，那個先前拒絕我上前線的上校也坐在參謀長屋裡，於是我說：『報告參謀長大人，請允許我拒絕服從這位上校的命令，反正我是不會回家的，撤退也要和你們一起走。我自己能去哪兒呢？德國人已經很接近了。』也就是因為如此，大家一看到我就叫『參謀長大人』。這是在戰爭爆發後的第七天，人民開始撤退的時候。

不久，就開始了流血激戰，傷患多得不得了。他們都特別安靜，特別能忍耐，但他們多麼想活下去啊！誰都想活到勝利的那一天，大家都在期盼，以為戰爭馬上就要結束了。我還記得那些日子，自己每天渾身都沾滿鮮血，以至於，以至於……後來我的膠底鞋穿破了，就打赤腳。你猜我看到了什麼？有一次敵機轟炸莫吉廖夫火車站，那裡正好停著一趟滿載兒童的列車。孩子紛紛從車窗裡被拋出來，都是那麼小的孩子，也不過就三或四歲。附近有一大片樹林，他們都朝著樹林跑。不料敵人的坦克出現了，專門往孩子的身上輾過，把這群孩子輾得一個不剩。一想到當時的慘狀，即便是今天也足以令人發瘋。但是我們撐過了戰爭，直到戰後才發瘋，直到戰後才生大病。在戰爭中，連胃潰瘍的痼疾都自動痊癒了。我們在雪堆裡睡覺，大衣那麼單薄，早上起來甚至都不會傷風流鼻水。

後來，我們的部隊被困住了。我要照顧的傷患那麼多，但路過的汽車一輛都不肯停下來。德國人緊跟著就要打過來，眼看就會把我們全部圍堵死了。這時候，有個中尉傷患把他的手槍遞給了我：『你會開槍嗎？』我哪裡會開槍呢？我只見過別人開槍。但我還是拿著這把手槍，走到大馬路中間去攔截車子。站在大道上，我第一次像男人一樣開罵了，用盡髒話破口大罵，但汽車還是一輛一輛地從我身邊繞過去，我只好舉手朝天開了一槍。我知道我們沒辦法把所有傷患都抱走，我們抱不動。有的傷患懇求：『同志，打死我們吧。不要這樣丟下我們。』我又開了第二槍，子彈射穿了車身。『笨蛋！你要從頭學開槍啊！』司機嚇得大聲罵我。但卡車停住了，他們幫我們把傷患都搬上了車。

最恐怖的還在後頭，那就是史達林格勒的保衛戰。戰場就是一整座城市，有那麼多的街道、樓房、地下室，你想要搬走傷患，難度太高了。我的身上都是一塊塊的烏青、血斑，褲子上沾滿了血，全都是鮮血。司務長責罵我們：『女孩們，沒有褲子了，你們不要再來領了。』我們每個人的褲子都浸滿了血，被風吹乾後就是硬邦邦的一層，穿都沒辦法穿，還會割破皮膚。雖然已經是春天了，但是一點春天的氣息沒有。到處都在燃燒，在伏爾加河上，就連水也是滾燙的。河水在冬天不結冰了，而是成了一片火海。史達林格勒的每一寸土地都浸透了人血，有俄國人的血，也有德國人的血；土地裡還滲透著汽油、潤滑油。所有人都明白，我們已經無路可走，退無可退了。對蘇聯人民來說，要麼全員覆滅，要麼勝利。最後時刻已經到來，我們心裡都一清二楚。不用大聲廣播，從將軍到士兵，每個人心裡都明白得很。

援兵到了，都是一些年輕又俊俏的小伙子。開戰之前看一眼就知道，他們只是前去赴死的。我不敢看他們，不敢記住他們，更不敢跟他們交談。因為他們來得快，走得也快，兩三天後一個都不剩。但每次戰前，我還是忍不住會多看他們幾眼。這是在一九四二年，那是最艱苦、最殘酷的一年。有一天結束時，我們三百多人最後只剩下十個人。當戰場安靜下來後，倖存下來的我們互相親吻，為我們竟然還活著而哭泣。所有人都像一家人一樣，親如骨肉。

總是眼睜睜地看著自己人一個一個死去，你明明知道也明明看到，他們只有幾分鐘可活了，卻無能為力。你只能親吻他們，撫摸他們，對他們說些溫柔的話語，然後就不得不和他們永別。是的，你再也不能幫他們什麼了。這些面孔至今還留在我的腦海裡，我眼前還能浮現出他們的模樣，所有一去不返的小伙子。這麼多年過去了，我一個都忘不了，全都記得清清楚楚，閉上眼睛就能見到他們所有人。當時，我們都想親手為他們建墳墓，送他們最後一程，但往往事與願違，只能是我們離開，他們留下。常常是你把他的頭包紮好了，他就在你的懷中死去，我們就把頭上還纏著繃帶的他直接埋葬了。還有一種情況是，他已經死在戰場上了，但是雙眼還一直望著天空；又或者他在臨死前會向你請求：『護士妹妹，請把我的眼睛闔上吧。』城市毀了，家園毀了，固然心痛，但最心痛的就是看到那麼多人一個個倒下，那麼年輕的男人都死了。但你還不能歇口氣，你還要繼續奔跑去救他們。每一次，總覺得只能再撐個五分鐘，全身就再也擠不出一絲力氣了，但是還不能停止奔跑。那是在三月，俄羅斯的第一大河就在我腳下，我穿不進靴子，硬是使勁地穿上走路，一整天就穿著靴子在冰上爬，到了晚上鞋子會濕得脫不下來，不得不剪開。但那時候，我從未生過病。你相信嗎，親愛的？

史達林格勒戰役一結束，我們就奉命把傷勢最嚴重的傷患用輪船和駁船運送到喀山市和高爾基市。陽春三、四月，我們四處尋找傷患，他們有的埋在廢墟下，有的躺在戰壕裡，有的在掩蔽所和地下室，人數很多，多到我不能一一說給你聽。我們還以為，傷患在之前都已經被我們背下了戰場，安全運走了，至少史達林格勒城裡再也找不到傷患了。誰知道戰役結束時，我卻發現好多人還在，而且數量多得難以置信。在我搭乘的那艘輪船上，都是缺胳膊斷腿的傷患，還有幾百個結核病人。我們不僅要施以醫藥治療，還要用溫存的話語去勸慰他們，用微笑去安撫他們。

當我們被派去照顧傷患時，有人還笑說，這下子你們中獎了，不用打仗，可以休息了。但其實，這些工作甚至比戰場還要驚心動魄。在戰場上，你只要把傷兵背下來，為他做臨時急救後，再把他轉交給別人。你相信傷兵已經安全送走了，能夠活下去了，於是朝著下一位傷兵爬過去。但是在這裡，他們時時刻刻都在你眼前，在戰場上他們好想活下去，會大喊大叫地說：『快點，護士妹妹！快來呀，親愛的！』但是在這裡，他們卻拒絕吃喝，一心尋死，有人甚至從船舷上跳海。我們只好一天二十四小時警戒守護。有一次連著幾天幾夜，我一直守著一名軍官，他失去了雙臂，只想了卻自己的性命。有一次，我才離開了幾分鐘，忘記警告別的護士，他就自己跳出了船舷。

我們把傷病患者護送到烏索利耶，安置在彼爾米雅郊外。那裡新建了一批乾淨的小房子，是專門為傷患建造的，就像少先隊的夏令營。我們用擔架抬著他們進去，他們卻死死地不願離開。唉，我覺得他們個個日後一定都是好丈夫，真想把他們都抱在自己懷裡。回程時，我們的心裡空落落的，雖然可以好好休息了，但我們卻睡不著。女孩在床上躺著，然後不禁哭了起來。我們坐在船上，分工寫信，說好誰給誰寫信，每天每人都要寫上三、四封信。

還有件小事我要說給你聽。經過這次出差，我在後來的戰鬥中都特別注意保護自己的雙腿和臉，我害怕殘廢也怕毀容。

戰後好多年我都擺脫不掉血腥味，這個氣味跟隨著我很久很久。我洗襯衫時，會聞到；煮午餐時，也會聞到。別人送給我一件紅色襯衫，當時這種衣料珍貴且不多見，但我不敢穿它，因為它是紅色的，我受不了這種顏色。我也不能到商店的肉食部去，特別是夏天，一看到那些熏肉就不行了。你明白的，它很像人肉，所以每次我都要我先生去買。一到夏天，我就無法待在城裡，總要想方設法出城。因為只要是夏天，我就會覺得似乎戰爭就要爆發了。當夕陽把樹木、房屋和馬路都染紅時，一切都有了某種氣味，對我來說，都是血腥味。不管吃什麼、喝什麼，我都驅除不了這種氣味！甚至攤開白襯衫時，我也覺得有一股血腥味。

一九四五年五月以後，我記得我們拍了許多照片，那些日子太幸福了。五月九日那天，大家都在歡呼：『勝利了！勝利了！』戰士在草地上打滾，高喊勝利了！我們跳起了踢踏舞：『艾達——呀呀呀……』

大家都對著天空鳴槍，手上有什麼槍就用什麼槍。『立即停止射擊！』指揮員不得不下令禁止。

『反正是剩下的子彈，留著有什麼用？』我們莫名其妙地問。

不管誰說了什麼，我們都只聽到一個單詞：勝利！

那瞬間，我們求生的欲望都變得出奇強烈。我們現在要開始過美好的生活！我把獎章全都佩戴好，請人幫我拍照。我特別想站在各色花朵當中，這張照片就是我在一個花壇裡拍的。

六月七日，是我最幸福的一天：我結婚了。部隊為我們舉辦了盛大的婚禮。我和外子早就認識，他是大尉，指揮一個連。我和他發過誓，只要能夠活下來，仗一打完，我們立刻結婚。上級給了我們一個月的婚假，我們一起到伊萬諾夫州的基涅什瑪去看望他父母。一路上，我都被當成女英雄看待，我從來沒想到眾人會這樣熱情接待從前線回來的女孩。我們走了那麼多地方，為母親救下那麼多的孩子，為妻子救下那麼多的丈夫。可是偶爾我也會受到羞辱，聽到令人氣惱的話語。在此之前，除了『親愛的護士妹妹』、『敬愛的護士』之外，我再沒有聽到過其他的話。說老實話，雖然年輕時我長得很美，但從來沒有做過不好的事，即便如此，還是有人給我貼上了標籤。

有天晚上，我們家人一起喝茶，婆婆把兒子拉到廚房去哭著說：『你娶的是什麼人？她是個前線姑娘……你還有兩個妹妹呢，現在誰還會娶她們啊？』即便是今天，回想起這件事我還會想哭。我把自己非常喜歡的一張小照片帶回家，上面寫了這樣的話：『你有權利穿上最時髦的鞋子走路。』說的就是前線姑娘。我把照片掛了起來，後來姊姊看到，就當著我的面撕掉了，她說你們沒有任何權利。她們撕毀了我所有的前線照片，唉，親愛的，對此我簡直無話可說，完全無語。

那時候，我們都是憑軍人優待卡去買食物，那是一種小卡片。我和外子的優待卡放在一起，總是一起去領取供給品。有一次我們來到一家專門店，顧客正在排隊，我們也跟著排在後面。馬上就要輪到我們了，突然櫃檯後面的那個男人跳過櫃檯，向我撲了過來，對我又親又抱，大叫大喊：『夥計們，夥計們！我找到她了。我一下就認出了她，我太想見到她了。我找得好辛苦啊，夥計們，就是她救了我！』外子當時就站在我旁邊呢。這個人是傷兵，是我把他從戰火中背出來的，從槍林彈雨中救了他。他記住了我，但我怎能記住所有的人，他們太多人了！還有一次在火車站，有個殘障的軍人看到我就大喊：『護士妹妹！』他認出了我，哭著對我說：『我一直在想，等我碰見你時，一定要給你跪下……』可是他現在只剩下一條腿了。

對於我們前線女孩來說，這樣就很滿足了。但是戰後，我們開始了另一種戰爭，同樣可怕的戰爭。男人拋棄了我們，毫不掩飾地從我們身邊走過。在前線時完全不同，你在橫飛的子彈和彈片中爬過去救他們，小伙子也都很呵護你。有人一邊喊著『臥倒，小護士』，一邊撲到你身上，用自己的身體掩護你。子彈就打在他們身上，非死即傷。我有三次都是這樣被他們救回了一條命。

我們從基涅什瑪回到部隊後，得知部隊不解散了，我們還要到舊戰場上去掃雷，要把那些土地交給集體農莊使用。對於其他人而言，戰爭已經結束了，但對工兵來說，戰爭還在繼續。草叢又密又高，四處盡是地雷和炸彈，但是人民需要土地，我們必須趕緊掃雷，於是每天都有同志犧牲。戰爭過去了，我們還在埋葬戰友，就這樣，我們又把很多同志留在了舊戰場上。很多人都是這樣死去的……有一次，我們已經把一塊土地交給了集體農莊，人們開來了一輛拖拉機。誰知道地裡還藏有一顆反坦克雷，結果拖拉機被炸碎了，拖拉機手也被炸死了。那時候，拖拉機不像現在這麼多，男人也不像現在這麼多。都已經是戰後了，農村的人卻還在流眼淚，女人號啕大哭，孩子也號啕大哭。我還記得，在舊魯薩城外，我們有個戰士，我忘了那是什麼村莊了，他就是那個村子的人。他為自己的農莊排雷，最後卻死在那裡，全村的人把他安葬在犧牲的地頭上。小伙子從頭至尾經歷了戰爭，整整四年，卻在戰爭結束後死在了自己的家鄉，死在了生養他的土地上。

我只要一說起這些故事，心就很痛，全身還會止不住地發抖。過往的景象又浮現我眼前：躺在地上的死者，內臟翻出了體外，嘴巴大張著，好像想吶喊些什麼。我見過的死人甚至比劈過的柴還要多，太可怕了！還有殘酷的肉搏戰，兩個赤裸上身的男人用刺刀近身肉搏，親眼見過那樣的場面，你連話都會說不清楚，一連好多天都無法正常說話。這一切，沒有親臨過戰場的人能夠理解嗎？怎麼能想像得出來？你能告訴我，我應該用怎樣的表情來回憶？但是這些記憶必須保存下來，必須告訴所有人。這個世界上應該保存我們的哭聲、我們的哀號……

我既盼望又害怕地等待著屬於自己的節日，也就是每年的勝利紀念日。我會特地在幾星期前就開始收羅衣物、集中物品，等那一天到來就洗洗刷刷一整天。我必須有事情做才行，必須用這些家務事來轉移注意力。而每逢我們大家見面時，又總是淚如雨下，前線老兵的聚會總會這樣。我從來都不喜歡軍事類的玩具，看都不看一眼，以免擾亂我的心境。我自己從來都不買，也不給孩子送這類玩具當禮物。有一次，有人到我們家裡來，帶來了一架小飛機和塑膠衝鋒槍給孩子當禮物，我立刻就把它們扔掉了！人類的生命何其珍貴又何其脆弱，這是偉大的恩賜，人類自己並不是這個造物的主人。

你想知道，我們所有人在戰爭中的真實想法是什麼嗎？我們夢寐以求的就只是：『我們一定要活到最後，只要戰爭一過，我們就會活得很幸福！』快樂的生活、美好的日子，即將到來！因為經歷了那麼多的苦難，人與人之間必定會彼此憐憫，互親互愛，這將會是另一種人類。當時我們對此毫不懷疑，一點也不。

我親愛的，我們以前是互相仇視，互相殘殺。對我來說，這是最不可理解的，但這正是我們，是我們自己啊！

有一次，就在史達林格勒城下，我要背走兩名傷患。我先背走一個，中途放下來，再去背另一個。就這樣一個接一個，輪流背著他們。因為兩個人都身受重傷——大腿的傷口血流如注，不能把他們留下來，必須分秒必爭地進行搶救。當我一步一步離開戰場，硝煙漸漸遠去時，才發現我背下來的兩名傷患，一個是我們的坦克手，另一個卻是德國兵。這可把我嚇壞了，戰場上我們的士兵正在死去，而我卻救了一名德國兵。我太慌亂了，硝煙瀰漫中什麼都分不清，只看到有人快死了，只聽到有人在啊啊啊地慘叫；再說，他們兩個人都被燒成了黑色，看起來都一個樣。後來我是看到那個傢伙的外國頸飾和手錶，才發現他的身分。但現在怎麼辦呢？我一邊背著我軍的傷患，一邊在想：『是不是還要回頭去背那個德國人呢？』我知道，如果我丟下他，他很快就會失血過多而死。最後我還是爬回去找他了，就這樣繼續輪流背著他們兩個。

這就是史達林格勒，人類最慘烈的一場戰役，最最殘酷的廝殺。告訴你，我親愛的，人不可能有愛恨兩顆不同的心，每個人都只有一顆心，而我永遠都在想，要如何保護我的這顆心。

戰爭結束後很長的一段時間，我都不敢抬起頭望著天空，也不敢去看深耕的土地，雖然白嘴烏鴉早已悠然地在田地上閒逛了。鳥兒很快就忘了戰爭，但人呢？」

一九七八～二〇〇四

■作者後記

寫戰爭，更是寫人

千百萬被害者在黑暗中
卑賤地踩出一條小徑……

——奧西普．曼德爾施塔姆＊

創作筆記摘錄（一九七八～一九八五）

我在寫一本關於戰爭的書。

我向來不喜歡看有關戰爭的書籍。雖然在我的兒時和少女時代，那是所有人都鍾愛的讀物，所有我同年齡的人都喜歡這一類的書。這毫不奇怪，我們都是二戰勝利者的後代。而重要的是，關於戰爭，我能記住什麼？我只記得童年時被難以理解和令人驚恐的言語所包圍，憂鬱而苦悶。眾人總是在回顧戰爭，在學校和家庭，在結婚殿堂和洗禮儀式，在節日中和葬禮後，甚至在孩童的對話中，都會談到戰爭。鄰家男孩有一次問我：「地底下的人都在做什麼？他們怎樣生活呢？」連我們這些孩子也想解開戰爭之謎。

從那時起，我就開始琢磨死亡，而且再也沒有停止過對它的思考。對我來說，死亡才是生命的根本奧祕。

我們的一切，都起始於那個可怕而神祕的世界。在我家，外公是烏克蘭人，戰死在前線，葬在匈牙利的某個地方；奶奶是白羅斯人，在游擊隊中死於傷寒。她兩個當兵的兒子在戰爭爆發後的頭幾個月就失蹤了，三個兒子只回來一個人，就是我爸爸。我家十一個親戚和他們的孩子，都讓德國人給活活燒死，有的是在自己的茅屋裡，有的是在村裡的教堂。每一戶都有人死去，家家都支離破碎。

有好長一段時間，鄉下的男孩總是喜歡玩德國佬和俄國人的遊戲，用德國話大喊大叫：「舉起手來！」「滾回去！」或「希特勒完蛋了！」

那時候，我們不知道外頭還有一個沒有戰爭的世界，我們唯一認識的世界，就是戰爭的世界。而戰爭中的人，也是我們唯一認識的人。直到現在，我也不認識另一個世界和另一類人。他們存在過嗎？

＊奧西普．曼德爾施塔姆（一八九一～一九三八），蘇聯詩人、評論家，俄羅斯「白銀時代」最卓越的天才詩人。

＊ ＊ ＊

戰後，在我度過童年的那個村莊，就是個女人村，全村都是女人。我不記得聽過男人的聲音。日復一日，我就是這樣過日子：聽婦女翻來覆去地說戰爭，天天以淚洗面。她們也唱歌，但歌聲和哭聲沒兩樣。

學校的圖書館，大部分的書籍都是談戰爭的。村裡和區中心的圖書館也一樣，爸爸經常會借書來看。現在我知道為什麼了。當然，這一切並非偶然，我們所有的時間不是在打仗，就是準備打仗，連回憶也是關於如何打仗。我們從來沒有經歷過另一種日子，大概也不會過另一類的生活。我們從來不會去想是否能夠換一種方式活著，即便那需要我們花很長的時間去學習。

在學校，師長教我們要熱愛死亡，連作文內容也大都是以某某名義從容赴死，那成了我們的夢想。

但是，外面卻在沸沸揚揚地爭論另一個話題，吸引了更多人。＊

我一直是個迂儒，既害怕現實，又被現實所吸引。面對生活，無知又無畏。如今，我才想到：如果我是一個現實的人，是不是還會投入這樣一個無盡頭的深淵？這一切為何會發生？真的只是不諳世事，還是由於生性細膩敏感？畢竟，感知是一個探索的過程。

我孜孜不倦地探索，反覆思考要用怎樣的語彙去表達我所聽到的一切。我在尋找一種寫作體裁，能夠反映出我所見到的世界，能夠承載我的所見所聞。

有一回我拿到了一本書——《我來自燃燒的村莊》，作者是亞當莫維奇、布雷爾和克列斯尼科。以前只有在讀杜斯妥也夫斯基的作品時，我才體驗過如此震撼的情緒。這是一種非凡的形式，一部以生命之聲成就的長篇小說，那是我兒時聽到的聲音，那是現在街頭巷尾、千家萬戶、咖啡餐館和無軌電車上，日日夜夜發出的聲音。鎖定範圍後，我終於展開了我孜孜不倦的寫作之路。

亞當莫維奇成了我寫這本書的啟蒙老師。

* * *

不過，整整兩年，我並沒有按照原先所設想的進行那麼多的採訪，而是在大量閱讀。我的書將會說些什麼？僅僅又是一部寫戰爭的作品嗎？為什麼還要寫，坊間已經有數以千計、大大小小的同類作品，既有洛陽紙貴，也有沒沒無聞的，還有更多人寫文章來評論這些作品。不過，這些書統統都是男人寫男人的。當然，這在情理之中。關於戰爭的一切，我們都是從男人口中得知的。我們全都被男人的戰爭觀念和戰爭感受俘擄了，連所用的語言都是男人的。

然而，女人卻都沉默著，除了我之外，沒有人去問過我們的外婆、我們的媽媽。連那些上過前線的女人也都緘默不語，就算偶爾回憶，她們循規蹈矩、字斟句酌講述的也不是女人的戰爭，而是男人的戰爭。只有在自己家裡，或是在前線閨密的小圈子裡涕淚肆流之後，她們才會開始講

---

*史達林死後出現了社會反思。

述自己的戰爭，那些我們完全陌生的經歷。

在採訪過程中，我不止一次成為見證者，而對於那些聞所未聞的全新故事，我則是唯一的傾聽者。我體驗到了那種跟小時候一樣震驚的情緒。這些故事透露出某種神祕的、怪異的猙獰，在這些女人的敘述中，沒有或者說幾乎沒有我們過去習慣於讀到和聽到的那些事，比如一些人如何英勇地打擊對手，取得了勝利，或者另一些人又是如何失敗的；她們也沒有描述軍事技術的落差或將軍的指揮若定。女人的故事，是另一類人講另一類的事。女人的戰爭有自己的色彩、自己的氣息，以及自己的解讀，還有自己的感情空間。她們都是在用自己的語言說話，沒有英雄豪傑和令人稱奇的壯舉，只有普普通通的人，被迫幹著非人力所能及的事業。當時，不僅僅是人在受苦受難，就連土地、鳥兒、樹木也在受苦受難。它們無聲無息地承受著苦難，而這讓回憶顯得更加可怕。

為什麼？我不住地問自己。在曾經是男人獨霸的世界裡，女性站穩並捍衛了自己的地位後，為什麼不能捍衛自己的歷史，不能捍衛自己的話語和情感？而答案就是：她們不相信自己。整個世界對於女人還是有所隱諱的，女人的戰爭仍舊不為人知。

我就是想寫這個戰爭的故事，關於女人走向戰場的故事。

* * *

完成第一批採訪之後，讓我驚訝的是，這些女人曾經都是軍中的各類專業人士：衛生指導員、狙擊手、機槍手、高砲指揮員、工兵；而現在，她們卻是會計師、化驗員、導遊、教師……此刻與當年，她們扮演的角色完全不相干。她們回憶過去時，好像不是在說自己，而是在講述其他女孩的故事。今天，她們也都對那個年少的自己感到驚訝。而在我眼裡，這卻證明了歷史正在變得人性化，變得與普通生活更為相似。於是，關於那場戰爭，出現了另一種歷史解讀。

在面對面聊天時，講故事的女人都很激動，她們人生中的一些片段堪比經典作品的最佳篇章。從天堂到人間，一個人如此明白地審視著自己，坦然面對一段完整的歷程，要麼上天，要麼下地，從天使到野獸。回憶，不是對已經逝去的經歷做激動或冷漠的複述，而是把時間倒轉回來，往事獲得了新生。

首先，這一切都是創作。人在講述時，是在創作，是在寫自己的生活。補充和改寫是常有的事，不過千萬要小心，要保持警惕，但同時痛苦也會熔解並摧毀任何假話，因為，痛苦就是一種超高的溫度！我確信，那些普通人——護士、廚娘和洗衣婦，她們會更坦誠地面對自己。更明確來說，她們所說的都是親身經歷的痛苦和遭遇，而不是來自報紙或讀過的書，更不是鸚鵡學舌。受過教育的人，其情感和語言反倒更容易被時間加工，被普遍加密，也總是被某些重複的學說和虛構的神話所浸染。在這段期間，我走了很多路，繞了各種圈子，就是為了親耳聽到女性的參戰故事，而不是千篇一律的男性戰爭，包括如何撤退、如何反攻，或是隸屬於前線的哪支部隊。我要做的不是一次性的採訪，而是諸多的機遇，就像一個堅持不懈的肖像畫家那樣。

我在一座陌生的房子或公寓裡，經常一坐就是一整天。我們會一起喝茶，一起試穿新買的襯衫，一起聊髮型和食譜，一起看兒孫的照片。接下來，過了一段時間，你也不知道透過什麼方式，或者為什麼，期待已久的時刻就突然冒出來了。

當一個人遠離了那些好像紀念碑一樣，用石頭和水泥鑄就的清規戒律時，就回歸了自我，直接面對了自我。他們首先回想起來的不是戰爭，而是自己的青春，那是一段屬於自己的生活。我必須抓住這樣的瞬間，絕對不可錯過！然而，往往在度過充滿事實和淚水的漫長一天之後，只有一小段話會在我的腦海裡縈繞，那麼真實的話語——「我上前線時，不過是一個傻傻的女孩子，我竟然是在戰爭中發育長大的啊！」雖然錄音磁帶繞了幾十公尺長，足足有四、五盒，但我只把這句話抄錄在我的筆記本上。

有什麼可以幫助我呢？只有我們習慣於同心協力，一起面對這個世界，有共同的快樂和淚水，既能承受苦難，又能講述苦難；而正是苦難，為我們那段沉重又動盪的生活留下證明。對我們來說，承受苦難是一門藝術，必須承認，女性是有勇氣踏上這樣的路程的。

＊　＊　＊

她們是怎麼對待我的？

她們叫我女孩、閨女、孩子和親愛的，如果我和她們是同一代的人，大概她們就會以另外的方式來對待我了。整個採訪幾乎都在平和而冷靜的氣氛下進行，不會因為不同世代而造成鴻溝和困擾。這是非常重要的時刻，因為她們當年參戰時都很年輕，而現在則成了追憶往事的老人。

她們這一生都在回憶中度過，而戰後足足經過了四十多年，她們才小心翼翼地對我敞開了內心的世界，還生怕傷害它：「戰後我馬上就結婚了，躲在丈夫身後，躲在瑣碎的生活和嬰兒的尿布中。我心甘情願地躲起來。我媽也求我：『別說話，別出聲！不要承認自己當過兵。』我對祖國履行了我的責任，但我卻因為自己打過仗而憂傷，為我所知道的一切而難過……你還只是一個女孩，我都不忍心對你說……」我經常看到的畫面是，她們坐在那兒，傾聽自己靈魂的聲音，同時也在用語言去印證自己的靈魂。

這麼多年以來，大家已經能理解當時的生活，而現在必須做好準備走出來了。誰都不想就這樣屈辱地活著，然後隨隨便便地消失。當人們回首往事時，心中總是存在著一個願望，不僅是講述自己，更要解開這一生之所以活著的奧祕。她們必得親自來回答這個問題：「為什麼這些會發生在自己身上呢？」她們往往都以某種道別和憂傷的眼神看待一切，時間幾乎一直停留在那裡，已經沒有必要再欺瞞他人和自我欺騙。有一點是明白的，如果沒有對死亡的深入思考，就不可能看清楚人之所以為人的珍貴。死亡，總是凌駕一切。

戰爭是一種很私人的體驗，這種體驗如同每個人的生命一樣，捉摸不定。

有一次，有個女人（戰時是飛行員）婉拒跟我見面。她在電話裡解釋：

「我不能……我不想再去回憶。我在戰場上三年，那三年我完全不覺得自己是個女人，身體就像死了一樣，月經也停了，幾乎完全沒有女人的欲望。我那時還是個漂亮的女孩呢……後來當我先生向我求婚時，我們人在柏林的德國國會大廈，他說：『戰爭結束了。我們還活著，我們都是幸運兒，嫁給我吧。』但我當時只想哭，想大哭一場！怎麼結婚？就在這黑煙瀰漫、破磚殘瓦中間，就這樣結婚？但他讓我有了重新當女人的感覺：送花給我，花言巧語向我獻殷勤。我多麼想要這些！我等待這一刻多久了！他當時燒傷了，有一邊的臉頰還是紫色的，淚水沿著他的新傷疤流淌下來……最後，連我自己也不相信，我竟然回答他：『那好，我們結婚吧。』

所以，請原諒，我無法……」

我當然能理解她，但這段對話也是我書中寶貴的一頁，哪怕只有半頁篇幅都好。

從城市公寓到鄉村小屋，從大街道到火車上，我習慣了用心傾聽。我快變成一隻愈來愈大的耳朵了，在這所有的採訪時間中變成了另一個人，閱讀的，是聲音。

* * *

寫戰爭，更是寫人。

我只掌握一個重點：人性更重要。在戰爭中，確實是有某種比歷史更有力量的東西在掌控著人們。我需要更廣闊的視野，要書寫的是生與死的真相，而不僅僅是戰爭的真實面。我要提出杜斯妥也夫斯基式的問題：「在一個人的身上，到底有多少種人格？又如何保護個人的本質？」毫無疑問的，邪惡有強大的誘惑力，惡比善更加刁鑽，也更能引人入甕。我一天比一天更深地陷入了這個無盡的戰爭世界，其餘的一切都在悄悄退去，變得比平常更平常，比普通更普通。這是一個雄心勃勃、掠奪成性的世界。現在我明白了從戰場回來的那些人的孤獨，他們就像是另一個世界的天外來客。他們擁有別人沒有的見識，那些只能從死神身旁獲得的見識。當他們試圖用語言文字表達時，就會有大禍即將臨頭的感覺，於是就日漸變得麻木。

對於這些參戰的女人來說，她們就像被一個無形的世界包圍著，處在一個和傾聽者不同的空間裡。每一次的訪談，至少都有三個人在場：一個是講述者（那些年月的當事人），一個是我（我的目標，首先是獲得那段時間的真相，絕不能在感情上造假），另一個可能是家人、朋友或前線的戰友。如果說戰爭剛結束時，所有人講的都是同一場戰爭，那麼經過幾十年後，情況多少都會改變。這是因為他們把自己的生活都注入了回憶，在戰爭中融入了自己的一切，包括這些年的生活、讀過的書、看到的事物，以及遇到的人，最終還有他們的幸或不幸。

我們要在那場慘烈的戰爭中尋找什麼？不是彪炳的戰功，也不是英雄行徑，而是一些小事和人性，那才是我們最感興趣和最想親近的。比如說，如果我們很想知道古希臘人的生活和斯巴達人的歷史，如果我們很想了解當時的人在家裡頭會談什麼、如何打仗，或是離開愛人上戰場的最後一個夜晚，都說了些什麼情話，以及留下來等待的人會怎樣送心愛的人上前線，會怎樣祈禱著他們平安歸來等等，那麼，我們就不該只去讀那些英雄人物的傳記，而是要尋找那些普通年輕人的遭遇。

歷史，就是透過那些沒有任何人會記住他們的見證者和參與者的口述而保存下來的。是的，我對此興趣濃烈，我想能夠把它變成文學。講故事的人都是見證者，但又不僅是見證者，他們還是演員和創作者。沒有距離地符合現實是不可能的，畢竟，每個人的現實中必定摻雜著感情的成分。我明白，我是和各種說法在打交道，每個講述者都有她自己的版本，而正是這樣的多樣性，才能產生出時代的特點和那個時代的人的形象。

然而，我不希望人們這樣評價我的書：書中的主人翁是真有其人，僅此而已，這只是故事，充其量只是一則又一則的故事。

我不是要描寫戰爭，而是要寫戰爭中的人。我不是戰爭史的專家，我要寫的是有濃厚感情的歷史。我是靈魂的史學家，一方面我研究特定的人物，她們生活在那個特定的時空裡，並參與了特定的事件；另一方面，我要觀察存在於她們內心中那個永恆的人，聽到心底發出的永恆顫音。

有人對我說，回憶錄既不是歷史也不是文學，僅僅是沒有經過藝術家之手提煉的粗糙生活。絮絮叨叨的談話每天都有，就像散落在各處的磚瓦，但是磚瓦並不等於殿堂！不過，我的看法不同。我認為，正是在充滿溫情的聲音中，在對往事的生動表達中，蘊含著原創的快樂，並顯露出無法抹去的人生悲劇。人生的混亂和激情，人生的卓越和不可理喻，它們在這裡沒有做過任何的加工處理，十足地原汁原味。

我在建造一座感情的聖殿，用我們的願望、失望和夢想，用我們曾經有過，卻又可能遺忘的那些感情，去建造一座聖殿。

＊　＊　＊

一大清早，我接到一通電話：「您不認識我……我是從克里米亞來的，從火車站給您打電話。從這兒到您那兒有多遠？我想跟您說說我的戰爭……」

原來是這樣。

我帶女兒去公園，把她送去乘坐旋轉木馬。要怎樣向一個六歲孩子解釋我在做什麼？最近她問我：「什麼是戰爭？」怎麼回答她呢？我只想以一顆溫柔的心把她送進這個世界，我教她不要隨意折斷花枝，要憐憫被撞傷的小母牛和被撕裂的蜻蜓翅膀。可是如何向孩子解釋戰爭？如何向孩子解釋死亡？如何回答孩子這個問題：「他們為什麼要殺人？」他們甚至連孩子都不放過，那些和她一樣大的孩子。戰後，我的父母曾對我解釋過戰爭，但是我自己卻無法向我的孩子說明，必須找到合適的詞彙。我們不喜歡戰爭，更難以為戰爭找到正當性。對我來說，戰爭無異於謀殺。

我想寫的是這樣一本戰爭的書：讓人一想到戰爭就會噁心，一想到戰爭就會反感，要讓所有將軍看了都會覺得不舒服的一本書。

不同於我的女性友人，我的男性友人對我這種「女人的」邏輯感到驚詫。於是，我再一次聽到了男性的爭辯：「就是因為你沒上過前線。」那麼，或許我這樣說更好些：「我不曾被仇恨激情驅使過，我的觀點太正常，太平民化，也太怯懦。」

光學上有「採光性」的說法，指的是鏡頭抓取圖像能力的強弱。女人對戰爭的記憶也有「採光性」，那是以她們自身情感的張力和痛苦為基準。我甚至要說，女人的戰爭遠比男人的戰爭更恐怖。男人總是躲在歷史和事實的後面，對男人來說，戰爭具有一種行動、理想、衝突及各種利益的誘惑力，而女人卻只被感情擄獲。還有，男人從小就準備好了，日後他們可能必須要上戰場，要開槍殺人。對女人來說，她們從來沒有打算做這一類的事，她們想要的是另外一些截然不同的事物。

然而，女人能看到男人忽略的東西。我要再說一次：女人的戰爭，是伴隨著氣味、色彩、微觀生活的戰爭：

「上級發給我們背包，我們卻把它改成了裙子。」

「走進徵兵委員會大門的，是一個穿著裙裝的女孩。當她從另一道門離開時，已經穿上了長褲和軍裝，剪掉了辮子。」

「德國人朝村子掃射一陣後離去了。我們來到那個地方，被踏平的一堆黃沙上留有一隻童鞋。」

有些人（尤其是男性作家）不止一次警告我：「那些都是女人虛構的故事，隨口胡說的。」

但是我相信，這些事絕對無法臆造或抄襲。如果說這些事是抄襲，也只能是從現實生活中取材來的，生活本身就真實發生過這一類的事件。

不論女人說什麼，她們總是有這樣一種思維：戰爭，首先就是一場又一場的大規模謀殺案；其次，戰爭是由沉重的工作堆積而成。然後，她們還想著唱歌，想著談戀愛……

但是這樣的思維，核心卻永遠都是：「不想死去」。她們無法忍受、也不情願殺人，因為女人是生命的孕育者，也是把這些生命撫養成人的支持者。所以我很明白，對女人來說，要動手殺人真的不簡單。

＊　＊　＊

男人有他們的領地，不願讓女人越雷池一步，戰場就是其一。

在明斯克拖拉機廠，我找到了一名曾是狙擊手的女人，當年大名鼎鼎，前線報紙上多次報導過她的事蹟。她在莫斯科的朋友給了我她家的電話號碼，可惜是舊的。我筆記上有她的姓氏，不過是她娘家的姓。我直接去了工廠，我知道她在那家工廠的人事科工作。在那裡，我聽到了兩個男人（廠長和人事科長）的心聲：「難道是男人不夠了嗎？為什麼你需要這些女人的故事。那都是女人的幻覺……」原來，男人害怕女人講述的戰爭，跟他們的版本不一樣。

我訪問過一個家庭，丈夫和妻子曾並肩作戰。他們在前線相遇並在戰火中結婚：「我們是在戰壕中舉行婚禮的，就在一次戰鬥開打之前。我用德國人的降落傘縫製了白色連衣裙。」他是機槍手，而她是通信兵。才剛說到結婚的事，男人立即就把女人趕到廚房：「你去幫我們做點吃的吧。」水開了，三明治切好了，她就在我們旁邊坐了下來，但丈夫立即把她叫起來：「草莓在哪？還有我們的度假禮物在哪？」在我堅持要求後，丈夫才勉強讓出自己的位置，卻依舊對老婆嘮叨不停：「要按照我教你的那樣說，別哭哭啼啼地總說些婦人家的雞毛蒜皮小事，比如哭著剪掉辮子什麼的。」後來她悄悄地對我耳語：「昨天一整夜他拉著我學習偉大的衛國戰爭史，怕我亂說話。就是現在，他還覺得我的回憶是錯的呢，覺得我說的都是廢話。」

這種情況不止一次發生，不止在一棟房子裡發生過。

是的，她們以淚洗面，甚至號啕大哭。我離開後，她們可能要吞服心臟藥，甚至叫來救護車。但她們還是一再請求：「你一定要再來啊！我們沉默太久了，沉默了四十多年……」

我知道，抽泣和哭聲是無法加工處理的，如果抽泣和哭聲不是主要內容，那就一定是加工過的，是文學取代了真正的生活。素材是有熱度的，還常常是會燒燙人心的超高溫。除此之外，在戰爭中最能看透和開啟一個人內心的，就是能夠穿透表皮、觸及心靈最深處的戀愛。但在死神面前，任何思想都是蒼白的，死神開啟了深不可測的永恆，任何人都無法準備好去面對這種永恆。我們畢竟是活在歷史中，而不是宇宙中。

有好幾次，在公開的訪問稿之外，我又收過附加的囑咐留言：「不要拘泥於瑣事，請你書寫我們的偉大勝利。」但是對我來說，那些瑣事才是最重要的，才是溫暖而清晰的生活：剪掉長辮子；一百多人出發打仗，回到營地的只有七八個；煮好的一鍋熱粥和熱湯，已經沒人吃了；

或是，戰爭後不敢走進商店，生怕看到一排排掛起的紅肉，即便是紅色的印花布也讓人膽戰心驚……「哦，你看看，四十多年過去了，但在我家裡，你還是找不到任何紅色的東西。戰爭過後，我甚至連紅色花朵都討厭了！」

* * *

我在傾聽痛苦，而痛苦是走過人生的證據。再沒有其他證據了，語言文字不止一次地誘惑我遠離真相。

我把苦難當作是一探生命奧祕的鑰匙，所有的俄羅斯文學都是關於苦難的，俄羅斯文學寫痛苦遠遠多過寫情愛。而這些女人告訴我的痛苦，就更多了。

* * *

他們是誰？俄羅斯人，還是白羅斯人？不是的，他們都曾經擁有過一個共同的稱呼——蘇聯人，不論是俄羅斯人或是白羅斯人，是烏克蘭人，或是塔吉克人。這樣的一類人，我想是永遠不會再有了，他們自己也明白。

但是我愛他們，我欽佩和敬仰他們。他們那一代的人，確實有過史達林和古拉格*，但也有

---

*古拉格（Gulag）是蘇聯時期「勞改營管理總局」的縮寫拼音，全稱為「勞動改造營及勞動移民管理總局」，也就是蘇聯的集中營。負責管理全國的勞改營。

過偉大的勝利。

不久前我收到的一封信上寫著：「我的女兒非常愛我，對她來說，我就是女英雄，可是萬一她讀了你的書，就會對我很失望。髒汙、蝨子、流不盡的血，這一切都是真的，我不否認。但是，難道面對這些回憶，能夠產生出尊貴優秀的感覺嗎？」

我不止一次地確信：我們的記憶遠遠不是理想的工具。它不僅任意和任性，而且還拴在時間的鏈條上，就像一條被拴住的狗。

我們能夠從今天看過去，但我們卻不知道該從何處去看。

然而，她們卻都深深愛著她們的遭遇，因為那不僅是戰爭，也是她們的青春、她們的初戀。

＊＊＊

她們說的時候，我在傾聽；她們沉默的時候，我也在傾聽。不管是語言或是靜默，對我來說都是重要的文字。

「這個不是為了發表，只是對你說的。那些軍官，他們坐在火車上，沉思默想，憂心忡忡。我還記得有個少校在深夜跟我說的話，那時大家都睡了，他說到史達林。他因為喝多了而壯了膽，告訴我，他的父親被關在勞改營已經十年，與世隔絕，沒有通信的權利，至今生死未卜。後來少校突然冒出可怕的話語：『我想保衛的是祖國，但我不想保衛革命的叛徒——史達林。』我從來沒有聽過這樣的話，害怕極了。謝天謝地，第二天一早他就消失了。大概是出走了吧。」

「我來告訴你一個祕密。我和奧克薩娜是朋友，她來自烏克蘭。我從她那兒第一次聽到烏克蘭大饑荒，好恐怖，連蛤蟆或老鼠都找不到，全部被吃光了。她那個村子，死了一半的人，她所有親人都死了，只有她活了下來，因為她晚上會偷集體農莊的馬糞吃。那可不是人能吃的，但她吃了：『馬糞熱的放不進嘴裡，冷的才行，凍的更好，聞起來像乾草。』我對她說：『奧克薩娜，史達林同志是在消滅人民的害蟲。』『不，』她回答說，『你真傻。我爸爸是歷史老師，他告訴我總有一天，史達林要為他的罪行負責。』

那天晚上，我躺在床上，心想：『奧克薩娜會不會是敵人，會不會是德國間諜？我該怎麼辦？』但兩天後，她犧牲了。她已經沒有任何親人，死亡通知書無人可寄。」

大家很少接觸到這類話題，就算有也要小心翼翼、提心吊膽。在此之前，他們不僅被史達林的謊言和恐嚇所麻痺，也被自己以前的信念所蒙蔽。但是，她們對國家的愛與信念卻不能停止。作戰的勇氣和自由思想的勇氣，是兩種不同的勇氣。但我認為它們是一樣的、不可分割的。

＊　＊　＊

手稿還攤在桌上。

連著兩年，我不是遭到出版商退稿，就是雜誌社裝聾作啞。理由總是老生常談：「過度描寫戰爭的恐怖，完全沒有共產黨的領導和指引作用……總之，就不是傳統所寫的那種戰爭。」哪種戰爭？將軍和大元帥英明領導下的戰爭？沒有流血和臭蟲的戰爭？英雄與掛滿勳章的戰爭？

我記得小時候和奶奶在田野上散步，她告訴我：「戰爭結束後，有很長一段時間，這片土地寸草不生。德國人撤退時，那一仗打了兩天兩夜，死人一個接一個地躺在這裡，就像一捆捆莊稼，就像火車鐵軌下的一排排枕木。德國人和我們自己人的屍體。下過雨後，他們好像全都流淚了。我們全村的人花了整整一個月埋葬他們……」

我怎能忘了那片田野呢？

我不是在做簡單的紀錄。我是從苦難把小人物磨練成大人物的那些時刻下手，蒐集和追蹤人類的靈魂，人類就是因此而成熟起來的。對我而言，小人物不再是歷史上沒沒無聞的無產階級，他們的靈魂打開了、發光了。那麼，我與當局的權力到底有何衝突呢？我突然明白了一個道理：大思想需要的是小人物，並不需要大人物。對於大思想來說，大人物是多餘的，是不合適的，因為加工處理太過費力。這一路走來，我就是在尋找那些渺小的大人物，他們或被侮辱過，或被蹂躪過，渾身傷痕累累，熬過了史達林的勞改營和背叛，最終他們還是勝利了，他們創造了奇蹟。

但是因為迎來勝利，所以有人偷換了戰爭的歷史。渺小的大人物，要自己述說出真相。

創作筆記摘錄（十七年之後，二〇〇二～二〇〇四）

我在翻閱自己的舊日記。

我試圖回想，當年寫這本書時，自己是怎樣的一個人。那個人已經不存在了，就連我們曾經生活過的這個國家也沒有了。從一九四一年到一九四五年，人們曾拚死保衛並為她的名譽去犧牲的，就是這個國家。窗外是一個天翻地覆的世界，新的千禧年、新的戰爭、新的思維、新的武器，還有以完全出人意料的方式改變自己的俄羅斯人（確切地說，是俄羅斯的蘇聯人）。

戈巴契夫開始改革後，我的書立即付梓出版，印刷量叫人瞠目結舌：二百萬冊！那是發生很多大事的時代，而我們再次突飛猛進，走向未來。我們已經不知道（或者忘了）什麼叫革命，它始終是一個幻想或錯覺，尤其是在我們的歷史中。但它接著又發生了，就在所有人都陶醉在自由空氣的時刻。我開始每天都收到幾十封信，我的資料夾都爆滿了。人人都想講，不吐不快，他們因為自由而更加開放。無疑地，我注定要永無休止地把這些人的故事書寫下去。不是重寫改寫，而是一直寫下去。只要寫下了一個要點，馬上就會衍生出很多要點。

＊　＊　＊

我在想，或許我應該提出其他問題，聽聽其他的答案，或許再寫另一本書。我每天翻看的那些文件，都是活生生的見證，它們不像凍土那樣僵硬乾澀，沒有麻木不仁，而是跟著我們一起生活的。我現在是否要多問些什麼？還是希望補充些什麼？我最感興趣的又是什麼？……我在尋覓深刻的話語，尋找「生物」意義上的人，而不僅是「時間和思想」意義上的人。我原本的打算，就是更深入地探尋人的天性，走進黑暗，進入潛意識，一探戰爭那些不為人知的祕密。

我還打算寫自己當年採訪一名女游擊隊員（一位飽經風霜卻依舊美麗如斯的女人）的經過。她跟我說，她那個小組（三人中她最年長）有一次偵察敵情時，偶然俘擄了四個德國人，他們帶著俘擄在樹林裡轉了很久都出不去，又誤進了敵人的埋伏圈。顯然地，如果帶著俘擄，她們是突圍不出去的。於是，她做了一個決定：讓他們消失。但這事不可能讓兩個年輕女孩去做，況且她們已經和那四個德國人相處了好幾天，就算他們是外國人，即便是敵軍，你已經對他們如何吃飯、如何睡覺、眼睛長什麼樣子、雙手是什麼樣子都很熟悉了，如何下得了手。不，年輕人不能接下這個任務，只能由她親自殺人。

接著，她就回憶起自己當初如何殺了那四個德國人。她不得不欺騙德國人，又欺騙自己人，假裝要帶一個德國人去打水，然後從後面開了槍，擊中後腦勺。另一個，她把他帶到樹叢後面……她如此心平氣和地講起這些事，而我聽得直發抖。

參加過戰爭的人說，只需要三天時間，就可把一個普通平民改造成軍人。為什麼三天就足夠了？這其實很容易解釋：任何人在戰爭中都會變得莫名其妙，變得不可理喻。

在所有來信中，我都讀到過類似的話語：「我當時沒有把實情全部告訴你，那是因為時間不對，那時的我們習慣對很多事情保持沉默……」「我沒有對你坦承全部事情，就是在不久之前，我也不能全部說出來，或許是覺得恥辱吧。」「我知道我的病情已經很嚴重了，所以我想說出所有的真相……」

不久前，又來了這樣一封信：

「我們這些老人生活得很艱難，但我們不是為了那點可憐的、微薄的養老金而難過，更讓我們受傷的，是把我們從過去的大時代，驅逐到令人無法忍受的猥瑣現在。已經沒有人再邀請我們去參加學校的活動，或是去參觀博物館，我們已經不再被這個社會所需要了。如果你也讀報紙，就會發現法西斯變得愈來愈仁慈，而紅軍戰士卻愈來愈可怕了。」

時間啊……不管怎樣，我還是一如往昔地那樣愛著她們。我不是愛她們那個時代，我愛的是她們這些人。

＊　＊　＊

一切都可能成為文學題材……

我想更饒有趣味的，是那些被審查部門刪掉的段落，以及我和相關審查單位的對話，還有我自己當初刪掉的內容，那是我自設的禁區。諸如此類的文字，我都一起放在了書末的附錄中，作為我自己心路歷程的另一個紀錄。

附錄

審查部門刪除內容摘錄（一）

「直到現在，每晚我還是會驚醒，似乎總會聽到有人在我身邊哭泣，感覺我還在戰爭之中。大撤退時，我們在斯摩棱斯克郊外，有個女人把她的裙子讓給了我。在一群男人之中，只有我一個女人。我過去都穿著軍褲，現在卻穿上了夏天的裙子。結果，我發現身上突然出現了一些現象，就是女人的事……大概是我太激動了，或許是因為感動和委屈，所以月經竟然來了。可是要去哪裡才能拿到需要的東西？真是難為情！我們那時候都躲在灌木叢中，住在溝壑裡，睡在森林的樹樁上。因為人太多了，林子裡沒有足夠的空間可以容納所有人。一有風吹草動，我們常常會驚慌失措、受騙上當，以至於後來誰也不敢相信誰。

我們的飛機在哪？我們的坦克在哪？那些天上飛的地下爬的，大張旗鼓地，都是德國人。我就這樣被俘了。被俘擄的前一天，因為兩條腿受傷了，只能無奈地躺著撒尿。我不知道自己哪來的力量，硬是在深夜爬回了森林，被游擊隊員救了起來。

我以前覺得讀過你這本書的人很不幸，但或許，沒有讀過這本書的人才是不幸的。」

「那天，我正好值夜班，到重傷病房去查房。有個上尉躺在病床上，醫生早就告訴我，他活不過當天晚上，熬不到明天清晨。我上前問他：『怎麼樣？需要我為您做點什麼嗎？』接下來發生的事，我永遠都不會忘記：他突然笑了，在飽受疼痛的臉上，竟然出現了一個燦爛的笑容：『解開你的袍子，給我看看你的胸部吧。我好久沒有見到老婆了……』我當時嚇壞了，我連初吻都還沒有過呢。一時間，我不知該如何回答他，轉身就跑了出去。但一小時後，我又回來了。他最後死去時，臉上掛著滿足的微笑。」

「那是在刻赤海峽的一個夜晚，我們在駁船上遭到轟擊。船頭燃起大火，烈焰沿著甲板撲了過來，彈藥被點燃炸開了。爆炸威力無窮，駁船頓時向右傾斜，並開始下沉。這裡離岸邊不太遠，我們都知道附近就是陸地，水兵紛紛跳入海中。這時岸上的機關槍開始連環發射，水中傳來一片慘叫、哀號、呻吟和咒罵聲。我的水性頂好，心想至少能救上來一名戰友，哪怕是個傷患。我聽到了附近有什麼人浮出了水面，但馬上又沉下去了。從水面到水下的這一瞬間，我抓住了他……觸感冰冷、滑溜……我斷定這是個傷患，衣服肯定被炸碎了。因為我自己也幾乎是赤身裸體的，只剩下了內衣。當時四周漆黑一片，伸手不見五指，周圍還是一片哀號聲。我費了九牛二虎之力，才把那個傢伙拖到了岸邊。就在這一刻，火砲劃破天際，我突然發現自己拖著一條受傷的大魚。一條好大的魚，足足有一人高。這是一條白鱘，牠快死了，我躺倒在牠旁邊破口大罵，又因為氣惱而大哭了起來。為所有人的苦難而難過……

四周全是德國人，我們必須突圍而出。終於，我們做出了最後的決定：第二天清早就開始突圍戰，反正橫豎都是一死，絕對不能束手就縛。我們隊伍中一共有三個女孩，那天夜裡，她們輪流到每個男人身邊，只要他還有能力做那事。你知道的，或許我們明天都無法活著離開。

那場突圍戰只有幾個人活了下來，而原本我們至少有五十多個人，但在德國人的機關槍下，就只有七個人倖存了下來。直至今天，一想起那些女孩，我還滿懷感激，那天早上的突圍戰後，我找不到她們之中的任何一個人，我想我永遠也見不到她們了。」

與審查官對話摘錄

「看了您這些書，誰還會去打仗？而且您的書貶低了女性，損害了我國女英雄的形象，詆毀她們的榮譽。您把女英雄寫成了跟一個普通人無異，就像雌性動物一樣。要知道，她們在我們國家是神聖的。」

「我們的英雄主義都是經過無菌包裝的，既無生理元素，也無生物元素。你自己其實也不相信吧。經受考驗的，不僅是精神，也有肉體。」

「您是哪裡來的這些想法？這是異端，不是蘇聯人的思想。您這是在嘲笑那些葬在兄弟公墓的英雄，您讀了太多的雷馬克*了。雷馬克主義在我們這兒可行不通。我們蘇聯女人不是動物。」

審查部門刪除內容摘錄（二）

「有人出賣了我們。德國人知道了游擊隊營地在哪裡，他們包圍了森林，從四面八方逼近我們。我們藏身於野外的叢林深處，沼澤地救了我們，深深的泥淖死死地拖住了敵人的裝備和人員。可是，幾天還行，一連幾星期，我們就實在吃不消了。我們游擊隊有一個無線電報務員，不久前剛生了孩子。孩子餓壞了，不住地要喝奶，但媽媽也餓腸轆轆，哪有足夠的奶水餵孩子。所以小嬰兒就不停地哭，問題是圍剿者就在附近，他們還帶著狼犬。如果被狼犬聽到哭聲，我們就全完了。整個游擊隊有三十多條人命，你能明白嗎？

於是，游擊隊長做出了一個決定。誰都不忍心去向那位母親傳達命令，但她自己猜到了。她用布把孩子包起來，浸入水中，堅持了很久。孩子不再哭了，沒有一絲動靜了……但我們誰都不敢抬起眼睛，不敢看那位母親，也不敢互相看一眼。」

「我們抓來了一批俘擄，命令他們排成一列。但我們沒有朝他們開槍，那種死法對他們來說太便宜了，我們用清槍膛的通條殺了他們，像宰豬一樣，再肢解成一塊一塊。我親眼看到這一

＊雷馬克（Erich Maria Remarque，一八九八～一九七〇），二十世紀德裔美籍作家，以傑作《西線無戰事》聞名於世，他的小說帶有強烈的反戰情緒。

切，而我等待這一時刻已經很久了！讓德國人痛到眼睛爆裂開來，瞳孔放大……

但是，對於我所遭遇的事，你能知道些什麼？那些德國人就是在村裡，把我的媽媽和妹妹們架在火堆上，活活燒死的。」

「在整個戰爭期間，我不記得看過貓或狗，只記得看過老鼠。好大的老鼠……黃藍色的眼睛，多得不得了。那一次，我傷好之後，從醫院被送回到部隊，我的部隊堅守在史達林格勒城下的戰壕中。指揮員下令：『把她帶到女兵掩蔽洞去。』我走進掩蔽洞，卻發現那裡空空如也，只有一張松樹枝編織的空床。事先沒人告訴過我發生了什麼事，我把背包留下來，然後跑了出去，等過半小時再回來時，發現背包不見了，梳子、鉛筆等等東西，瞬間就被老鼠統統吞噬掉了。

第二天早上，我又看到了一批重傷患被老鼠啃傷的手臂。

就是最恐怖的影片，我也不曾看過老鼠在砲擊開始前，成群逃出城市的景象。這不是在史達林格勒，而是在維亞濟馬＊。一大清早，就看到城市中到處是成群的過街老鼠，牠們奔逃到地面上，或許是感覺到死亡逼近了。成千上萬隻老鼠，有黑色的，有灰色的……人們驚恐地看著眼前這種險惡的景象，只能蜷縮在家中，不敢出門。而當老鼠從我們眼前消失時，砲擊就開始了。飛機凶猛地俯衝下來，房屋和酒窖轉眼間成了破磚殘瓦。

在史達林格勒城下，那麼多那麼多的死人，就連一向害怕死人的馬兒都見怪不怪了。我們只為自己人收屍，德國人的屍體就任其四處散落。那時的氣溫冷得可以滴水成冰，當時我是個司機，負責運送成箱成箱的砲彈，我都聽到了車輪壓在他們骨頭上的聲音。」

與審查官對話摘錄

「是的，我們的勝利是來之不易。但您應該多蒐集一些英雄人物的故事，這一類的故事不是很多嗎？但您卻故意去表現戰爭恐怖、齷齪骯髒的一面，見不得人的一面。瞧瞧您寫的，我們的勝利是那麼恐怖……您到底想達到什麼目的呢？」

「寫出真相。」

「您以為，真相就只是生活，只是在街道上，只是在腳底下嗎？對您來說，真相是如此低俗，如此俗不可耐。不對，真相應該是我們的夢想，是我們所希望的那樣！」

審查部門刪除內容摘錄（三）

「我們正在反攻，已經攻入了第一個德國居民區。我們那時都年輕體壯，四年沒有碰過女人了。我們走進一家酒館，喝酒、吃零食，又抓住了幾個德國女孩。十人上一個，女人不夠，所以

＊維亞濟馬是俄羅斯斯摩棱斯克州東部的城市，拿破崙和希特勒侵俄時期這裡都爆發過激戰。

我們又抓了年少的，十二三歲的女孩。如果她哭，就會挨打，嘴裡被塞進東西。她痛得喊出了聲音，但我們只覺得好笑。現在我真的不明白，當時的我怎會做出那種天理不容的事，我是出身自一個有教養的家庭，但那就是當時的我。

我們唯一害怕的，就是被我們的女孩知道，被我們的護士知道。在她們面前，這是極大的恥辱。」

「我們被圍困了，只能在樹林裡和沼澤地中迂迴繞行。我們吃樹葉、樹皮、草根。我們一共五個人，其中有一個是剛剛加入不久的男孩。一天夜裡，睡在我旁邊的那個人小聲對我私語：『反正那個孩子已經半死不活了，遲早都要死的。你懂的……』我問他：『什麼意思？』他悄悄對我說：『有個犯人告訴我，他們當年從勞改營逃出來時，會專門帶走一個年輕人。因為人肉可以吃，這樣大家都會得救。』

萬幸的是，第二天我們就遇到了游擊隊主力。」

「有一天，游擊隊騎馬來到我們村子，從一座房子裡拉出屋主和他的兒子，用鐵棍敲打他們的頭部，直到把他們打倒在地。我就坐在窗邊，看到了這一切，更恐怖的是，在這些游擊隊員之中還有我哥哥。事後當他回到家，一邊想要擁抱我，一邊還喊著『妹妹』時，我尖聲叫了起來：『不許過來，不要碰我！你這個劊子手！』後來我整整一個月都沒再說過話。

最後，哥哥也犧牲了。我經常會想，如果他活下來，又會怎樣呢？他總是要回家的。」

「早上，敵軍的討伐隊燒毀了我們的村子，只有逃進森林裡的人生還了。我們是兩手空空逃出去的，沒有麵包，沒有雞蛋或熏肉。每到夜晚，我們鄰居娜斯佳阿姨就會揍她的女兒，因為那個女孩總是哭個不停。娜斯佳阿姨有五個孩子，女兒尤莉亞是我的小夥伴，她本來體質就很差，三天兩頭生病。其他四個男孩也很瘦小，一直吵著要吃的。娜斯佳阿姨快瘋了，嗚嗚痛哭。有天夜裡，我聽得很清楚，尤莉亞央求她的媽媽：『媽媽，您不要把我淹死，我不會再跟您要吃的了，我再也不會了。』

從第二天早上起，再沒有人再看過尤莉亞了。

那麼，娜斯佳阿姨呢？後來我們回到了村子裡，眼前只剩一片灰燼，村莊全被燒毀了。沒過幾天，在自家園子裡的蘋果樹上，娜斯佳阿姨上吊自殺了。她垂吊得很低很低，幾個孩子還圍在她身邊要東西吃。」

與審查官對話摘錄

「您通篇寫的都是謊言！這是對解放了半個歐洲的蘇聯紅軍的嚴重誹謗，是對我們游擊隊的惡意汙衊，是對我們人民英雄的無情中傷。您寫的這些故事不是我們所需要的，我們需要的是偉大的故事，是勝利的故事。您根本不愛我們的英雄，不愛我們偉大的思想，不愛馬克思和列寧的思想。」

「沒錯，我不喜歡偉大的思想，我只喜愛小人物。」我說道。

作者自刪的內容摘錄

「那是一九四一年，我們被敵人包圍了，政治指導員盧寧和我們在一起，他宣讀了一項命令，蘇軍戰士絕對不能向敵人投降。用史達林同志的話來說，就是我軍絕對沒有俘擄，有的只是叛徒。聽完命令，同志全都掏出了槍。指導員又說：『不許這樣，孩子，你們要活下去，你們還年輕。』結果他朝自己開槍了。

還有一件事情發生在一九四三年，蘇軍反攻，踏上了白羅斯的土地。我記得有個小男孩，不知道他是從什麼地方跑出來的，好像從地底下鑽出來的，他一邊跑一邊大叫：『你們快去殺了我媽媽……快殺了她！她愛上了一個德國人。』男孩的眼睛，因為恐懼而瞪得圓圓的。在男孩身後，跑上來一個一身黑色的老女人，全身黑衣服，一邊跑一邊畫著十字：『可別聽孩子的話，願上帝寬恕這些孩子吧。』」

「他們把我叫去學校，一個疏散後返回的老師負責和我談：『我想把您的兒子轉到另一個班級。在我的班上，都是最好的學生。』

『但我兒子每門課業都是滿分啊！』

『這個不重要。重要的是，這個孩子在德國占領區待過。』

『是的，我們在那兒過得十分困苦。』

『我不管這些。我只知道，所有在占領區生活過的人，都要被懷疑……』

『您在說什麼？我不明白……』

『他跟別的孩子提過德國人，講得結結巴巴的。』

『這是因為他害怕，一個住過我們公寓的德國軍官打過他。因為我兒子沒有擦乾淨他的皮靴，他不滿意。』

『您看，您自己也承認了，你們曾經和敵人住在一起。』

『那又是誰縱容敵人到莫斯科城下的？是誰把我和孩子拋棄在那兒的？』我簡直就要歇斯底里了。

我擔心了兩天，害怕那個女老師會去告發我。不過，最後她還是把我兒子留在了她的班上。」

「白天我們害怕的是德國人和偽警察，晚上害怕的是游擊隊。游擊隊把我最後一頭牛都牽走了，只給我家留下了一隻貓。游擊隊員也很餓，但是也很凶惡。他們牽走了我的牛，我就一直跟著他們走，走了足足有十多公里。我央求他們：『把牛還給我吧，在我的破房子裡，還有三個孩子圍著爐子挨餓呢。』『快滾開，娘們兒！』他們威脅我，『再不走，我們就一槍斃了你！』

你試試，在戰爭中還能發現好人嗎？

人各有命。富農的孩子從流亡中返回老家，他們的父母都死了，於是他們就為德國當局服務，報仇雪恨。一個人在農舍裡擊斃了我家鄰舍的一位老教師，那位老教師早先告發了他的父親，沒收了財產，是個狂熱的共產黨人。

德國人先是解散了集體農莊，又把土地分發給村民，沒有了史達林體制後，大家感覺舒了一口氣。我們開始付地租，按時交租……可是，後來德國人就開始趕走我們的牲畜，燒死我們的人和房子。」

「我隨著軍隊一直打到柏林。我是戴著兩枚光榮勳章和好多獎章回到村子裡的，可是我剛回家待了三天，第四天一大清早，在家裡其他人都還睡著時，媽媽就把我從床上叫起來，跟我說：『女兒啊，我幫你準備了個包裹，你趕快走，快走吧。你還有兩個小妹妹，以後長大有誰敢娶她們？全村人都知道，你在前線待了四年，整天都和男人在一起。』

所以，請不要再探觸我的心靈了。像別人一樣，你就寫寫我立下的功勞吧。」

「我們在一個場地上排好隊形，圍成一個圓圈。站在圓圈中間的是米沙和科利亞，我們的戰友。米沙是個勇敢的偵察兵，手風琴彈得很好，至於科利亞，沒有人比他的歌唱得更好了。

宣讀了一份長長的判決書：他們在某個村莊勒索了兩瓶土釀酒，某天夜裡還強姦了兩個農村姑娘……在同一個村莊，同一個農民的家裡，他們搶走了一件大衣和一台縫紉機，拿去向另一戶農家換了酒……

結論是判處槍決，這是最終的判決，不許上訴。

由誰執行呢？隊伍裡鴉雀無聲，指揮員只好親自執行了死刑令。」

「我那時是個機槍手，殺了很多人。因此戰後，我很長時間都不敢生孩子。一直過了七年，等心情平復後才能生孩子。

但直到今天，我還是不能寬恕自己。看到德軍被我們俘擄時，你不知道我有多高興，終於看到他們可憐兮兮的樣子了：腳上沒穿靴子，而是纏著包腳布，腦袋瓜子也纏著繃帶。他們被押著穿過村子，用俄語請求：『給我一小塊麵包吧，給我麵包吧。』讓我驚訝的是，農民還居然走出小屋子遞給他們食物，這個給一塊麵包，那個給一塊馬鈴薯。而男孩子則跑到柱子後面，向那些俘擄扔石頭；女人卻在哭……

我似乎度過了兩個不同的人生：一個是男人的，另一個是女人的。」

「戰爭結束後，人命簡直沒有任何價值了。舉個例子來說，有一天，我下班後搭乘公車，突然聽到有人尖叫：『抓小偷！抓賊啊！我的錢包……』巴士立刻停了下來，這是在一個二手市場。只見一位年輕軍官把一名男孩推到了街上，碰一聲就把孩子的手折斷了。那個軍官跳回車上，公車繼續開動，沒有一個人站出來為男孩求情，沒有人叫警察，也沒有人叫醫生。那個軍官胸前掛滿了戰功獎章，我到站要下車時，他一步跳了過來，向我伸過他的手：『從這兒過吧，好女孩……』如此殷勤，彬彬有禮。

我至今都還記得這件事，即使戰爭已經結束了，但當時我們所有人都還活在戰爭中，生活在戒嚴時期。我要問的是，這樣活著，也算是人嗎？」

「紅軍打回來了。我們被允許挖開墳墓，尋找失去的親人。按照舊習俗，與死者在一起時要穿白色的衣服、圍白色的披肩。我一輩子都會記住這個情景：人人披著白色的繡花毛巾，一身白色地埋頭挖掘，找到什麼，認定了就拿走。有人在獨輪車上裝著一條手臂，有人在馬車上放著一顆頭顱，長久埋在地下的人沒有全屍，他們都互相混雜在一起了，和黏土、沙礫一起。

我沒有找到姊姊，只看到了一片熟悉的裙子布：這就是她了，是我認識的東西。爺爺說，帶走吧，總要埋葬點什麼。於是，我們就把那點衣服碎片放進棺材，安葬了。」

「我們只收到了父親的失蹤通知書。別人總會因為死者而得到什麼證明，只有我和媽媽在村委會遭到幹部的恐嚇：『你們不會得到任何幫助的，他和德國娘們生活得可好了。他是人民的敵人。』

我在赫魯雪夫時代就開始尋找父親。經過了四十多年，到戈巴契夫時代才得到答覆：『名冊中沒有記錄……』可是，我從父親戰友的口中，知道他是英勇犧牲的。就在莫吉廖夫城下，爸爸帶著一枚手榴彈鑽到了敵軍的坦克車下面。

遺憾的是，媽媽沒有等到這個消息，她是帶著恥辱——人民敵人的妻子——閉上眼睛的，到死都是叛徒的老婆。和我母親有同樣經歷的，還有很多很多的人，他們都沒能活到真相大白的那一天。我帶了一封信去看望死去的母親，在她的墳前念給她聽。」

「我們許多人一直都相信，戰後一切都會改變，以為史達林會相信自己的人民。但是戰爭還沒結束，一列列火車就開往遠東的馬加丹了。那是運載勝利者的列車，他們逮捕了那些在德國人集中營裡熬過來的人，這些人曾經被送去做苦力，所有人都見過歐洲的樣子，可能會講述歐洲人民的生活狀況。他們會說那裡沒有共產主義，那裡有怎樣的房子、怎樣的道路，他們會說在那裡沒有集體農莊……」

「勝利之後，很多人都再度選擇沉默，就像戰前一樣，沉默著、恐懼著。

我是個歷史老師，在我的記憶中，我們的歷史課本改寫了三次。我用三種不同的歷史課本教過孩子。所以趁我們還活著，來問問我們吧。可別等以後我們不在時，又要竄改歷史。

你知道殺人有多麼困難嗎？我是做地下工作的，半年後，我接到了一個任務——到德國軍官的食堂當女服務生。我那時年輕又漂亮，於是上級選中我了。按照命令，我應該在湯鍋裡下毒的，事後就去投靠游擊隊。但我已經和他們混熟了，雖然他們是敵人，但他們天天都跟你說：『謝謝，謝謝你。』這個任務太難了，殺人太難了，殺死別人比殺死自己還要痛苦。

我一輩子都在教歷史，但我永遠都不知道該如何開口講述這件事。用什麼樣的語言去講述……」

我也有自己的戰爭，我和我筆下的女主人翁，一起走過了漫長的道路。我和她們一樣，久久都不能相信，我們的勝利有著不同的兩副面孔：一副是完美的，另一副是恐怖的，讓人不忍卒睹。「在肉搏戰中殺人時，總會直視著對方的眼睛。這不是投擲炸彈，或者從戰壕裡射擊。」她們是這樣告訴我的。

傾聽人們講述怎樣殺人或者怎樣死去，一定也是這樣的：必須直視對方的眼睛。

■諾貝爾文學獎得獎致詞摘錄

一場敗北的戰役

陳翠娥 譯

我不是獨自站在這個台上……我的周圍充滿了聲音，數以百計的聲音。自我還小的時候，它們便如影隨形。我在鄉下長大。我們小孩子喜歡在街上嬉戲，但是，一到傍晚，當疲倦的村婦聚集在各家（我們稱作農舍）門口的長凳子上時，我們總是像磁鐵般被吸引過去。她們當中，沒有人有丈夫、父親或兄弟。戰爭過後，我不記得我們村子裡有任何男人。第二次世界大戰期間，每四個白羅斯人當中，便有一位命喪於前線或游擊戰中。戰後，我們孩童的世界是女人的世界。我印象最深的，不是女人談論死亡，而是談論愛情。她們講述在臨別的那一天如何與心愛的人道別、如何等待他們，以及如何依舊在等待。事經多年，她們守候如昔：「就算他缺手、缺腳回來也無所謂，我可以把他抱在手上。」缺手……缺腳……我似乎自小便知道，什麼是愛情……

法國作家福樓拜曾說自己是個羽筆文人，我可以說自己是個耳朵文人。當我走在街上，聽見字詞、句子或驚嘆聲時，總是會想：有多少小說題材不著痕跡地消失在時間和黑暗之中呀！我們尚未能夠在文學中為人類的話語爭得一席之地；還沒能真正欣賞，並為之感到驚豔。我則是早已深深著迷於人類的話語，成為了俘虜。我喜歡人說話的樣子……我喜歡單獨的個人說話的聲音。那是我的熱愛與熱情所在。

我走上這座講台的路很漫長，幾乎長達四十年。從一個人走到另外一個人，從一個聲音走到另外一個聲音。我無法說自己一路走來總是游刃有餘。有許多次，人使我感到震驚與害怕，也讓我歡欣與厭惡。我曾經忍不住想忘卻所見所聞，回到懵懂未知的從前。也不只一次，因為看見人的美好而幾乎喜極而泣。

我成長在一個自小便被教育要死去的國家。我們被教導死亡。別人告訴我們，人存在是為了奉獻自己，為了燃燒生命，犧牲自我，並教誨我們要愛手持武器的人。如果我生長在其他國家，肯定無法走過這條路。邪惡是殘酷無情的，首先得對它免疫。我們在劊子手與受害者之間成長。即使我們的父母生活在恐懼當中，沒有向我們透露所有的真相，更常的是，他們什麼都沒說，但是我們的生活中充滿了恐懼的氣息，邪惡不時在窺伺我們。

我寫了五本書，卻覺得是在寫同一本書，一本有關一段烏托邦歷史的書……

蘇聯作家瓦爾拉姆．沙拉莫夫寫道：「我曾經參與過一場浩大但以失敗收場的戰役，那場戰役意在真切地革新生活。」我在重塑那場戰役的歷史，包括它的成敗得失。我們多麼想要在地球上建立天國。一座天堂！太陽之城！最終的結果卻是血流成河，以及數百萬條生命遭到殘害。然而，曾經有那麼一段時間，沒有任何二十世紀的政治思想足以與共產主義（以及象徵該主義的十月革命）相提並論，或是比該主義更強烈地吸引西方知識份子和全世界的人。法國社會學家雷蒙・阿隆稱俄國革命為「知識份子的鴉片」。共產主義的思想至少有兩千年的歷史，我們可以在古希臘哲學家柏拉圖的理想國的學說裡、在劇作家阿里斯托芬總有一天「萬物共享」的夢想中……在英格蘭政治家湯瑪斯・摩爾和義大利哲學家托馬索・康帕內拉……稍後在法國政治家聖西蒙、哲學家傅立葉，以及英國烏托邦社會主義者羅伯特・歐文的著作裡找到此思想。俄國精神中有某種特質，促使我們試圖實踐那些夢想。

二十年前，我們用詛咒和眼淚送走了「紅色帝國」。現在我們已經可以平心靜氣地回顧那段尚未走遠的歷史，宛如檢視一段歷史實驗。這一點很重要，因為有關社會主義的爭論至今尚未平息。新的一代已經長大成人，他們擁有不同的世界觀，但是，卻有為數不少的年輕人再度讀起馬克思和列寧的著作。許多俄國城鎮還成立了史達林博物館，並為他豎立紀念像。

「紅色帝國」已經消亡，「紅色的人」卻留了下來，依舊存在。

我父親不久前去世了。一直到死，他都是一位忠貞的共產黨員，還保留著自己的黨證。我從來沒法使用「蘇聯佬」這個貶抑的字眼。一旦使用，我便得如此稱呼自己的父親、親人、熟識的人，或是朋友。他們都來自同一個地方——來自社會主義。他們當中有許多理想主義者，浪漫主義者。今天大家使用不同的稱呼，說他們是被奴役的浪漫主義者，烏托邦的奴隸。我想，他們所有人原本可以過完全不同的生活，但是他們選擇將生活交給了蘇聯。為什麼？我花了很長的時間尋找這個問題的答案。我跑遍這個不久之前稱為蘇維埃社會主義共和國的廣袤國家，錄了好幾千卷錄音帶。那是社會主義，那就是我們的生活。我從點點滴滴、零碎片段中蒐集「家庭裡的」……「內心的」社會主義歷史，尋找它以何種樣貌生活在人的心裡。我時時刻刻受到單獨的人類個體這個小小的空間所吸引。事實上，那便是所有事件發生的所在。

戰爭甫結束，德國社會學家狄奧多·阿多諾在震驚中寫道：「自奧斯威辛之後，寫詩是野蠻的。」今天，我想用充滿感激的心情提到我的恩師，白羅斯作家阿列斯·亞當莫維奇，他也認為，用散文體書寫二十世紀的可怕事件是種褻瀆，因為內容不容許虛構，事實只能如實呈現。我們需要「超文學」，讓見證者發聲。大家可以回想尼采所說的，沒有一位藝術家能夠忍受現實，也無力承受。

真理是分散的，為數眾多、各不相同，而且四散於世界各處，因為如此，真理無法全數置入一顆心或一個腦子。這個想法總是讓我忐忑不安。杜斯妥也夫斯基認為，人類對於自己的了解遠比文學裡記載得多。因此，我在做些什麼呢？我在收集日常的情感、想法與話語，收集我這個時代的生活。我感興趣的是靈魂的歷史，靈魂的日常面相，這是大歷史通常視而不見或不屑一顧的部分。我從事的，便是蒐集被忽略的歷史。我曾經不只一次聽到有人說，那不是文學，而是文獻，至今也仍會聽到這樣的說法。但在今日，何謂文學呢？有誰能回答這個問題？我們的生活步調較以往快速，內容打破了形式，將之破壞、改變，所有事物都溢出了原有的框架，無論是音樂或繪畫，在文獻裡，文字也衝出了原本的界線。事實與虛構之間沒有界線，相互流動，即使見證者也並非公正客觀的。人在講述時，也在創造，在和時間角力，有如雕刻家雕琢大理石。他既是演員，也是創作者。

我感興趣的是小人物。我稱呼他為小巨人，因為他經歷的苦難將他放大了。他在我的書裡親口敘述自己的小歷史，同時也講大歷史。我們尚未能夠理解過去與現在發生在我們身上的事件，因此必須一吐為快。首先，至少要一吐為快。我們害怕理解發生的事件，是因為尚未克服過往。在杜斯妥也夫斯基的作品《附魔者》中，沙托夫在交談一開始便對斯塔夫羅金說：「我們是在永恆中相遇的兩個人……最後一次在這個世上相遇。拋開您的腔調，用人類的聲調說話吧！至少用人類的聲音說一回。」

我和筆下主角的對話大約是這樣開始的。當然，人是從自己的時代發聲，不可能無中生有！不過，要突破人的心防很困難，因為人心充塞著世紀的迷信、偏見與錯覺。還有電視和報紙。

我想引用自己日記中幾頁的內容，顯示時間是如何推進……理念如何死去……以及我如何追蹤它的足跡……

一九八〇～一九八五年

我在寫一本有關戰爭的書籍……為什麼以戰爭為主題呢？因為我們是戰鬥民族，要不是在戰鬥，就是在準備戰鬥。如果仔細觀察，我們的思維都是戰鬥式的，無論是在家裡，或是在外頭。

因此，我們國家的人命才會如此不值錢。一切都像在戰場上。

我從自我詰問開始。唔，再寫一本戰爭主題的書籍……意義何在？

有一回外出採訪時，我遇見一位在戰爭期間擔任衛生指導員的女人。她講述有一回冬天，他們徒步穿越拉多加湖，敵人發現有人移動的跡象，於是開始掃射。馬匹和人掉入了冰層底下。事情發生在深夜，當時她以為自己抓住了一位傷者，便開始把對方往岸上拖。她說：「我拉著這個溼淋淋、身體赤裸的人，心想這人的衣服是被扯掉了。」上了岸她才發現，自己拖上來的是一尾受傷的白色大鱘魚，不禁爆出一連串不堪入耳的話：人在受苦，但是野獸、飛鳥和魚兒做錯了什麼？另外一次採訪途中，一位騎兵連衛生指導員說，有回交戰期間，她把一位受傷的德軍拖進彈坑裡，不過，她是在彈坑裡才發現對方是德軍。他一條腳斷了，正在流血。那可是敵人呀！該如何是好？自己的人正在上頭送命呢！不過，她還是替那位德軍包紮好傷口，然後繼續往外爬，又拉來一位昏迷的俄國士兵。士兵甦醒之後，想殺了德國人；德國人神智清醒的時候，就舉起機關槍，想殺掉俄國士兵。她回憶道：「我一會兒呼這個巴掌，一會兒呼那個巴掌。我們的腿上都是血。三人的血都混在一起了。」

那是我以往不曾聽聞的戰爭。女人的戰爭。無關英雄。不是有關一群人如何英勇地殺害另一群人。女人的哭訴深印在腦海裡：「戰鬥過後，走在戰場上，看見他們躺在地上……每個人都很年輕、英俊。他們仰躺著，眼睛望著天空，令人不禁為我方，也為敵方感到難過。」就是這句「為我方，也為敵方」提示了我下一本書的主題，那會是一本有關戰爭即殺戮的書籍，戰爭在女人的印象中便是如此。前一刻鐘，這個人還在微笑、抽菸，此刻卻不存在了。女人最常談到的是失蹤，談到在戰場上，一切都多麼迅速地化為烏有，無論是人，還是人類的時間。沒錯，他們是在十七、八歲時自願要求上戰場的。他們並不想殺人，卻準備好赴死，為祖國犧牲，以及——我們無法將言語從歷史中抹去——為史達林奉獻生命。

大約兩年的時間，書沒有付梓，在戈巴契夫上台和重建之前沒能出版。書籍檢查員訓誡我：「看了您的書，就沒有人願意去打仗了，因為您筆下的戰爭太可怕了。為什麼裡頭沒有英雄？」我不是在尋找英雄，我是透過毫不起眼的見證人和參與者所述說的故事書寫歷史。從來沒人問過他們任何事情，我們不曉得一般人對偉大的理想有什麼看法。戰爭甫結束時，一個人會講述一場戰爭，十年過後，他會講述另外一場戰爭，他的故事裡有些事情會改變，這是必然的，因為他將自己的一生和整個人都堆疊進回憶裡，包括他這幾年是如何生活的、讀了什麼書、看見什麼事情、遇見什麼人，最後，還取決於他是否幸福。文獻是活生生的個體，和我們一同改變……

有一點我十分肯定，像一九四一年那樣的年輕女孩已經成為絕響。那是「紅色理想」最為熾熱的年代，甚至比革命和列寧時期還要熱烈。她們的勝利迄今還掩護著古拉格集中營。我對那些女孩的愛是無限的。但是，不能和她們談到史達林，或是有關戰後那些敢言的勝利者被裝進車廂載往西伯利亞這件事。其他沒被送走的人則是回到家鄉，保持沉默。有一回我聽見有人說：「我們只有在戰爭的前線時是自由的。」我們最大的資產是苦難。既不是石油，也不是天然氣，而是苦難。那是我們不斷取得的唯一成就。我總是在尋找答案：為什麼我們的苦難無法轉化為自由？

難道這一切都是枉然嗎？俄國哲學家恰達耶夫是對的：「俄羅斯是沒有記憶的國家、健忘的空間，是尚未開放批評及反省的原始意識。」

偉大的著作就這樣散落在腳下……

一九八九年

在喀布爾。我不想再寫戰爭，此刻卻在貨真價實的戰場上。《真理報》上寫道：「我們正在協助情同手足的阿富汗人民建立社會主義。」四處是戰爭的人，戰爭的物品。這是戰爭的年代。

昨天他們不肯帶我一起前往戰場：「大小姐，請留在旅館，否則我們還得為你負責。」我坐在旅館裡，心裡想：旁觀別人的英勇和冒險有種不道德的成分。我已經在這裡一個多星期，始終無法擺脫一種感覺：戰爭是男人天性的產物，而那天性是我無法理解的。然而，戰爭使用的配備卻很華麗。我發現，原來衝鋒槍、地雷和坦克等武器是很美的。人耗費許多時間思量改善殺害另外一個人的方法，這是真理與美麗之間永恆的爭辯。有人為我展示新式的義大利地雷，我的「女性式」反應是：「好漂亮。為什麼要製作得這麼漂亮？」他們用戰爭術語精確地向我解釋，如果開車撞到或是踩到這枚地雷上……剛好碰上某種角度……人只會剩下半公升的肉塊。在這裡的人們口中，瘋狂的事情彷彿家常便飯，如此理所當然，好像在說，不過是戰爭嘛……地上躺著一個不是因為天災、不是因為意外，而是被另一個人殺害而死去的人，卻沒有人因為此情此景而喪失神智。

我看過「黑色鬱金香」（運送裝著死者的鋅皮棺材返鄉的飛機）的裝載工作。他們經常替死者換上四〇年代搭配馬褲的軍隊制服，有時候，連這種制服都會短缺。士兵聊天時說：「一批剛死的裝進了冰箱裡，聞起來好像腐壞的豬隻。」我要把這個寫下來。我擔心回去以後，沒有人會相信我，因為國內報紙上寫的都是蘇聯士兵在這裡栽種友誼林蔭大道。

我跟士兵交談，知道許多人是自願到這裡來的，而且是特別要求前來。我注意到，大部分人出生於知識份子家庭，包括教師、醫生和圖書館員，總歸一句，來自書香門第。他們真誠地夢想著要幫助阿富汗的人民建立社會主義，如今他們嘲笑自己。有人指出機場內擺放著上千具鋅皮棺材的地方給我看，棺材在陽光下神祕地閃閃發光。陪伴我的軍官忍不住說：「或許這裡也有我的棺材……他們會把我塞進裡頭……我到底是為了什麼在這裡戰鬥？」他話一出口便嚇到了，對我說：「您別寫下這段話。」

夜晚我夢見陣亡的人，每個人都一臉不可置信的神情：我怎麼會陣亡？難道我死了嗎？

我和護士搭車去收容阿富汗平民的醫院。我們帶了禮物給孩童，有兒童玩具、糖果和餅乾。我拿到大約五隻絨毛熊娃娃。我們抵達醫院後，看見的是一長排簡易的木房，每個人只有一條被子。一位年輕的阿富汗婦人抱著一個孩子朝我走來，想對我說些什麼。十年來，這裡的人都學會了一些俄文。我把玩具拿給小孩，他用牙齒咬著，接了過去。我很驚訝地問：「為什麼要用牙齒咬呢？」阿富汗婦女拉掉嬌小身軀上的被子，原來小男孩沒有雙手。「是你們俄國人炸掉的。」

當我跌向地板時，有人伸手扶住我……

我看見我們的格勒式飛彈如何將村莊夷為平地。我曾經造訪一長列宛如村舍的阿富汗墓園，有位年老的阿富汗婦女在墓園中央的某處吶喊。我想起在明斯克城郊的一座村莊內，當鋅皮棺材抬進一戶人家時，做母親的發出何等哀號。那聲音既不像人的叫喊，也不像野獸的叫聲……與我在喀布爾的墓園中聽見的喊聲很相似……

我承認，我並沒有立刻認清事實。我真誠地對待我的主角，他們也信任我。我們有各自通往認清事實的道路。去阿富汗之前，我相信人性的社會主義。從那裡回來以後，我再也不抱持任何幻想。和父親見面時，我說：「請原諒我，父親。你教導我相信共產主義的理想，但是，只要看過一次那些像你和媽媽教導的蘇聯學生（我的父母是村裡的老師）在陌生的土地上殺害素不相識的人，便足以使你們的話都化為烏有。我們是兇手。你明白嗎，父親？」父親哭了。

許多人從阿富汗回來時，已經認清事實。但是，我也遇過特例。在阿富汗時，有個年輕人朝我大聲地說：「你這個女人懂什麼戰爭？難道人死在戰場上的景象跟書中或電影裡一樣嗎？裡頭的人都死得很漂亮，可是我一個朋友昨天被殺死了，子彈射中他的頭之後，他還跑了十公尺左右，一面伸手想接住自己的腦漿……」七年過後，那個年輕人成了一位事業有成的商人，喜歡講述在阿富汗的故事。他打電話給我：「你出那些書做什麼呢？書的內容太可怕了。」他已經變了，不再是那位我在死亡之中遇見，不希望在二十歲時丟了性命的人……

我自問，我想寫出什麼樣的戰爭作品？我想寫一個不開槍，無法對另外一個人開槍，一個想到戰爭便感到痛苦的人。他在哪裡？我還沒遇見過。

我闔上日記……

當帝國瓦解的時候，我們面對什麼樣的情況呢？以前世界分為劊子手和受害者，即古拉格；兄弟和姊妹，代表戰爭；全國選民，意味著政治操作和現代世界。以前我們的世界還劃分為坐過牢和抓人入牢兩種……現今則劃分為斯拉夫派和西方派、通敵者和愛國主義者，以及買得起東西和買不起東西的人。我會說最後這項區分是社會主義之後最為嚴酷的考驗，因為不久之前，人人都還是平等的。「紅色的人」最終依然沒能進入以往在廚房裡夢想的自由國度。俄羅斯被瓜分殆盡，自己卻被屏除在外，沒能分一杯羹。它飽受屈辱，自覺被攫掠一空，因此變得極具侵略性又危險萬分。

以下是我在俄羅斯境內採訪時的所見所聞：

「我們國家要現代化，只能仰賴受到監禁的學者、工程師和科學家組成的祕密研究發展實驗室和行刑隊。」

「俄國人似乎不想致富，甚至會感到畏懼。那麼，他想要什麼呢？他永遠只想著一件事：希望別人不要致富。不要比他富有。」

「我們國家沒有誠實的人，只有聖人。」

「我們永遠盼不到不會受到鞭笞的一代；俄國人不懂自由，他需要的是哥薩克士兵和鞭子。」

「戰爭與監獄是俄文裡兩個重要的單字。一個人偷了東西，逍遙法外，入監服刑……期滿出獄，然後再次鋃鐺入獄……」

「俄國的生活必得是墮落又卑微的，唯有如此，心靈才能獲得提升，並意識到自己不屬於這個世界……愈是骯髒，愈是血腥，心靈的空間愈是寬廣……」

「人民無法發動新一波革命，因為既缺乏能量，也不夠瘋狂。革命精神已經喪失了。俄國人需要的，是會讓人起雞皮疙瘩的信念……」

「我們的生活就這樣擺盪在混亂與簡陋的住屋之間。共產主義沒有死亡，屍體依然活著。」

我要冒昧直言，我們錯過了九〇年代曾經有過的機會。面對國家應該變得強大，或是應該贏得敬重，使得民眾得以安居樂業這兩種抉擇時，人民選擇了前者——成為一個強大的國家。力量的時代再度降臨。俄國人和烏克蘭人征戰，和自己的兄弟征戰。我父親是白羅斯人，母親是烏克蘭人。許多人的情況和我一樣。現在，俄國的飛機正在轟炸敘利亞……

希望的年代被恐懼的年代取而代之。時光倒轉……成了二手時光……

現在我不敢篤定，自己已經寫完了「紅色的人」的歷史……

我有三個家鄉：我那白羅斯故土，我父親的故鄉，我居住一輩子的地方；烏克蘭，我母親的故鄉，我出生的地方；以及我萬萬無法缺少的偉大的俄羅斯文化。這些家鄉對我而言都彌足珍貴。但是，在我們這個時代，要談論愛是很困難的。

戰爭沒有女人的臉

（2015 諾貝爾文學獎得主首部作品，出版四十周年紀念新版）

（初版書名：戰爭沒有女人的臉：169 個被掩蓋的女性聲音）

作　　者　斯維拉娜・亞歷塞維奇（Алексиевич С. А）
譯　　者　呂寧思
選 書 人　張瑞芳
責任編輯　張瑞芳（初版）、梁嘉真（二版）
協力編輯　莊雪珠
審 定 人　吳佳靜
校　　對　張瑞芳、李鳳珠
版面構成　張靜怡
封面設計　Bianco Tsai
行銷總監　張瑞芳
行銷主任　段人涵
版權主任　李季鴻
總 編 輯　謝宜英
出 版 者　貓頭鷹出版 OWL PUBLISHING HOUSE

事業群總經理　謝至平
發 行 人　何飛鵬
發　　行　英屬蓋曼群島商家庭傳媒股份有限公司城邦分公司
115 台北市南港區昆陽街 16 號 8 樓
劃撥帳號：19863813；戶名：書虫股份有限公司
城邦讀書花園：www.cite.com.tw　購書服務信箱：service@readingclub.com.tw
購書服務專線：02-2500-7718~9（週一至週五 09:30-12:30；13:30-18:00）
24 小時傳真專線：02-2500-1990~1
香港發行所　城邦（香港）出版集團／電話：852-2508-6231 ／ hkcite@biznetvigator.com
馬新發行所　城邦（馬新）出版集團／電話：603-9056-3833 ／傳真：603-9057-6622
印 製 廠　中原造像股份有限公司
初　　版　2016 年 10 月／二版 2024 年 8 月
定　　價　新台幣 630 元／港幣 210 元（紙本書）
新台幣 441 元（電子書）
I S B N　978-986-262-704-4（紙本平裝）／ 978-986-262-705-1（電子書 EPUB）

讀者意見信箱　owl@cph.com.tw
投稿信箱　owl.book@gmail.com
貓頭鷹臉書　facebook.com/owlpublishing

國家圖書館出版品預行編目資料

戰爭沒有女人的臉／斯維拉娜・亞歷塞維奇（Алексиевич С. А）著；呂寧思譯. -- 二版. -- 臺北市：貓頭鷹出版：英屬蓋曼群島商家庭傳媒股份有限公司城邦分公司發行, 2024.08
面；　公分.
四十周年紀念新版
譯自：У войны не женское лицо
ISBN 978-986-262-704-4（平裝）

1. CST：第二次世界大戰　2. CST：女性軍人
3. CST：回憶錄　4. CST：俄國史

712.84　　113008854

本書採用品質穩定的紙張與無毒環保油墨印刷，以利讀者閱讀與典藏。